V&R

Kritische Studien zur Geschichtswissenschaft

Herausgegeben von
Helmut Berding, Dieter Gosewinkel, Jürgen Kocka,
Paul Nolte, Hans-Peter Ullmann, Hans-Ulrich Wehler

Band 195

Vandenhoeck & Ruprecht

Isabella Löhr

Die Globalisierung geistiger Eigentumsrechte

Neue Strukturen internationaler Zusammenarbeit 1886–1952

Vandenhoeck & Ruprecht

Mit 5 Abbildungen und 6 Tabellen

Bibliografische Information der Deutschen Nationalbibliothek

Die Deutsche Nationalbibliothek verzeichnet diese Publikation in der Deutschen Nationalbibliografie; detaillierte bibliografische Daten sind im Internet über http://dnb.d-nb.de abrufbar.

ISBN 978-3-525-37019-3

Umschlagabbildung:
UNOG Library, League of Nations Archives

Gedruckt mit Unterstützung des Förderungs- und Beihilfefonds Wissenschaft der VG Wort.

Printed in Germany.

Druck und Bindung: ⊕ Hubert & Co, Göttingen

Gedruckt auf alterungsbeständigem Papier.

Inhalt

Vorwort

Das Vorwort für ein Buch zu schreiben, das einen über mehrere Jahre ins Schwitzen gebracht hat, ist nicht leicht. Da Mühen und Freuden einer solchen Arbeit zudem launische Größen sind, die das Gespräch mit Anderen oftmals noch launischer macht, weil es sie entweder antreibt oder bremst, möchte ich die Personen nennen, die tatkräftig zur Entstehung der Arbeit beigetragen haben.

Wenn Umberto Eco in seinem Dissertations-Ratgeber schreibt, dass es das Ziel einer Dissertation sei, den Betreuer nicht betrübt zu hinterlassen, hat dieser Satz in meinem Fall eine bemerkenswerte Umkehrung erfahren. Denn es war Hannes Siegrist, der mir mit seiner Freude am Thema und mit der fest vorgetragenen Überzeugung, am Ende hinterließe die Arbeit nicht mich betrübt, den Rücken immer wieder stärkte. Dafür, für seine viele Zeit und für seine ganze Unterstützung möchte ich ihm sehr danken.

Matthias Middell ist die zweite Person, die ich in diesem Zusammenhang erwähnen möchte. Seinem unerschütterlichen Bestehen darauf, dass jedes Thema auch ein globalgeschichtliches Problem birgt, verdankt der Titel das Wort Globalisierung. Nicht weniger hinterließ der Intensivkurs in Sachen Wissenschaftsorganisation seine Spuren: Der erste Eindruck, wie eine komplexe Organisation arbeitet, trug eindeutig dazu bei, den Blick auf die Geschichte von Organisationen zu schärfen und ihr Funktionieren besser zu verstehen. Eckhardt Fuchs danke ich für das dritte Gutachten, das er ohne Zögern übernahm, und für die erste Gelegenheit, meine Überlegungen außerhalb des geschützten Bereichs des Leipziger Forschungskontexts zu präsentieren. Kiran Klaus Patel möchte ich für die Zeit danken, die er sich genommen hat, um das Manuskript von vorne bis hinten zu lesen und mit großer Präzision die Probleme zu benennen – die nun hoffentlich etwas weniger problematisch sind. Und schließlich möchte ich Madeleine Herren dafür danken, dass sie mir nur wenige Tage nach dem Einreichen der Doktorarbeit eine neue Perspektive in Heidelberg eröffnete und mir in der ersten Zeit den nötigen Freiraum gab, damit aus der Dissertation ein Buch werden konnte.

Stellvertretend für alle Freunde, Kollegen und für meine Familie, die mit einem offenen Ohr, einem gespitzten Korrekturstift oder mit ganz abseitigen Beschäftigungsvorschlägen immer wieder zur Stelle waren, möchte ich meine Leipziger Kollegen am Institut für Kulturwissenschaften und am Zentrum für Höhere Studien dankend nennen: Ihre Freude am Wissenwollen, Diskutieren und die unbestechliche Eigenschaft, das Gehörte so schnell wie möglich wieder infrage zu stellen, hat mir die Arbeit zwar nicht immer erleichtert, aber es hat sie vorangebracht und gezeigt, dass Wissenschaft im Gespräch am meisten Spaß macht.

Dafür, dass im Quellenverzeichnis die Archive stehen, die dort stehen, möchte ich besonders meiner Familie und dem internationalen Promotionsstudiengang „Transnationalisierung und Regionalisierung vom 18. Jahrhundert bis zur Gegenwart" an der Universität Leipzig danken, die die Reisen zum Archivmaterial finanziell möglich machten. Schließlich geht mein Dank an die Herausgeber der „Kritischen Studien zur Geschichtswissenschaft" dafür, dass sie das Buch in die Reihe aufnahmen und mich mit einer Liste wertvoller Hinweise für die Überarbeitung versahen; und zuletzt danke ich der VG-Wort für die großzügige Finanzierung der Drucklegung und dem Verlag für die redaktionelle Betreuung.

Heidelberg, im Mai 2010
Isabella Löhr

Einleitung

Geistiges Eigentum war bis vor wenigen Jahren ein Thema, das vorrangig Juristen beschäftigte. Das änderte sich mit digitalen Informations- und Speichermedien wie dem privaten Computer oder dem Internet. Neu an diesen Technologien ist die Möglichkeit, Texte und Musik, Graphiken oder Bilder von ihrem materiellen Träger zu lösen und sie jedem Nutzer – sofern er über die notwendigen Geräte verfügt – ohne Verlust an Qualität sowie orts- und zeitunabhängig bereitzustellen. Was für die Rezipienten eine erfreuliche Entwicklung schien, ließ Produzenten und Verwerter allerdings aufstöhnen. Denn je einfacher und schneller das Kopieren funktioniert und je mehr es im privaten, der öffentlichen Kontrolle entzogenem Raum stattfindet, desto schwieriger wird es sicherzustellen, dass jede Kopie bezahlt, die Kulturschaffenden für ihre Kreativität und die Verwerter für die Vervielfältigung entlohnt werden. Auch international wurden geistige Eigentumsrechte in den letzten Jahren zu einem kontrovers diskutierten Thema. Allen voran beklagten US-amerikanische Firmen jährliche Umsatzverluste in Milliardenhöhe und beschuldigten insbesondere chinesische Firmen, die internationalen Urheber-, Marken- und Patentrechte ausländischer Firmen zu missachten und deren Produkte stattdessen im großen Umfang nachzuahmen und gewinnbringend zu verkaufen.

Für den Ausgleich zwischen dem Recht des Rezipienten, immaterielle Werke nutzen zu dürfen, und seiner Pflicht, die Leistung des Werkproduzenten ideell und finanziell anerkennen zu müssen, ist das Recht des geistigen Eigentums zuständig. Geistiges Eigentum (oder Immaterialgüterrecht) ist ein Oberbegriff, dem das Urheberrecht und Patentrecht, Markenrecht, Gebrauchsmusterrecht und das Geschmacksmusterrecht angehören.[1] Während vor allem das Patentrecht die Frage klärt, unter welchen Bedingungen Ingenieure oder Wissenschaftler die ‚Baupläne' technischer Erfindungen einsehen und für ihre eigenen Forschungen verwenden dürfen,[2] regelt das Urheberrecht den Umgang mit kulturellen Gütern. Es definiert das Verhältnis zwischen dem Kulturschaffendem und seinem Werk, das als eine einzigartige Verbindung von Inhalt und Form interpretiert wird, die auf ein Trägermedium gebannt ist, das wiederum in den Güter- und Warenkreislauf einer Gesellschaft eintritt. Aus der als besonders postulierten Beziehung zwischen Autor und Werk wird ein Bündel von Rechten hergeleitet, die das Verhältnis zwischen den Autoren,

1 *Dreier* u. *Nolte*, S. 43; ausführlich zur Geschichte des Urheberrechts vgl. Kapitel 1a.

2 Einführend in die Geschichte des Patentrechts: *Gispen*; *Khan*; *Klippel*, Geschichte; *Seckelmann*, Industrialisierung.

den Verwertern (zumeist Verlage oder Musikunternehmen), den Nutzern und der Öffentlichkeit mit Hilfe von Regeln für die Verwertung, Rezeption und Aneignung kultureller Güter ordnen. Die Frage, ob kulturelle Güter besessen werden können, war lange Zeit besonders in der deutschen Rechtswissenschaft umstritten.[3] Denn anders als es die sprachliche Analogie zum materiellen Eigentum suggeriert, ordnet das geistige Eigentum immaterielle Güter keinem Eigentümer auf unbefristete Zeit zu und räumt ihm auch kein ausschließliches Verfügungsrecht ein, das nur unter genau definierten Bedingungen und nur zu Gunsten des öffentlichen Interesses eingeschränkt werden darf. Das geistige Eigentum ist vielmehr ein zeitlich befristetes Recht, nach dessen Ablauf die geschützten Werke gemeinfrei werden bzw. in die so genannte *public domain* eingehen. Aber auch schon vor dem Auslaufen der Schutzfristen sind geistige Eigentumsrechte kein Rechte, die Dritte jeder Art von der Nutzung oder Weiterverwertung eines Werks ausschließen. Ganz im Gegenteil: Texte, Bilder oder Musikstücke werden als öffentliche Güter klassifiziert, denen eine zentrale Bedeutung für die öffentliche Bildung, die kulturelle Dynamik und den wissenschaftlichen Fortschritt einer Gesellschaft zugeschrieben wird.[4] Deswegen sind Gesetzgeber vor allem darum bemüht, mit Hilfe von Urheberrechten eine Balance zwischen der Werkhoheit und der finanziellen Entlohnung des Autors, den Zugangsinteressen der Öffentlichkeit, den bildungs-, wissenschafts- und kulturpolitischen Interessen des Staats sowie den Vergütungsansprüchen der Verwertungsindustrien zu schaffen.

Geistige Eigentumsrechte regeln den gesellschaftlichen Umgang mit Werken der Literatur und Kunst, Wissenschaft und Technik, indem sie das Verhältnis zwischen Rechteinhabern, gesellschaftlichen Gruppen, öffentlichen Interessen und den immateriellen Gegenständen bestimmen. Über die Reichweite der Ein- oder Ausschlussrechte definieren diese Rechte den sozialen und symbolischen Stellenwert von wissenschaftlichen oder kulturellen Werken für eine Gesellschaft, indem sie entweder die privaten oder die kollektiven Zugriffsrechte stärken. Kulturwissenschaftlich betrachtet, sind geistige Eigentumsrechte nicht nur ein Komplex von Verbots-, Erlaubnis- und Nutzungsrechten, sondern es kommt der Aspekt der Institutionalisierung, Verrechtlichung und Steuerung sozialer und kultureller Beziehungen hinzu. In diesem Sinne wird geistiges Eigentum in dieser Arbeit „als ein Bündel sozialer, kultureller und rechtlicher Handlungsregeln und Handlungsrechte [begriffen], wodurch Rollen, Beziehungen und Praxisformen des kulturellen und wissenschaftlichen Felds bestimmt sind".[5] So verstanden, sind diese Rechte

3 Vgl. u. a. *Ohly*.

4 Diese Eigenschaft kultureller Güter führt immer wieder zu ganz unterschiedlichen Forderungen. Auf der einen Seite stehen Verwertungsindustrien, die auf stärkere Ausschlussrechte drängen, um kulturelle Güter marktfähig zu machen. Auf der anderen Seite findet sich die Position, den gesellschaftlichen Wert kultureller Güter zu schützen und sie ökonomischen Marktgesetzen soweit wie möglich zu entziehen; exemplarisch: *Boyle*; *Goldhammer.*

5 *Siegrist*, Geschichte, S. 64.

Steuerungsinstrumente für den Fluss von Wissen, Informationen und kulturellen Gütern innerhalb einer Gesellschaft.[6] Analog dazu wird der Begriff der Verrechtlichung nicht in seiner juristischen Dimension als „Normenflut" verwendet, sondern als eine kulturwissenschaftliche Kategorie zur Beschreibung der Entstehung solcher kulturellen, sozialen und rechtlichen Handlungsregeln für den Umgang mit kulturellen Gütern.[7] Wenn in den folgenden Kapiteln immer wieder von den Autoren und den Autorenrechten im Vergleich zu den Urhebern und den Urheberrechten gesprochen wird, trägt diese begriffliche Differenzierung der Unterscheidung zwischen der rechtswissenschaftlichen und kulturwissenschaftlichen Perspektive auf den Gegenstand Rechnung. Der Urheber bzw. die Urheberin sind Rechteinhaber, die das exklusive Entscheidungsrecht über die Veröffentlichung und Verwertung ihrer Werke besitzen. Der Autor oder die Autorin stehen dagegen als Synonyme für alle Kulturberufe (Autoren, Komponisten, Musiker, Künstler, Schauspieler etc.), und das Autorenrecht beschreibt die kulturpolitische Steuerungsfunktion, die geistige Eigentumsrechte in einer Gesellschaft ausüben. Zum einen konstituieren sie die Autoren als Funktions- und Berufsgruppe, und zum anderen bestimmen sie die Dynamik von Verbreitung, Nachahmung und kultureller Innovation, indem sie Wissen, Informationen und Kunst in einen exklusiven, für Dritte nur unter Einhaltung genau definierter Regeln zugänglichen Gegenstand transformieren.

In dieser Arbeit geht es um die globale Ausdehnung von Autorenrechten. Im Zentrum stehen multilaterale Abkommen, die auf die Institutionalisierung eines bestimmten Mindeststandards für den grenzüberschreitenden Schutz von Autoren zielen, indem möglichst viele Staaten diese Rechtsstandards übernehmen und gemeinsam daran arbeiten, den Rechtsschutz qualitativ auszuweiten. Zur Diskussion steht dabei das in der Rechtsgeschichte bisher nicht weiter problematisierte Phänomen, dass der seit 1886 bis heute wichtige internationale Vertrag zum Schutz des literarischen und künstlerischen Eigentums – die Berner Konvention – bis in die sechziger Jahre des 20. Jahrhunderts hinein eine „Pionierfunktion"[8] für den nationalen und den internationalen Autorenschutz ausübte. Rechtswissenschaftler begründen diese Pionierfunktion in der Regel dogmatisch, indem sie auf den zentralen Mechanismus der Berner Konvention verweisen, die nationalen Rechtsordnungen durch die Aufnahme fremdrechtlicher Normen zu erweitern und so das Ineinandergreifen von nationalem und internationalem Recht völkerrechtlich zu kodifizieren.[9]

6 Zur Funktion von Patentrechten als wirtschaftspolitische Steuerungsinstrumente: *Sell.*

7 *Dipper*, S. 13; *Raphael*, S. 30.

8 *Schricker*, S. 1100; *Mentha*, Berne Convention, S. 1032; *Krieger*, S. 508; *Plaisant*, L'évolution, S. 50; *Ulmer*, Hundert Jahre, S. 37; diesen Befund am Beispiel der Schutzfristenfrage bestätigend: *Beier*, S. 159 f.

9 Insgesamt gibt es nur wenige Überblicke zur Internationalisierung geistiger Eigentumsrechte, die in ihrer Darstellung der Zeit zwischen 1886 und 1952 mehr als nur eine knappe Schilderung

Ein Blick in die Geschichte des geistigen Eigentums zeigt, dass diesen Rechten bereits im frühen 19. Jahrhundert eine Interdependenz zwischen der Schaffung eines nationalen Markts für kulturelle Güter und der gleichzeitigen internationalen Angleichung der nationalen Rechte inhärent war.[10] Hinter dieser internationalen Orientierung geistiger Eigentumsrechte steht die Besonderheit kultureller Güter, in letzter Instanz nicht kontrollierbar zu sein. Ein einziges Buchexemplar reicht beispielsweise aus, um es im nahen oder fernen Ausland im großen Umfang zu kopieren, ohne dass ein rein national konzipiertes Urheberrecht Mittel besäße, dagegen vorzugehen. Ein wirksamer Autorenschutz kann auf nationaler Ebene nur greifen, wenn er zugleich in eine geographisch und rechtlich möglichst weit reichende Internationalisierung dieser kulturellen Handlungsrechte eingebettet wird, die der Territorialisierung staatlicher Gesetze ein grenzüberschreitendes Rechtsregime entgegensetzt, das dem transnationalen Transfer kultureller Güter Rechnung trägt. Die Geschichte der sukzessiven geographischen, politischen und rechtlichen Ausdehnung geistiger Eigentumsrechte nimmt daher ihren Ausgang in dieser Verflechtung von nationaler Gesetzgebung und internationalem Rechtsschutz, von nationaler Kulturpolitik und internationalem Publikum sowie von nationalen Verlagen und transnationalen Handelsnetzwerken. Die Frage lautet, wie dieses geregelte Ineinandergreifen einer sich internationalisierenden Rechtsordnung und der gleichzeitigen Artikulation nationaler kultur-, rechts- und bildungspolitischer Interessen unter den Bedingungen einer sich globalisierenden Weltwirtschaft in der zweiten Hälfte des 19. Jahrhunderts, des Ersten Weltkriegs und der von schweren wirtschaftlichen und politischen Krisen gekennzeichneten Zwischenkriegszeit funktionierte.

Möchte man herausfinden, wie die Internationalisierung kultureller Handlungsrechte trotz gleichzeitiger politischer, wirtschaftlicher und militärischer Krisen ablief, reicht eine gegenstandsbezogene Analyse der Entstehung und Ausweitung internationaler Urheberrechtsnormen allein nicht aus. Stattdessen ist es nötig, den Blick auf die Akteure, Institutionen und Interessenkonstellationen zu lenken. Die vorliegende Arbeit analysiert die spezifischen strukturellen Rahmenbedingungen, in denen diese Interdependenz von Internationalisierungs- und Nationalisierungsprozessen eingebettet war, und die in einer langen Perspektive zur globalen Ausdehnung dieser ursprünglich in Europa und Nordamerika entwickelten Eigentumsordnung führten. Die These lautet, dass die internationale Harmonisierung geistiger Eigentumsrechte seit den achtziger Jahren des 19. Jahrhunderts ihre Stabilität aus der Verflechtung mit zwei anderen Prozessen gewann, nämlich der Globalisierung von Gesellschaft, Kultur, Wirtschaft und Recht seit der Mitte des

rechtsdogmatischer Innovationen geben: *Bappert* u. *Wagner*; *Ladas*; *Mentha*, Berne Convention; *Püschel*, 100 Jahre; *Ricketson*, The Berne Convention; *Ricketson*, International Copyright; *Seville*, The Internationalisation.

10 Ausführlich Kapitel 1.

19. Jahrhunderts und der im gleichen Zeitraum einsetzenden Gründung und Expansion internationaler Organisationen.

Ausschlaggebend für die internationale Verrechtlichung geistiger Eigentumsrechte war der grenzüberschreitende Handel mit Druckwerken zwischen europäischen Gesellschaften und im transatlantischen Raum. Befördert durch die Alphabetisierung, die Verbreitung der Massenpresse und den Aufstieg moderner Kommunikationstechnologien fügte sich die Expansion der Kulturindustrien in die seit Mitte des 19. Jahrhunderts immer komplexer werdende Verflechtung der westlichen Gesellschaften im wirtschaftlichen, sozialen und kulturellen Bereich ein.[11] Die Dichte dieser Interaktionen, die steigende Zahl von Lesern und Auflagen sowie die immer größere Reichweite bei der Verbreitung kultureller Güter machte es notwendig, die Eigentumsrechte der Kulturschaffenden multilateral zu schützen, wollte man den Rückfluss von Tantiemen aus dem Ausland sicherstellen.[12] Die Berner Konvention formulierte erstmals einen internationalen Standard für den Rechtsschutz von Autoren. Das innovative Moment dieses Vertrags bestand in seiner institutionellen und organisatorischen Verstetigung. Um der wirtschaftlichen Dynamik der Kulturindustrien und der wachsenden Bedeutung von Informationen und Wissen Rechnung zu tragen, verankerten die Mitgliedsstaaten die Berner Konvention in einem permanenten Büro (dem *Berner Büro*), das zum Kern der neu gegründeten internationalen Organisation wurde. Die Ausarbeitung der internationalen Rechtsnormen lag jetzt nicht mehr ausschließlich in den Händen der beteiligten Staaten, sondern es gab nun eine übergeordnete Instanz, die die multilaterale Zusammenarbeit der Signatarstaaten mit Hilfe genau festgelegter Verfahrensregeln institutionalisierte.

Die Einrichtung des internationalen Büros setzte eine institutionelle Dynamik frei, die, so die These, die Art und Weise der globalen Einführung von Autorenrechten dauerhaft und grundlegend veränderte. Auf der einen Seite gewann es gegenüber seinen Gründungsstaaten eine gewisse Selbständigkeit. Es hatte eine klar definierte Aufgabe – Ausweitung und Schutz internationaler Urheberrechte – zu deren Erfüllung es spezifische Handlungsroutinen ausbildete, die dazu führten, dass das Büro sich partiell aus seiner Rolle emanzipierte, nur eine nachgeordnete Verwaltungseinheit für souveräne Nationalstaaten zu sein. Zum anderen reformierte sich mit dem Büro das Akteursfeld. Das Büro wurde in kurzer Zeit zum Anlaufpunkt für den Personenkreis, der im Alltag unter den Bedingungen eines globalen Markts für kulturelle Güter arbeitete: die Kulturschaffenden und Verwertungsindustrien. Diese transnationalen Akteure kamen mit dem Büro in die komfortable Situation, nicht mehr nur auf nationaler Ebene für ihre Interessen zu werben, sondern ihre Rechtsvorstellungen nun auch auf multilateraler Ebene einbringen zu können.

11 *Charle*, Vordenker, S. 103–133; *Osterhammel* u. *Petersson*, S. 64 f.

12 *Vec*, Weltverträge; *Dölemeyer*, „Geistiges Eigentum“.

Diese neue Organisationsform blieb keine einmalige Erscheinung. Seit den achtziger Jahren des 19. Jahrhunderts liegt die internationale Verrechtlichung des geistigen Eigentums in den Händen internationaler Organisationen, die ausreichend Ressourcen und Handlungsspielraum besaßen und besitzen, um festgefahrene Positionen durch Kompromissvorschläge und geschickte Verhandlungsführung aufzulösen. Zunächst bemühte sich das Berner Büro um Universalisierung der Konvention, indem es auf Mitgliederwachstum und Ausweitung der Rechtsstandards setzte. Ab 1922 nahm die Organisation für geistige Zusammenarbeit des Völkerbunds das Thema auf. Sie plante einen globalen Mindeststandard für den Schutz des literarischen und künstlerischen Eigentums in Form einer Weltkonvention, die auf den rechtlichen Gemeinsamkeiten der Berner Konvention und der Urheberrechtsabkommen der Panamerikanischen Union beruhen sollte. Letztlich war es die UNESCO, die das Vorhaben einer globalen Standardisierung von Urheberrechtsnormen in die Tat umsetzte. Sie nahm die wegen des Zweiten Weltkriegs unterbrochenen Vorarbeiten des Völkerbunds auf und brachte sie 1952 mit dem Welturheberrechtsabkommen zum Abschluss.[13] Dieses Abkommen war jedoch schon bald nach seinem Inkrafttreten umstritten. Besonders westliche Staaten kritisierten den in ihren Augen zu geringen Rechtsschutz für Autoren und Verwerter außerhalb Europas. Nach langwierigen Auseinandersetzungen wurde 1967 die *World Intellectual Property Organization* ins Leben gerufen. Ausgestattet mit legislativen Kompetenzen und permanenten Kommissionen sollte sie zwischen diesen konfligierenden Interessen fortlaufend vermitteln.[14] 1994 kam schließlich die *World Trade Organization* mit dem Abkommen über handelsbezogene Aspekte des geistigen Eigentums hinzu (TRIPS-Agreement), die das geistige Eigentum mit anderen handelspolitischen Themen verknüpfte.[15]

Die neuere historische Forschung hat internationale Organisationen lange weithin ignoriert.[16] Die internationale Geschichte[17] verstand sich primär als eine Geschichte der Regierungs- und Außenpolitik, die in den Händen von nationalen Außenministerien lag. Die internationalen Beziehungen wurden als ein Aggregat staatlicher Interessenspolitiken konzipiert, wobei Staaten vorwiegend als individualisierte Kollektivsubjekte galten, die von dem Wirken

13 *Bogsch*, The Law; *Goldbaum*; *Saporta*.

14 *Ekedi-Samnik*; *May*.

15 *Arup*; *Matthews*; *Mascus*; *Voon*; zur neuen Qualität des TRIPS-Abkommens im Vergleich zur Berner Konvention und den im Rahmen der WIPO abgeschlossenen Verträgen: *Yu*, S. 421–429.

16 Für eine ausführliche Diskussion der theoretischen und historischen Kontroversen um internationale Organisationen vgl. Kapitel 2.

17 Der Ausdruck ‚internationale Geschichte' wird in der vorliegenden Arbeit als Sammelbegriff für die unterschiedlichen Bezeichnungen Diplomatiegeschichte, Geschichte der internationalen Politik und Geschichte der internationalen Beziehungen verwendet, die alle die Gemeinsamkeit teilen, primär die außenpolitischen Beziehungen von Staaten zu untersuchen: *Lehmkuhl*, Diplomatiegeschichte, S. 394.

gesellschaftlicher Eliten oder der anhaltenden globalen Verflechtung moderner Gesellschaften seit dem 19. Jahrhundert unbeeinflusst blieben.[18] Die Beschäftigung mit der Rolle internationaler Organisationen in den internationalen Beziehungen nach dem Zweiten Weltkrieg fand daher vorrangig in der Politikwissenschaft statt. Aber auch hier näherte sich die Mehrzahl der Forschungen den internationalen Organisationen mit einem staatszentrierten Ansatz. Dieser betont ihre Abhängigkeit von nationalstaatlicher Souveränität und verweist auf die Blockademöglichkeiten mächtiger Staaten. Dementsprechend räumen die meisten politikwissenschaftlichen Definitionen den Organen internationaler Organisationen nur einen geringen Handlungsspielraum ein und betonen vielmehr deren politische Unselbständigkeit sowie deren Funktion als Austragungsort für zwischenstaatliche Zusammenarbeit oder Konflikte.[19]

In der internationalen Geschichte hat in den letzten Jahren jedoch eine Aufweichung dieses primär auf Regierungshandeln konzentrierten Staatsverständnisses stattgefunden, und mehrfach wurde der Ruf nach einer Öffnung für gesellschaftliche Akteure, Netzwerke und kulturgeschichtliche Perspektiven laut.[20] Damit geht ein Wandel in der politikwissenschaftlichen Forschung einher, die ausgeprägte Dominanz des Nationalstaats in der sozial- und politikwissenschaftlichen Theoriebildung der Nachkriegszeit zu relativieren. Diese sich jüngst in der angloamerikanischen Politikwissenschaft formierende Bewegung distanziert sich zunehmend kritisch von der Annahme, es seien mächtige Nationalstaaten, die die internationale Politik bestimmen, während internationalen Organisationen überwiegend eine passive, administrative Rolle zukäme. Angelehnt an einen akteurszentrierten Institutionalismus heben neue historische und politikwissenschaftliche Ansätze die Selbständigkeit und gestaltende Kraft internationaler Organisationen bei der Ausformulierung kultureller und sozialer, wirtschaftlicher, rechtlicher und politischer Rahmenbedingungen der modernen Welt hervor.[21] Solche Forschungen verweisen auf die Autonomie internationaler Organisationen, indem sie diese als eigendynamische Bürokratien vorstellen, die aufgrund ihrer Sachkenntnis und der mehrdimensionalen Vernetzung mit staatlichen

18 Exemplarisch: *Conze*, Abschied, S. 29.

19 Vgl. u. a. *O'Keohane*; *Krasner*; *Martin* u. *Simons*; *Rittberger* u. *Zangl*, S. 24.

20 *Conze u. a.*; *Conze*, Zwischen Staatenwelt; *Frevert*; *Gienow-Hecht* u. *Schumacher*; *Finney*; *Lehmkuhl*, Diplomatiegeschichte; *Loth* u. *Osterhammel*; *Mergel*; *Niedhardt*; *Schulz*, Netzwerke; *Stollberg-Rillinger*; diese Forderung auf das 19. Jahrhundert anwendend: *Schulz*, Normen und Praxis.

21 *Alvarez*; *Boli* u. *Thomas*, Constructing World Culture; *Barnett* u. *Finnemore*, Political Approaches; *Finnemore* u. *Sikkink*; *Herren*, Internationale Organisationen; *Iriye*, Global Community; *Keck* u. *Sikkink*, Activits; *Sikkink* u. *Risse-Kappen*; *Weiss u. a.*, The "Third" United Nations; zur Bedeutung des Institutionenbegriffs für eine Kulturgeschichte des Politischen: *Blänkner*, S. 89 – 95.

und nichtstaatlichen Akteuren Definitionsmacht mit globaler Reichweite besitzen.[22]

Diesen Wandel belegt ein Blick in jüngere Forschungen zum Völkerbund, der erstaunlicherweise bisher nur wenig untersucht worden ist.[23] Das Gros der Literatur ist zu seiner Zeit erschienen und bezeugt seine Umstrittenheit als Instrument der Friedenssicherung und Streitschlichtung nach dem Ersten Weltkrieg.[24] Nach 1945 konzentrierte sich die Forschung zumeist auf gängige diplomatiegeschichtliche Fragestellungen wie Abrüstung, Sicherheit, Streitschlichtung und Minderheitenschutz. Der Grundtenor dieser Studien ist dabei deutlich von der Enttäuschung geprägt, dass der Völkerbund mit seinem politischen Programm einer Weltfriedensordnung scheiterte, so dass sie sein Wirken in der internationalen Politik in der Tendenz eher disqualifizieren.[25] Betrachtet man dagegen das soziale und kulturelle, wirtschaftliche und rechtliche Engagement der Kommissionen und technischen Organisationen des Völkerbunds, ergibt sich ein anderes Bild, das erst in den letzten Jahren an Kontur gewann.[26] Die Verschiebung des Blicks von den politischen Organen und Funktionen des Völkerbunds auf seine Aktivitäten in den Bereichen Wirtschaft, Kultur und Gesellschaft fördert zu Tage, dass der Völkerbund eine komplexe und vielschichtige Organisation war, deren Bedeutung für die internationale Verständigung über globale, viele Staaten betreffende Probleme eine Konzentration auf machtpolitische Aspekte weitestgehend übersieht. Aktuelle Forschungen zur Wirtschafts- und Finanzorganisation, zur Gesundheitsorganisation, zur Umwelt-, Bildungs- und Sozialpolitik, zu völkerrechtlichen Innovationen und sogar zu Themen wie Abrüstung und Minderheiten zeigen vielmehr, dass die Kommissionen und technischen Organisationen des Völkerbunds die Mitgliedsstaaten oftmals erfolgreich davon überzeugen konnten, Normen, Regeln und Standards für grenzüberschreitende Interaktionen kooperativ als Gemeinschaft von Staaten zu entwerfen – und das unter Einbezug der gesellschaftlichen Akteure, die die Verflechtung moderner Gesellschaften im Alltag durch den Transfer von Informationen, Gütern und Personen praktizierten.[27]

22 *Barnett* u. *Finnemore*, Rules, S. 3–7; *Koch*, S. 42–71.

23 Die bis heute instruktivste Gesamtdarstellung des Völkerbunds lieferte 1952 ein ehemaliger Mitarbeiter des Genfer Generalsekretariats: *Walters*; darüber hinaus: *Gerbet* u.a.; *Henig*; *Northedge*; *Weber*, Vom Völkerbund; Themenheft der Zeitschrift Relations Internationales, 1993, H. 75/76.

24 Bibliographien zu publizierten Quellen, zeitgenössischer Literatur und Forschungsliteratur über den Völkerbund: *Aufricht*; *Ghebali* u. *Ghebali*; *Gunzenhäuser*; *Hell*; *Pfeil*.

25 Exemplarisch: *Baumgart*; *Doering-Manteuffel*, S. 105 f; *Dülffer*, Völkerbund; *Grewe*, Peaceful Change; *Heideking*, Oberster Rat; jüngst: *Wolfrum* u. *Arendes*, S. 64–66.

26 Einen Überblick geben: *Fuchs* u. *Schulz*; Pedersen, *Back*; ein früher Hinweis auf die Vielfalt und Eigenständigkeit der technischen Organisationen und Kommissionen des Völkerbunds: *Henig*, S. 153 ff.

27 *Borowy*, Die Gesundheitsorganisation; *Clavin* u. *Wessels*; *Fischer*, Frauenhandel; *Fleury*; *Fuchs*,

Die vorliegende Studie über die globale Ausdehnung des Autorenschutzes zwischen 1886 und 1952 knüpft an diese Forschungen an und geht von der Annahme aus, dass internationale Organisationen selbständige, gestaltende und deswegen globalgeschichtlich im hohen Maß relevante Akteure sind. Für das geistige Eigentum wird gezeigt, wie erst die Berner Union, dann der Völkerbund und schließlich die UNESCO zu den wesentlichen Instanzen avancierten, die die Verflechtung von staatlichen und gesellschaftlichen Akteuren durch den weltweiten Transfer von Druckwerken jeder Art zentral institutionalisierten und organisierten. Im Zentrum der Analyse stehen die Akteure und Organisationsstrukturen dieser internationalen Standardisierung der Autorenrechte sowie die Entstehung und Modifikation globaler Institutionen für die Steuerung grenzüberschreitender kultureller Beziehungen. Im Unterschied zu einer Perspektive, die die Rechtsinhalte und die sie repräsentierenden Nationalstaaten thematisiert, kontextualisiert ein solcher Ansatz die Nationalstaaten und bettet sie ein in ein Akteursgefüge bestehend aus internationalen Organisationen, nationalen Regierungen und gesellschaftlichen Akteuren. Ziel ist, Phasen bei der Ausbildung globaler Steuerungsstrukturen zu unterscheiden und das jeweilige Akteursgeflecht zu untersuchen, das am Ende des 19. Jahrhunderts, im Ersten Weltkrieg, in der Zwischenkriegszeit und nach 1945 für die weltweite Einführung geistiger Eigentumsrechte stritt.

Die gesellschaftlichen Akteure – Rechtsexperten und Berufsverbände der Autoren und Verleger – nehmen in dieser Arbeit eine prominente Position ein. In Anlehnung an Forschungen über internationale Organisationen vor 1945 wird die „neuartige Einbindung von zivilgesellschaftlichen Akteuren, transnationalen Netzwerken und internationalen Beamten"[28] in die zwischenstaatliche Verhandlung und Kodifizierung internationaler Rechtsnormen als die maßgebliche Dynamik interpretiert, die zur Vertiefung und Stabilisierung des internationalen Autorenschutzes im Ersten Weltkrieg, in der Zwischenkriegszeit und nach dem Zweiten Weltkrieg beitrug. Die Begriffe Netzwerk[29] und Zivilgesellschaft[30] dienen dabei in zweierlei Hinsicht als heuristische Instrumente. Erstens helfen sie, „die Vielfalt von grenzübergreifenden Prozessen"[31] auf institutioneller, interorganisationeller, sozialer und persönlicher

Kinderschutz; *Pedersen*, The Meaning; *Renoliet*; *Schulz*, Globalisierung; *Webster*; *Wöbse*, Der Schutz der Natur; *Würtenberger* u. *Sydrow*.

28 *Fuchs* u. *Schulz*, S. 838; *Herren*, Governmental Internationalism.

29 Jüngst zu Netzwerken in der Geschichte: *Unfried u. a.*

30 Zum Begriff der Zivilgesellschaft als „Raum gesellschaftlicher Selbstorganisation zwischen Staat, Markt und Privatsphäre, ein Bereich der Vereine, Zirkel, Netzwerke und Non-Governmental-Organizations (NGOs), von dem angenommen und erwartet wird, dass er ein Raum öffentlicher Diskussion, Konflikte und Verständigung, eine Sphäre der Selbständigkeit von Gruppen und Individuen, ein Bereich der Dynamik und Innovation und ein Ort der Anstrengung für das Gemeinwohl sein kann": *Kocka*, Zivilgesellschaft, S. 21; siehe auch *Gosewinkel*.

31 *Herren*, Internationale Organisationen, S. 9.

Ebene zu verstehen, deren Zusammenspiel die Einführung globaler Autorenrechte überhaupt erst ermöglichte. Zweitens fordern sie „etablierte Vorstellungen von Hierarchien“[32] heraus und lenken den Blick statt dessen auf die Interdependenz von staatlicher Politik, grenzüberschreitend organisierten Privatinteressen und internationalen Organisationen, deren Fluchtpunkt internationale Absprache, Standardisierung und Normierung ist. So ging bereits die Gründung der Berner Union auf die Initiative international organisierter Berufsverbände zurück, die ab den fünfziger Jahren des 19. Jahrhunderts auf internationalen Kongressen für einen multilateralen Rechtsschutz der Autoren und Verleger geworben hatten und bei ihren Heimatregierungen vorstellig geworden waren. Nachdem die den europäischen Buchhandel dominierenden Staaten wie Deutschland und Frankreich, Großbritannien, Belgien und die Schweiz diese Initiative aufgenommen und die Berner Konvention unter Einbindung der Berufsvertreter verabschiedet hatten, setzte sich die Kooperation von Regierungen und Berufsverbänden nach 1886 fort, allerdings erweitert um das Berner Büro. Einen ersten Höhepunkt erreichte diese sich neu formierende Kooperation zwischen Regierungen, gesellschaftlichen Gruppen und einer internationalen Organisation im Ersten Weltkrieg, als das Berner Büro in konzertierter Aktion mit den nationalen Berufsverbänden dafür Sorge trug, dass die Berner Konvention von den Kriegsgesetzgebungen unberührt blieb und auch in der Praxis von Verlagen, Autoren und nationalen Regierungen eingehalten wurde.[33] Der Völkerbund setzte diese Strategie nicht nur fort, sondern verfeinerte und institutionalisierte sie. Die innerhalb des Völkerbunds für das geistige Eigentum zuständige Organisation für geistige Zusammenarbeit (OGZ) bezog jene Akteure in die Gestaltung des internationalen Autorenschutzes ein, die dieses Recht im Alltag praktizierten und die interkulturellen Austausch und Verflechtung durch ihre Berufspraxis immer wieder aufs Neue herstellten.[34] Wie der Blick auf die UNESCO zeigen wird, befestigte die OGZ damit langfristig die Tendenz, die globale Ausdehnung geistiger Eigentumsrechte in ein komplexes Organisations- und Akteursgefüge einzubetten, das aus nationalstaatlichen Delegationen und Berufsverbänden, Rechtsexperten und den Beamten internationaler Organisationen bestand.

Dieses Akteursgeflecht wird mit dem Begriff der *global governance* analysiert. Das Modell wurde in der politikwissenschaftlichen Forschung entworfen, um das seit ungefähr 1990 verstärkt in das Blickfeld der Sozial- und Kulturwissenschaften gerückte Phänomen der Globalisierung als zumindest teilweise verrechtlichten und gesteuerten Prozess zu begreifen, der an be-

32 *Ebd.*

33 Vgl. Kapitel 4.

34 Zur mehrdimensionalen Struktur der Organisation für geistige Zusammenarbeit vgl. Kapitel 9 und 10.

stimmte Institutionen, Akteure und Strukturen zurückgebunden ist.[35] Dieser Ansatz zielt nicht darauf, gegenwärtige Globalisierungsprozesse als Anzeichen für das Entstehen einer ‚Weltgesellschaft' oder einer ‚Weltregierung' zu interpretieren, die auf systemische Determinanten, homogenisierende Diffusionsprozesse oder auf das Ausspielen von Machtasymmetrien zurückginge.[36] Vielmehr entstand dieses Konzept aus dem Impuls heraus, die Bedeutung des Nationalstaats im Zuge der globalen Ausdehnung gesellschaftlicher, wirtschaftlicher und kultureller Handlungszusammenhänge zu untersuchen und zu fragen, inwieweit staatliche Steuerungsfähigkeit erhalten bleibt, abnimmt oder ganz neue Funktionen übernimmt.[37] Das Konzept der *global governance* trägt der Komplexität von Globalisierungsprozessen Rechnung, indem es die Dichte globaler Austauschprozesse problematisiert, den Nationalstaat darin zu verorten versucht und nach den spezifischen Steuerungsmechanismen, Institutionen und Akteuren fragt, die Globalisierungsprozessen zugrunde liegen. Für die vorliegende Arbeit wird *global governance* als ein heuristisches Konzept eingesetzt, das für die geschichtswissenschaftliche Analyse globaler Handlungszusammenhänge fruchtbar gemacht werden soll. In der weiten Definition von *global governance* „als ein Gesamtarrangement von *governance by, with and without government*" betont dieses Konzept die Gleichzeitigkeit von „verschiedenen Steuerungsformen auf unterschiedlichen Entscheidungsebenen".[38]

Das Konzept der *global governance* weist Vorzüge auf, die es für die Untersuchung der Mechanismen geeignet erscheinen lassen, mit denen Akteure unterschiedlicher sozialer, politischer und institutioneller Herkunft den europa- und weltweiten Handel mit kulturellen Gütern seit der zweiten Hälfte des 19. Jahrhunderts gestalteten. Erstens kann mit Hilfe dieses Ansatzes die Bedeutung gesellschaftlicher Akteure für die weltweite Implementierung geistiger Eigentumsrechte reflektiert und die spezifische Qualität dieses Prozesses explizit von einem rein zwischenstaatlichen Agieren im Sinne einer *international governance* abgrenzt werden.[39] Die Rede von der *governance by, with and without government* siedelt internationale Politikprozesse nämlich auf drei miteinander verwobenen Ebenen an: Die erste ist die nationalstaatliche Regulierung (governance by government), die aber nicht hinreicht, sobald kulturelle, soziale oder wirtschaftliche Handlungszusammenhänge Interaktionsräume generieren, die über nationalstaatliche Grenzen hinausreichen. So werden Bücher beispielsweise nicht nur von der jeweiligen nationalen

35 Eine umfassende Einführung in aktuelle Theorieansätze und Herausforderungen der Governance-Forschung geben: *Benz*; *Quack*; *Schuppert*; zur Diskussion über *global governance* in den Staats- und Verwaltungswissenschaften: *Seckelmann*, Keine Alternative.

36 Exemplarisch: *Albert* u. *Stichweh*; *Meyer; Nolte.*

37 *Zürn*, Regieren, S. 10 ff.

38 *Zangl* u. *Zürn*, Make Law, S. 14; *Desai*; *Mayntz u.* a.; *Messner* u. *Nuscheler*; *Risse-Kappen*, Structures of Governance; *Zürn*, Global Governance.

39 *Wolf*, S. 118.

Öffentlichkeit rezipiert, sondern auch von einem internationalem Publikum mit der Konsequenz, dass Normen und Standards für die Handhabung von Verwertungsrechten sinnvoll nur auf zwischenstaatlicher Ebene vereinbart werden können (governance with government). Da aber die Wirksamkeit eines solchen Regelwerks wesentlich an seine Konsensfähigkeit außerhalb des diplomatischen Parketts gebunden ist, verweist die Ebene der *governance without government* auf Normenbildung und Verrechtlichungsprozesse jenseits des Nationalstaats. Jenseits des Nationalstaats bedeutet dabei nicht, dass Kulturschaffende und Verwerter autonome Prozesse der Rechtssetzung außerhalb staatlicher Gesetze initiierten.[40] Vielmehr ist damit die Vergesellschaftung internationaler Rechtsbildungsprozesse gemeint, indem institutionelle und organisatorische Rahmenbedingungen geschaffen werden, um Berufsgruppen und Experten aktiv in die Ausgestaltung des internationalen Autorenschutzes einzubeziehen – als Berufsvertreter, als Rechtsexperte, als Mitglied einer staatlichen Delegation oder als Mitglied in einem internationalem Gremium.[41] In diesem Sinn setzen sich das Konzept der *global governance* und auch der für diese Arbeit zentrale Ausdruck der Globalisierung geistiger Eigentumsrechte inhaltlich bewusst von der in der Rechtsgeschichte vorherrschenden Rede von einer Internationalisierung dieser Rechte ab.[42] Die Begriffe Internationalisierung und Multilateralisierung sind der Annahme verpflichtet, die Institutionalisierung und Verrechtlichung des Internationalen sei primär eine Angelegenheit von und zwischen Nationalstaaten. Das Konzept der *global governance* dezentriert dagegen den Nationalstaat. Er bleibt zwar unbestritten die maßgebliche Instanz, die nationale, regionale und lokale Interessen austariert und sie nach Außen vertritt. Aber das Erkennen von übernationalen Problemen, das Erarbeiten von Lösungsstrategien und deren Implementierung wird zu einer gemeinsamen Aufgabe von gesellschaftlichen Akteuren und Experten, staatlichen Delegierten und internationalen Organisationen.[43] In diesem Sinne wird mit dem Begriff der Internationalisierung in dieser Arbeit das zwischenstaatliche Verhandeln und Verabschieden von internationalen Rechtsnormen für den Schutz des literarischen und künstlerischen Eigentums bezeichnet. Die Rede von der Globalisierung geistiger Eigentumsrechte rückt dagegen das Aufgehen zentralisierter Hierarchien in der Interaktion und gegenseitigen Beeinflussung von internationalen Organisationen, gesellschaftlichen und staatlichen Akteuren ins Zentrum.[44]

Das zweite Potential von *global governance* liegt in der Verknüpfung von

40 Zur Diskussion der *lex mercatoria* als Paradebeispiel eines staatsunabhängigen Rechts: *Teubner*; historische Beispiele für eine nichtsstaatliche Rechtsbildung: *Petersson*, Anarchie; *Röder*.

41 *Finnemore* u. *Sikkink*; *Keck* u. *Sikkink*; *Schulz*, Netzwerke; *Sikkink*.

42 Exemplarisch: *Lewinski*.

43 *Messner*, S. 21.

44 Zu dieser Definition von Globalisierung: *Kocka*, Sozialgeschichte, S. 307 f; *Middell*, Transnationalisierung, S. 25.

zwei Handlungsebenen, die Christopher Bayly als eine „Geschichte der Verbindungen, die man ‚laterale Geschichte' nennen könnte", und als „‚vertikale Geschichte' – die Geschichte einzelner Institutionen und Ideologien" beschrieben hat.[45] Für das geistige Eigentum ist die vertikale Geschichte jene der Institutionen und Rechtsnormen, die die Regeln zur Vervielfältigung, Verbreitung und Rezeption kultureller Güter festlegen: die Berner Konvention und das Welturheberrechtsabkommen; zwischenstaatliche Foren wie die diplomatischen Revisionskonferenzen der Berner Union oder Rat und Generalversammlung des Völkerbunds; und schließlich Regierungen, die die internationalen Schutzrechte auf nationaler Ebene anwenden und umgekehrt darauf zielen, ihre nationalen kultur- und wirtschaftspolitischen Interessen in die multilaterale Steuerung der wirtschaftlichen und kulturellen Verflechtung der europäischen und weltweiten Buch- und Medienmärkte einzubringen. Die laterale Dimension meint dagegen die Geschichte der Autoren und Kulturvermittler und der internationalen Organisationen wie der Berner Union, des Völkerbunds oder der UNESCO. Beide, internationale Organisationen und Kulturakteure teilen die zentrale Gemeinsamkeit, nicht auf eine der Ebenen von *governance by, with and without government* beschränkt zu bleiben, sondern alle drei Handlungsebenen für sich in Anschlag zu bringen und die Organisation des Internationalen so im Raum zwischen Staat, intergouvernementaler Politik und gesellschaftlicher Selbstorganisation anzusiedeln: Rechtsexperten, Verleger und Autoren wirkten in nationalen und internationalen Berufsverbänden, als Berater oder Lobbyisten auf nationaler Ebene, als nationale Delegationsmitglieder auf diplomatischen Konferenzen und in den Kommissionen von Völkerbund oder UNESCO. Die internationalen Organisationen agierten als Hüter internationaler Konventionen, als Koordinator internationaler Organisations- und Rechtssetzungsprozesse, als Moderator interorganisationeller Netzwerke zwischen staatlichen und gesellschaftlichen Akteuren und als Ansprechpartner für nationale Regierungsbeamte und Privatinteressen.

Die Eigenart von Kultur-, Wissens- und Informationsmedien, weltweit gehandelt und rezipiert zu werden und sich so einer nur nationalen politischen Kontrolle zu entziehen, zeigt exemplarisch die Verknüpfung von vertikaler und lateraler Geschichte im Sinne eines Zusammenspiels nationaler Rechtsinstitutionen, internationaler Organisationen und einer akteurszentrierten Analyse globaler Handlungszusammenhänge. Bei dieser Verflechtung von nationalstaatlichen Handlungsmonopolen, grenzüberschreitenden Netzwerken und internationalen Rechtssetzungsprozessen nehmen die internationalen Organisationen eine konstitutive Rolle ein. In ihren Organisationsstrukturen überschneiden sich die drei Ebenen von *global governance.* Zugleich sind sie die zentralen Akteure, die diesen Prozess moderieren und inhaltlich prägen. Die Berner Union, der Völkerbund und die UNESCO

45 *Bayly*, S. 16.

avancierten zu den Instanzen, die Verflechtung institutionalisierten, koordinierten und aktiv gestalteten. In diesem Sinne lautet eine These dieser Arbeit, dass internationale Organisationen die Instrumente und institutionellen Strukturen bereitstellen, in und mit denen eine bestimmte, auf westlichen Marktmechanismen beruhende Konzeption geistiger Eigentumsrechte seit dem Ende des 19. Jahrhunderts weltweit flächendeckend und – wie der Blick auf die europäischen Kolonien zeigt – auch unter Einsatz machtpolitischer Instrumente eingeführt wurde.

Die Interpretation von *global governance* als Schnittpunkt von staatlichem, zwischenstaatlichem und transnationalem Handeln knüpft an die in den letzten Jahren intensiv geführten Auseinandersetzungen um Welt- bzw. Globalgeschichte an. Mit diesen teilweise kontrovers geführten und auch lange noch nicht abgeschlossenen Diskussionen reagiert die Geschichtswissenschaft auf das deutliche Sichtbarwerden von Globalisierungsvorgängen in den letzten zwanzig Jahren und fragt, inwieweit eine bis dahin überwiegend westlich und um staatliche Einheiten gruppierte Geschichtsschreibung sich öffnen oder neu ausrichten müsse.[46]

Der Ausdruck Welt- oder Globalgeschichte ist im Hinblick auf seine historiographischen Vorläufer, der Periodisierung und den Abgrenzungsversuchen zwischen Weltgeschichte, Globalgeschichte und der *new global history* durchaus umstritten.[47] Dementsprechend zeigt ein Blick auf die neuere Literatur zu Gegenstand, Anliegen und Konzeption der Globalgeschichte, dass dieses Forschungsfeld derzeit dabei ist sich zu formieren, ohne dass es bereits einen Konsens über zentrale Begriffe und Analyseinstrumente gibt. Weitgehende Einigkeit herrscht jedoch bezüglich zweier zentraler Aspekte, die globalhistorische Forschungen kennzeichnen. Das ist zum einen die Minimaldefinition, dass Globalgeschichte „vor allem Interaktionsgeschichte ist und zwar Interaktionsgeschichte nicht nur über größere Distanzen, sondern vor allem auch über kulturelle Grenzen hinweg".[48] Der zweite Aspekt betrifft die Frage nach den Raumordnungen. Im Zuge des *spatial turn* ist die räumliche Dimension sozialer Beziehungen in die Aufmerksamkeit der Sozial- und Kulturwissenschaften gerückt.[49] Aufgrund der zunehmenden Dichte sozialer und wirtschaftlicher, kultureller und politischer Interaktionen über die Grenzen des Nationalstaats hinweg wird dieser nicht mehr zwangsläufig als dominanter Bezugspunkt für soziales Handeln interpretiert. Vielmehr etablieren sich alternative politische und wirtschaftliche, kulturelle, soziale und rechtliche Raumordnungen, die nationalstaatliche Grenzen über- oder un-

46 *Osterhammel* u. *Petersson*, S. 10 ff; *Grandner u. a.*; *Schwentker.*

47 Eine ausführliche Diskussion dieser historiographischen Traditionen und Ansätze: *Middell*, Universalgeschichte, S. 60–82; weiterhin: *Chickering*; *Hughes-Warrington*; *Osterhammel*, Alte und neue Zugänge; *Schulin.*

48 *Middell*, Universalgeschichte, S. 74; zum Begriff der Interaktionsgeschichte vgl. auch *Osterhammel*, Weltgeschichte.

49 *Döring* u. *Thielmann*; *Gunn*; *Schlögel*; *Schroer.*

terschreiten. Diese alternativen Raumordnungen sind jedoch nicht unumstritten, sondern können in Konflikt mit Bestrebungen geraten, solche grenzüberschreitenden Interaktionen durch die Einführung politischer Kontrollmechanismen auf suprastaatlicher oder nationaler, regionaler oder lokaler Ebene zu reterritorialisieren.[50] In diesem Sinne kennzeichnet Globalisierungsprozesse eine Widersprüchlichkeit, die in der Gleichzeitigkeit von globaler Integration und der Auflösung eindeutiger Hierarchien zwischen lokalen und regionalen, nationalen, transnationalen und globalen Räumen und gegenläufigen Maßnahmen liegt, zu genau definierten gesellschaftlichen oder politischen Einheiten zurückzukehren.[51] Der Auslöser dieses Prozesses ist in beiden Fällen die räumliche Ausdehnung gesellschaftlicher Interdependenz und das, was Michael Geyer und Charles Bright „global age" genannt haben, nämlich der Horizont der Akteure, unter den Bedingungen von Globalität zu handeln.[52]

Es gibt mehrere Möglichkeiten, diese zwar gegenläufige, aber zusammengehörige Dynamik von Globalisierung und Fragmentierung zu analysieren. Neben Forschungen zu Grenzen, die die Öffnung oder Schließung politisch definierter Territorien in den Blick nehmen,[53] spielen Konzeptualisierungen des Nationalstaats eine große Rolle, die diesen als Instrument zur politischen, sozialen oder wirtschaftlichen Kontrolle von Raum interpretieren. Solche Forschungen zu Territorialitätsregimen untersuchen Nationalstaaten als den Versuch, globale Interaktion zu kontrollieren mit dem Ziel der „exclusion of alternative claims on political or economic or sometimes even cultural outcomes" und der Schaffung räumlicher Einheiten „where decision space, the writ of effective legislation, shared the same boundaries with identity space, the extended turf that claimed citizens' loyalities".[54] Eine dritte Möglichkeit für die Analyse von Globalisierungsprozessen besteht darin, die Interdependenz von unterschiedlichen Verräumlichungsmustern zu untersuchen und diese daraufhin zu befragen, wie sie sich zueinander verhielten, ob sie sich ergänzten oder aber zueinander in Konkurrenz standen.[55] Eine Geschichte der Globalisierung geistiger Eigentumsrechte, wie sie in der vorliegenden Studie unternommen wird, argumentiert aus dieser Perspektive. Die Notwendigkeit, internationale Regeln für den Transfer kultureller Güter zu entwerfen, wird als eine direkte Folge von Globalisierungsvorgängen im 19. Jahrhundert interpretiert.[56] Erfindungen im Bereich der Drucktechnik, steigende Alphabetisierungsraten und verbesserte Möglichkeiten des Transports und der Kommunikation über lange Distanzen lösten eine räumliche Entgrenzung natio-

50 Exemplarisch: *Bayly*; *Clark*; *Maier*, Transformation; *Osterhammel*, Die Verwandlung; *Sassen*.

51 *Middell* u. *Naumann*, S. 153.

52 *Geyer* u. *Bright*.

53 Einen Überblick des Forschungsstandes gibt: *Franke*.

54 *Maier*, Transformation, S. 34 f.

55 *Grunzinski*; *Maier*, Consigning; *Revel*.

56 Vgl. Kapitel 2.

naler und regionaler Buchmärkte und eine daran geknüpfte Überwindung kultureller Grenzen aus. Eine Globalgeschichte des geistigen Eigentums fragt, wie nationale Regierungen und die dem nationalen Recht unterworfenen Autoren und Verleger auf diese räumliche Entgrenzung des Handels mit kulturellen Gütern reagierten. Im Zentrum steht die Herausbildung globaler Organisationsstrukturen und Rechte, die zwar jenseits des Nationalstaats lagen, ihn aber integrierten und den nationalstaatlichen Akteuren die Doppelbewegung erlaubten, Regelungskompetenz an internationale Organisationen abzugeben und trotzdem die sozialen und kulturellen Handlungsrechte der eigenen Kulturschaffenden nach Innen zu gestalten.[57] Dieses Vorgehen greift den Vorschlag auf, Globalisierung nicht als eine Metatheorie zu begreifen, die in der Tradition systemgeschichtlicher Ansätze die sukzessive Integration der Welt zu einem globalen Ganzen umfassend erklären könnte, sondern als Perspektive, die die Interdependenz und Verflochtenheit moderner Gesellschaften ins Zentrum rückt und die Konfliktpotentiale kritisch analysiert.[58]

Diese Herangehensweise knüpft zudem an Überlegungen der jüngst geführten Diskussion um transnationale Geschichte an.[59] Dieser Ansatz speist sich aus der gleichen Quelle wie die Diskussion um Globalgeschichte, nämlich der Erfahrung von der Entgrenzung moderner Lebenswelten. Die durchaus unterschiedlichen theoretischen, methodischen und thematischen Anregungen treffen sich alle in dem Bemühen, eine nur national konzentrierte Historiographie zu entgrenzen und sie durch das Sichtbarmachen alternativer sozialer und wirtschaftlicher, politischer und kultureller Raumordnungen zu über- und zu unterschreiten.[60] Transnationalisierung problematisiert Prozesse jenseits nationaler Eingrenzung, ohne dabei jedoch nationale Territorien oder Nation als Referenzrahmen zu negieren oder aufzugeben.[61] Vielmehr geht es darum, Nation und Nationalstaat analytisch in alternative räumliche Ordnungsschemata einzubetten, die sich nicht entlang nationaler Grenzen, sondern entlang der Verbreitung sozialer und kultureller Praktiken, der Diffusion von Wissen oder dem Einflussbereich internationaler Organisationen entfalten, dabei aber in einem expliziten Bezug auf Nation bestehen bleiben.[62]

57 *Navari*; zum Verhältnis verrechtlichter Wirtschaftsbeziehungen und der Entstehung eines sozial normierten Raumes vor 1914: *Petersson*, Eine Welt.

58 *Conrad* u. *Eckert*, S. 20; *Osterhammel* u. *Petersson*, S. 10; *Bright* u. *Geyer*, Regimes; *Zemon Davies*.

59 Einführend die im Rahmen des Internetportals *geschichte.transnational* geführte Diskussion: URL: http://geschichte-transnational.clio-online.net/forum/type=diskussionen (Stand: 23.12.2009); einen Einblick in einzelne Themenfelder, jedoch ohne Theorie- oder Methodendiskussion gibt: *Budde u. a.*

60 Exemplarisch die in *Geschichte und Gesellschaft* 2001/2002 geführte Diskussion: *Conrad*; *Osterhammel*, Transnationale Gesellschaftsgeschichte; *Wirz*; die räumliche Dimension von Transnationalisierung betonend: *Jackson u. a.*

61 *Patel*, Überlegungen, S. 628.

62 *Middell*, Transnationalisierung, S. 42; *Albert u. a.*, Transnational Political Spaces, S. 18; zu den

Der Ansatz, die Globalisierung geistiger Eigentumsrechte als eine *global governance* kultureller Güter zu analysieren, soll die Frage nach der Rolle des Nationalstaats in Prozessen der Transnationalisierung und Globalisierung an einem Beispiel systematisch beantworten. Auf der einen Seite muss sich eine Geschichte der globalen Ausdehnung des geistigen Eigentums zwangsläufig mit der Frage auseinandersetzen, welche Akteure neben dem Nationalstaat aktiv sind, wie diese zueinander stehen, in welchen Organisationsstrukturen die Globalisierung der Rechte stattfindet und welche Auswirkungen sie auf den Nationalstaat als Garant kultureller Handlungsrechte hat. Auf der anderen Seite kann eine solche Geschichte nicht auf den Nationalstaat verzichten. Denn das geistige Eigentum ist eine Eigentumsvorstellung, die gleichzeitig mit der Entstehung des modernen Verfassungs- und Verwaltungsstaats kodifiziert wurde und deren Durchsetzung bis heute vollständig auf seinem Rechtsmonopol ruht. Die Geschichte der Globalisierung geistiger Eigentumsrechte betont also die Bedeutung des Nationalstaats als Hüter des nationalen Rechts, verschiebt aber die Perspektive, indem sie ihren Ausgang bei den wichtigen globalen Akteuren nimmt, den internationalen Organisationen wie der Berner Union, dem Völkerbund oder der UNESCO.

Diese Blickverschiebung hat zwei entscheidende Vorteile gegenüber einer Analyse, die von der nationalstaatlichen Ebene ausginge. Da die internationalen Organisationen von Beginn an die Orte waren, an denen die Bemühungen zusammenliefen, geistige Eigentumsrechte multilateral zu regeln, erlauben sie erstens eine Zentralperspektive auf das gesamte Akteursfeld: nationale Regierungen bzw. staatliche Delegationen, Rechtsexperten, nationale und internationale Berufsverbände und das Personal der internationalen Organisationen. Dieser Blick von den globalen Strukturen zur Steuerung und Verrechtlichung des geistigen Eigentums auf die beteiligten Akteure ermöglicht es, die Reichweite und das Potential nationalstaatlicher Regelungskompetenz in globalen Handlungszusammenhängen zu analysieren. Gleichzeitig erlaubt es das mehrdimensionale Modell der *governance by, with and without government*, die transnationalen Akteure institutionell zu lokalisieren, ihre Handlungsspielräume auszuloten und ihrem Verhältnis zu den internationalen Organisationen einerseits und zu staatlichen Einrichtungen andererseits auf den Grund zu gehen.

Zweitens offenbart eine von den internationalen Organisationen ausgehende Analyse, dass die Handlungsspielräume erst der Berner Union und dann des Völkerbunds hierarchische Raumordnungen auflösten, in denen der Nationalstaat an oberster Stelle stand. Auf der einen Seite blieb der Nationalstaat zweifelsfrei die zentrale Handlungseinheit für die völkerrechtliche Normierung des geistigen Eigentums. Er war der einzige Akteur, der internationale Konventionen unterzeichnen, sie durch Ratifikation ins nationale

Schwierigkeiten bei der Abgrenzung der Begriffe transnational und international: *Zimmermann*, International.

Recht übersetzen und die nationalen kulturpolitischen Rahmenbedingungen an den internationalen Normen ausrichten konnte. Auf der anderen Seite zeigen die programmatische Eigenständigkeit dieser Organisationen sowie ihre Integrationsfreudigkeit gegenüber den nichtstaatlichen Akteuren, dass sich in der Berner Union und im Völkerbund die drei Ebenen staatlich, zwischenstaatlich und transnational überschnitten. Erstens waren sie der Ort für intergouvernementale Verhandlungen und erfüllten damit das aus der internationalen Geschichte stammende Paradigma, dass internationale Politik eine Angelegenheit zwischen souveränen Staaten sei. Aber im selben Atemzug unterminierten die internationalen Organisationen die Vorstellung, internationale Politik sei die Summe nationaler Regierungsentscheidungen. Vielmehr boten sie – das ist der zweite Aspekt – den national verankerten, aber unter den Bedingungen eines globalen Markts arbeitenden Kulturschaffenden die Möglichkeit, ihre Vorstellungen eines internationalen Autorenschutzes nicht mehr nur an die eigene Regierung zu adressieren. Stattdessen erhielten sie mit der Berner Union und dem Völkerbund eine zweite Instanz, die sich um ihre Rechte kümmerte und die in der Lage war, die Rechtsvorstellungen der transnationalen Akteure in zwischenstaatliche Verhandlung einzubringen.[63] Die Verleger, Autoren und Rechtsexperten konnten so wählen, ob sie ihre Wünsche entweder an die nationalstaatlichen Instanzen adressierten oder aber direkt an die Institution, in deren Rahmen die internationalen Verträge abgeschlossen wurden.[64] Drittens emanzipierten sich die Mitarbeiter der internationalen Organisationen schrittweise aus der anfänglichen Umklammerung durch die Nationalstaaten. Indem sie sich den Ruf erwarben, fachlich kompetent, neutral und ausschließlich dem Gegenstand verpflichtet zu sein, gelangten sie in die Position, den beteiligten Staaten von zentraler Stelle aus Handlungsempfehlungen zu geben – das Berner Büro im Ersten Weltkrieg – und neue internationale Abkommen unter weitgehendem Ausschluss der betroffenen Staaten eigenständig vorzubereiten – die OGZ des Völkerbunds in den dreißiger Jahren.

Die *global governance* geistiger Eigentumsrechte bezeichnet also die Erweiterung zwischenstaatlicher Verhandlungen um die Intervention von internationalen Organisationen und nichtstaatlichen Akteuren mit dem Ziel, unterschiedliche nationale Rechtsordnungen aufeinander abzustimmen, den grenzüberschreitenden Transfer kultureller Güter zu verrechtlichen und so die kulturelle und soziale Verflechtung nationaler Gesellschaften kontrollierbar zu machen.[65] Diese Dezentrierung des Nationalstaats und seine Einbindung in globale Steuerungs- und Regelungsstrukturen stellt dabei nicht seine Funk-

63 Vgl. insbesondere Kapitel 11c. Patricia Clavin interpretiert die Integration von Experten und professionellen Gruppen als die zentrale Dynamik internationaler Organisationen: *Clavin*, S. 426.

64 Zur Institutionalisierung transnationaler Beziehungen in internationalen Organisationen aus politikwissenschaftlicher Perspektive: *Kaiser*; *Lehmkuhl*, Transnationale Politik.

65 *Osterhammel*, Transnationale Gesellschaftsgeschichte, S. 472.

tion in Frage, über die nationale Organisation von Gesellschaft und Kultur zu entscheiden. Vielmehr betont dieses mehrdimensionale Modell die gemeinsamen Interessen der betroffenen Staaten, nämlich die rechtliche Absicherung des grenzüberschreitenden Handels mit kulturellen Gütern.[66] Mit der Berner Union, dem Völkerbund und der UNESCO entstanden somit kooperierende Ordnungen, deren Schnittpunkt die internationalen Organisationen selbst waren. Sie vervielfachten die Handlungsräume und -optionen insbesondere der gesellschaftlichen Akteure und organisierten die Kooperation von Regierungsvertretern, Autoren, Verlegern und Rechtsexperten, die in der Ausbildung einer mehrdimensionalen Organisationsstruktur für eine *global governance* kultureller Güter mündete.

Die vorliegende Arbeit ist eine analytische Auseinandersetzung mit den Fragen, wie die globale Verrechtlichung und Organisation kultureller Verflechtung institutionalisiert wurde, welche Effekte diese Institutionalisierung auf die Globalisierung geistiger Eigentumsrechte hatte und wer die treibenden Akteure waren. Diese Fragen werden von den internationalen Organisationen aus untersucht. Da sie die zentralen Akteure waren, liegt die Aufmerksamkeit auf der Ausbildung ihrer Organisationsstrukturen, ihrer Handlungsspielräume, ihrer Methoden und auf den Widerständen, die sie überwinden mussten. Eine reine Analyse des internationalen Akteurgefüges würde jedoch einer wesentlichen Besonderheit internationaler Verrechtlichungsprozesse nicht Rechnung tragen: Die Internationalisierung geistiger Eigentumsrechte ist auf die Übernahme in nationale Rechtsordnungen angewiesen. Internationale Konventionen und das Engagement des Völkerbunds, der UNESCO oder der Berner Union bleiben wirkungslos, solange ihre Initiative nicht von den nationalen Berufsverbänden und Regierungen aufgenommen und auf nationaler Ebene durch Gesetzgebung, Rechtsprechung und berufliche Praxis in die Tat umgesetzt wird. Deswegen wurde das Untersuchungsdesign um den historischen Vergleich nationaler Positionen erweitert.[67] Da das Augenmerk dieser Arbeit auf der Berner Konvention liegt, wird der Vergleich für den überwiegend europäischen Mitgliederkreis der Union anhand von Deutschland und Frankreich durchgeführt. Beide Länder teilen eine Reihe von Gemeinsamkeiten, die sie für einen Vergleich qualifizieren, der repräsentativ für die Haltung der Berner Unionsstaaten im Ganzen ist. Mit Deutschland und Frankreich stehen zwei Länder im Mittelpunkt, die seit dem Ende des 18. Jahrhunderts schrittweise einen Katalog von Handlungs- und Verfügungsrechten für Autoren und Verleger ausarbeiteten, die mit ihren auflagenstarken Verlagsindustrien den europäischen Buchhandel im 19. Jahrhundert anführten und die bereits früh erkannten, dass die prosperierenden Verlage nur dann im vollen Besitz ihrer Rechte waren, sobald sie Schutz vor Nachdruck im

66 Die Lösung von nationalen Loyalitäten in mehrdimensionalen Governance-Strukturen betont: *Risse-Kappen*, Structures, S. 286.

67 *Haupt* u. *Kocka*; *Siegrist*, Perspektiven.

Ausland erhielten.[68] Dementsprechend entpuppten sich beide Staaten bei der Gründung der Berner Union als treibende Kräfte, die trotz unterschiedlicher Vorstellungen, wie Autorenrechte völkerrechtlich kodifiziert werden sollten, einmütig für die Konvention votierten.[69] An dieser Position hielten beide Staaten auch nach 1918 fest und das ungeachtet der politischen sowie militärischen Feindschaften, die sie bis zur Verabschiedung des Welturheberrechtsabkommens 1952 ausfochten. Ausgehend von den internationalen Organisationen wird ein vergleichender Blick in die nationalen Gesellschaften geworfen. Das heißt, es findet kein Vergleich der Gesetzgebungen, politischen Maßnahmen und strategischen Positionen der nationalen Regierungen und Berufsverbände statt mit dem Ziel, übergeordnete Handlungszusammenhänge zu abstrahieren; dieser globale Kontext wird vielmehr als gegeben vorausgesetzt. Ein solcher Vergleich zielt nicht auf die Unterschiede zwischen Deutschland und Frankreich, sondern auf die Gemeinsamkeiten. Die Frage lautet, warum und mit welchen Motiven beide Gesellschaften trotz ihrer Gegnerschaft im Ersten Weltkrieg, der ideologischen Feindschaften in der Folge der Pariser Friedensverträge und der politischen Spannungen ab Mitte der dreißiger Jahre einmütig für die globale Ausdehnung geistiger Eigentumsrechte votierten und erst das Berner Büro und danach den Völkerbund ohne Einschränkung unterstützten. Dieser Blick auf die nationale Ebene muss aufgrund der globalen Perspektive allerdings kursorisch und exemplarisch bleiben. Das gilt für die Verbände der Autoren, Verleger und Fachjuristen, deren Lobbyarbeit und interorganisationellen Netzwerke nur untersucht werden, sofern sie für die Arbeit der Berner Union, des Völkerbunds oder der UNESCO bedeutsam waren. Es gilt ebenso für die nationalen Buchmärkte, deren Eigenheiten immer nur angedeutet werden zu Gunsten einer Perspektive, die kulturelle Güter als Waren und Transfergegenstände und damit die Beziehungen der Beteiligten ins Zentrum rückt.[70]

Schließlich gibt es einige Themen, die in dieser Arbeit zwar angeschnitten, aber nicht weiter verfolgt werden. Wie eingangs erläutert, umfassen Urheberrechte den Schutz gedruckter Werke, die mechanische Vervielfältigung von Musik und die industriell angewandte Kunst. Besonders die mechanische Reproduktion von Musik ist jedoch ein relativ junger Schutzbereich, der sich um 1900 erstmals als ernstzunehmendes Problem formierte und dessen na-

68 Einführend in die deutsche und französische Buchhandels- und Urheberrechtsgeschichte: *Barbier*, Histoire; *Wadle*, Entwicklungsschritte; *Wittmann*, Geschichte; zur internationalen Buchhandelsstatistik zwischen 1890 und 1950 vgl. Kapitel 8 und Anhang 1.

69 Ausführlich Kapitel 3a-b und Kapitel 6.

70 Zur Verschränkung von Vergleich und Beziehungsgeschichte innerhalb globalgeschichtlicher Fragestellungen: *Osterhammel*, Die Verwandlung, S. 16. Einschränkend sei hier angemerkt, dass die Forschung zur international vergleichenden Buch- und Mediengeschichte erst in den Anfängen steht, so dass die Analyse der europäischen, nordamerikanischen, japanischen und lateinamerikanischen Buchmärkte, wie sie in Kapitel 9 vorgenommen wird, nur Überblickscharakter besitzt.

tionale sowie internationale Kodifikation in den zwanziger Jahren einsetzte.[71] Dementsprechend war die Zwischenkriegszeit von starken urheberrechtlichen Kontroversen bestimmt, in denen eine Vielzahl von Akteuren (Komponisten und aufführende Künstler, Filmproduzenten und Musikverwerter wie Plattenindustrien oder Radiostationen) diesen neuen Rechtsgegenstand ausmaßen, Paradigmen für Erlaubnis- und Verbotsrechte formulierten und um einen ‚fairen' Interessensausgleich stritten. Da jedoch die Gefahr bestünde, dass diese im hohen Maß kontroversen Kodifikationsprozesse, die letztlich auch erst lange nach dem Zweiten Weltkrieg abgeschlossen wurden, das eigentliche Thema dieser Arbeit überlagerten und die Aufmerksamkeit von der Entstehung einer globalen Verrechtlichungs- und Organisationsstruktur für kulturelle Güter ablenkten, wird der ganze Bereich der musikalischen Urheberrechte ausgespart. Stattdessen gilt die Aufmerksamkeit den Rechten für gedruckte Werke. Sie haben den großen Vorteil, dass die Diskussion um die Gewichtung und Rollenverteilung zwischen Autoren, Verlagen und Publikum zu Beginn des 20. Jahrhunderts weitestgehend abgeschlossen war. Diese Ausrichtung schließt noch ein weiteres Thema aus, nämlich Zensur und staatliche Repressionsmaßnahmen gegenüber Kulturschaffenden. Die Konzentration auf die Rechte des gedruckten Buchs impliziert eine allgemeine Diskussion des rechtlichen, gesellschaftlichen und kulturellen Stellenwerts von Büchern, abstrahiert dabei aber von politischen Rahmenbedingungen, die das Veröffentlichen von Büchern entweder erlauben oder verbieten.

Ein zweiter großer Themenkomplex, der nicht weiter vertieft werden kann, ist die politische, wirtschaftliche und soziale Bedeutung der amerikanischen Staaten in der Zwischenkriegszeit und die Rolle der Panamerikanischen Union als Instrument der regionalen Integration. Für die OGZ des Völkerbunds und das geistige Eigentum spielte die Panamerikanische Union in den dreißiger Jahren eine große Rolle. Unter ihrer Verwaltung standen die zwischen den amerikanischen Staaten abgeschlossenen Urheberrechtsabkommen, die mit der Berner Konvention harmonisiert werden sollten.[72] Neben Hinweisen auf die ungleiche Wirtschaftskraft europäischer und insbesondere lateinamerikanischer Verlage berührte die Entscheidung der amerikanischen Staaten für oder gegen einen gemeinsamen europäisch-amerikanischen Rechtsraum die Fragen nach dem Verhältnis der lateinamerikanischen Staaten und der USA zum Völkerbund und nach dem politischenStellenwert der Monroe-Doktrin, deren Bedeutung in der skeptischen Haltung der USA immer wieder aufschien.[73] Für diesen großen Themenkomplex gilt im weitesten Sinne das, was auch schon für die musikalischen Urheberrechte gesagt wurde. Die Paname-

71 *Dommann*; *Goldstein*; *Kraft*; *Laing*; *Lenk*.

72 Zur Gründungsidee, Funktionsweise und den Organen der Panamerikanischen Union: *Yepes* u. *da Silva*; zum Verhältnis zwischen Völkerbund und den südamerikanischen Staaten: *Perez-Guerrero*.

73 Ausführlich Kapitel 13b.

rikanische Union bedürfte einer gesonderten Untersuchung, um die Rolle dieser Organisation und die Motivation der einzelnen Staaten, globale Autorenrechte entweder zu unterstützen oder abzulehnen, hinreichend darstellen zu können. Daher wird sie nur soweit vertieft, wie es für das Verständnis der Funktions- und Arbeitsweise der OGZ wichtig ist. Stattdessen werden die überwiegend europäischen Autoren, Verleger und Mitgliedsstaaten der Berner Union sowie die an diesen Gruppen orientierte OGZ des Völkerbunds in den Mittelpunkt gerückt.

I. Die Entstehung eines globalen Autorenschutzes

In der Mitte des 19. Jahrhunderts hatte sich der Gedanke, Autoren und Verwerter gesetzlich vor Nachdruck zu schützen, europaweit durchgesetzt und die bis dahin vorherrschende Privilegienpraxis abgelöst. Es blieb jedoch das Problem, dass sich das Buch im Zuge der „Europäisierung von Handel und Gewerbe“[1] zu einem Wirtschaftsgut entwickelte hatte, mit dem Verlage zwar teilweise beachtliche Gewinne erzielten,[2] aber nur so lange, wie der erste Verleger verhindern bzw. zumindest eindämmen konnte, dass ein Buch an einem anderen Ort ohne seine Erlaubnis hergestellt und verkauft wurde. Die Eigenart kultureller Güter, an verschiedenen Orten gleichzeitig produziert und verbreitet werden zu können, ohne dabei an Qualität zu verlieren oder sich zu verbrauchen,[3] kann innerhalb eines Staatsterritoriums durch die Einführung einer spezifischen Eigentumsordnung und einer strengen Nutzungskontrolle gelöst werden.[4] Jedoch kann ein nationales Recht nicht verhindern, dass Verlage im benachbarten oder fernen Ausland die Eigentumsansprüche der Autoren und Verwerter missachten und Bücher ohne Zahlung von Lizenzgebühren übersetzen oder nachdrucken. Der Aufbau eines lückenlosen Autorenschutzes auf nationaler Ebene ist nur dann effizient, wenn Autoren und Verwerter im gleichen Zug auch außerhalb des nationalen Territoriums rechtlich geschützt werden.

Im Folgenden geht es um diese Interdependenz von nationaler Gesetzgebung und internationalem Rechtsschutz sowie von nationaler Kulturpolitik und europäischem Publikum. Es wird gezeigt, wie die europäischen Staaten sich seit dem frühen 19. Jahrhundert bemühten, die zumeist noch sehr jungen nationalen Urheberrechtsgesetze erst durch bilaterale Verträge und danach durch multilaterale Abkommen zu ergänzen, und wie sie in diesem Zug rechtliche, politische und institutionelle Standards ausarbeiteten, die bis weit in die zweite Hälfte des 20. Jahrhunderts hinein Maßstäbe für den internationalen Autorenschutz setzten. Der Fokus liegt dabei erstens auf den Akteuren, die die Internationalisierung betrieben, auf ihren Motiven und ihren Vorstellungen von einer adäquaten rechtlichen, politischen und wirtschaftlichen Ordnung des Internationalen. Dabei wird argumentiert, dass die Gründung einer internationalen Organisation wie der Berner Union zum Schutz des literarischen und künstlerischen Eigentums nicht nur in dem Sachproblem

1 *Ambrosius*, Regulativer Wettbewerb, S. 35.
2 Exemplarisch: *Darnton*, Glänzende Geschäfte.
3 Zu den Eigenschaften öffentlicher Güter: *Goldhammer*.
4 *Siegrist*, Die Propertisierung.

wurzelte, die Rechte von Autoren und Verwertern im Ausland zu garantieren, sondern sie bedeutete im selben Atemzug eine politische Antwort auf die sich wandelnde Gestalt der internationalen Beziehungen in der zweiten Hälfte des 19. Jahrhunderts. Zweitens geht es um die rechtspolitischen Auseinandersetzungen über Form und Inhalte eines internationalen Autorenschutzes und die Lösungen, die gefunden wurden, um den unterschiedlichen nationalen Rechtstraditionen der einzelnen europäischen Staaten auf multilateraler Ebene gerecht zu werden. Schließlich stellt sich die Frage nach den Auswirkungen der 1886 gegründeten Berner Union für den Schutz des literarischen und künstlerischen Eigentums, deren Organisationsstruktur die Handlungsspielräume nationaler Regierungen veränderte, den bis dahin primär national wirkenden Verlegern und Autoren neue Möglichkeiten der Mitwirkung eröffnete und der Durchsetzung geistiger Eigentumsrechte auf globaler Ebene eine neue Dynamik verlieh.

Die Auseinandersetzung mit den Motiven und Gründen, Autoren vor Nachdruck zu schützen, stellt im ersten Kapitel die zwei zentralen Problembezüge vor, mit deren Hilfe das geistige Eigentum in dieser Arbeit kontextualisiert wird: eine kulturwissenschaftliche Analyse geistiger Eigentumsrechte und die Problematisierung der räumlichen Dimension dieser kulturellen Handlungsrechte. Das Kapitel stellt geistiges Eigentum als ein europäisches Problem vor, das alle europäischen Gesellschaften aufgrund des Buchdrucks, der zunehmenden Bedeutung von Wissen und Bildung sowie der Professionalisierung von Wissenschaft und Kultur früher oder später betraf. Ab der Mitte des 18. Jahrhunderts entwarfen die sich nationalisierenden europäischen Gesellschaften spezifisch nationale Lösungen, die der Struktur der jeweiligen Buchmärkte und den Bildungsbedürfnissen, gesellschaftstheoretischen Vorstellungen über Individualität und der Rolle von Eigentum und Recht für die Konstitution einer Gesellschaft entsprangen. Diese nationale Differenzierung wird exemplarisch vergleichend an den auflagenstarken und Autorenrechte früh kodifizierenden Ländern England, Frankreich und Deutschland veranschaulicht. Die USA werden in diesen Vergleich einbezogen, weil der US-amerikanische Buchmarkt ab ca. 1900 für die europäische Rechtsentwicklung an Bedeutung gewann und weil das angloamerikanische *copyright* einige Besonderheiten auszeichneten, die für das Vorhaben des Völkerbunds in der Zwischenkriegszeit zentral waren, die europäischen und amerikanischen Autorenrechte anzugleichen.

Das zweite Kapitel verortet die Internationalisierungsbestrebungen der vorwiegend europäischen Autoren und Verleger im Gefüge der internationalen Beziehungen der zweiten Hälfte des 19. Jahrhunderts und ordnet die Berner Union in das seit der Mitte des Jahrhunderts immer dichter werdende Geflecht sozialer, wirtschaftlicher, kultureller und politischer Interaktionen zwischen Europa, Amerika und den europäischen Kolonien ein, das die historische Forschung mit dem Begriff Globalisierung beschreibt. Es wird gezeigt, dass die Berner Union eine von mehreren internationalen Organisationen war, mit denen nationale Regierungen darauf reagierten, dass der grenzüberschreitende Fluss von Informationen und Wissen, Kapital, Personen und Gütern jeder Art quer zur Territorialisierung staatlicher Hoheitsrechte verlief und in der Folge neue kulturelle, soziale und wirtschaftliche Raumordnungen entstanden, die nicht mehr mit national definierten Handlungsrechten übereinstimmten.

Das dritte Kapitel blickt auf die immer dichter werdende globale Verflechtung von Gesellschaft, Wirtschaft und Kultur im 19. Jahrhundert und die zentrale Rolle, die internationale Organisationen wie die Berner Union in diesem Prozess spielten. Es wird gezeigt, wie die Union den Fluss von Informationen, Wissen und kulturellen Gütern mit Hilfe eines internationalen Regelwerks verrechtlichte, das für alle Mitgliedstaaten unabhängig von ihrer politischen Bedeutung, ihrer wirtschaftlichen Kraft oder ihres kulturellen Einflusses verbindlich war, und das gleichzeitig die Konvention mit den kultur- und rechtspolitischen Zielen der Autoren und Verleger in den Mitgliedsstaaten verknüpfte. Das vierte Kapitel analysiert die Rolle der Union im Ersten Weltkrieg. Diskutiert wird die in der Einleitung formulierte These, dass internationale Organisationen gestaltend in die internationalen Beziehungen eingriffen, indem sie die Mitgliedsstaaten zur Einhaltung der internationalen Verträge aufforderten, Maßnahmen zur Optimierung der Vertragswerke anschoben und sich dafür der Unterstützung der transnationalen Akteure aus Kultur, Gesellschaft und Wirtschaft versicherten. Das fünfte Kapitel zieht schließlich ein Zwischenfazit. Anhand des geistigen Eigentums wird die Erklärungskraft einschlägiger Interpretationen zur Bedeutung von internationalen Organisationen in den internationalen Beziehungen kritisch befragt. In Anlehnung an politikwissenschaftliche Modelle wird argumentiert, dass internationale Organisationen die Globalisierung von Gesellschaft, Kultur und Wirtschaft seit der zweiten Hälfte des 19. Jahrhunderts wesentlich mit gestalteten, indem sie diese Verflechtungsvorgänge verrechtlichten und Organisationsstrukturen bereitstellten für die Interaktion von staatlichen und nicht-staatlichen Akteuren und für eine fachlich kompetente, neutrale und deswegen autoritative Moderation grenzüberschreitender Interaktionen.

1. Vom Autor zum Urheber: Die eigentumsförmige Institutionalisierung kultureller Güter in Europa bis 1886

Gesetze zum Schutz von Autoren sind ein vergleichsweise junges Phänomen, das sich zwischen 1750 und 1850 in den säkularen, marktwirtschaftlichen und liberalen Gesellschaften Europas, Nord- und Südamerikas verbreitete. Im Zuge der Nationalisierung und Verrechtlichung von Politik und Wirtschaft, Gesellschaft und Kultur verwandelten Urheberrechte sich in eine Institution, die auf nationaler Ebene die Beziehungen zwischen den verschiedenen Trägern der nationalen Kultur und Öffentlichkeit mit Hilfe von Eigentumsrechten regelte. Im Verlauf des 19. und 20. Jahrhunderts schlug dieses Modell weltweit Wurzeln und wurde wesentlich für die Institutionalisierung und Organisation des kulturellen Feldes. Urheberrechte schreiben die Regeln zur Reproduktion, Verbreitung und Verwertung kultureller Güter vor, legen den Grad fest, in dem ein Werk zugänglich ist, und dienen auf nationaler und internationaler Ebene als ein kultur-, wirtschafts- und bildungspolitisches Steuerungsinstrument.

a) Die Verrechtlichung des geistigen Eigentums bis 1800

Autorenrechte regeln Ausmaß und Umfang, in dem moderne Gesellschaften auf kulturelle Werke zugreifen, sie rezipieren, reproduzieren und in ihren Alltag integrieren. Mit Mitteln des Rechts erlauben, verschließen und begrenzen sie den freien Zugang zu kulturellen Gütern und formulieren klare Regeln, die Nutzern, Verwertern und anderen Kulturschaffenden die Aufführung und Vervielfältigung, Verwertung, Übersetzung oder die Aneignung für eigene kreative Zwecke erlauben. Die Erfindung des Buchdrucks mit beweglichen Lettern im 15. Jahrhundert steht am Beginn der Geschichte der Autorenrechte. Erst die mechanische und arbeitsteilig organisierte Herstellung von Büchern in tendenziell unbegrenzter Auflage, die ihre massenhafte und überregionale Verbreitung ermöglichte, warf die Frage auf, wem das Recht gehören sollte, literarische und künstlerische Werke zu verwerten.[1]

Die tief greifenden sozialen und kulturellen Auswirkungen des modernen Buchdrucks zunächst auf die europäischen und in der Folge auch auf außereuropäische Gesellschaften hat die Forschung mit Begriffen wie Medienrevolution, Verwissenschaftlichung und Leserevolution vielfach beschrieben. Hinter diesen Begriffen verbirgt sich die Entstehung von Gelehrten und Gelehrtennetzwerken in der Frühen Neuzeit,[2] die im Zuge der räumlichen Expansion des Buchhandels zu einer wachsenden Verflechtung regionaler

1 *Barbier*, Histoire; *Chartier*, Culture écrite; *Clair*; *Feather*, Publishing; *Finkelstein* u. *McCleery*; *Giesecke*; *Hall*, A History; *Wittmann*, Geschichte.

2 *Bots* u. *Waquet*; *Burke*, Erasmus; *ders.*, Papier; *Garber* u. *Wismann*; *Goodman*; *Maczak*; *Masseau*.

Buchmärkte und Wissensbestände führten.[3] Im 18. Jahrhundert entstanden moderne Wissenssysteme in Form von Bibliotheken und Enzyklopädien, die die ständig wachsende literarische und wissenschaftliche Buchproduktion sortierten, verwalteten und zugänglich machten,[4] während im 19. Jahrhundert vor allem die Verwissenschaftlichung der Ausbildungs- und Wissenssysteme sowie die Professionalisierung und Nationalisierung von Kunst, Kultur und Wissenschaft stattfand.[5] Schließlich ist die Alphabetisierung zu nennen, die Lesen und Bildung breiten Bevölkerungsschichten zugänglich machte und in der zweiten Hälfte des 19. Jahrhunderts eine große Nachfrage nach preiswerten Büchern schuf.[6] Die Entstehung des modernen Buch- und Kunstmarkts, die Professionalisierung von Schriftstellern und Gelehrten, Künstlern, Komponisten und Musikern sowie ihr Schritt aus der höfischen Patronage in die gesellschaftliche Öffentlichkeit warf die Frage nach den Eigentumsrechten an Druckwerken neu auf. Die Aufteilung von Eigentums- und Benutzungsrechten zwischen Autoren, Verwertern und Publikum musste geklärt werden, sobald Autoren in den sich liberalisierenden bürgerlichen Vertragsgesellschaften Eigentumsansprüche auf ihr Werk stellten mit dem Argument, sie seien die Werkschöpfer und beabsichtigten, von den wirtschaftlichen Erträgen des Verkaufs zu leben.[7]

Diese Frage wurde im 18. Jahrhundert in rechtsphilosophischen und rechtstheoretischen Diskussionen über den gesellschaftlichen und individuellen Stellenwert des „Kulturschaffens“[8] verhandelt. Zur Diskussion stand die Beziehung zwischen den Produzenten von Kultur (Schriftsteller, Komponisten, bildende Künstler), den Kulturvermittlern (Verleger, aufführende Künstler), dem Publikum, der gesellschaftlichen Öffentlichkeit und den juristischen Instanzen wie Gesetzgeber und Rechtsprechung.[9] Ausgelöst wurden diese mit viel Vehemenz geführten Auseinandersetzungen durch ein konkretes Problem, nämlich die nur begrenzte Wirksamkeit von Druckprivilegien, die Drucker und Verleger bis ins späte 18. Jahrhundert vor unerlaubtem Nachdruck durch Konkurrenten schützen sollten.[10] Orientiert am frühneuzeitlichen Privilegienwesen für den Schutz von Erfindern, verliehen Landesherren, Könige und Kaiser einzelnen Verlegern oder Druckern zeitlich und räumlich begrenzte, exklusive Vervielfältigungsrechte. Dienten diese Privile-

3 Vgl. u.a. *Barbier u.a.*, L'Europe; *Barbier*, Est-ouest; *Chartier*, L'Ordre.

4 *Barbier* u. *Monok*; *Daston*; *Kelley* u. *Popkin*; *Zedelmaier.*

5 *Charle*, La naissance; *ders.*, Les intellectuels; *Haferkorn*, Zur Entstehung; *Ruppert*; *Rüegg*; *Siegrist*, The Professions.

6 Vgl. u.a. *Cipolla*; *Vincent*, The Rise.

7 *Siegrist*, Geschichte, S. 69.

8 *Rehbinder*, Urheberrecht, S. 1.

9 Für Deutschland: *Fichte*; *Kant*; *Lessing*; *Pütter*; für England: *Defoe*; *Macaulay*; *Pope*; *Young*; für Frankreich: *de Beaumarchais*; *Bonassies.*

10 Vgl. u.a. *Gieseke*, bes. S. 39–73; *Vogel*, Geschichte, S. 74 ff; zur Bedeutung medientechnischer Umbrüche für die Entstehung des modernen Urheberrechts: *Barbier* u. *Bertho Lavenir*; *Dommann*; *Eisenstein*; *Wadle*, Die Entfaltung.

gien der Obrigkeit auf der einen Seite als Kontroll- und Zensurinstrument, waren sie auf der anderen Seite eine gewerbepolitische Reaktion auf den Buchhandel im frühneuzeitlichen Europa, in dem eine rasch anwachsende Zahl von Druckern und Verlegern die neue Erfindung der Druckerpresse für den Nachdruck antiker, mittelalterlicher und zeitgenössischer Schriften nutzte.[11] Zu einem Problem wurde der freie Nachdruck, als die Zahl der Verleger und die der angebotenen Buchexemplare soweit anstieg, dass der Rückfluss der Investitionskosten in Drucktechnik und Material nicht mehr sicher gestellt war. Exklusive Druckprivilegien lösten das Problem des Raubdrucks jedoch nur vorübergehend. Denn die auf den Einfluss- und Herrschaftsbereich des Landesherren beschränkte Reichweite der Privilegien konnte das wirtschaftliche Risiko der Drucker nur innerhalb des Herrschaftsgebiets verkleinern, nicht jedoch Nachdrucke in benachbarten oder in anderen europäischen Regionen verhindern. Ein bekanntes Beispiel aus dem 18. Jahrhundert sind die Verlage der französischsprachigen Schweiz (allen voran die *Société typographique de Neuchâtel*), die die bis zur Französischen Revolution in einer Zunft organisierten Pariser Verleger und Drucker durch umfangreiche Nachdrucke verärgerten, gegen die die Druckprivilegien des französischen Königs jedoch machtlos blieben.[12]

Kamen die Druckprivilegien anfänglich nur den Verlegern im Sinne eines Gewerbemonopols zu Gute, zeichnete sich in der Folge des ersten Gesetzes zum Schutz von Urheberrechten, dem englische *Statute of Anne* von 1710, in der englischen und später auch in der kontinentalen Rechtstheorie, Gesetzgebung und Rechtspraxis eine Verschiebung des Rechtsschutzes zu Gunsten der Autoren ab.[13] In langwierigen philosophischen, rechtlichen und publizistischen Auseinandersetzungen gewannen die englischen Autoren in der zweiten Hälfte des 18. Jahrhunderts die Werkherrschaft und beanspruchten gegenüber den Verlegern das originäre Recht, über den immateriellen Gehalt des Werks und über seine materielle Verwertung zu entscheiden. In diesen Diskussionen bestimmten sie das Verhältnis von Materialität und Immaterialität eines Textes neu, indem sie mit moralischen und ästhetischen Argumenten die spezifische Form und Gestaltung des dargebotenen Inhalts in den Blick rückten und ihn als Ausdruck künstlerischer Kreativität und damit als Ausdruck der Individualität und Persönlichkeit des Autors selbst interpretierten.[14]

11 *Burke*, Papier, S. 139–205. Da sich die Tätigkeitsbereiche von Druckern und Verlegern bis ins 19. Jahrhundert hinein weitestgehend überschnitten, werden die Begriffe an dieser Stelle gleichwertig verwendet: *Bosse*, S. 26.

12 *Darnton*, Glänzende Geschäfte; *ders.*, Die Wissenschaft; *Schöndorf.*

13 Zu den wegweisenden Implikationen des *Statute of Anne* für die weitere Rechtsentwicklung: *Boytha*, Die historischen Wurzeln, S. 78 ff; *Rose*, Authors and Owners, S. 31–48.

14 *Geller*, S. 221 ff; *Jaszi*, Toward; *Rose*, The Author in Court; *Saunders*; *Sherman* u. *Strowell*; *Woodmansee*, The Genius; zur analogen Konstruktion der Figur des Erfinders im U.S.-amerikanischen Patentrecht im 20. Jahrhundert: *Scafidi*, Digital Property.

In der Rechtspraxis schlug diese genieästhetische und subjektzentrierte Auffassung von Werk und Autor 1774 mit dem englischen Gerichtsurteil *Donaldson v. Beckett* durch, das drei Paradigmen in die Diskussion einführte, die bis heute maßgeblich für das kontinentaleuropäische und angloamerikanische Autorenrecht sind. Erstens beendeten die Richter des *House of Lords* die Annahme eines ewigen, gewohnheitsrechtlich begründeten Verlagseigentums am Manuskript. Stattdessen unterstellten sie die Verwertungsrechte dem Gesetzesrecht des *Statute of Anne* und verorteten die ursprünglichen Eigentumsrechte an einem Manuskript bei den Autoren, von denen die Verlagsrechte immer nur abgeleitet werden konnten. Diese Entscheidung hatte zur Folge, dass die Verwertungsrechte von Autoren und Verlegern nicht mehr ewig waren, sondern einer zeitlichen Befristung gemäß den Regeln des Gesetzesrechts unterworfen wurden (vierzehn Jahre und die Möglichkeit zur einmaligen Verlängerung um weitere vierzehn Jahre). Zweitens unterschied das Urteil zwischen dem materiellem und dem immateriellem Gehalt eines Werks. Es erkannte den „act of creation"[15] als den alle Autorenrechte begründenden Akt an. Er schaffe eine besondere Beziehung zwischen Werk und Autor, die dem Autor das exklusive Recht verleihe, allein über die materielle Verwertung seines Werks zu verfügen. Wesentlich unterstützt wurde diese Auffassung von der „Eigenthümlichkeit"[16] eines Werks durch die gleichzeitige Verbreitung des besitzindividualistischen Denkens. Besonders in den kontinentaleuropäischen Diskussionen und Kodifikationsprozessen beförderten liberalistische Denkfiguren in Kombination mit einer naturrechtlichen Begründung der immateriellen Werkherrschaft des Autors die Unterstellung von kulturellen Gütern in ein privatrechtliches Eigentumsverständnis.[17] Schließlich führte das Urteil die Öffentlichkeit als eine dritte am Werk interessierte Interessenpartei in das Recht ein. Als „an act for the encouragement of learning" bestimmte der *Statute of Anne*, dass alle Werke nach Ablauf der Schutzfrist gemeinfrei seien und in öffentliches Eigentum (*public domain*) der Gesellschaft übergingen, um so die Weiterbildung der Gesellschaft in Wissenschaft, Kunst und Kultur zu gewährleisten.[18] Die zeitliche Befristung der Autorenrechte zielte auf einen Ausgleich privater und öffentlicher Interessen. Die Gesellschaft sollte nach Ablauf der Schutzfrist einen möglichst ungehinderten Zugang zu kulturellen Gütern bekommen, der das materielle Aus-

15 *May* u. *Sell*, S. 93.

16 *Plumpe*, Eigentum.

17 *Bosse*; *Dock*; *Earle*; *Kawohl*.

18 *Deazley*, On the Origin; *ders.*, Copyright's Public Domain; *Rose*, The Author as Proprietor; Statute of Anne: An Act for the Encouragement of Learning, by Vesting the Copies of Printed Books in the Authors or Purchasers of Such Copies, During the Times Therein Mentioned, 1710, 8 Anne, c.19, in: Primary Sources on Copyright (1450–1900), URL: http://copyright-project.law.cam.ac.uk/cgi-bin/kleioc/0010/exec/ausgabe/%22uk_1710 %22 (Stand: 23.12.2009).

kommen der Autoren nicht in Frage stellte, weil sie ihre Eigentumsrechte am Werk vorher exklusiv verwerten konnten.[19]

Mit der Kodifikation der Lehre vom geistigen Eigentum,[20] wie sie im 18. Jahrhundert entwickelt wurde, und ihrer Einbindung in den Gesetzeskanon der sich herausbildenden Marktgesellschaften war der Autor im Verlauf des 19. Jahrhunderts definitiv zum Urheber geworden: Er war eine Rechtsperson mit gesetzlich begründeten materiellen und ideellen Rechten, die sein Marktrisiko in einer dynamischen Wirtschaft und Kultur wenn nicht verringern, so doch zumindest berechenbar machen sollten.[21] Dabei avancierten die Auffassung von der Präsenz des Autors in seinem Werk und die daraus abgeleiteten persönlichkeitsrechtlichen Eigentumsansprüche im Verlauf des 18. und im 19. Jahrhundert zum wesentlichen Merkmal des kontinentaleuropäischen Autorenrechts. Diese Denkfigur erlaubte es, die Subjektivität des Autors aufgrund seiner besonderen schöpferischen Leistung herauszustellen, den Autor in ein Rechtssubjekt zu verwandeln, das die Rechtsherrschaft über sein Werk ausübte, die Verwertungsrechte zu einem exklusiven Handlungsrecht der Autoren zu erklären und die Handelsware Buch in ein immaterielles Gut zu transformieren.[22]

b) Nationale Wege des Autorenschutzes im Vergleich

Der Übergang vom Privileg, das den Druck und die Vervielfältigung eines Manuskripts regelte, zur Kodifikation des geistigen Eigentums als ein subjektives Recht,[23] das den Autor zum Eigentümer seines Werks erhob, ihm Vermögensansprüche zuwies und ihn konkurrenzfähig auf einem sich liberalisierenden literarischen Markt machte, geschah in England im 18. Jahrhundert, in Frankreich im Gefolge der Französischen Revolution, in Deutschland im 18. und frühen 19. Jahrhundert und in den USA im Zuge der Unabhängigkeitserklärung. Auch wenn die Gesetzgeber und Rechtstheoretiker, Richter, Autoren und Verleger in allen Ländern vor vergleichbaren Problemen standen, bildeten die nationalen Urheberrechtsgesetze sich nach spezifischen Mustern aus. Sie entwarfen nationale Lösungen, die die zeitliche

19 *Davies*; *Götz von Olenhusen*, „Ewiges geistiges Eigentum"; die Rolle öffentlicher Interessen für die Informationsgesellschaften des 20. Jahrhunderts kritisch aufarbeitend: *Halbert*.

20 Zur umstrittenen Rezeption der Idee des geistigen Eigentums in der deutschen Rechtswissenschaft: *Klippel*, Die Idee; *Ohly*; *Pahlow*; *Seckelmann*, Schutz oder Monopolisierung; *Wadle*, Zur Wiederkehr; zur Herausbildung und Institutionalisierung des Urheberrechts als Rechtsdisziplin vgl. *Mohnhaupt*.

21 *Ruffini*, S. 391 ff; *Klippel*, Historische Wurzeln.

22 *Hilmer*; *Hutter*; *Oberndörfer*; *Ortland*; *Woodmansee*, On the Author Effect; eine kritische Sicht auf die Einheit von Werk und Autorperson anmahnend: *Foucault*; *Jaszi*, On the Author Effect.

23 Zur privatrechtlichen Konzeption des Urheberrechts im Rahmen eines bürgerlichen Eigentumsverständnisses: *Boytha*, Fragen der Entstehung, S. 182; *Rehbinder*, Urheberrecht, S. 1 f.

Befristung, die Berücksichtigung öffentlicher Interessen und die Aufteilung der Rechte zwischen Autoren und Verlegern im Sinne der eigenen kultur-, rechts- und wirtschaftspolitischen Erfordernisse regelten.

England war das Pionierland eines werkzentrierten Vervielfältigungsrechts (*copyright*), das anstelle des ewigen Verlagsrechts eine zeitliche Befristung setzte, den Autor als Rechtssubjekt anerkannte und die geschützten Werke nach Ablauf einer genau definierten Frist als öffentliches Eigentum deklarierte.[24] Im Unterschied zur kontinentaleuropäischen Entwicklung konzipierte der *Statute of Anne* die Autorenrechte jedoch nicht als ein Eigentumsrecht an immateriellen Gütern. Stattdessen war es ein *right to copy*, das dem Autor zwar exklusive, aber zeitlich befristete Druck- und Vervielfältigungsrechte zugestand. Dahinter verbarg sich ein Kampf um die Liberalisierung des englischen Buchhandels im Gefolge der englischen Revolution. Das Gesetz von 1710 zielte darauf, die unangefochtene Monopolstellung der englischen Verlagszunft, der *Stationer's Company*, aufzubrechen und an ihre Stelle ein antimonopolistisches Handels- und Gewerberecht zu installieren. Mit seiner kurzen Schutzfrist von zweimal vierzehn Jahren und der expliziten Zielsetzung, Kreativität zu stimulieren und geleistete Arbeit durch zeitlich befristete Ausschlussrecht zu belohnen, behielt das englische Recht bis zum Anfang des 19. Jahrhunderts den Charakter eines Gewerberechts. Das änderte sich erst in den vierziger Jahren des 19. Jahrhunderts mit einer kontrovers diskutierten Gesetzesreform, die die Schutzfrist schließlich auf 42 Jahre oder auf die Lebenszeit plus sieben Jahre *post mortem auctoris* ausdehnte. Bedeutend, und deswegen auch umstritten, war dieses Gesetz, weil es die Aufwertung der Autorperson gegenüber den Verlagen, wie sie in *Donaldson v. Beckett* geschehen war, von der Ebene der Rechtsprechung auf die der Gesetzgebung verlagern und damit explizit die antimonopolistische Stoßrichtung des *copyright* abschwächen wollte. Die Verlängerung der Schutzfrist auf Lebenszeit und für begrenzte Zeit danach bekräftigte den langsamen Wandel des Autorverständnisses und des Werkbegriffs, der seit 1710 stattgefunden hatte. Der Autor war zum Genie und Schöpfer geworden, der das moralisch und ästhetisch begründete Recht hatte, über den Verbleib und die Integrität seines Werks ausschließlich selbst entscheiden zu dürfen. Trotz dieser signifikanten Aufwertung der Handlungsrechte der Autoren hielten keine Persönlichkeitsrechte Einzug in das englische Recht. Es blieb ein werkzentriertes Recht, das sich weiterhin durch seinen pragmatischen Impetus auszeichnete, finanzielle Anreize für Autoren zu schaffen und sie für ihre Leistung zu belohnen. Dieser Gedanke schlug sich auch im Konzept des *fair use* nieder, das auf eine Balance zwischen privaten und öffentlichen Interessen zielt, indem es bei einem

24 *Deazley*, On the Origin; *Feather*, From Rights; *Patterson*, Copyright and Author's Rights; *ders.* u. *Lindberg*; *Rose*, The Author in Court; *Seville*, Literary Copyright; *Sherman* u. *Bently*; *Woodmansee*, The Cultural Work.

starken allgemeinen Interesse erlaubt, rechtlich geschützte Werke auch ohne Einwilligung des Rechteinhabers öffentlich zugänglich zu machen.

Der englischen Gesetzgebung folgten die französischen Urheberrechtsgesetze von 1791 und 1793. Sie entstanden im Zuge der Französischen Revolution, die nach einer vollkommenen Freigabe des literarischen Markts und der Erklärung der Meinungs- und Redefreiheit die Bindung von Vervielfältigungsrechten an Privilegien abschaffte.[25] Mit dieser zügigen Einführung von Urheberrechten ging die grundsätzliche und für die weitere Rechtsentwicklung wichtige Entscheidung einher, kulturelle Güter einem bürgerlichen und liberalen Eigentumsbegriff zu unterstellen. Es entstand die *propriété littéraire et artistique*, das jedes Werk unabhängig von seiner Art oder Beschaffenheit urheberrechtlich schützte (für die gesamte Lebensdauer plus zehn Jahre danach). Im Zuge der Abschaffung gewerblicher und kommerzieller Privilegien, der vollständigen Freigabe des literarischen Markts und der Schaffung einer bürgerlichen Öffentlichkeit blieb das *propriété littéraire et artistique* jedoch lange Zeit ein reines Vermögensrecht. Als ein von der französischen Revolution inspiriertes Gesetz war es dem Grundsatz der Gleichheit verpflichtet. Es vermied eine persönlichkeitsrechtlich oder moralisch begründete Höherstellung der Autoren und behandelte sie vielmehr als Eigentümer und Gewerbetreibende. Im Mittelpunkt der französischen Gesetze stand folglich nicht die Vervielfältigung des Werks, wie in England, sondern der Autor, dessen Leistung den Kern und zugleich die Legitimation seiner Ausschlussrechte bildete. Alle anderen Ansprüche – wie das öffentliche Interesse an einem möglichst freien Zugang zum Werk oder die Rechte der Verleger – waren immer nur abgeleitete, sekundäre Rechte. Erst ab der Mitte des 19. Jahrhunderts kam das *droit moral* des Autors hinzu, das auch die persönlichkeitsrechtlichen Ansprüche auf Werkhoheit und Werkintegrität in den Urheberschutz integrierte.

In Deutschland verlief der Weg zu einem autorzentrierten Recht, das den Autor und seine kreative Leistung ins Zentrum rückte und ihm Eigentumsrechte an seinem Werk einräumte, weniger geradlinig.[26] Gegenüber England und Frankreich ist die deutsche Entwicklung durch drei Aspekte gekennzeichnet. Erstens gab es bis in die Mitte des 19. Jahrhunderts intensive rechtsphilosophische Diskussionen über die Frage, ob es ein Eigentum an immateriellen Gütern überhaupt geben könne; zweitens führten Autoren und Verleger langwierige und zähe Auseinandersetzung über das Recht am Manuskript, was die rechtliche Emanzipation der Autoren erschwerte; und drittens gab es einen erst relativ spät einsetzenden Gesetzgebungsprozess. Die

25 *Darnton* u. *Roche*; *Dock*; *Götz von Olenhusen*, Balzac; *Hesse*, Enlightenment Epistemology; *dies.*, Publishing and Cultural Politics; *Schmidt-Szalewski*; *Viala*; *Wadle*, Entwicklungsschritte.

26 *Estermann* u. *Jäger*; *Gergen*; *Rehbinder*, Kein Urheberrecht; *Vogel*, Der literarische Markt; *ders.*, Grundzüge; *Wadle*, Der langsame Abschied; zu den Urheberrechtsgesetzen des Deutschen Reichs 1871 und 1876: *Bandilla*.

größte Hürde für die Kodifikation von Urheberrechten bildeten bis 1871 die vielen einzelstaatlichen Gesetzgebungen, die seit dem Westfälischen Frieden Vorrang vor dem Reichsrecht besaßen. Das heißt, Druckprivilegien galten immer nur auf landesherrschaftlichem Territorium. Obwohl dies mit der Expansion des literarischen Markts seit den sechziger Jahren des 18. Jahrhunderts dazu führte, dass die fürstlichen Druckprivilegien die Autoren und Verlage nicht mehr vor Nachdruck schützen konnten, verhinderten wirtschaftspolitische Auseinandersetzungen zwischen verschiedenen Verlagsstandorten eine frühe Einigung der deutschen Staaten auf einen bundesweiten Mindestschutz. Zwischen den Verlagen gab es Streitigkeiten über Organisation und Zahlungsweisen und wegen der regionalen Konzentration der zugkräftigen Verlage in Sachsen und Preußen, die mit ihrem Sortiment schöngeistiger und wissenschaftlicher Literatur der christlich motivierten, so genannten ‚Erbauungsliteratur' der süddeutschen Verlage gegenüber standen. Aber auch das vehemente Eintreten der Autoren für ihre Rechte seit den sechziger Jahren des 18. Jahrhunderts bewirkte keine frühe Verabschiedung eines einheitlichen Urheberrechtsgesetzes. Das verhinderten die wirtschaftlich aufstrebenden Verlage, die geschlossen gegenüber den weniger gut organisierten Autoren auftraten, deren Forderung auf Anerkennung ihrer Rechte sich gegen diesen Widerstand nur langsam durchsetzte. Erst in der ersten Hälfte des 19. Jahrhunderts gewannen rechtsphilosophische und ästhetische Argumentationen die Oberhand, die die kreative Leistung des Autors als den eigentlich rechtsbegründenden Akt interpretierten und die Autoren in der Folge als Rechteinhaber einsetzten. Das Allgemeine Landrecht für die preußischen Staaten von 1794 bewilligte den Autoren erstmals ein Mitspracherecht bei der Vergabe von Neuauflagen ihrer Werke, hing aber noch der Terminologie des Nachdrucks und dem Gedanken eines ewigen Verlageigentums an. Wegweisend war ein preußisches Gesetz von 1837, das als modernstes Gesetz seiner Zeit galt und über lange Zeit Vorbild für die Rechtsentwicklung im mitteleuropäischen Raum blieb. Dieses löste sich allmählich von der Terminologie des Nachdrucks, indem es auch das unveröffentlichte Werk unter Rechtsschutz stellte, ein Veröffentlichungsrecht der Autoren anerkannte, die bildenden Künste erstmals in den Rechtsschutz integrierte und die Schutzfrist auf dreißig Jahre nach dem Tod des Autors ausdehnte. Auf Bundesebene einigten die deutschen Staaten sich erstmals 1832 auf ein einheitliches Nachdruckverbot und legten fest, Rechteinhaber aus anderen Bundesländern genauso wie eigene Staatsangehörige zu behandeln. Das änderte jedoch nichts daran, dass die Rechtslage in Deutschland bis zur Reichseinigung heterogen blieb und der Katalog der geschützten Werke sowie die Dauer der Schutzfrist erst nach und nach ausgedehnt wurden. Dafür arbeitete die deutsche Urheberrechtslehre seit der Mitte des 19. Jahrhunderts die rechtstheoretischen Begründungen für die Autorzentrierung des kontinentaleuropäischen Urheberrechts prägnant heraus. Die Theorie der Persönlichkeitsrechte verknüpfte naturrechtliche, moralische und ästhetische Argumente und machte den Autor so zum unhintergehbaren Rechteinhaber, dessen Eigentumsansprüche selbst zu Gunsten öffentlicher Interessen nur begrenzt eingeschränkt werden durften.

Einen ganz anderen Weg schlug schließlich die Verrechtlichung und Institutionalisierung des Autorenschutzes in den USA ein.[27] Dort entstand 1790 das erste Gesetz über die Vervielfältigung literarischer Werke, das den Spuren der englischen Gesetzgebung folgte. Ganz im Sinne des englischen *Statute of Anne* war das US-amerikanische *copyright* ein Gesetzesrecht, das Verlagsmonopole verhindern, den freien Handel garantieren, Autoren schützen und die öffentliche Bildung fördern sollte. Anders als die englische Entwicklung war das neue Gesetz jedoch von Beginn an ein Gesetzesrecht, dass die Idee eines gewohnheitsrechtlichen Verlagseigentums von vornherein verneinte. Von der kontinentaleuropäischen Tradition unterschied es sich im Hinblick auf den Stellenwert der individuellen Druck- und Vervielfältigungsrechte. Während sich auf dem europäischen Kontinent Ende des 18. Jahrhunderts der Gedanke durchsetzte, Autorenrechte seien naturrechtlich begründet und stünden dem Rechteinhaber auch außerhalb von Staatlichkeit und Gesetzgebung zu, lehnte das US-amerikanische *copyright* diesen Gedanken strikt ab. Stattdessen hob es die Rolle des Staats hervor, ohne den es ein Recht des Autors nicht geben könne, und der allein in der Lage sei, Rechte zu schaffen und zu gewähren. Im direkten Rückgriff auf die frisch verabschiedete Verfassung war das Gesetz von 1790 noch von dem Gedanken inspiriert, dass die Regierung alle Angelegenheiten des öffentlichen Interesses lenken solle, zu denen die Verbreitung kulturelle Güter eindeutig zählte. Dementsprechend war das US-amerikanische *copyright* genauso wie das englische Gesetz ein werkzentriertes Recht. Bis weit in die zweite Hälfte des 20. Jahrhunderts hinein regelte es die wirtschaftliche Verwertung geschützter Werke und gewährte der Öffentlichkeit starke Zugriffsrechte in Form der *fair use* Klausel. Jedoch schwächte die wachsende wirtschaftliche Bedeutung kultureller Güter seit der Mitte des 19. Jahrhunderts die positive Einschätzung staatlicher Einflussnahme. Das äußerte sich zum einen in einer sukzessiven Ausweitung der Schutzrechte, die den Autor nicht mehr nur vor Nachdruck schützten, sondern ihm immer mehr Ausschlussrechte einräumten. Zum anderen setzte sich auch in den USA die Doktrin von der Originalität des Autors durch, die im Zusammenspiel mit der Ansicht, jede Anstrengung für die Gemeinschaft müsse belohnt werden, die Urheber gegenüber dem Gesetzgeber stärkte.

27 *Abrams*; *Bugbee*; *Fisher III*; *Halbert*; *Samuels*; *Scafidi*, Who Owns; *Vaidhyanathan.*

c) Bilaterale Urheberrechtsabkommen im 19. Jahrhundert

Trotz der im 18. Jahrhundert entstehenden Gesetze zum Schutz von Autoren, die die Eigentums- und Verwertungsrechte zwischen Autoren, Verwertern und Publikum regelten und finanzielle Anreize für die Professionalisierung von Kunst und Kultur schufen, entstand kein europäischer Rechtsraum. Die Spezifika der nationalen und regionalen Buchmärkte und die nach unterschiedlichen Mustern verlaufende Professionalisierung der Kulturschaffenden hatte eine Vielzahl verschiedener Urheberrechtsgesetze hervorgebracht, die allesamt an den nationalen Grenzen halt machten. Diese Regulierungslücke erwies sich als hartnäckig. Problematisch wurde die räumliche Begrenzung des Urheberrechts nämlich, sobald kulturelle Güter über Staats- und Zoll-, Rechts- und Sprachgrenzen hinweg gehandelt und rezipiert wurden. Ein Ausweg bestand im Abschluss von Handelsverträgen, die auf Grundlage des Prinzips der gegenseitigen Gleichbehandlung ausländische und inländische Autoren rechtlich gleichstellten.[28] Entsprechend findet man im zweiten Drittel des 19. Jahrhunderts eine Vielzahl bi- und multilateraler Handelsverträge, die den Umgang mit Urheberrechten grenzüberschreitend regelten mit dem Ziel, die kulturellen Handlungsrechte von Autoren und Verlegern auch in staatsfernen Territorien zu garantieren.[29] Die ersten multilateralen Verträge wurden in sprachlich homogenen, aber politisch zersplitterten Gebieten abgeschlossen, so im vornationalen Deutschland 1832/37 und im vornationalen Italien 1840. In beiden Ländern zielten die Verträge auf einen Rechtsschutz der Autoren und Verleger der nördlichen Staaten vor unautorisiertem Nachdruck durch Verlage in den südlichen Staaten.[30] Diesen Verträgen folgten bilaterale Abkommen zwischen souveränen europäischen Staaten. Allen voran schritt Frankreich, das zwischen 1843 und 1862 mehr als zwanzig bilaterale Abkommen abschloss (u. a. mit Sardinien, Portugal, Hannover, Großbritannien, Belgien und der Schweiz)[31] und dessen bilaterale Politik zahlreiche Nachahmer in anderen europäischen Staaten fand.[32]

Die Initiative für den Abschluss dieser Verträge ging in der Regel von Staaten mit einer umfangreichen Buchproduktion aus, die ihren Staatsangehörigen Schutz vor Nachdruck im Ausland gewähren wollten. Frankreich und England waren zwei dieser Länder, die stark unter Nachdruck und Überset-

28 *Boytha*, Urheber- und Verlegerinteressen; *Ladas*, S. 44 – 69.

29 *Geller*, S. 233; *Wadle*, Der Weg zum gesetzlichen Schutz, S. 178.

30 *Siegrist*, Geistiges Eigentum, S. 55.

31 Eine Auflistung der bilateralen Verträge Frankreichs: *Malaplate*, S. 107 f; *Boguslawski*, S. 73.

32 So schloss Belgien mit England (1854) und den Niederlanden (1858) einen Vertrag, Österreich mit Sardinien (1840), dem bis auf das Königreich beider Sizilien alle italienischen Regierungen beitraten, und 1857 kam es zu einem Vertrag zwischen England und Spanien. Eine umfassende Übersicht aller bilateralen Verträge im 19. Jahrhundert: *Bureau de l'union de Berne*, S. 16 – 25; *Dölemeyer*, Urheber- und Verlagsrecht; zu den zentralen Rechtsprinzipien der bilateralen Abkommen vgl. *Boytha*, Fragen der Entstehung, S. 191 ff.

zung im europäischen Ausland und in den USA litten. Das Problem bestand darin, dass der Nachdruck nicht ausschließlich von einzelnen Verlagen zwecks Ertragssteigerung betrieben wurde. In Ländern wie Belgien und den USA wurde er bis in die erste Hälfte des 20. Jahrhunderts hinein als eigenständiger industrieller Wirtschaftszweig seitens des Staats geduldet oder sogar gefördert mit der Absicht, das lokale Verlagswesen zu stärken und die Verbreitung von Wissen und Bildung in breiten Bevölkerungsschichten durch preiswerten Nachdruck ausländischer Werke voranzutreiben.[33]

Um Anreize für das Verbot von Nachdruck zu schaffen, hatten die ersten bilateralen Urheberrechtsabkommen die Gestalt von Handelsverträgen, die den Schutz ausländischer Autoren durch Zugeständnisse in den Bereichen der Zoll- und Handelspolitik erkauften.[34] Da diese Handelsverträge gleichzeitig mit der gesetzlichen Kodifikation nationaler Urheberrechtsgesetze abgeschlossen wurden, übten sie trotz ihrer zeitlichen Befristung und ihrer Abhängigkeit von bilateralen Handelsinteressen einen starken Einfluss auf die Formulierung der nationalen Schutzgesetze aus. In einigen Fällen bewirkten die bilateralen Verträge nämlich eine Besserstellung der ausländischen vor den inländischen Autoren. Um diese Asymmetrie aufzulösen und die heimischen Autoren nicht in einen Wettbewerbsnachteil zu bringen, beschleunigten die betroffenen Staaten in der Regel die Ausarbeitung eigener Urheberrechtsgesetze, übernahmen die fremdrechtlichen Normen, die die Besserstellung der ausländischen Autoren verursachten, in nationales Recht und glichen die einzelstaatlichen Bestimmungen zu Gunsten des internationalen Schutzstandards an.[35] Das heißt, „völkerrechtliche Verträge und nationalstaatliche Gesetzgebungen standen miteinander nicht nur in Konkurrenz, sondern auch in produktiver Koexistenz und gaben einander maßgebliche Impulse".[36] Diese „Pionierfunktion des internationalen Rechts"[37] für die nationalen Rechtsentwicklungen in Europa machte das moderne Urheberrecht bereits in seiner Entstehungsphase am Beginn des 19. Jahrhunderts zu einem im hohen Maße international orientierten Recht, welches das Souveränitäts- und Territorialitätsprinzip staatlicher Gesetze von vornherein durch Aufnahme fremdrechtlicher Normen und durch internationale Rechtsangleichung ergänzte.[38]

Auch wenn die bilateralen Verträge die nationalen Schutzgesetze während des zweiten Drittels des 19. Jahrhunderts einander annäherten und sich eine gemeinsame Rechtsbasis abzuzeichnen begann, blieb der grenzüberschreitende Handel mit kulturellen Gütern von einer Vielzahl verschiedenartiger Vorschriften bestimmt, die die Wahrnehmung von Autoren- und Verleger-

33 *Ruffini*, S. 446 ff.

34 *Dölemeyer*, Urheber- und Verlagsrecht, S. 4059 f.

35 So zum Beispiel in der Schweiz nach Abschluss eines bilateralen Vertrags mit Frankreich: *Dölemeyer*, Wege der Rechtsvereinheitlichung, S. 70 ff.

36 *Vec*, Weltverträge, S. 121.

37 *Schricker*, S. 1100.

38 Zum Territorialitätsprinzip: *Boguslawski*, S, 21 ff; *Bouche*; *Rehbinder*, Urheberrecht, S. 17.

rechten international erschwerten und ausreichend Schlupflöcher für Nachdruck boten. Entsprechend verstärkte sich ab der Mitte des 19. Jahrhunderts der Widerstand der betroffenen Autoren und Verleger, die immer nachdrücklicher auf eine international verbindliche und einheitliche Regelung ihrer Rechte drängten.[39] Ein erster internationaler Kongress für Literatur, auf dem Autoren und Verleger das Problem eines unzureichenden internationalen Urheberschutzes diskutierten, fand 1858 in Brüssel statt. Er gab den Auftakt für eine Serie von internationalen Kongressen, die 1886 in der Verabschiedung der Berner Konvention mündeten, ein in einer internationalen Organisation (die Berner Union) verankertes Abkommen für den Schutz des literarischen und künstlerischen Eigentums,[40] das bis heute – seit 1994 ergänzt um das Abkommen über handelsbezogene Aspekte der Rechte des geistigen Eigentums (TRIPS-Agreement) im Rahmen der Welthandelsorganisation – die Kriterien für den weltweiten Autorenschutz definiert.

39 *Püschel*, 100 Jahre, S. 18.
40 *Ricketson*, The Berne Convention, S. 39–81; *Ruffini*, S, 444–456; *Yu*, S. 330–343.

2. Internationale Organisationen im 19. Jahrhundert

Die grenzübergreifende Institutionalisierung und Verrechtlichung des geistigen Eigentums war keine kultur-, wirtschafts- oder rechtspolitische Randerscheinung der internationalen Beziehungen des späten 19. und frühen 20. Jahrhunderts. Der Impuls, die Berner Konvention in einer internationalen Organisation zu institutionalisieren, war eine politische Antwort auf die sich herausbildenden Strukturen globaler Interaktion in der zweiten Hälfte des 19. Jahrhunderts, deren Neuheit globalgeschichtliche Forschungen in den letzten Jahren hervorgehoben haben.[1] Wenig Aufmerksamkeit widmete die Forschung bisher allerdings der Rolle und Bedeutung internationaler Organisationen in diesem Prozess.[2] Diese werden bis heute vorrangig in den Politikwissenschaften erforscht, wo sie zumeist als ein Aspekt der internationalen Beziehungen analysiert werden, der erst in der zweiten Hälfte des 20. Jahrhunderts mit dem Ausbau der Vereinten Nationen und mit der verstärkten Gründung von NGOs an Bedeutung gewann.[3] Die Geschichte internationaler Organisationen beginnt jedoch nicht erst mit dem Ende des Zweiten Weltkriegs oder, setzt man einen Schritt früher an, mit der Gründung des Völkerbunds, der als direkter Vorläufer der Vereinten Nationen erstmals einen universalen Vertretungsanspruch für alle Staaten der Welt formulierte.

Die Gründung einer internationalen Organisation wie der Berner Union war eine Reaktion auf den seit der Mitte des 19. Jahrhunderts rasch anwachsenden Verkehr von Informationen und Gütern, Kapital, Dienstleistungen und Personen zwischen europäischen Staaten, im transatlantischen Handel und im Handel mit den europäischen Kolonien. Die internationalen Organisationen antworteten auf die sich herausbildende Weltwirtschaft mit einer neuen Form internationaler Zusammenarbeit, die die Regelung technisch-administrativer Fragen in den Vordergrund rückte und sich von herkömmlichen zwischenstaatlichen Abkommen in Hinblick auf Inhalte und Akteure, Institutionenbildung und Aushandlungsprozesse signifikant abhob.[4] Daher geht dieses Kapitel der Gründung der ersten Generation internationaler Organisationen in der zweiten Hälfte des 19. Jahrhunderts auf den Grund und

1 Vgl. u.a. *Bayly*; *Conrad* u.a.; *Grandner u.a.*; *Holten*; *Osterhammel*, Die Verwandlung; zur Weltwirtschaft im 19. Jahrhundert: *Fischer*, Expansion.

2 Ausnahmen, die zugleich einen guten Überblick über aktuelle Forschungstrends geben, sind: *Herren*, Internationale Organisationen; *Iriye*, Global Community.

3 *Iriye*, Global Community, S. 4; einen Einstieg in die politikwissenschaftliche Forschung über internationale Organisationen geben: *Andersen*; *Archer*; *Barnett* u. *Finnemore*, Rules; *Claude*; *Diehl*; *Jacobson*; *Keck* u. *Sikkink*, Activists; *Koch*; *Luard*, International Agencies; *Rittberger* u. *Zangl*.

4 Einführend zur Globalisierung im 19. Jahrhundert: *Geyer* u. *Paulmann*, S. 2 f; *Osterhammel* u. *Petersson*, S. 63 ff; die damit einhergehenden Konflikte und politischen Abschottungsprobleme vor allem ab den neunziger Jahren stark betonend: *Borchardt*; zur politischen Bedeutung des Internationalismus im späten 19. Jahrhundert: *Herren*, Governmental Internationalism, S. 121–144.

fragt nach ihrem Verhältnis zu nationalstaatlichen Ordnungskonzepten und der Rolle, die sie in den internationalen Beziehungen des späten 19. und frühen 20. Jahrhunderts spielten.

a) Was ist eine internationale Organisation?

Bevor die Bedeutung internationaler Organisationen für die Verrechtlichung und Steuerung globaler Beziehungen im 19. und frühen 20. Jahrhundert untersucht wird, ist eine Auseinandersetzung mit dem Begriff der internationalen Organisation notwendig. Was ist eine internationale Organisation und wie wird sie definiert?

Ein wesentlicher Bestandteil der Analyse internationaler Organisationen als vermeintlich neue politische Akteure nach 1945 ist die auf Artikel 71 der UN-Charta zurückgehende Trennung von staatlichen und nicht-staatlichen Organisationen und ihre Kategorisierung in *Intergovernmental Organization* (IGO) und *Non-Governmental Organization* (NGO).[5] Beide können durchaus gemeinsame Strukturmerkmale teilen wie regelmäßige Mitgliederversammlungen, geregelte Entscheidungsverfahren und einen permanenten Sitz in Form eines internationalen Büros. Definitorisch unterscheiden sie sich jedoch bei den Akteuren. IGOs sind zwischenstaatliche Organisationen, deren Aushandlung, Verabschiedung und Verwaltung intergouvernemental geregelt wird, während NGOs von nichtstaatlichen Akteuren organisierte Foren sein müssen, ohne Beteiligung staatlicher Delegationen.[6] Diese Trennung von gouvernementalen und non-gouvernementalen Organisationen, wie sie entlang der Charta der Vereinten Nationen entworfen wurde, kann aber nicht ohne weiteres auf die im 19. Jahrhundert gegründeten internationale Organisationen angewendet werden. Ein exemplarischer Blick auf die Berner Union zeigt schnell das Problem. Laut Definition zählt die Berner Union zu den IGOs, weil sie auf einem zwischenstaatlichen Vertrag beruhte. Ihre Gründungsgeschichte, die Weiterentwicklung der Konvention auf Revisionskonferenzen und ihr Fortbestehen im Ersten Weltkrieg zeigen jedoch, dass eine trennscharfe Unterscheidung zwischen NGO und IGO schwierig ist, weil die Konvention maßgeblich von der Interaktion staatlicher Akteure, gesellschaftlicher Eliten und wirtschaftlicher Interessengruppen getragen wurde, die das gemeinsame Ziel verfolgten, staatliche und gesellschaftliche Handlungsrechte über das Territorium des Nationalstaats hinaus auszudehnen und Grenzüberschreitungen mit einem eigenständigen Regelwerk zu versehen.[7] Daher soll eine kurze Skizze der Eigenschaften der im 19. Jahrhundert gegründeten internationalen Organisationen helfen, eine Arbeitsdefinition des

5 *Heins*, S. 15; *Martens*, S. 15; *Rechenberg*; *Wolf*, S. 25 f.
6 *Jacobsen*, S. 4 f u. 10; *Köck* u. *Fischer*, S. 60 f; *Rittberger* u. *Zangl*, S. 27.
7 Vgl. Kapitel 3 und 4.

Begriffs der internationalen Organisation herzuleiten, die den sich neu herausbildenden Formen, Organisationsstrukturen und Regelwerken grenzüberschreitender Zusammenarbeit einen eigenen Stellenwert zugesteht und sich von der Vorstellung löst, die Sphäre des Internationalen sei primär das Ergebnis zwischenstaatlicher Zusammenarbeit.

Der Vorkriegsinternationalismus[8] sollte Grenzüberschreitungen mit einem einheitlichen Maß versehen, so dass Mengen-, Größen- und Zeiteinheiten, die rechtlichen und wirtschaftlichen Bedingungen für den Transfer materieller und immaterieller Güter, die Rahmenbedingungen für den Austausch wissenschaftlicher Informationen sowie soziale und ethische Standards universalisiert und weltweit anwendbar würden.[9] Diese „internationale Standardisierung durch Völkerrecht“[10] konnte zwei Formen annehmen. Das eine waren internationale Konventionen, mit denen Standards festgeschrieben und als Richtmaß für den internationalen Wirtschafts- und Rechtsverkehr etabliert wurden, ohne dass diese Normen einer weiteren Betreuung in Form einer internationalen Organisation bedurft hätten. Ein prägnantes Beispiel hierfür sind die Konferenzen von Rom und Washington 1883/ 84, auf denen die Zeitzonen festgelegt und so Weltzeit synchronisiert wurde.[11]

Die zweite Variante, technische, rechtliche oder soziale Standards global zu verankern, war die Gründung internationaler Organisationen. Diese gliederten sich in zwei Typen. Der erste Typ waren internationale Organisationen, die aus einer engen Verknüpfung zivilgesellschaftlichen und gouvernementalen Engagements hervorgingen. Prominente Beispiele sind Organisationen wie das *Internationale Komitee vom Roten Kreuz* und sein Einsatz für die Versorgung von Kriegsverwundeten oder die 1906 gegründete *International Electrotechnical Commission*, die für die internationale Vereinheitlichung technischer Standards stritt. Die Gründung und Institutionalisierung solcher Organisationen ging nicht auf den Abschluss eines zwischenstaatlichen Vertrags zurück, sondern verdankte sich primär der Initiative privater Akteure, die ein transnationales Netzwerk aufbauten, um wirtschaftliche, soziale oder ethische Standards möglichst global zu implementieren.[12] Aber da die Wirksamkeit dieser neu konzipierten Normen maßgeblich von der Unterstützung nationaler Regierungen abhing, die sie zu einem Bestandteil des Völkerrechts

8 Der Begriff des „Internationalismus“ beschreibt die Öffnung staatlicher Politik jenseits traditioneller außenpolitischer oder militärischer Macht- und Ordnungspolitik: *Herren*, Hintertüren, S. 13–82. Der entsprechende Eintrag in den Geschichtlichen Grundbegriffen kennt das Wort Internationalismus dagegen ausschließlich im Zusammenhang mit der internationalen Arbeiterbewegung im 19. Jahrhundert und erwähnt die Gründung internationaler Organisationen in der zweiten Jahrhunderthälfte mit keinem Wort: *Friedemann* u. *Hölscher.*

9 *Wenzlhuemer*, The History; beispielhaft: *Ariel*; *Fuchs*, The International Catalogue; *Thiemeyer.*

10 *Röder*, S. 40; zur Entwicklung der Völkerrechtswissenschaft im 19. Jahrhundert: *Vec*, Erscheinungsformen.

11 *Blaise*; *Geyer*, One Language; *Palmer.*

12 Einen guten Überblick der mit diesem Ziel bis 1900 gegründeten internationalen Organisationen gibt: *Fried.*

machten und in nationales Recht übernahmen, wurden diese Organisationen bereits kurz nach ihrer Gründung bei Regierungen vorstellig und warben für den Abschluss einer internationalen Konvention. Das Besondere dieser Organisationen bestand darin, dass Privatpersonen aktiv zur rechtlichen und organisatorischen Ausgestaltung des Internationalen beitrugen, sobald sie die Gründungsinitiative für eine internationale Konvention übernahmen.[13] Die politische Implementierung dieser Abkommen geschah jedoch nicht außerhalb der internationalen Beziehungen, sondern gerade in deren Mitte. Denn es waren nationale Regierungen, die diese zivilgesellschaftlichen Initiativen in internationale Konventionen übersetzten, sie ratifizierten und so zu einem festen Bestandteil des nationalen und internationalen Rechts machten.[14]

Ähnlich wie bei der Berner Union ging bei den meisten Verwaltungsunionen die Initiative für die Verabschiedung einer zwischenstaatlichen Konvention von international organisierten Berufs- und Interessenverbänden aus, die sich entweder Handlungssicherheit oder einheitliche Rahmenbedingungen für ihre transnationalen Wirtschaftsaktivitäten wünschten.[15] Im Fall der Berner Union schalteten sich staatliche Stellen erst in die Vorarbeiten für ein internationales Abkommen ein, nachdem die von der weltweiten Ausdehnung des Buchhandels betroffenen Akteure aus Kultur und Wirtschaft sie aufgefordert hatten, ihre privatwirtschaftliche und berufsständische Initiative aufzunehmen und ein funktionsfähiges Regime für den internationalen Schutz von Autorenrechten in Form eines multilateralen Abkommens zu verabschieden.[16] Wie das Beispiel der Berner Union zeigt, reduzierten die gesellschaftlichen Akteure ihr Engagement nach der Multilateralisierung ihrer politischen und wirtschaftlichen Forderungen jedoch nicht, sondern trugen auch weiterhin zur politischen Ausgestaltung der Unionen bei. Für die Urheberrechte war es die *Association littéraire et artistique internationale* (ALAI), auf deren Bemühen hin es die Schweizer Regierung übernommen hatte, die europäischen und amerikanischen Staaten zu einer diplomatischen Konferenz nach Bern zur Gründung der Union einzuladen, die sich auch nach der Verabschiedung der Konvention maßgeblich für die Fortentwicklung des multilateralen Rechtsschutzes einsetzte. Auf ihren Kongressen beriet die ALAI über Revisionsmaßnahmen und verabschiedete Resolutionen, die zugleich immer auch Bestandteil des offiziellen Forderungskatalogs jeder Revisionskonferenz waren; Vertreter der ALAI nahmen als Beobachter an den Revisionskonferenzen teil, und schließlich war es keine Seltenheit, dass Regierungen

13 *Herren*, Internationale Organisationen, S. 7 u. 23; *Iriye*, Global Community, S. 14; *Liszt*, S. 289.

14 Zur Geschichte des Internationalen Komitee vom Roten Kreuz und der internationalen Standardisierung technischer Normen: *Finnemore*, Rules of War; *Forsythe*; *Hutchinson*, Rethinking; *ders.*, Champions; *Loya u. Boli*; *Riesenberger*; *Tamm Hallström*; *Vec*, Recht und Normierung.

15 *Ambrosius*, Regulativer Wettbewerb, S. 48; *Wenzlhuemer*, The History; die Bedeutung von Wirtschaftsverbänden für die internationale Währungspolitik ab den 1870er Jahre diskutierend: *Thiemeyer*, S. 224–238.

16 *Ricketson*, International Copyright, S. 41–83.

die zwar internationalen, aber dennoch privaten Kongresse der ALAI mit offiziellen Delegationen beschickten.[17] Eine solche Beteiligung nationaler Regierungen an transnationalen Netzwerken, die entweder die Form internationaler Kongresse, Konferenzen oder Kommissionen annahmen, war vor 1914 gängige Praxis.[18]

Gegenüber diesen Organisationen standen die internationalen Verwaltungsunionen, zu denen auch die Berner Union zählte. Die Verwaltungsunionen, die im zeitgenössischen Sprachgebrauch auch Verwaltungsvereine, *Public International Unions* oder *International Administrative Unions* hießen,[19] beruhten auf einer zwischenstaatlichen, mehrseitigen Konvention. Diese Konventionen verrechtlichten den grenzüberschreitenden Verkehr eines genau benannten Gegenstands und hielten zugleich Statuten für die Gründung eines internationalen Organs – eines internationalen Büros oder Amts – bereit, das von der Staatengemeinschaft den Auftrag erhielt, den multilateralen Vertrag zu verwalten und auf Dauer zu stellen.[20] Mit einem ständigen Büro (feste Mitarbeiter, kontinuierliche Organisation, Ausführung von Beschlüssen, Aufgaben der Recherche, Kommunikation und Publikation) und den regelmäßigen Mitgliederkonferenzen stellten die internationalen Verwaltungsunionen eine Art Prototyp der IGO dar, wie sie mit Völkerbund und Vereinten Nationen und ihren zentralen Gremien Sekretariat, Rat und Generalversammlung eingerichtet wurden.[21]

Mit den gesellschaftlichen Akteuren scheint eine wichtige Eigenschaft der Berner Union auf, die dazu beitrug, dass das Rechtssystem der Union einen starken gesellschaftspolitischen Rückhalt hatte und soviel Akzeptanz erhielt, dass es auch in politischen Krisensituationen wie dem Ersten Weltkrieg nicht zerbrach. Denn die gesellschaftlichen Akteure nahmen mehrere Funktionen bei der Standardisierung des internationalen Rechtsverkehrs ein. Wie das Beispiel der ALAI zeigt, betrieben die in Berufsverbänden zusammengeschlossenen Unterstützer einer möglichst weltweiten Anerkennung geistiger

17 Ausführliche Berichte über Verlauf und Ergebnisse der Konferenzen erschienen als eigenständige Publikationen, die die ALAI nach den folgenden Konferenzen veröffentlichte: 1878 Paris, 1879 London, 1880 Lissabon, 1881 Wien, 1882 Rom, 1883 Amsterdam; 1884 Brüssel, 1885 Antwerpen, 1886 Genf, 1887 Madrid; 1888 Venedig, 1889 Paris, 1890 London, 1891 Neuchâtel, 1892 Mailand, 1893 Barcelona, 1894 Antwerpen, 1895 Dresden, 1896 Bern, 1897 Monaco, 1898 Turin, 1899 Heidelberg, 1900 Paris, 1901 Vevey, 1902 Neapel, 1903 Weimar, 1904 Marseille, 1905 Lüttich, 1906 Bukarest, 1907 Neuchâtel, 1908 Mainz, 1909 Kopenhagen, 1910 Luxemburg, 1912 Paris, 1913 Scheveningen, 1925 Paris, 1926 Warschau, 1927 Lugano, 1928 Belgrad, 1929 Kairo, 1930 Budapest, 1935 Montreux, 1937 Paris; zur Bedeutung der ALAI: *Blaustein.*

18 *Herren*, Modernisierung, S. 6 f. Einzelne Sonderorganisationen der Vereinten Nationen wie die *World Intellectual Property Organization* behielten diese enge und regelmäßige Einbindung der Berufsverbände in ihre Arbeit bei und machten sie zu einem wesentlichen Bestandteil der inhaltlichen Reformarbeiten: *Bureau international de la propriété intellectuelle*, S. 78 f.

19 Zu den unterschiedlichen Benennungen: *Liszt*, S. 220; *Rittberger* u. *Zangl*, S. 21.

20 *Bülck*; *Strupp*; *Wolfrum*, International Administrative Unions.

21 *Claude*, S. 21 – 40; *Herren*, Internationale Organisationen, S. 20; *Iriye*, Global Community, S. 9 – 36; *Köck* u. *Fischer*, S. 140.

Eigentumsrechte ein internationales Lobbying, indem sie sich in einer internationalen Vereinigung mit rasch gegründeten Landesgruppen zusammenschlossen und internationale Konferenzen abhielten, auf denen sie Vorschläge für die Revision der Berner Konvention erarbeiteten. Dies geschah in Gegenwart von Regierungsvertretern, die von ihren Regierungen als offizielle Teilnehmer zu den Kongressen entsandt worden waren.[22] Bei anderen Themen – wie beispielsweise der Antisklavereibewegung oder der internationalen Frauenbewegung – waren es gesellschaftspolitische Vereinigungen, die sich international organisierten und internationale Kongresse nutzten, um die nationale Politik zu beeinflussen, indem sie ihre politischen Ziele einer internationalen Öffentlichkeit zu Gehör brachten.[23] Die privaten Akteure beschränkten sich allerdings nicht auf internationale Kampagnen in der Hoffnung, dass die internationalen Büros entweder den jeweiligen Forderungskatalog bei der Vorbereitung von Revisionskonferenzen in den offiziellen Revisionsvorschlägen verarbeiteten oder dass die nationalen Außenministerien in Zusammenarbeit mit den jeweiligen Fachministerien die berufsständischen oder gesellschaftspolitischen Initiativen aufnahmen. Wegen der pragmatischen Eingrenzung der internationalen Organisationen auf Sachfragen zeigte sich schnell, dass politische Konferenzen mit einem ausschließlich diplomatisch geschulten Personal nicht funktionierten, um Regeln, Normen und Standards zu erarbeiten, die international tatsächlich praktikabel waren. Wollten die nationalen Regierungen eine internationale Angleichung von sozialen, rechtlichen und technischen Standards sinnvoll in die Tat umsetzen, benötigte das diplomatische Personal der nationalen Außenministerien inhaltlichen Beistand, den es in Person der transnational agierenden Akteure aus Gesellschaft, Wirtschaft und Wissenschaft erhielt.[24] Da sie es waren, die die engen wirtschaftlichen, kulturellen und sozialen Beziehungen zwischen Staaten und Regionen im alltäglichen Handeln herstellten, wurden sie aktiv in die Beratungen eingebunden, entweder als Mitglieder staatlicher Delegationen oder bei der Ausarbeitung nationaler Verhandlungspositionen im Voraus von Revisionskonferenzen.[25] Sie hinterließen deutlich lesbar ihre Handschrift bei der Ausformulierung von Kollektivverträgen, ohne jedoch die souveränen Staaten obsolet zu machen, die diese Kooperationen als handlungsfähige Rechtssubjekte voraussetzten.[26]

So entstand mit den internationalen Verwaltungsunionen ein neuer Typ des internationalen Interessenvertreters. Es war der Sachverständige, der auf mehreren Ebenen spielte: Als Mitglieder einer Berufsgruppe organisierten

22 *Masouyé*, Le rôle.

23 *Miers*; *Ribi*; *Rupp*; zur Bedeutung der Öffentlichkeit bei der zweiten Haager Friedenskonferenz 1907: *Knab* u. *Herren*.

24 *Claude*, S. 37 f; *Thiemeyer*, S. 234.

25 *Seckelmann*, Industrialisierung, S. 204 – 227; die Bedeutung internationaler Verbände bei der nichtstaatlichen Rechtsbildung betonend: *Petersson*, Anarchie, S. 15; *Röder*, S. 39 – 49.

26 *Ambrosius*, Globalisierung, S. 102; *Herren*, Governmental Internationalism, S. 127.

sich diese gesellschaftlichen Akteure in nationalen und internationalen Berufs- oder Interessenvertretungen, für die die Erfüllung ihrer wirtschaftlichen und politischen Ziele von einer nationalen Steuerungspolitik abhing, die zugleich den Anschluss an internationale Belange und Entwicklungen fand. Wegen seiner Expertise und der Bedeutung internationaler Standardisierungs- und Rechtssetzungsprozesse für das Aufgehen nationaler Politiken wurde dieser Typ des internationalen Interessenvertreters gleichzeitig aktiv in multilaterale Verhandlungen eingebunden, auch ohne den diplomatischen Karriereweg absolviert zu haben. Gemeinsam mit thematisch spezialisierten Diplomaten aus den jeweiligen Fachressorts der nationalen Regierungen erarbeitete er Lösungen und Kompromisse in einer Gemeinschaft von Staaten, die in völkerrechtlichen Verträgen verbindlich kodifiziert wurden.[27] Damit transformierten die Verwaltungsunionen sich in ein innovatives politisches Instrument, das die professionellen bzw. gesellschaftlichen Gruppen in den Prozess der Standardisierung und Verrechtlichung der internationalen Beziehungen aktiv einband, die dieses Recht im Alltag anwandten. Die Verwaltungsunionen widmeten sich also nicht ausschließlich nationalstaatlichen Interessen, sondern berücksichtigten im hohen Maße die transnational agierenden gesellschaftlichen Kräfte, die sich in ihrer Berufspraxis mit den Bedingungen eines globalisierten Wirtschafts- und Rechtsverkehrs auseinandersetzen mussten und die folglich ein starkes Interesse besaßen, praktikable und dauerhafte Regeln zu institutionalisieren.[28] So bewegten die Verwaltungsunionen sich in einer „semioffiziellen Grauzone",[29] in der die Übergänge zwischen staatlich, halbstaatlich und nichtstaatlich fließend waren und die auch erklärt, warum die auf der Trennung von IGO und NGO basierende Zählung der vor 1914 gegründeten internationalen Organisationen in der Forschungsliteratur je nach Autor voneinander abweicht.[30]

Terminologisch und konzeptionell stellen die internationalen Verwaltungsunionen also ein Problem dar, weil sie sich nicht eindeutig in die politikwissenschaftlichen Klassifikationsangebote von IGO und NGO einordnen lassen. Formal gehören sie zu den IGOs, aber die praktische Verbandsarbeit beruhte auf einer engen Zusammenarbeit mit gesellschaftlichen Akteuren. Nun könnte man pragmatisch argumentieren und eine solche Zuordnung

27 *Vec*, Recht und Normierung, S. 92.

28 Die starke Rolle nichtstaatlicher Akteure aus der Wirtschaft besonders bei der Vereinheitlichung des Vertragsrechts betonend: *Röder*, S. 42 ff.

29 *Herren*, Hintertüren, S. 510.

30 Bis zum Beginn des Ersten Weltkriegs zählen Jacobsen sowie Wallace und Singer insgesamt 49 IGOs gegenüber 44 Nationalstaaten (*Jacobsen*, S. 34; *Wallace* u. *Singer*, S. 272); Madeleine Herren kommt hingegen auf 30 intergouvernementale Organisationen (*Herren*, Modernisierung, S. 3), während die *Union des Associations Internationales* in ihrem Publikationsorgan *Annuaire de la Vie Internationale* 37 IGOs und 176 NGOs für 1909 nennt (Union Internationale des Associations, URL: http://www.uia.org/statistics/organizations/ytb299.php (Stand: 23.12.2009).

mangels besserer Begriffe trotzdem vornehmen, wie es in vielen Studien gemacht wird.[31] Dieses Vorgehen würde aber den zentralen Mechanismus verdecken, der das Fortbestehen der Berner Union im Ersten Weltkrieg und das Engagement des Völkerbunds für den Autorenschutz kennzeichnete, nämlich die aktive Integration von Rechtsexperten und gesellschaftlichen Akteuren. Um die mehrdimensionale Anlage der Berner Union zu betonen, die der Völkerbund aufgriff und ab 1922 zu einer *global governance* kultureller Güter ausbaute, wird deshalb auf die Klassifikation der Verwaltungsunionen als IGO verzichtet. Stattdessen wird der Begriff der internationalen Organisation weit definiert. *Internationale Organisationen* stellten vor 1945 „grenzübergreifend formalisierte Strukturen"[32] für eine enge Zusammenarbeit staatlicher und gesellschaftlicher Akteure bereit. Die gesellschaftlichen Akteure nahmen dabei eine Sonderfunktion ein. Obwohl sie an nationalstaatliche Gesetze gebunden waren, bewegten sie sich erstens auf einem globalisierten Markt, auf dem sie sich erfolgreich nur durch die Stärkung ihrer grenzüberschreitenden Rechte und Befugnisse positionieren konnten, die nicht nur ihnen, sondern auch den Branchenmitgliedern im benachbarten oder fernen Ausland zu Gute kamen. Zweitens zeigt ihr Wirken sowohl innerhalb als auch außerhalb staatlicher Administrationen, dass es analog zu der Schwierigkeit, die Trennung von NGOs und IGOs in die Zeit vor 1945 zu projizieren, problematisch wäre, eine genauso idealtypische Trennung von staatlichen und gesellschaftlichen Akteuren vorzunehmen. Vielmehr werden die Ausführungen zu Aufbau und Funktionsweise der Berner Union, zur Stabilität der Union im Ersten Weltkrieg und zur Organisation für geistige Zusammenarbeit des Völkerbunds zeigen, dass insbesondere die gesellschaftlichen Akteure die neuen Organisationsstrukturen zu nutzen wussten, um ihre Interessen in verschiedenen Rollen und in unterschiedlichen Foren zu vertreten: Entweder betrieben sie Lobbying bei nationalen Regierungen, internationalen Verbänden oder internationalen Organisationen,[33] traten auf internationalen Konferenzen als Mitglieder staatlicher Delegationen auf[34] oder wurden als Rechtsex-

31 Beispielsweise *Iriye*, Global Community, S. 2; *Suri*; *Wallace* u. *Singer*.

32 *Herren*, Internationale Organisationen, S. 6.

33 Vgl. Kapitel 3d und 4.

34 Das französische Bildungsministerium hob den positiven Effekt, den die Beteiligung von Berufsvertretern und Rechtsexperten auf die Verhandlungsergebnisse bei Revisionskonferenzen der Berner Konvention bisher gehabt habe, gegenüber dem Außenministerium in einem Brief vom 23. März 1928 hervor (ArchDip Nantes: Ministère des Affaires Etrangères/Sous-direction des unions internationales/2ème tranche/C/20). Da es die Fortsetzung dieser Praxis für die einige Monate später anstehende Revisionskonferenz empfahl, reisten der Präsident der internationalen ALAI, Georges Maillard, und ein Mitglied der *Société des Gens de Lettres*, Claude Farrère, als offizielle französische Delegationsmitglieder nach Rom: Édouard Herriot, französischer Bildungsminister, an den französischen Außenminister Aristide Briand am 6. August 1927 (ArchDip Nantes: Ministère des Affaires Etrangères/Sous-direction des unions internationales/2ème tranche/C/20). Mit dem gleichen Argument nominierte das Auswärtige Amt den Rechtsexperten und Präsidenten der deutschen Landesgruppe der ALAI, Maximilian Mintz, für

perten oder Berufsvertreter in internationale Gremien kooptiert.[35] Das bedeutet für das Konzept der *global governance*, dass die Unterscheidung verschiedener Steuerungsformen durch, mit und jenseits des Nationalstaats ein idealtypisches Modell ist, das als solches nicht unbedarft in die Geschichte projiziert werden sollte. Vielmehr funktioniert es als heuristisches Instrument, das dabei hilft, die verschiedenen institutionellen und räumlichen Ebenen zu identifizieren, auf denen die federführenden Akteure aus Kultur, Gesellschaft und Wirtschaft versuchten, die Globalisierung geistiger Eigentumsrechte voranzutreiben, ohne dabei selbst ausschließlich einer dieser Ebenen zurechenbar zu sein.

Somit zeichneten sich die internationalen Organisationen vor 1945 durch ein global konzipiertes Regelwerk aus, das in einem Mehrebenensystem zwischen Staaten, gesellschaftlichen Akteuren und den Gremien internationaler Organisationen ausgehandelt wurde. Dieses Regelwerk beruhte zumeist auf einem zwischenstaatlichen Vertrag, der durch Ratifikation Bestandteil der nationalen und internationalen Rechtsordnungen wurde und in Form eines ständigen Büros institutionalisiert werden konnte. Die internationalen Organisationen waren also nicht nur ein Ort, an dem sich das diplomatische Parkett vergesellschaftete, sondern in ihren Organisationsstrukturen schienen gleichzeitig mit dem Ausbau nationalstaatlicher Rechts- und Wohlfahrtssysteme eine „Interdependenz zwischen Innen- und Außenpolitik“ auf, die eindrücklich verdeutlichte, dass „Strukturveränderungen nicht in nationaler Abgeschlossenheit stattfanden, sondern von einem grenzübergreifenden Diskurs beeinflusst wurden“.[36] Es blieb allerdings nicht bei einem Diskurs, sondern ihm folgte eine politische Praxis, die zur Ausbildung völkerrechtlicher Ordnungen führte, die nationales und internationales Recht eng verknüpften und die die Erfüllung nationaler Politikziele von einem reibungslosen Funktionieren der internationalen Organisationen abhängig machten.

b) Verrechtlichung von Gesellschaft, Kultur und Wirtschaft

Die internationalen Organisationen des 19. Jahrhunderts bündelten ähnliche wirtschaftliche, soziale und technische Interessen der Beteiligten in neuartigen institutionellen Strukturen und weiteten damit das Themenspektrum aus, das für die Regelung der internationalen Beziehungen als relevant erachtet wurde.[37] Eine solche Konsensbildung beruhte auf der multilateralen Ausar-

die deutsche Delegation und schickte ihn gemeinsam mit Vertretern des Auswärtigen Amts, des Reichsjustizministeriums, des Reichspostministeriums und des Reichsgerichts nach Rom (PolArch: R 43740).

35 Zur diesen verschiedenen Funktionsbereichen der gesellschaftlichen Akteure vgl. Kapitel 10 und 11c.

36 *Herren*, Modernisierung, S. 12.

37 *Bülck*, S. 564; *Dahm*, S. 4 f.

beitung belastbarer Vertragsprinzipien und Kooperationsmechanismen, die in den internationaler Organisationen unter Einsatz eines völkerrechtlich normierten Instrumentariums institutionalisiert werden konnten.[38] Eine verlässliche Zählung der von der Mitte des 19. Jahrhunderts bis 1914 gegründeten internationalen Organisationen fehlt, so dass in der Literatur zumeist nur ein Kernbestand wichtiger Organisationen aufgelistet wird, dessen Randbereich je nach Autor differiert.[39] Zu diesem relativ gesicherten Bestand[40] gehören die Internationale Telegraphenunion von 1865 und der Weltpostverein von 1874, die beide ein Büro in Bern besaßen und in der Forschung zumeist als Auftakt und Prototyp für die nachfolgende Gründung internationaler Organisationen genannt werden.[41] Danach kamen die internationale Meterkonvention von 1875 mit einem Büro in Paris, das Internationale Büro für Maß und Gewicht in Sèvres, die Pariser Verbandsübereinkunft zum Schutz des gewerblichen Eigentums von 1883 und die Berner Konvention zum Schutz des literarischen und künstlerischen Eigentums von 1886, die ein gemeinsames Büro in Bern unterhielten.[42] 1890 wurden die Brüsseler Antisklavereiakte mit je einem Büro in Sansibar und in Brüssel, die Union zur Veröffentlichung der Zolltarife mit Büro in Brüssel und 1893 das Zentralamt für den internationalen Eisenbahnverkehr mit Büro in Bern eingerichtet. Nach der Jahrhundertwende stießen die Internationale Vereinigung für Arbeitsgesetzgebung (1900) mit Büro in Basel hinzu, die Internationale Gemeinschaft zum Zweck der hydrografischen und biologischen Erforschung der Meere mit Sitz in Kopenhagen (1901) und der Internationale Verein zur Regelung der Zuckerproduktion von 1902 mit Sitz in Brüssel. 1903 wurden die Seismologische Union mit einem Büro in Straßburg und der internationale Verein für öffentliche Hygiene gegründet, der ab 1907 ein Büro in Paris besaß und nach 1919 in dem Gesundheitsorgan des Völkerbunds aufging. Schließlich gab es ab 1905 den Internationalen landwirtschaftlichen Verein mit dem internationalen Landwirtschaftsinstitut in Rom, aus dem nach 1945 die Welternährungs- und Landwirtschaftsorganisation der Vereinten Nationen (*Food and Agriculture Organisation*) hervorging.

Wie sahen die wirtschaftlichen und technischen Entwicklungen aus, die souveräne Staaten dazu bewegten, eine Staatengemeinschaft zu gründen, die

38 *Claude*, S. 34 f; *Staudinger*, S. 227 f.

39 Eine umfassende Aufarbeitung aller internationalen Organisationen, Kommissionen, Kollektivverträge und Kongresse im sozialen, wirtschaftlichen, juristischen und technischen Bereich zwischen 1815 und 1964, jedoch ohne qualitative Analyse der Aufgaben, Wirkungsbereiche und Bedeutungen einzelner Organisationen geben: *Wallace* u. *Singer*.

40 Der folgenden Aufzählung liegen zugrunde: *Bülck*; *Liszt*, S. 219–231 u. 289–388; *Ostertag*, Internationale Bureaux; *Rittberger* u. *Zangl*, S. 49–87; *Röder*, S. 40 f; *Vec*, Recht und Normierung, S. 23 f; *Wallace* u. *Singer*; *Waltershausen*, S. 473 ff.

41 *Herren*, Internationale Organisationen, S. 21 f.

42 Zum Vorbild des Weltpostvereins und der Internationalen Telegraphenunion für die Berner Konvention: *Bureau de l'union de Berne*, S. 99.

grenzüberschreitende Zusammenarbeit institutionalisierte mit dem Ziel, staatliche Handlungsspielräume über nationale Grenzen hinweg auszuweiten? Die gemeinsame Interessenlage der Mitgliedsstaaten war dem rapiden wirtschaftlichen Wachstum geschuldet, das vor allem die europäischen Staaten im Zuge der Industriellen Revolution in der zweiten Hälfte des 19. Jahrhunderts erlebten. Zwischen 1800 und 1913 wuchs das Volumen des Welthandels von geschätzten 1,7 Milliarden Dollar 1850 um das zehnfache auf 18,7 Milliarden Dollar 1913.[43] Der größte Teil dieses explosionsartigen Wachstums konzentrierte sich dabei am Ende des Jahrhunderts, als zwischen 1870 und 1913 das Volumen des grenzüberschreitenden Handels jährlich um 3,5 Prozent anstieg und die Weltproduktion überflügelte, die im Jahresdurchschnitt nur um 2,7 Prozent zulegte.[44]

Am Ende des 19. Jahrhunderts war eine integrierte Weltwirtschaft entstanden, die sich im Wesentlichen drei Faktoren verdankte: neuen Produktionstechnologien für eine massenhafte, verbilligte Produktion, neuen Transport- und Kommunikationsmöglichkeiten und der Erschließung neuer Rohstoffquellen für die nordatlantische Wirtschaft durch den europäischen Imperialismus.[45] Es wird geschätzt, dass Rationalisierung und der Einsatz neuer Produktionstechnologien vom Beginn des 19. Jahrhunderts bis 1913 die Rate der weltweit hergestellten Güter um das 33fache anschnellen ließ, wobei vor allem das Segment der Massengüter überproportional zunahm.[46] Um diese Güter, die nicht mehr nur für einen lokalen, sondern für einen globalen Absatzmarkt produziert wurden, weltweit anbieten und verkaufen zu können, war die Revolutionierung der Transportmöglichkeiten in Form von Eisenbahn und Dampfschiff unerlässlich.[47] Das ab den dreißiger Jahren wachsende Eisenbahnnetz erlaubte es, Güter in großen Mengen und in einer überschaubaren Zeit vom Produktionsort zum Konsumenten zu befördern und Rohstoffe oder Halbfabrikate in lateinamerikanischen, asiatischen oder afrikanischen Flächenländern vom Inland an die Küste zu transportieren, um sie dort nach Europa zu verschiffen.[48] Entsprechend wuchs die Tonnage im weltweiten Schiffsverkehr von geschätzten vier Millionen Tonnen 1800 auf 47 Millionen 1913.[49] Zusätzlich ermöglichten Erfindungen wie das Kühlschiff neben einer Vergrößerung des Gütervolumens zugleich den transatlantischen Transport verderblicher Güter und bewirkten damit eine grundsätzliche

43 *Torp*, Die Weltwirtschaft, S. 565 f.

44 *Borchardt*, S. 5 f; *Hobsbawm*, Das imperiale Zeitalter, S. 62.

45 *Kennedy*, S. 229 ff; *Reisinger*; *Staudinger*, S. 219; *Tilly*, S. 33.

46 *Pollard*, S. 28. Als vierten Aspekt fügt Gerold Ambrosius noch die Liberalisierung der internationalen Wirtschaftsbeziehungen an, wobei es umstritten ist, ob sie tatsächlich zu einer Beschleunigung wirtschaftlicher Globalisierungsprozesse beitrug: *Ambrosius*, Regulativer Wettbewerb, S. 32.

47 *Osterhammel*, Die Verwandlung, S. 1012 – 1023.

48 *Pollard*, S. 29; *Kaschuba*; *O'Rourke* u. *Williamson*, S. 29 – 56; *Woodruff*.

49 *Pollard*, S. 29.

Veränderung des Konsum- und Nachfrageverhaltens der europäischen und nordamerikanischen Gesellschaften.[50] Begleitet wurden die neuen Transportmöglichkeiten von der Erfindung des Telegraphen, der die Übermittlung von Informationen über Markt- und Preisentwicklungen und politische Ereignisse zwischen Europa, Nordamerika, Asien und Afrika schlagartig von mehreren Wochen auf Minuten und Stunden reduzierte – je nach Länge der Nachricht.[51]

Auch wenn die Erfindungen in den Bereichen Produktion und Technik, Transport und Kommunikation eine direkte Steigerung des weltweiten Handelsvolumens bewirkten und die gewaltsame Einbindung der Kolonien in europäische Produktionsregime dazu führte, dass nahezu alle Weltregionen in die von westlichen Akteuren dominierte Weltwirtschaft integriert wurden,[52] forderten diese Vorgänge die nationalstaatliche Souveränität zugleich grundsätzlich heraus. Denn im Kern bestand diese Ausweitung des Verkehrs von Informationen und Wissen, Gütern und Kapital, Dienstleistungen, Rohstoffen und Personen in einer permanenten Überschreitung nationaler Grenzen und damit nationalstaatlicher Kompetenzen, rechtliche, technische und politische Regeln für den Wirtschaftsverkehr zu formulieren und den nationalstaatlichen Sozialraum zu kontrollieren.[53]

Entsprechend sahen staatliche und private Akteure sich seit den sechziger Jahren verstärkt mit dem Problem konfrontiert, dass die Territorialisierung staatlicher Hoheitsrechte von sozialen, wirtschaftlichen und kulturellen Raumordnungen überlagert wurde, die nicht mehr mit national definierten Handlungsrechten übereinstimmten. Wollte man den Staat jedoch als handlungsfähige Einheit erhalten, mussten die nationalen Rechtsräume den neuen sozialen, politischen und wirtschaftlichen Räumen angepasst werden. Hinter den internationalen Organisationen stand dementsprechend weniger eine kosmopolitische, auf Friedenssicherung bedachte Außenpolitik als vielmehr der pragmatische Impetus der beteiligten Staaten, ihre politischen, rechtlichen und administrativen Handlungsspielräume der immer dichter werdenden Verflechtung der nationalen Wirtschaftsräume anzupassen, ihre Souveränitätsrechte zu stärken und den betroffenen gesellschaftlichen Gruppen die Gelegenheit zu geben, ihre Vorstellungen einer tragfähigen internationalen Regulierung in den politischen Gestaltungsprozess einzubringen.[54] In diesem Sinn brachten „die Jahrzehnte vor dem Ersten Weltkrieg eine beträchtliche Erweiterung des Völkerrechts, die Begründung eines internationalen Privatrechts und die ersten ständigen internationalen Büros und Schiedsgerichte

50 *Minchinton*, S. 47–118; das Beispiel des Fleischkonsums vertiefend: *Loheide.*

51 *Ahvenainen*; *Headrick*; *Neutsch*; *Walter; Wenzlhuemer*; zur Einbindung des telegraphischen Informationsmarkts in das geistige Eigentumsrecht: *Bently*, Copyright and the Victorian Internet.

52 *Hobsbawm*, Das imperiale Zeitalter, S. 61 u. 70; *Reisinger*, S. 216.

53 *Curtin*; *Fisch*, Die europäische Expansion.

54 *Ambrosius*, Globalisierung, S. 102.

[…] und [schufen] damit ein rechtliches Rahmenwerk […], dessen wirtschaftliche Bedeutung vor allem darin bestand, dass es den Handels-, Verkehrs- und Kreditpartnern Rechtssicherheit und -stetigkeit nach bekannten und weithin akzeptierten Normen sicherte".[55]

Anders als Friedensverträge, bilaterale Handelsabkommen oder die schon relativ früh einsetzende multilaterale Regelung der Schifffahrt (internationale Flusskommissionen für den Rhein [1815], die Elbe [1821], die Weser [1823], die Maas [1830] und 1856 für die Donau)[56] widmeten sich die multilateralen Abkommen in der zweiten Jahrhunderthälfte genau den wirtschaftlichen Branchen, die maßgeblich zur neuen Dichte weltwirtschaftlicher Verflechtung beigetragen hatten und die nun einen Regulierungsbedarf weckten, der einen Ausbau und „eine bis dahin nie dagewesene Positivierung des Völkerrechts" bewirkte.[57] Entsprechend gibt es thematisch zentrierte Gründungsphasen dieser ersten Generation internationaler Organisationen, die den Verlauf des industriellen Wachstums inklusive seiner Folgeprobleme ab den sechziger Jahren spiegelten. In der ersten Phase des Internationalisierungsprozesses standen Handel, Transport und Kommunikation im Vordergrund, zu der sich in einer zweiten Phase ab den achtziger Jahren die Themen Kultur und Arbeit, Migration und Sozialpolitik gesellten; ab 1900 waren es Gesundheit/Medizin und Natur, Umwelt und Zugang zu bzw. Verteilung von Rohstoffen, die als drängende, die Gemeinschaft der Staaten betreffende Probleme hinzu kamen.[58]

Craig N. Murphy beschreibt in seiner Studie zum Wechselverhältnis von industriellem Wandel und der Herausbildung globaler Institutionen zur Regelung grenzübergreifender Transaktionen diese erste Generation internationaler Organisationen als ausgewachsenes Kind der zweiten Industriellen Revolution, die in erster Linie den ökonomischen Interessen der beteiligten Staaten Rechnung trugen.[59] Sie stellten die global werdenden Marktbeziehungen durch Verrechtlichung und Institutionalisierung in einen festen Rahmen. So sollten Transaktionskosten gesenkt, Anreizstrukturen für staatliche und private Akteure aus Wirtschaft, Gesellschaft und Kultur geschaffen und das Risiko für den grenzüberschreitenden Verkehr von Waren, Personen und Informationen berechenbar gemacht werden.[60] Aber, wie Madeleine

55 *Fischer*, Die Ordnung der Weltwirtschaft, S. 295; *Fischer*, Die Ausbreitung.

56 *Rittberger* u. *Zangl*, S. 65; *Wallace* u. *Singer*, S. 250 ff; einige dieser Verträge und weitere zur Regelung des Umgangs mit Meerengen, Binnenmeeren und Kanälen in: *Grewe*, Fontes, S. 450–500.

57 *Vec*, Recht und Normierung, S. 107; zur Bedeutung der Rheinschifffahrt für die Entwicklung des völkerrechtlichen Prinzips der Verkehrsfreiheit, an das nach 1860 die internationalen Verwaltungsunionen anknüpften: *Vec*, Das Prinzip.

58 *Murphy*, S. 47 f; *Wolfrum*, International Administrative Unions, S. 1042 ff; zur Bedeutung der Rohstoffe: *Hobsbawm*, Das imperiale Zeitalter, S. 87.

59 *Murphy*.

60 *Ambrosius*, Globalisierung, S. 107; *Strikwerda*, S. 55.

Herren argumentiert, „kann der Vorkriegsinternationalismus nicht allein als eine Folgeerscheinung weltwirtschaftlicher Verflechtung verstanden werden".[61] Sie fügt den Aspekt des gouvernementalen Internationalismus hinzu, der auf staatlichen Souveränitätsgewinn zielte. Aus Sicht der beteiligten Staaten dienten die internationalen Organisationen vor allem dem Zweck, Einfluss und Regelungskompetenz über die nationalen Grenzen hinweg auszuweiten, um so die Folgen dieser ersten Globalisierung zu re-territorialisieren und sie auf nationaler Ebene steuerbar zu machen.[62]

Wenn in der Forschung die Einführung des Sozialstaats als eine Reaktion der westlichen Staaten interpretiert wird, die sozialen Folgekosten freier Märkte auf nationaler Ebene aufzufangen und den weltweiten Handel in politisch und sozial verträgliche Bahnen zu lenken,[63] dann war die Gründung der internationalen Verwaltungsunionen eine zweite, internationalistische Antwort, die das Gegenstück zur Nationalisierung von Wirtschaft und Gesellschaft bildete.[64] Durch den Zusammenschluss in einem internationalen Verband zur gemeinsamen Regelung und Lösung wirtschaftlicher und technischer Herausforderungen gaben die Nationalstaaten Entscheidungshoheit in kleinen Stücken freiwillig auf. Dafür gewannen sie einen international erweiterten Handlungsspielraum, der es ihnen erlaubte, staatliche Kontrolle in Maßen auch grenzüberschreitend auszuüben, einen sicheren Zugang zum Weltmarkt zu bekommen, die eigenen technischen Innovationen international anschlussfähig zu machen und die sozialen Folgen einer global ausgerichteten Handelspolitik auf nationaler Ebene kontrollierbar zu halten. „Normenbildung, Standardisierung und Informationstransfer"[65] wurden so zu zentralen Parametern einer neuen, mit der industriellen Modernisierung Schritt haltenden Außenpolitik, die sich „normativer Verträge"[66] bediente, um staatliche Entscheidungs- und Handlungsbefugnisse über die Grenzen des eigenen Territoriums hinaus auszudehnen und Richtmaße für den zwischenstaatlichen Verkehr festzulegen, die nur in einer gemeinsamen Anstrengung mit anderen Staaten unter Einbezug gesellschaftlicher Akteure international verankert werden konnten.

61 *Herren*, Hintertüren, S. 3.

62 Zu den Territorialitätsregimen: *Maier*, Transformation; zur Definition von Globalisierung in der Wirtschaftsgeschichte vgl. *Spree*, S. 35 und *Tilly*, S. 9: „Im folgenden möchte ich unter Globalisierung die zunehmende internationale Integration von Güter-, Kapital- und Arbeitsmärkten verstehen, die unmittelbar verursacht wird durch die wachsende internationale Mobilität von Produkten und Produktionsfaktoren, und die zumindest mittelbar von dem technologischen Wandel und von Veränderungen in der staatlichen Wirtschaftspolitik getragen sind."

63 *Abelshauser*; *Borchardt*, S. 27 ff; *James*, Das Ende, S. 74; *Torp*, Die Weltwirtschaft, S. 607.

64 *Ambrosius*, Globalisierung, S. 108; *Strikwerda*, S. 60.

65 *Herren*, Hintertüren, S. 11.

66 *Vec*, Recht und Normierung, S. 379.

c) Internationale Organisationen als Akteure der Globalgeschichte

Die mehrfache Gründung internationaler Büros führte zur organisatorischen Ausgestaltung des Völkerrechts und trug maßgeblich dazu bei, dass die mehrseitigen Konventionen mit Büro sich von themenzentrierten Einrichtungen zu Organisationen entwickelten, die in einem gewissen Grad auch unabhängig von der sie begründenden Staatengemeinschaft existierten.[67] Es stellen sich also Fragen, die besonders für die grenzübergreifende Institutionalisierung und Verrechtlichung des geistigen Eigentums von Bedeutung sind: Mit welchen Mitteln stellten die internationalen Organisationen die neuen internationalen Standards auf Dauer? Und welche Rolle spielten dabei die internationalen Büros? Blieben sie das Instrument eines gouvernementalen Internationalismus, oder entwickelten sie Akteursqualitäten, indem sie von den Signatarstaaten die Einhaltung ihrer völkerrechtlichen Verpflichtungen auch gegen politische Widerstände einforderten?

Die Frage nach der Bedeutung der internationalen Büros rührt an eine jüngst in der angloamerikanischen Politikwissenschaft geführte Diskussion über die Rolle internationaler Organisationen in den internationalen Beziehungen. Entgegen der Mehrzahl der politikwissenschaftlichen Forschungen, die sich internationalen Organisationen mit einem staatszentrierten Ansatz nähern, der ihre Abhängigkeit von nationalstaatlicher Souveränität betont,[68] formierte sich in den letzten Jahren eine Bewegung, die diese machtpolitische Sichtweise zunehmend hinterfragt. Diese bisher nur stückweise als Theorie und im Hinblick auf die Vereinten Nationen ausformulierte Interpretation stützt sich auf zwei Annahmen: Erstens konzipieren diese Ansätze internationale Organisationen als wichtige Akteure bei der Bildung und Verrechtlichung internationaler Normen, was für die Nachkriegszeit zumeist am Thema Menschenrechte festgemacht wird.[69] Zweitens interpretieren sie die permanenten Organe der internationalen Organisationen in Anlehnung an Max Weber als Bürokratien. Als solche haben diese Organe ein Programm, das sie mit Hilfe eines sich verselbständigenden Regelapparats und einer personellen sowie finanziellen Ausstattung realisieren. Zentral ist der Gedanke, dass die internationalen Büros Souveränität gegenüber den Mitgliedsstaaten gewinnen, die sich aus drei Quellen speist: die Autorisierung der Büros durch die Mitgliedsstaaten, eine ethisch-moralische Autorität, die sich aus dem Anspruch der Unparteilichkeit und Objektivität herleitet, und drittens fachliche Kompetenz, die sie gegenüber den Mitgliedsstaaten signifikant aufwertet.[70]

Ein Blick auf die Beschaffenheit der internationalen Büros des 19. Jahrhunderts zeigt, dass sie bereits vor 1945 diesen Auftrag der Neutralität,

67 *Foreman-Peck.*
68 Exemplarisch: *Keohane*; *Krasner*; *Rittberger* u. *Zangl.*
69 *Finnemore*, Norms; *Finnemore* u. *Sikkink*; *Sikkink* u. *Risse-Kappen.*
70 Die prägnanteste Ausführung dieses Ansatzes geben: *Barnett* u. *Finnemore*, Rules.

fachlichen Kompetenz und des unbedingten Einsatzes für die jeweilige Konvention ausübten. Zwischen den regelmäßigen Mitgliederversammlungen – zumeist Revisionskonferenzen – waren die Büros für die Aufrechterhaltung der Organisationen verantwortlich. Ausgerüstet mit einem festen Mitarbeiterstab, sollten sie das Funktionieren der Organisationen garantieren, indem sie die Mitgliedsstaaten zur Einhaltung der rechtlichen sowie technisch-administrativen Absprachen mahnten.[71] Das war innovativ, weil die Mitarbeiter formal ausschließlich im Dienst der Gesamtheit der Staaten standen, die sich in der Union zusammengeschlossen hatten.[72] Sie waren von nationalen Loyalitäten befreit und besaßen die eindeutige Handlungsdirektive, sich ganz der Sache der Organisation zu verpflichten, die es in Kooperation mit den beteiligten Staaten zu schützen und zu optimieren galt.[73]

Über ihre moralische Autorität, fachliche Kompetenz und dem Anspruch der Neutralität hinaus verfügten die internationalen Büros mit den gesellschaftlichen Akteuren, deren grenzüberschreitenden Handlungsrechte die multilateralen Abkommen definierten und absicherten, über eine weitere Ressource, die ihnen die partielle Ablösung von nationalstaatlichen Einzelinteressen ermöglichte. Diese zivilgesellschaftlichen Akteure nahmen bei der Normierung und Standardisierung des internationalen Rechtsverkehrs zwei Funktionen ein, die den Handlungsspielraum der internationalen Büros zumindest indirekt vergrößerten, wie ein Blick auf das Berner Büro zeigt. Erstens hatte das Büro mit der ALAI einen fachlich kompetenten Ansprechpartner, der in der Regel dieselben rechtlichen Ziele wie das Büro verfolgte, so dass die Kongresse der ALAI zumeist in Revisionsvorschlägen mündeten, die die volle Unterstützung des Berner Büros fanden.[74] Da die Konferenzen der ALAI nicht nur von den nationalen Verbänden als wichtiges Instrument zur Durchsetzung ihrer Interessen auf internationaler Ebene gewertet wurden, sondern auch den nationalen Administrationen als Referenzpunkt für ihre Urheberrechtspolitik dienten,[75] erhielt das Büro über die Vermittlung der ALAI somit die Möglichkeit, seine Sicht der Dinge den internationalen Fachkreisen und den nationalen Administrationen zu Gehör zu bringen. Aussagen darüber, inwieweit das Berner Büro direkten Einfluss auf die Revisionsvorschläge nahm, sobald es gemeinsam mit der gastgebenden Regierung eine Revisionskonferenz vorbereitete, sind dagegen wegen des nicht überlieferten Aktenbestands des Büros nicht möglich.

Zweitens eröffnete der oben genannte neue Typ des internationalen Interessenvertreters dem Büro einen Weg der indirekten Einflussnahme auf die Haltung nationaler Delegationen vor und während Revisionskonferenzen.

71 *Ostertag*, Internationale Bureaux; *Waltershausen*, S. 473.

72 *Voyame*, S. 85 f.

73 *Schücking*, S. 61 f; *Vec*, Recht und Normierung, S. 133 f.

74 *Masouyé*, Le rôle.

75 Exemplarisch: Brief des Auswärtigen Amtes an das Deutsche Generalkonsulat in Danzig am 29. Juli 1926 (PolArch: R 43880).

Denn wie das deutsche Beispiel zeigt, bestand über den internationalen Zweig der ALAI ein direkter Kontakt in die für das geistige Eigentum ausschlaggebenden Fachkreise. Die nationale Landesgruppe der ALAI war institutionell in dem 1891 gegründeten *Deutschen Verein für den Schutz des gewerblichen Eigentums* (oder auch *Grüner Verein*) verankert, die ein Sammelbecken für Rechtsexperten war, die sich für Erhalt und Ausbau geistiger Eigentumsrechte in Deutschland einsetzten.[76] Wichtig für die internationale Rechtsentwicklung war die zentrale Rolle, die die deutsche Landesgruppe bei der Vorbereitung von Revisionskonferenzen insbesondere in der Zwischenkriegszeit spielte. Im Voraus der Revisionskonferenz von 1928 erhielt der *Grüne Verein* vom Auswärtigen Amt nämlich den Auftrag, die Vorbereitungen zentral zu leiten und das hieß, gemeinsam mit Minsterialdirektoren und Vertretern der betroffenen Berufsgruppen die deutsche Verhandlungsposition auszuarbeiten.[77] Das Berner Büro nutzte diese rechtspolitisch zentrale Stellung des Vereins als Einfallstor für eine gezielte Einflussnahme, indem es den Kontakt zur deutschen Landesgruppe pflegte und dem Grünen Verein seine Revisionsvorschläge schickte, damit dieser sie diskutieren und in die offiziellen Vorarbeiten einfließen lassen konnte.[78]

Diese Perspektive auf die internationalen Büros unterstützt den obigen Definitionsvorschlag, den tatsächlichen Handlungsspielraum der internationalen, auf einem multilateralen Vertrag gebauten Organisationen zu fokussieren und sie nicht auf die formalen Kriterien einer IGO zu reduzieren. Eine solche Blickverschiebung offenbart die Akteursqualitäten der internationalen Büros, die auf zwei Säulen ruhten: Erstens hatten sie genau benennbare Handlungsziele, die auf den Erhalt und die Optimierung des Gegenstands ausgerichtet waren, den die internationalen Konventionen regelten. Zweitens konnten die Büros für diese Handlungsziele eintreten, weil sie über die notwendigen Ressourcen verfügten, um ihr Anliegen nach außen zu kommunizieren und Allianzen für ihre Zwecke zu schmieden: die Mitarbeiter und das Büro als Organisationsstruktur, das die Kontaktaufnahme mit staatlichen und gesellschaftlichen Akteuren erlaubte und das über die internationalen Interessenvertreter die Möglichkeit erhielt, sowohl außerhalb als auch innerhalb staatlicher Entscheidungshoheit für seine Standpunkte zu werben. Auf diese

76 *Seckelmann*, Industrialisierung, S. 222 f; Brief der deutschen Landesgruppe der ALAI an das Auswärtige Amt am 10. November 1926 (PolArch: R 43880).

77 GRUR, Jg. 33, 1928, S. 532; Maximilian Mintz, Patentanwalt und langjähriger Vorsitzender des Grünen Vereins, an Ministerialdirektor Rudolf Goebel von Harrant im Auswärtigen Amt am 27. April 1926 und Protokoll der ersten Vorbereitungssitzung am 28. Mai 1926 im Reichsjustizministerium (PolArch: R 43736); Berichte über die Beteiligung des Börsenvereins des Deutschen Buchhandels an diesen Sitzungen (StAL Bv I, 21765/87 u. 88).

78 Fritz Ostertag, seit 1926 Direktor des Berner Büros, an Mintz am 20. Januar 1927 (PolArch: R 43736); Mintz leitete die Vorschläge an die deutsche Landesgruppe der ALAI weiter, über die sie den betroffenen Berufsverbänden wie dem Börsenverein des Deutschen Buchhandels zur Begutachtung vorgelegt wurden: Mintz an die deutsche Landesgruppe der ALAI am 7. April 1927 (StAL Bv I, 21765/87).

Weise koordinierten die internationalen Büros ein global konzipiertes Regelwerk für die Normenbildung, Standardisierung und Verrechtlichung der sozialen, wirtschaftlichen und kulturellen Handlungsrechte, die nur multilateral regulierbar waren, weil der weltweite Transfer von Gütern und Informationen, Personen und Kapital die Grenzen nationalstaatlicher Territorien überschritt. Die internationalen Büros stabilisierten diese Interaktionen mit Hilfe eines Mehrebenensystems, in dem sie gemeinsam mit staatlichen und gesellschaftlichen Akteuren daran arbeiteten, diese neuen Regeln dauerhaft zu institutionalisieren.

3. Die Berner Union für den Schutz des literarischen und künstlerischen Eigentums

Die Gründungsgeschichte der Berner Union von den ersten Anregungen in den fünfziger Jahren des 19. Jahrhunderts bis zu ihrem Abschluss 1886 ist so gut erforscht, dass sie in der Rechtsgeschichte zum kanonischen Wissen gehört und in beinahe keiner Darstellung zum internationalen Urheberrecht fehlt.[1] In diesem Kapitel geht es daher weniger um die Vorgeschichte der neuen Union, als vielmehr um den internationalen Rechtsraum, den die Staaten mit der Unterzeichnung des Gründungsvertrags, der Berner Konvention, schufen und den sie in einer Staatenunion mit einem ständigen Büro institutionalisierten. Die Berner Konvention löste ein zentrales Problem des modernen Urheberrechts, nämlich ein im hohen Maß international orientiertes Recht zu sein, das als nationales Recht unbedingt auf internationale Rechtsangleichung angewiesen ist, um die territoriale Begrenzung des nationalen Urheberschutzes durch die Integration fremdrechtlicher Normen zumindest partiell zu überwinden. Die Konvention leistete jedoch weit mehr, als nur den transnationalen Verkehr von Informationen und Kulturgütern zu regeln. Sie institutionalisierte diesen grenzüberschreitenden Austausch in einer völkerrechtlich legitimierten internationalen Organisation, die das komplexe Regelwerk für die Anerkennung von Autoren- und Verwerterrechten auf dem Unionsterritorium stabilisierte. Dafür stellte sie Organisationsstrukturen bereit, in denen Regierungen unter Beteiligung nichtstaatlicher Akteure an der Ausdehnung des internationalen Autorenschutzes arbeiteten. Die Berner Union war jedoch nicht nur Ort einer konfliktfreien multilateralen Zusammenarbeit, die Meinungsverschiedenheiten zur Zufriedenheit aller Beteiligten löste. Es gab auch starke politische Implikationen, die das Statut dieser neuen internationalen Organisation prägten. In einzelnen Paragraphen des Konventionstexts verbargen sich grundlegende Interessenkonflikte, deren Ursache zumeist im Umfang und Grad der Exportorientierung der jeweiligen nationalen Kulturindustrien lag, und die das Fernbleiben beinahe der ganzen außereuropäischen, nicht unter europäischer Kolonialverwaltung stehenden Welt zur Folge hatten.

a) Die Gründung der Berner Union

Das Zustandekommen der Berner Union verdankte sich wesentlich der Initiative nichtstaatlicher Akteure wie Schriftsteller und Wissenschaftler, Künstler und Musiker, Verleger und Juristen, die ab den fünfziger Jahren des

1 Ausführlich zur Vorgeschichte, Gründung und Rechtsprinzipien der Berner Union: *Cavalli*; *Ricketson*, The Berne Convention; eine knappe Einführung unter sozial- und kulturgeschichtlichen Gesichtspunkten: *Siegrist*, Geistiges Eigentum.

19. Jahrhunderts auf internationalen literarischen Kongressen und mit Hilfe von national wie international organisierten Interessen- und Berufsverbänden für die grenzüberschreitende Anerkennung von Autorenrechten in der nationalen und europäischen Öffentlichkeit geworben hatten.[2] Dem ersten internationalen literarischen Kongress zu diesem Thema 1858 in Brüssel folgten zwei weitere Kongresse 1861 und 1877 in Antwerpen, die die Diskussion um einen internationalen Urheberschutz mit einheitlichen Rechtsprinzipien fortsetzten. Konkret wurde das Vorhaben jedoch erst, als auf dem Kongress der *Société des Gens de Lettre de France* anlässlich der Weltausstellung 1878 in Paris eine internationale Interessenvertretung gegründet wurde, die sich die internationale Vereinheitlichung des Autorenschutzes explizit zum Ziel setzte. Diese gemeinsam von Autoren, Verlegern und Rechtsexperten gegründete *Association Littéraire Internationale*, die ab 1884 *Association Littéraire et Artistique Internationale* (ALAI) hieß und bis heute eine der maßgebenden internationalen Interessenvertretungen für Autoren und Verleger ist,[3] trat vehement für eine internationale Anerkennung von Urheberrechten ein.[4] Auf dem Jahreskongress der ALAI 1882 in Rom kam die entscheidende Anregung für ein mehrseitiges zwischenstaatliches Abkommen zum Schutz des literarischen und künstlerischen Eigentums, mit dessen Ausarbeitung der Kongress das Büro der ALAI beauftragte.[5]

Obgleich die ALAI international organisiert war, blieb sie ein nichtstaatlicher Zusammenschluss von Kulturschaffenden und Verwertern, die allein nicht in der Lage waren, ein zwischenstaatliches Abkommen für den Schutz des literarischen und künstlerischen Eigentums zu lancieren. Um von der privatwirtschaftlichen Initiative der ALAI zum Abschluss einer Staatenunion zu gelangen, brauchte es die Einbindung staatlicher Stellen, und tatsächlich ist die Entstehung der Berner Konvention von Beginn an durch eine enge Zusammenarbeit von privaten Interessenvertretungen und nationalen Regierungen gekennzeichnet.[6] So erhielt die ALAI intensive Unterstützung von der französischen Regierung, die bereits 1852 mit einem Gesetz, das die in Frankreich erschienenen Werke ausländischer Autoren mit Werken heimischer Autoren rechtlich gleichstellte, ein deutliches Zeichen in Richtung Internationalisierung und Vereinheitlichung von Autorenrechten gesetzt hatte.[7]

Zu einer Aufgabe der zwischenstaatlichen Diplomatie wurde die Initiative jedoch erst, nachdem der Schweizer Bundesrat sich auf Anfrage der ALAI bereit erklärt hatte, die diplomatischen Vorberatungen für den Abschluss

2 *Boguslawski*, S. 74 f; zur initiativen Rolle des Börsenvereins des Deutschen Buchhandels bei der Gründung der Berner Konvention: *Ulmer*, Börsenverein.

3 *Blaustein*.

4 Zur Gründungsgeschichte der ALAI und der engen Verwebung ihrer Zielsetzungen mit Verabschiedung und Weiterentwicklung der Berner Konvention: *Masouyé*, Le rôle.

5 *Püschel*, Internationales Urheberrecht, S. 31.

6 Zu den Spezifika internationaler Organisationen im 19. Jahrhundert vgl. Kapitel 2.

7 *Siegrist*, Geistiges Eigentum, S. 55.

einer „Literarunion“ zu leiten und Bern als Konferenzort anbot. Entscheidend war, dass die Schweizer Regierung ihre diplomatischen Kanäle nutzte und europäische, nordamerikanische sowie südamerikanische Regierungen zur Teilnahme an der Konferenz einlud. Erst eine solche Einladung machte aus dem Vorhaben eine ernstzunehmende diplomatische Initiative, die auf außenministerieller Ebene beachtet und durch Entsendung nationaler Delegationen honoriert wurde.[8] Die Beratungen begannen 1883 mit einer inoffiziellen Konferenz der ALAI. Sie wurden fortgesetzt mit einer Reihe diplomatischer Konferenzen mit Delegierten europäischer und amerikanischer Staaten und resultierten in der Unterzeichnung der Berner Konvention im September 1886.[9] Den Gründungsvertrag unterschrieben mit Belgien, dem Deutschen Reich, Frankreich (einschließlich Algerien und den französischen Kolonien), Großbritannien (die britischen Kolonien, Protektorate und Irland eingeschlossen), Spanien (einschließlich Kolonien), Schweiz, Tunesien (damals ein französisches Protektorat), Haiti und Liberia neun Staaten, von denen bis auf Liberia alle den Vertrag bis 1887 ratifizierten. Die Gruppe der Signatarstaaten erweiterte sich bis 1914 um weitere acht Staaten (Dänemark, Japan, Luxemburg, Monaco, Niederlande und Kolonien, Norwegen, Portugal und Kolonien, Schweden), so dass insgesamt 17 Länder die Konvention bis zum Beginn des Ersten Weltkriegs unterzeichnet hatten.[10]

Völkerrechtlich war die Berner Konvention im hohen Maß innovativ. Mit dem Gründungsdokument hatten die Signatarstaaten eine multilaterale Konvention verabschiedet, die in einer eigens gegründeten Staatenunion verankert wurde. Ihr Kennzeichen war ein offenes Regelwerk, das die Mitgliedsstaaten von 1886 bis zur Integration der Berner Union in die *World Intellectual Property Organization* 1967 auf einer Vielzahl von Revisionskonferenzen präzisierten und aktuellen technischen sowie politischen Entwicklungen anpassten. Obwohl solche Revisionen nicht konfliktfrei verliefen und kontroverse Diskussionen über Geltung und Relevanz einzelner Bestimmungen für die jeweilige nationale Gesetzgebung oder Rechtssprechung sie oftmals begleiteten,[11] gehörte die Berner Union zu den internationalen Organisationen, die auf einer mehrseitigen Konvention beruhend rechtssetzende Funktionen ausübten und den internationalen Rechtsraum durch völ-

8 *Ulmer*, Hundert Jahre, S. 33; zur ausschlaggebenden Bedeutung der Außenministerien für das Gelingen oder Misslingen einer internationalen Konvention bis 1914: *Herren*, Modernisierung, S. 7.

9 *Bureau de l'union de Berne*, S. 26–59; die Berichte der diplomatischen Konferenzen sind abgedruckt in: *Bureau international de la propriété intellectuelle.*

10 Le Droit d'Auteur, Jg. 27, 1914, S. 1; *Röthlisberger*, Der interne und der internationale Schutz 1931, S. 9 f.

11 So zum Beispiel eine in den deutschen Fachzeitschriften immer wieder auftauchende Diskussion über das Verhältnis von Landesrecht und Konventionsrecht in den zwanziger und dreißiger Jahren: *Baum*, Berner Konvention und Landesgesetze; *ders.*, Die revidierte Berner Übereinkunft; *ders.*, Berner Konvention, Landesgesetze; *Elster*; *Hoffmann*, Berner Übereinkunft und Landesgesetz.

kerrechtlich legitimierte Normen aktiv ausgestalteten. Einerseits übernahm die Union damit eine Aufgabe, die ein einzelner Staat nicht leisten konnte. Sie machte den Rechtsverkehr, der das eigene Staatsterritorium überstieg, zu einem Gegenstand internationaler Verhandlungen und kodifizierte ihn in einem Regelwerk, das Belastbarkeit und langfristige Stabilität versprach. In dieser Hinsicht begrüßten die Signatarstaaten die Konvention durchaus als ein – wenngleich beschränktes – Instrument zur Ausweitung staatlicher Handlungsspielräume. Die Medaille besaß jedoch auch eine Kehrseite, nämlich völkerrechtliche Verpflichtungen, die jeder Mitgliedsstaat gegenüber der Gemeinschaft der Signatarstaaten zu erfüllen hatte. Mit der Unterzeichnung begründeten die Mitgliedsstaaten dauerhafte Beziehungen untereinander und verpflichteten sich, die internationalen Rechtsnormen zu ratifizieren, das heißt, sie in nationales Recht zu übernehmen. Damit setzten sie ihre nationalen Rechtsordnungen einem internationalen Harmonisierungsdruck aus. Das nationale Rechtsmonopol verlor seinen exklusiven Charakter und wurde um eine internationale Rechtsinstanz ergänzt. Um zu verstehen, warum die beteiligten Staaten die Konvention trotz dieses Angleichungsdrucks und des Eingriffs in nationale Souveränität und Rechtshoheit unterschrieben, wird im Folgenden eine knappe Übersicht der wesentlichen Rechtsgrundsätze der Fassung von 1886 und der ersten Revisionen 1896 und 1908 gegeben, die die Vorteile der Konvention für die eigentliche Zielgruppe, die Autoren und Verwerter, veranschaulicht.[12]

b) Das Recht der Berner Konvention

Die Idee einer multilateral garantierten Anerkennung von Autorenrechten, die ausländische und inländische Autoren auf dem Verbandsterritorium rechtlich gleichstellte, setzte sich gegen zwei konkurrierende Vorschläge durch. Die deutschsprachigen Vertreter favorisierten eine internationale Vereinheitlichung bilateraler Verträge mit Hilfe eines *Normal-Literarvertrages.* Dagegen schlugen die frankophonen Staaten ein einheitliches internationales Urheberrechtsgesetz im Sinne einer *loi-type* bzw. einer *loi uniforme* vor.[13] Da beide Konzepte nicht mehrheitsfähig schienen, schlossen die Beteiligten sich stattdessen in einem mehrseitigen Vertrag zu einer Staatenunion mit eigener Rechtspersönlichkeit und eigenem Konventionsrecht zusammen. Diese Union regelte im Sinne einer fremdenrechtlichen Konzeption die grenzüberschreitende Rechtsanwendung des Urheberrechts und damit die Rechtsstellung von

12 Den folgenden Ausführungen liegt zugrunde: *Bureau international de la propriété intellectuelle*; *Bappert* u. *Wagner*, S. 37–46; *Buck*; *Hoffmann*, Die Berner Übereinkunft; *Ladas*; *Mentha*, Berne Convention; *Plaisant*, L'évolution; *Püschel*, Internationales Urheberrecht; *Raestad*; *Ricketson*, The Berne Convention; *Röthlisberger*, Die Berner Übereinkunft; *Ulmer*, Urheber- und Verlagsrecht; *ders.*, Copyright; *Wauwermanns.*

13 *Ruffini.*

Staatsfremden auf nationalem Hoheitsgebiet.[14] Auch wenn die Konvention kein für die Unionsländer einheitliches Urheberrecht schuf und auch nicht direkt die innerstaatlichen Rechtsregeln berührte, erfüllte sie trotzdem das seit der Jahrhundertmitte von Autoren und Verlegern vehement verfochtene Anliegen der Anerkennung ihrer Rechte im Ausland.

Kern der Konvention war das so genannte Prinzip der Inländerbehandlung, das den Autoren eines Unionsstaats in allen anderen Unionsstaaten den gleichen Rechtsschutz wie den heimischen Autoren zusicherte. Auf diese Weise dehnte die Konvention den nationalen Rechtsraum aus. Autoren und Verwerter bekamen erstmals über nationale Grenzen hinweg Rechte verbindlich garantiert, die sich grundsätzlich nach der Rechtsordnung des Staats richteten, auf dessen Gebiet der Rechtsschutz beansprucht wurde. Der Entscheidung für das Prinzip der Inländerbehandlung (in einer räumlich geprägten Terminologie auch als Territorialitätsprinzip bezeichnet)[15] lag eine pragmatische Erwägung zugrunde. Man wollte vermeiden, dass Gerichte mit Rechtsstreiten konfrontiert würden, bei denen sie die jeweiligen Landesgesetze des ausländischen Autors anwenden müssten, ohne von diesen hinreichend Kenntnis zu besitzen.

Damit ein Land mit einem urheberfreundlichen Schutzstandard einem Autor aus einem anderen Unionsland keinen besseren Rechtsschutz gewährte, als dieser in seinem Heimatland beanspruchen konnte, wurde das Prinzip der materiellen Gegenseitigkeit bzw. der Grundsatz des Schutzfristenvergleichs eingeführt. Dieser Grundsatz legte fest, dass ein Werk im Ausland immer nur so lange geschützt werden durfte, wie im Land der ersten Veröffentlichung. Es bestand jedoch die Gefahr, dass die für das Prinzip der materiellen Gegenseitigkeit relevanten Formalitäten und Bedingungen der ersten Veröffentlichung das Prinzip der Inländerbehandlung zu Gunsten des konkurrierenden Prinzips des Herkunftslands aushöhlten und damit letztlich das parallele Fortbestehen der nationalen Urheberrechtsgesetze durch die Hintertür beförderten. Um das zu verhindern, wurden Mindestrechte festgelegt, die jeder ausländische Autor im Verbandsterritorium prinzipiell und unabhängig von geltendem nationalem Recht beanspruchen konnte. Mit den Mindestrechten sollte eine Schlechterbehandlung ausländischer Autoren im Vergleich zu Inländern vermieden und ein möglichst einheitliches Schutzniveau gewährleistet werden. Die Mindestrechte, die als *ius conventionis* bezeichnet werden,[16] umfassten die in der Konvention aufgeführten schutzfähigen Werke und ein gewisses Mindestmaß beim Schutz von Übersetzungen, Aufführungen und Vervielfältigung rechtlich geschützter Werke.

Rechtspraktische Gültigkeit erlangte das Konventionsrecht nur durch Ratifikation und Übernahme in das innerstaatliche Recht der Signatarstaaten.

14 Zur Inländerbehandlung als Fremdenrecht: *Buck*, S. 73 ff; *von Liszt*, S. 339.

15 *Ulmer*, Urheber- und Verlagsrecht, S. 80.

16 *Buck*, S. 53.

Die Berner Konvention war ein völkerrechtlicher Vertrag, der aus Sicht der nationalen Gesetzgebung und Rechtssprechung zum Bereich des nationalen Fremdenrechts zählte. Das Konventionsrecht regelte primär den grenzüberschreitenden Rechtsverkehr und enthielt keine Bestimmungen, die den landesrechtlichen Regelungen direkte Vorgaben machten. Deshalb hing die Überführung in nationales Recht von den verfassungsrechtlichen Bestimmungen der beteiligten Staaten ab, bei denen es lag, das Konventionsrecht im nationalen Recht zu verankern und nationale juristische Zuständigkeiten gegeneinander abzugrenzen. Auch wenn diese Formulierung einfach klingt – das Verhältnis zwischen Landes- und Konventionsrecht war schwierig. Bereits auf den vorbereitenden Konferenzen 1884 und 1885 stellte sich dieses Verhältnis als grundlegendes Problem heraus, das in der Fassung von 1886 und auch auf späteren Revisionskonferenzen nicht abschließend geklärt werden konnte. Die Frage blieb strittig, welche Geltung das Konventionsrecht gegenüber dem Landesrecht habe, wenn das Konventionsrecht für den ausländischen Autor vorteilhaftere Bedingungen als das nationale Recht bereithalte, und wie sich umgekehrt nationale Rechtsinstanzen verhalten sollten, wenn ausländische Autoren bei einer strikten Inländerbehandlung rechtlich besser gestellt würden als mit den Mindestrechten, die das Konventionsrecht vorschrieb. Die Empfehlung der meisten Rechtsexperten ging dahin, das Wohl des Autors in den Mittelpunkt zu rücken und entsprechend das Recht anzuwenden, das für ihn am vorteilhaftesten sei. Diese Auslegung der Berner Konvention bedeutete ein Novum im Völkerrecht, weil sie den bis dahin vorherrschenden Grundsatz des Vorrangs des *lex posteriori* – das ist die Geltung des in der Chronologie zuletzt abgeschlossenen Vertrags – ablöste zu Gunsten einer Auslegung, die nicht länger einzelstaatliche Interessen, sondern den Autor in den Mittelpunkt rückte.[17] Neben der unbedingten Bevorzugung des Autors erhoffte man von dieser Auslegung, dass sie einzelne Staaten mit einem hohen Schutzstandard dazu ermutige, das Schutzniveau der ganzen Union durch den parallelen Abschluss bilateraler Verträge voranzutreiben, die zumeist umfassender als die Mindestrechte der Konvention waren und den nationalen Autoren ein dem eigenen Schutzniveau adäquaten Rechtsschutz auch in anderen Staaten sichern sollten.[18]

Besonders die Mindestrechte, die jedem Autor in den Unionsländern zustanden, übten einen erheblichen Angleichungsdruck auf die nationalen Gesetzgebungen der Signatarstaaten aus, vergleichbar mit der oben beschriebenen Harmonisierungsdynamik, die die bilateralen Verträge im zweiten Drittel des 19. Jahrhunderts freisetzten. Denn sobald die Mindestrechte eine Besserstellung der ausländischen gegenüber den inländischen Autoren bewirkten, die nur das Landesrecht für sich in Anschlag bringen konnten, führte diese rechtliche Benachteiligung der heimischen Autoren in den meisten

17 *Brem*, S.103; *Mentha*, Berne Convention, S. 1056 f.
18 *Brem*, S. 101.

Fällen zur Angleichung der nationalen an die internationalen Rechtsstandards. Prägnantes Beispiel hierfür ist die Auseinandersetzung um die Schutzfrist, die ein Werk nach dem Tod des Autors (*post mortem auctoris*, pma) genießt. 1908 wurde eine Schutzfrist von fünfzig Jahren pma in die Konvention zwar eingeführt, nicht jedoch als Mindestrecht verankert. Danach spalteten die Mitgliedsstaaten sich in diejenigen, die aus wirtschafts- und kulturpolitischen Gründen an den dreißig Jahren festhielten und diejenigen, die in ihre nationalen Gesetzgebungen bereits die fünfzig Jahre pma eingeführt hatten. Auf der Revisionskonferenz 1928 scheiterte der Versuch noch, die fünfzig Jahre pma als Mindestschutzfrist verbindlich festzuschreiben.[19] Die Revisionskonferenz 1948 brachte schließlich den Durchbruch, indem sie die heftig umstrittenen fünfzig Jahre pma als Mindestschutzfrist auch für die nationalen Urheberrechtsgesetze einführte, die sich ihr bis dahin verweigert hatten.[20] Auf diese Weise formulierte die Berner Konvention bis in die zweite Hälfte des 20. Jahrhunderts hinein die Regeln und Leitlinien für die Ausarbeitung der nationalen Gesetzgebungen der Unionsstaaten.[21]

c) Mitglieder, Interessen und rechtspolitische Schieflagen

Die Berner Union wurde mit dem Anspruch gegründet, eine universale Organisation zu sein, die allen Staaten der Welt offen stand. Bis zur Jahrhundertwende wuchs die anfängliche Mitgliedergruppe schon von neun auf vierzehn Staaten, und bis 1914 erweiterte sie sich um weitere drei Staaten. Aber die Union blieb immer noch auf Europa konzentriert und war weit davon entfernt, eine weltweit wirksame Organisation zu sein.[22] Um das Mitgliederwachstum zu beschleunigen und den Beitritt zur Konvention noch attraktiver zu gestalten, wurde deshalb auf der Revisionskonferenz 1908 die Möglichkeit eingefügt, Vorbehalte zu formulieren. Vorbehalte öffneten Unionsstaaten und potenziellen Beitrittskandidaten Schlupflöcher, der Konvention beizutreten, ohne jedoch die Regelungen ratifizieren zu müssen, die mit eigenen rechts-, kultur- oder wirtschaftspolitischen Interessen kollidierten. Die Formulierung von Vorbehalten war ein rechtspolitisches Instrument, dessen Sinn sich bei einem Blick auf die Gründungsstaaten und die Gruppe der Staaten erschließt, die der Konvention bis weit in die zweite Hälfte des 20. Jahrhunderts hinein fern blieben.

Mit Ausnahme der Kolonien und abhängigen Gebiete waren die maßgeblichen Gründungsmitglieder Großbritannien, Frankreich, Deutschland, Belgien, Spanien und die Schweiz europäische Staaten mit einer hohen kultu-

19 *Plaisant* u. *Pichot*.

20 *Beier*, Die urheberrechtliche Schutzfrist, S. 155 – 163; *Masouyé*, Kommentar, S. 46.

21 *Brem*, S. 99 f; *Ulmer*, Urheber- und Verlagsrecht, S. 68 f u. 89.

22 Pays membres de l'Union, in: Le Droit d'Auteur, Jg. 38, 1925, S. 1.

rellen und wissenschaftlichen Produktion. Diese Länder wiesen seit den vierziger Jahren vor allem zwei Grundtendenzen auf: eine permanente Steigerung im Umfang der jährlichen Buchproduktion und die damit einhergehende „Tendenz zum verbilligten Buch", mit dem Verlage auf die voranschreitende Alphabetisierung reagierten und breite Bevölkerungsschichten für die Lektüre zu erschließen hofften.[23] Für die erste Hälfte des 19. Jahrhunderts sind europäisch vergleichende Angaben zur nationalen Buchproduktion nur rar vorhanden. Eine Indextabelle über die Entwicklung der Buchproduktion in Deutschland, Frankreich und Großbritannien von 1830 bis in die dreißiger Jahre des 20. Jahrhunderts zeigt, wie intensiv sich das Wachstum seit der Mitte des 19. Jahrhunderts in allen drei Ländern beschleunigte. Während die Buchproduktion in Frankreich um die Jahrhundertmitte nahezu explodierte und danach auf einem konstant hohen Niveau verharrte, verzeichnete Deutschland vor allem nach der Reichsgründung eine rasante Wachstumsphase, die sich zwischen 1886 und 1912 nochmals nahezu verdoppelte. Ähnlich steil stieg der Umfang der britischen Buchproduktion, die zwischen 1886 und 1932 wegen der Erweiterung des Absatzmarkts in den USA, Kanada und den Kolonialgebieten beinahe um das Dreifache wuchs.

Tabelle 1: Anstieg der Buchproduktion in Deutschland, Frankreich und Großbritannien zwischen 1833 und 1932 im Vergleich (Index 1833 = 100 %).[24]

	Deutschland	Frankreich	England
1833	100	100	100
1858	164	219	220
Durchschnitt 1886 - 1890	273	221	248
Durchschnitt 1891 - 1900	368	220	288
Durchschnitt 1901 - 1912	458	199	374
1924	366	139	538
1932	340	211	629

Ähnliche Zahlen legte der Direktor des Berner Büros vor, das 1886 als ständiger Sitz der Berner Konvention gegründet worden war. Demnach entfielen von den um 1900 weltweit 120.000 gedruckten Büchern 27.000 auf Deutsch-

23 *Menz*, S. 114. Gerhard Menz war seit 1921 Schriftleiter des *Börsenblatts für den Deutschen Buchhandel* und ab 1925 erster Lehrstuhlinhaber der neu eingerichteten Professur für Buchhandelsbetriebslehre an der Handelshochschule Leipzig: *Uhlig*, S. 35 f.

24 *Menz*, S. 111. Der begleitende Text gibt keine Auskunft über die Berechnungsgrundlagen der Indextabelle.

land, 10.300 auf Russland, 10.100 auf Frankreich, 7.000 auf Großbritannien, 6.000 auf Spanien, 5.000 auf Österreich, 2.900 auf die Niederlande, 2.600 auf Belgien, 1.700 auf die Schweiz und 1.600 auf Ungarn.[25] Das heißt, 74.200 oder 61 % der für 1900 geschätzten Bücher erschienen in europäischen Staaten. Subtrahiert man davon Österreich-Ungarn und Russland, die die Berner Konvention nicht unterzeichnet hatten, stellten die in der Berner Union zusammengeschlossenen Staaten um die Jahrhundertwende insgesamt 57.900 bzw. knapp 50 % der weltweit publizierten Bücher her.

Dementsprechend sahen die Staaten der Berner Union in der Konvention ein effektives Instrument, ihre dominante Marktposition zu sichern und eine in ihren Augen angemessene finanzielle Honorierung der Leistungen ihrer Kulturschaffenden im Ausland durch Anerkennung der entsprechenden Rechte durchzusetzen. Die Union verrechtlichte die kulturellen Beziehungen über nationale Grenzen hinweg und universalisierte auf diese Weise die wirtschafts- und kulturpolitischen Interessen der exportstarken Gründungsstaaten nach einem hohen Schutzstandard zu Gunsten der Autoren und Verwerter. Diese Grundkonzeption war jedoch problematisch. Sie bescherte den Staaten, die kulturelle Güter exportierten, finanzielle Einkünfte, erschwerte jedoch den Staaten, die kulturelle Güter vorwiegend importierten, die Übersetzung und Verbreitung von Wissen und Bildung in breiten Bevölkerungsschichten durch preiswerten Nachdruck ausländischer Werke.[26]

Diese Interessenkonstellation war eine Schwäche der Berner Konvention, die sich bereits bei ihrer Gründung im Fernbleiben einzelner Staaten, Imperien und ganzer Weltregionen ausdrückte. An den Vorberatungen zum Abschluss der Konvention hatten die meisten europäischen Länder, die USA und Vertreter einiger südamerikanischer Staaten teilgenommen,[27] und besonders die Übersetzungsbestimmungen der Fassung von 1886 waren mit Blick auf die unterschiedlichen Interessen möglichst weit gefasst worden.[28] Trotzdem blieben der Union mit den USA, den lateinamerikanischen Staaten (mit Ausnahme Brasiliens, das die Konvention 1922 ratifizierte) und den multikulturellen und damit mehrsprachigen Imperien wie dem Russischen Reich, dem Osmanischen Reich und Österreich-Ungarn die Länder fern, die im größeren Umfang kulturelle Güter ausländischer Autoren rezipierten und an

25 *Röthlisberger*, Geistige Produktion, S. 203–211.

26 Aus diesem Grund wurde bei der Revisionskonferenz 1967 in Stockholm das so genannte Entwicklungsländerprotokoll in die Konvention eingeführt. Es legte zu Gunsten der Entwicklungsländer fest, dass sie zur Verbesserung ihrer sozialen und wirtschaftlichen Situation Eingriffe in das Urheberrecht zum Zweck von Unterricht, Studium und Forschung vornehmen dürfen. Dieses Protokoll stürzte die Berner Konvention in eine Grundsatzkrise, weil die meisten westlichen Staaten seine Ratifizierung verweigerten, so dass auf der Revisionskonferenz 1971 in Paris vereinbart wurde, solche Eingriffe nur in Form einer Zwangslizenz und unter Einhaltung bestimmter Regeln zu gestatten: *Ulmer*, Urheber- und Verlagsrecht, S. 93 f.

27 *Mentha*, Berne Convention, S. 1030.

28 *Püschel*, 100 Jahre, S. 47 f.

möglichst tantiemefreien Übersetzungen oder Nachdrucken interessiert waren.[29]

Ein Beitritt der USA scheiterte an innenpolitischen Auseinandersetzungen, in denen protektionistische Stimmen die Oberhand behielten, die für eine weitgehend uneingeschränkte Bewegungsfreiheit der US-amerikanischen Verwertungsindustrien eintraten.[30] Hinter dieser ablehnenden Haltung stand ein rasantes Wachstum der US-amerikanischen Verlage, die ihre Titelproduktion innerhalb von zwei Jahrzehnten unter anderem durch den nicht autorisierten Nachdruck britischer Autoren verdoppelt und 1910 den britischen Buchmarkt bereits überholt hatten.

Tabelle 2: Jahresdurchschnitt der Buchproduktion in Deutschland, USA, Frankreich und Großbritannien zwischen 1886 und 1910 im Vergleich.[31]

	1886 - 1890	1891 - 1900	1901 - 1910
Deutschland	17 217	23 228	28 851
USA	4 463	5 181	9 063
Frankreich	13 439	13 380	12 063
Großbritannien	5 857	6 807	8 825

Neben diesen wirtschaftspolitischen Überlegungen gab es rechtliche Entwicklungen der Berner Konvention, die einen Beitritt der USA immer unwahrscheinlicher machten. Bei der Revisionskonferenz 1908 hatten die Berner Signatarstaaten die zentrale Registrierung eines Werks als Vorbedingung für den Rechtsschutz abgeschafft. Innerhalb der Berner Union wurde diese Maßnahme als bürokratische Erleichterung und wichtiger Schritt in Richtung einer Vereinheitlichung der Schutzbedingungen sowie Stabilisierung des Konventionsrechts wahrgenommen.[32] Für die USA war die Abschaffung der Registrierung hingegen ein Problem, weil mit ihr ein Wesensmerkmal des US-amerikanischen *copyright* aus dem Unionsrecht verschwand. Das *copyright* basierte auf der angloamerikanischen Rechtstradition, die die Vervielfältigung und Verbreitung eines Werks als ein staatlich gewährtes Recht auffasste. Entsprechend musste ein neues Werk an einer zentralen Stelle angemeldet

29 *Siegrist*, Geistiges Eigentum, S. 57 f.

30 Vgl. Kapitel 7c; zum Verhältnis der USA zur Berner Konvention und den Motiven des Fernbleibens bis 1945: *Kampelman*; *May* u. *Sell*, S. 120 ff; zu den rechtlichen Unterschieden zwischen europäischem Urheberrecht und amerikanischem *copyright: Strowel.*

31 Diese Berechnung umfasst Erstveröffentlichungen und Neuauflagen: Le Droit d'Auteur, Jg. 24, 1911, S. 172.

32 *Sidjanski-Castanos*, S. 10.

werden, und erst die formale Anmeldung verlieh das exklusive Recht, ein Werk zu vervielfältigen.[33] Diese schon zu Jahrhundertbeginn deutlich unterschiedlichen Auffassungen über die Rolle des Staats als Garant individueller Rechte manifestierte sich im Verlauf der zwanziger Jahre endgültig, als die Berner Unionsstaaten das so genannte *droit moral*[34] in den Konventionstext einfügten, das dem Autor unabhängig von der Verwertung des Werks eine naturrechtlich begründete, uneingeschränkte Werkhoheit zusprach. Ein Beitritt der USA wurde danach immer unwahrscheinlicher, weil die USA ein solches geschlossenes System von Autorenrechten grundsätzlich ablehnten, das in ihren Augen den Staat in seiner Funktion als Rechtegeber beschränkte. Mit wachsender Marktmacht empfanden die Berner Mitgliedsstaaten diese geographische Lücke als ernsthaftes Problem, und bis zu ihrem späten Beitritt 1986 blieben die USA ein permanentes Streitthema innerhalb der Union.[35]

Österreich-Ungarn trat der Berner Union wegen der Sprachenvielfalt nicht bei, die vor allem die östlichen von den westlichen Gebieten des Kaiserreichs unterschied. Hier erwiesen sich die Übersetzungsregeln der Union als Hürde. Die östlichen Gebiete, die kulturelle Güter primär rezipierten und eine weniger ausgeprägte Eigenproduktion besaßen, bestanden auf einem möglichst freien Zugang zu ausländischen Werken, um eine Chance zu behalten, kulturell, wirtschaftlich und im Bildungsstand mit den westlichen Gebieten des Kaiserreichs Schritt zu halten.[36] Wenngleich das Fernbleiben Österreich-Ungarns eine massive Lücke auf der europäischen Landkarte der Berner Konvention hinterließ, wurde es von den Signatarstaaten nicht als gravierend eingestuft. Denn vor allem Österreich importierte ab den fünfziger Jahren mehr Bücher aus Deutschland, Frankreich, Italien und Russland in Originalsprache, als es billige Nachdrucke herstellte oder exportierte. Außerdem besaß es aufgrund einer hohen kulturellen Eigenproduktion selbst ein Interesse an einem effektiven Schutz seiner Autoren im Ausland, so dass Österreich

33 *Röthlisberger*, Der interne und internationale Schutz 1914, S. 17–30.

34 Das *droit moral* bezeichnet „das von den vermögensrechtlichen Befugnissen unabhängige Recht […], die Urheberschaft am Werk für sich in Anspruch zu nehmen sowie das Recht geltend zu machen, sich jeder Entstellung, Verstümmelung oder sonstiger Abänderung des Werkes zu widersetzen, die seine Ehre oder seinem Ruf abträglich sein könnten" (*Vogt*, S. 23). Dem aus dem französischen Rechtsverständnis stammenden *droit moral* steht die deutsche Konzeption des Urheberpersönlichkeitsrechts gegenüber, für das sich mit der monistischen und dualistischen Theorie zwei Ansätze herausbildeten. Die für die deutsche Rechtsentwicklung ab den zwanziger Jahren des 20. Jahrhunderts entscheidende monistische Theorie geht davon aus, dass „das Urheberrecht weder ein reines Vermögensrecht noch ein reines Persönlichkeitsrecht, sondern ein Recht der besonderen Art [ist], welches sich aus persönlichkeitsrechtlichen und vermögensrechtlichen Befugnissen des Urhebers zusammensetzte" (*ebd.*, S. 245). Da 1928 die französische Konzeption in die Berner Konvention einzog, die keine vermögensrechtlichen Befugnisse des Autors kannte, wird im Weiteren der französische Begriff verwendet. Vgl. auch *Dietz*, S. 55 f; *Strömholm*.

35 *Bureau international de la propriété intellectuelle*, S. 23 f; *Peifer*, S. 325; *Yu*, S. 342.

36 *Dillenz*, Warum Österreich-Ungarn.

im gesamten 19. Jahrhundert eine urheberfreundliche Politik betrieb und ausländische Autoren nur selten benachteiligte.[37]

Anders gestaltete sich dagegen die Situation beim Russischen Reich. Mit Verweis auf die geringe Kaufkraft seiner Bevölkerung und auf die Bedeutung kultureller Güter für Kultur, Wissenschaft und Bildung – ab 1917 ergänzt um die Verstaatlichung von Kultur und Verwertungsindustrien – bestand es auf freier Übersetzung und freiem Nachdruck ausländischer Werke.[38] Da die Mitglieder der Berner Konvention ein doppeltes Interesse besaßen, einerseits einen möglichst hohen Schutzstandard international zu etablieren und andererseits möglichst viele Länder in die Union zu integrieren, führten sie die Vorbehalte vor allem mit Blick auf Russland in das Konventionsrecht ein. Sie sollten Russland eine Hintertür für einen Beitritt auf Kompromissbasis öffnen, nämlich die prinzipielle Anerkennung der Konvention bei gleichzeitigem Ausschluss der Übersetzungsregeln.[39] Das Russische Reich, genauso wie später die Sowjetunion, behielt seine Position jedoch bei und blieb der Berner Konvention fern.[40]

Wenngleich die Vorbehalte kurzfristig Kompromisse zwischen festgefahrenen Positionen boten, waren sie bereits kurz nach ihrer Einführung umstritten. Durch die Vielzahl unterschiedlicher Vorbehalte war ein komplexes und für Rechtsexperten nur noch schwer durchschaubares Geflecht an Sonderregelungen und Sonderbestimmungen entstanden, durch das der ursprüngliche Gedanke eines einheitlichen und universal anwendbaren Urheberrechts aus dem Ruder gelaufen war.[41] Stattdessen gab es nun drei Kategorien von Unionsmitgliedern: 1) Staaten, die der Berliner Fassung ohne Vorbehalte beitraten, 2) solche, die Vorbehalte zur Berliner Fassung formulierten, und 3) die Staaten, die nur der Fassung von 1886 oder der Pariser Zusatzakte von 1896 beitraten und sich der revidierten Fassung von 1908 gänzlich verweigerten. Die meisten Vorbehalte betrafen Übersetzungen, die Reproduktion von Zeitungsartikeln und den Schutz angewandter Kunst für industrielle Zwecke; die Inländerbehandlung blieb von Vorbehalten verschont.[42] Auf der Revisionskonferenz 1928 reagierten die Mitgliedsstaaten auf die vehemente Kritik an den Vorbehalten und schränkten sie wieder ein, um so zu einem höheren Grad an Einheitlichkeit des Autorenschutzes zurückzukehren.[43] Nun

37 *Bachleitner.*

38 *Beyrau*; *Boguslawski*, S. 77–96; *Levitsky*, Introduction, S. 28 ff; *ders.*, Grundzüge; *Beaven Remnek.*

39 *Mentha*, Berne Convention, S. 1039.

40 Erst 1994 trat die Russische Förderation der Berner Konvention bei: World Intellectual Property Organization, URL: http://www.wipo.int/treaties/en/ip/berne/index.html (Stand: 23.12.2009).

41 Léon Malaplate betont in seiner Studie zur Berner Konvention ausdrücklich, dass die Vorbehalte ursprünglich als Ausnahmeregelung geplant waren, die dann eine zwar rasante, aber dennoch unglückliche Karriere einschlugen, indem sie sich als Standard etablierten: *Malaplate*, S. 361.

42 *Hubmann*, S. 13; *Ricketson*, The Berne Convention, S. 99.

43 *Boguslawski*, S. 77; ausführlich Kapitel 6a.

konnten neue Mitgliedsstaaten nur noch der Fassung von 1928 beitreten und Vorbehalte ausschließlich gegenüber den Übersetzungsregeln formulieren.[44] Letztlich eingestellt wurden die Vorbehalte jedoch erst mit der Pariser Revisionskonferenz 1971, nach der es nicht mehr möglich war, dass ein neues Mitgliedsland früheren Fassungen der Konvention beitrat oder sie ratifizierte. Verhindern konnte diese Regelung jedoch nicht, dass Unionsländer bereits formulierte Vorbehalte aufrechterhielten.[45]

d) Das Berner Büro

Mit der Verabschiedung der Berner Konvention hatten die Signatarstaaten zugleich der Einrichtung eines internationalen Büros zugestimmt, das den Vertragstext zwischen den Revisionskonferenzen verwalten und die Ausführung der Beschlüsse im Auge behalten sollte. Völkerrechtlich war die Einrichtung eines solchen Büros mit der Staatenunion begründet, zu der sich die Mitglieder zusammengeschlossen hatten und die sich durch Einführung von zwei Organen auszeichnete: regelmäßig tagende Revisionskonferenzen und ein internationales Büro.[46] Die Statuten des internationalen Büros, das im Januar 1888 seine Arbeit aufnahm, waren Bestandteil der Konvention und nach dem Vorbild des internationalen Büros zum Schutz des gewerblichen Eigentums gestaltet, das im Zuge der Pariser Verbandsübereinkunft 1883 eingerichtet worden war und die internationale Vergabe von Patenten, Marken- und Leistungsschutzrechten regelte.[47] Aufgrund der inhaltlichen und organisatorischen Nähe plante die Schweiz, die die Aufsicht über beide Büros ausübte, sie zusammenzulegen, um so technische Abläufe zu vereinfachen und Kosten einzusparen.[48] Die Reorganisation berührte jedoch nicht den grundsätzlich unterschiedlichen Aufgaben- und Tätigkeitsbereich beider Unionen, die inhaltlich und finanziell voneinander getrennt blieben.[49] 1893 nahmen die nunmehr zusammengelegten Büros ihre Arbeit unter dem Namen *Bureaux réunis pour la protection de la propriété industrielle, littéraire et artistique* auf.

Das Berner Büro war ausschließlich der Union verpflichtet und hatte die Aufgabe, für ihre Fortexistenz und Verwaltung zu sorgen. Damit war es keine supranationale Einheit, die von den Mitgliedsstaaten mit legislativer Kompetenz oder anderen Souveränitätsrechten ausgestattet worden war, sondern

44 *Püschel*, 100 Jahre, S. 62 f.

45 *Masouyé*, Kommentar, S. 146; *Püschel*, Internationales Urheberrecht, S. 44.

46 *Buck*, S. 107 ff; *Bureau international de la propriété intellectuelle*, S. 35; *Püschel*, Internationales Urheberrecht, S. 110.

47 Zur Aushandlung der Statuten des Büros auf den diplomatischen Vorkonferenzen 1884–1886: *Bureau de l'union de Berne*, S. 100 f.

48 *Ebd.*, S. 103.

49 *von Waldkirch*, S. 187; *Voyame*, S. 88.

es besaß nur ein exekutives und beratendes Mandat:[50] Die Befugnis, Recht zu setzen, lag ausschließlich bei den souveränen Mitgliedsstaaten, die dieses Recht über die Mitgliederversammlung auf den Revisionskonferenzen und über die Ratifikation der Konventionsregeln ausübten.[51] Das bedeutete jedoch im Umkehrschluss, dass das Berner Büro keinerlei Mittel besaß, die Signatarstaaten im Namen der Union zur Ratifikation der Konvention oder zur Einhaltung der aus der Ratifikation entstandenen Verpflichtungen zu zwingen. Vielmehr blieb die Union auf die Kooperationsbereitschaft der Mitgliedsstaaten angewiesen, indem sie auf den außen-, rechts- und kulturpolitischen Nutzen hoffte, den sie bei einer Ratifikation für sie bereithielt. Rechtsfähige internationale Organisationen wurden die Berner Union und die Pariser Verbandsübereinkunft erst 1967, als die Mitgliedsstaaten entsprechende organisatorische Regelungen in die Vertragstexte einfügten und sie der gerade neu gegründeten *World Intellectual Property Organization* (WIPO) unterstellten. Die WIPO ist eine völkerrechtsfähige internationale Organisation mit eigener Rechtspersönlichkeit und legislativen Kompetenzen, der es laut Satzung gestattet ist, völkerrechtlich verbindliche Verträge abzuschließen.[52]

Das Berner Büro unterstand der Aufsicht der Schweiz, die als Mandatsmacht für das Büro eintrat. Die Schweiz, die neben dem Büro für den Schutz des gewerblichen Eigentums bereits die Büros der Internationalen Telegraphenunion, des Weltpostvereins und ab 1893 auch das Zentralamt für den internationalen Eisenbahnverkehr beaufsichtigte, schien aufgrund ihrer Neutralität und der stabilen politischen Institutionen geeignet, auch die Aufsicht über das Büro für den Schutz des literarischen und künstlerischen Eigentums zu übernehmen.[53] Aufgabe der Mandatsmacht war es, die Finanzen zu überwachen, die Einstellung, Vergütung und Besteuerung der Mitarbeiter zu regeln und ein internes Reglement für die Verwaltungsabläufe zu erstellen. Die Festlegung der Befugnisse und Aufgaben des Büros sowie die Verwendung des Budgets lagen dagegen ausschließlich im Hoheitsbereich der Union, über deren Details sich die Mitgliedsländer auf den Revisionskonferenzen einigten.[54] Zu den Aufgaben des Büros zählten die Sammlung, kritische Aufarbeitung und Veröffentlichung von Informationen zum Thema (Gesetzgebungen, Verwaltungsregeln, Gerichtsentscheidungen, Abschlüsse bilateraler Verträge, Berichte von internationalen Kongressen und Vereinigungen), die Herausgabe der monatlichen Zeitschrift *Le Droit d'Auteur* (erstmals erschienen im Januar

50 Supranationale Organisationen weisen staatsähnliche Züge auf, wenn sie über legislative, exekutive und judikative Kompetenzen verfügen und damit die Interessen der Organisation gegenüber den Souveränitätsrechten der einzelnen Mitgliedsstaaten stärken: *Köck* u. *Fischer*, S. 63.

51 *Buck*, S. 109.

52 *Ebd.*, S. 108 ff.

53 *Voyame*, S. 86; zur Schweiz als Sitz der internationalen Verwaltungsunionen: *Ostertag*, Internationale Bureaux; *Röthlisberger*, Les unions internationales.

54 *von Waldkirch*, S. 188.

1888), eine Auskunftspflicht gegenüber Mitgliedern, Privatpersonen und Nicht-Unionsmitgliedern, ein jährlicher Arbeitsbericht und schließlich die Vorbereitung der Revisionskonferenzen in Zusammenarbeit mit dem jeweiligen Gastgeberland.[55] Die Abhängigkeit der internationalen Büros von der Oberaufsicht eines Staats beendete die Schweiz erst 1947 mit der Anerkennung eines exterritorialen Status aller internationalen Büros auf Schweizer Territorium. Von da an waren sie internationale Behörden, die keiner nationalen Weisungsgewalt mehr unterstanden. Die Angestellten erhielten den Status internationaler Beamter, der ihnen Steuerfreiheit und Immunität für alle Aktivitäten garantierte, die sie im Auftrag des Büros erledigten. Auch die Büros bekamen steuerliche und rechtliche Immunität sowie die Zusicherung der Unantastbarkeit ihres Grund- und Bodenbesitzes.[56]

Die Mandatsmacht übte außer den Verwaltungsaufgaben drei zentrale Funktionen aus: Das war zum einen die Benennung des Direktors, zweitens die Abwicklung der Beitrittszahlungen der Mitgliedsstaaten und drittens die Versendung offizieller Mitteilungen an die Außenministerien der Signatarstaaten wie Konferenzeinladungen oder Nachrichten über Ratifikationen und Ein- bzw. Austritte.[57] Diese Erfüllung konventioneller diplomatischer Gepflogenheiten war für das Existieren und Funktionieren der Union von existenzieller Bedeutung. Denn erst ihre Einbindung in offizielle diplomatische Kommunikationswege verwandelte die Union in eine Angelegenheit von diplomatischem Rang, die die Mitgliedsstaaten mit entsprechender politischer Aufmerksamkeit bedachten, indem sie Beiträge entrichteten, nationale Delegationen zu den Revisionskonferenzen schickten, die Konvention unterschrieben und sie durch Ratifikation in die kultur- und rechtspolitischen Programme auf nationaler Ebene integrierten.[58]

Trotz dieser strengen Außenkontrolle war das Büro keine reine Verwaltungseinheit. Vielmehr spiegelte seine praktische Arbeit die oben beschriebene doppelte Anlage der internationalen Büros im 19. Jahrhundert. Einerseits war es das Instrument eines gouvernementalen Internationalismus: Es besaß keine legislativen Kompetenzen und unterstand einer Aufsichtsmacht. Andererseits verfügte das Büro über zwei Instrumente, mit deren Hilfe es seinen Handlungsspielraum grundsätzlich erweiterte und selbst als Akteur auftreten konnte. Das war erstens die eindeutige Vorrangstellung seines übergeordneten Zwecks – die Bewahrung und Ausdehnung des internationalen Autorenschutzes – vor einzelstaatlichen Interessen. Diesen Auftrag setzten die Mitarbeiter des Büros in die Tat um, indem sie zweitens die Zusammenarbeit mit den Kulturschaffenden der Mitgliedsstaaten suchten, deren

55 *Ladas*, S. 127 ff; *Püschel*, 100 Jahre, S. 49; *Secretan*, L'évolution, S. 15 ff; *Voyame*, S. 88 f; *von Waldkirch*, S. 188.

56 *Voyame*, S. 88 f.

57 *Bureau international de la propriété intellectuelle*, S. 35.

58 *Herren*, Hintertüren, S. 19 u. 33 f.

Handlungsrechte die Berner Konvention internationalisierte, damit sie im wirtschaftlichen und kulturellen Wettbewerb besser bestanden. Das Büro pflegte eine enge Kooperation mit Rechtsexperten und mit national wie international organisierten Berufsverbänden in ganz Europa. Es profitierte dabei davon, dass viele dieser Rechtsexperten oder Berufsvertreter an nationalen Gesetzgebungsprozessen teil hatten und gleichzeitig aktiv das Berner Büro unterstützten: Sie verfassten Studien für das Büro, die es dann im *Le Droit d'Auteur* veröffentlichte, oder waren als ehrenamtliche Korrespondenten tätig, die dem Büro Berichte über Rechtsprechung und Gesetzgebung zwecks Veröffentlichung schickten.[59]

Wichtiger als diese praktische Arbeit war jedoch die Einbindung der Berufsverbände in die Revisionen der Berner Konvention. Da die Verbände auf den diplomatischen Konferenzen nicht mit eigenen Delegationen teilnehmen durften, konsultierte das Berner Büro sie während der Vorbereitung einer Revisionskonferenz. Es sammelte die auf ihren Kongressen verabschiedeten Empfehlungen für die rechtliche Entwicklung der Konvention, publizierte sie in den vorbereitenden Dokumenten einer Revisionskonferenz in einem eigenständigen Heft und arbeitete sie in die gemeinsam vom Berner Büro und der gastgebenden Regierung vorgelegten Revisionsvorschläge ein.[60] Eine zentrale Position nahm hier die ALAI ein. Wegen ihrer initiativen Rolle bei der Gründung der Union genoss sie ein hohes Ansehen bei den beteiligten Regierungen. Ihre Kongresse galten als wichtiges Forum, auf dem Vorschläge zur Weiterentwicklung der Konvention nach den Prinzipien ausgearbeitet wurden, die auch für die meisten Gründungsstaaten handlungsleitend waren: ein hohes Schutzniveau, das die Interessen der Autoren ins Zentrum rückte und die Konvention aktuellen technischen und politischen Entwicklungen so anpasste, dass sie zukunftsfähig blieb.[61]

59 *Bureau de l'union de Berne*, S. 107.

60 Beispielhaft sei hier auf die für 1936 geplante Revisionskonferenz der Berner Konvention in Brüssel verwiesen, zu deren Vorbereitung das Berner Büro gemeinsam mit der belgischen Regierung drei Publikationen veröffentlichte, von denen das zweite Heft ausschließlich die Resolutionen und Vorschläge versammelte, die die nationalen und internationalen Verbänden zwischen 1927 und 1935 gemacht hatten: *Union internationale pour la protection des œuvres littéraires et artistiques*, Conférence de Bruxelles. Deuxième fascicule. Dabei deckten die Verbände inhaltlich ein breites Spektrum ab, das von Verlagen bis zur Filmindustrie reichte: ALAI, Fédération suisse des artistes, Congrès international des arts décoratifs et industriels, Groupe autrichien de l'ALAI, Confédération internationale des travailleurs intellectuels, Congrès international du film, Confédération international des sociétés d'auteurs et compositeurs, Congrès international de la parole, Société des éditeurs de musiques allemands, Société des marchands de musique allemands, Cercle des libraires allemands, Allgemeiner Deutscher Musikverein, Congrès international des éditeurs, Congrès international de droit comparé, Congrès juridiques international de la T.S.F., Congrès international du théâtre, Confédération générale du travail, Congrès des juristes, Congrès juridique international de la radioélectricité, Congrès international du cinématographe, Conseil permanent pour la collaboration internationale des compositeurs.

61 *Blaustein*, S. 71 f; *Masouyé*, Le rôle, S. 122–128. So unterstütze die französische Regierung in

Die ALAI war für das Berner Büro jedoch nicht nur wegen ihres internationalen Engagements ein wichtiger Kooperationspartner, sondern auch wegen ihrer feinen Organisationsstruktur auf nationaler Ebene, die es ihr erlaubte, Einfluss auf rechtspolitische Entscheidungen der nationalen Administrationen zu nehmen, wie ein Blick auf die deutsche Landesgruppe der ALAI nach dem Ersten Weltkrieg zeigt. Wie im vorangehenden Kapitel erläutert, war die Landesgruppe im *Deutschen Verein für den Schutz des gewerblichen Eigentums* verankert und damit in dem Verein, der die urheber- und patentrechtlichen Kompetenzen in Deutschland bündelte und zugleich enge Kontakte ins Auswärtige Amt und ins Reichsjustizministerium pflegte.[62] Nachdem die internationale ALAI sich im Juni 1925 neu konstituiert und erstmals wieder Berufsverbände und Regierungsvertreter zu einem Kongress nach Paris eingeladen hatte,[63] gründete sich auch die deutsche Landesgruppe im Oktober 1926 neu und wandte sich gemeinsam mit dem Urheberrechtsausschuss des *Deutschen Vereins* unmittelbar der zu diesem Zeitpunkt noch für 1927 anvisierten Revisionskonferenz in Rom zu.[64] Eine Einladung an die zuständigen Ministerialdirektoren im Auswärtigen Amt, an der initialen Vorbereitungssitzung teilzunehmen, mündete in dem Auftrag, die Landesgruppe solle ihre regelmäßigen Sitzungen nutzen, um die Leitlinien der deutschen Delegation in Rom festzulegen; dafür sollte sie zwischen den nationalen Berufsverbänden einen Interessensausgleich herbeiführen und Rücksprache mit den internationalen Verbänden halten.[65] Für das Berner Büro war diese zentrale Rolle der deutschen Landesgruppe innerhalb der regierungsamtlichen Vorbereitungen vorteilhaft, weil sie dem Büro eine Tür zu den politisch und fachwissenschaftlich relevanten Kreisen öffnete und damit eine direkte Interventionsmöglichkeit. Zuerst schickte der Direktor des Büros, Fritz Ostertag, seine Revisionsvorschläge an den Präsidenten der deutschen Landesgruppe, Maximilian Mintz, mit der Bitte, diese in den Ausschusssitzungen zu diskutieren.[66] Im Gegenzug nutzte Mintz seine zentrale Position für

der Regel alle Maßnahmen, die die ALAI für die rechtliche Entwicklung der Berner Konvention vorschlug, weil eine prinzipielle Übereinstimmung zwischen ALAI und der französischen Urheberrechtspolitik herrschte: Notiz von Paul Grunebaum-Ballin, Mitglied der französischen Delegation auf der Revisionskonferenz der Berner Konvention 1928 in Rom, an den französischen Außenminister Aristide Briand am 2. Juni 1928 (ArchMin Nantes: Ministère des Affaires Etrangères/Sous-direction des unions internationales 2ème tranche/C/20).

62 Vgl. Kapitel 2c; Bericht über die Hauptversammlung des Vereins am 17. Januar 1929, in: GRUR, Jg. 34, 1929, S. 210 ff.

63 Einladung des französischen Außenministeriums an das Auswärtige Amt in Berlin am 2. Juni 1925 (PolArch: R 43880).

64 Die deutsche Landesgruppe an das Auswärtige Amt am 10. November 1926 (PolArch: R 43880).

65 Der Vereinsvorsitzende Maximilian Mintz an den verantwortlichen Ministerialdirektor im Auswärtigen Amt, Rudolf Goebel von Harrant, am 27. April 1926 und Protokoll der konstituierenden Sitzung am 28. Mai 1926 im Reichsjustizministerium (PolArch: R 43736).

66 Fritz Ostertag, seit 1926 Direktor des Berner Büros, an Mintz am 20. Januar 1927 (PolArch: R 43736).

die Organisation eines informellen Treffens, auf dem Ostertag und sein Stellvertreter, Bénigme Mentha, Vertreter der deutschen Landesgruppe und Repräsentanten des Auswärtigen Amts die anstehende Konferenz besprachen.[67] Dieses Treffen war allerdings nicht die erste Zusammenkunft zwischen Ostertag und Vertretern des Auswärtigen Amts. Unabhängig von der deutschen ALAI hatte der für die Revisionskonferenz hauptverantwortliche Ministerialdirektor Rudolf Goebel von Harrant dem Anfang 1926 neu ins Amt gekommenen Ostertag einen Antrittsbesuch abgestattet, bei dem es darum ging, die „persönliche Verbindung mit dem Berner Internationalen Büro für Geistiges Eigentum im Hinblick auf die bevorstehende römische Revisionskonferenz wiederherzustellen",[68] die nach dem plötzlichen Tod des vorherigen Direktors Ernst Röthlisberger pausiert hatte.

Diese breit angelegte und im Berner Büro zusammen laufende Kooperation zwischen den staatlichen und nichtstaatlichen Akteuren machte beide, das Büro und die Union, endgültig zu einem im hohen Maß innovativen Rechtsinstrument. Die Union institutionalisierte und verrechtlichte den grenzüberschreitenden Transfer kultureller Güter und stellte Strukturen für eine pragmatische, auf Rechtsharmonisierung bedachte Zusammenarbeit zwischen den souveränen Nationalstaaten unter aktiver Einbindung der transnationalen Akteure aus Kultur und Wirtschaft bereit.

In ihre erste große und zugleich grundsätzliche Bewährungsprobe geriet die Berner Union im Ersten Weltkrieg, als mit den europäischen Staaten ihre politisch einflussreichsten Mitglieder zu Kriegsgegnern wurden und das Büro in die Situation kam, das Regelwerk gegenüber den kriegführenden Signatarstaaten behaupten zu müssen. Das folgende Kapitel geht der Frage nach, ob der organisatorische Kern der Berner Union, das Berner Büro, bis 1914 hinreichend Anerkennung und Autorität bei staatlichen und nichtstaatlichen Akteuren gewonnen hatte, um durchzusetzen, dass die Mitgliedsstaaten die Konvention nicht mit nationalen politischen, wirtschaftlichen und militärischen Kriegszielen vermischten.

67 Am 29. September 1926 schickte Mintz an Goebel von Harrant eine Rechnung für ein Abendessen mit Ostertag, Mentha und sechs Vertretern des Auswärtigen Amts (PolArch: R 43736).
68 Notiz Goebel von Harrants vom 29. Juli 1926 über seinen Besuch in Bern (PolArch: R 43763).

4. Das geistige Eigentum im Ersten Weltkrieg und in den Pariser Friedensverträgen

Der Erste Weltkrieg war eine politische und humanitäre Katastrophe, die das Europa der großen Mächte bis weit in die zweite Hälfte des 20. Jahrhunderts hinein nachhaltig ins Wanken brachte. Darüber hinaus führte er zu einer abrupten Unterbrechung der bis dahin dynamischen Entfaltung der europäischen Industriegesellschaften, die aufgrund von Rationalisierung und technischen Innovationen, des Ausbaus von Kommunikations- und Verkehrswegen, einer massiven Produktionssteigerung in den primären Sektoren Kohle, Stahl sowie Roheisen und durch eine Expansion des Binnen- und Außenhandels die Weltwirtschaft bis zum Ersten Weltkrieg maßgeblich dominiert hatten.[1] Vom Beginn des Kriegs blieb auch das Buch- und Verlagswesen nicht verschont, das in auflagenstarken Staaten wie Deutschland und Frankreich, Großbritannien, Belgien und der Schweiz bis 1914 vergleichbar zu den wirtschaftlichen Primärsektoren gewachsen war und bei Kriegsbeginn schlagartige Einbrüche der Produktionszahlen und des Außenhandels hinnehmen musste.[2] Zudem geriet die Buchproduktion in logistische Probleme, weil Papier in den meisten Ländern als Kriegsrohstoff eingestuft und einer staatlichen Zwangswirtschaft unterworfen wurde. So mangelte es mit zunehmender Kriegsdauer an Papier, um Bücher zu drucken, und an Kaufkraft, um die sich stetig verteuernden Bücher zu erwerben.

Über Produktion und Handel hinaus liefen die Rechtsstandards der Berner Konvention Gefahr bedeutungslos zu werden, regelten sie doch den zwischenstaatlichen Handel und die interkulturellen Austauschbeziehungen, deren grenzüberschreitender Charakter mit Beginn des Kriegs in einen scharfen Widerspruch zu den Frontverläufen geriet. Es stellt sich also die Frage, ob die Berner Union in eine vergleichbare Krise geriet wie ihr Gegenstand, der Handel mit kulturellen Gütern, oder ob diese internationale Organisation der Militarisierung und den aggressiven Nationalismen, die seine wichtigsten Mitgliedsstaaten zu Kriegsgegnern machten, stand hielt und ob sie, anders als die politischen, wirtschaftlichen und sozialen Folgeprobleme, die die europäischen Staaten in der Zwischenkriegszeit schwer belasteten, den Ersten Weltkrieg unbeschadet überstand.

1 *Berghahn*, S. 20 ff; *Borchardt*; *Dülffer*, Imperialismus; *Hirschfeld* u.a.; *Mommsen*; *Pollard*, S. 27 ff.

2 Zum Wachstum des europäischen Buchhandels bis 1914 und den Auswirkungen des Ersten Weltkriegs vgl. Kapitel 8.

a) Die Berner Union in Rechtstheorie und Rechtspraxis

Der Beginn des Ersten Weltkriegs bedeutete eine Herausforderung für die Berner Union wie auch für ihr gewerbliches Pendant, die Pariser Verbandsübereinkunft zum Schutz des gewerblichen Eigentums.[3] Genauso wie die anderen internationalen Verwaltungsunionen basierte sie auf dem Gedanken einer multilateralen Organisation zwischenstaatlicher Beziehungen unter Einbezug transnationaler Akteure aus Kultur und Wirtschaft. Das setzte einen friedlichen Rechtsverkehr zwischen den beteiligten Staaten voraus, ein Konzept, das durch Kriegshandlungen und Kriegsgesetzgebungen jedoch in starke Bedrängnis geriet. Die Einbettung der Konvention in einem auf Kooperation und technische Zusammenarbeit ausgerichteten Miteinander der Mitgliedsstaaten, von dem sich die beteiligten Staaten politische und wirtschaftliche Vorteile erhofften, wurzelte tief in den Traditionen des Internationalismus des 19. Jahrhunderts und war damit ein programmatisches Kernanliegen der internationalen Verwaltungsunionen.[4] Im Fall der Berner Union drückte es sich darin aus, dass die Konvention keine Kriegsklausel kannte, die ihre Geltung und Wirksamkeit unter Kriegsbedingungen vorsorglich geregelt hätte.[5] So traf der Kriegsbeginn die Union unvorbereitet, und es stellten sich dringende Fragen: Welche Geltung würde die Union – wie auch alle anderen Verwaltungsunionen – als „Elemente des Friedens"[6] im Krieg haben, sobald die Mitgliedsstaaten sich in Kriegsparteien und neutrale Staaten spalteten? Welchen Handlungsspielraum könnte das Berner Büro als koordinierende Instanz und institutioneller Garant der Union ausschöpfen? Unter welchen Bedingungen hielten die Vertragsstaaten die Konventionsregeln ein und schützten die Rechte ausländischer Urheber, selbst wenn sie Angehörige der Feindstaaten waren? Gerieten die privaten Akteure wie Verleger und Autoren mit Kriegsbeginn in einen Loyalitätskonflikt zwischen dem völkerrechtlich verbindlichem Regelwerk der Berner Union und der nationalen Kriegspropaganda und Kriegsgesetzgebung und wie lösten sie ihn?

Die Berner Konvention blieb im Ersten Weltkrieg trotz kriegsspezifischer Gesetzgebungen, die die Wirtschaftsbeziehungen zwischen den Signatarstaaten massiv einschränkten, intakt. Dieses Wissen um die zum Krieg parallel verlaufende Fortsetzung und Geltung der Union war 1914 jedoch noch nicht absehbar, sondern ein Sachverhalt, der sich erst im Verlauf des Kriegs abzuzeichnen begann und über den Rechtsexperten, nationale Regierungen, Autoren- und Verlegerverbände sich einhellig erst nach 1918 verständigten. Entsprechend ist es für die Beantwortung der oben gestellten Fragen sinnvoll,

3 Zum Patentrecht im Ersten Weltkrieg: *Mächtel*.

4 *Herren*, Hintertüren, S. 35.

5 *Osterrieth*, Der gewerbliche Rechtsschutz, S. 289 f.

6 Zitat im Original (Übersetzung I.L.): „[…] éléments de paix […]", in: Les unions internationales et la guerre, in: Le Droit d'Auteur, Jg. 28, 1917, S. 119.

zwischen Rechtstheorie, Rechtspraxis und dem Verhalten staatlicher und nichtstaatlicher Akteure zu unterscheiden und ihren je spezifischen Beitrag für die Aufrechterhaltung und letztlich auch Stabilisierung der Berner Konvention während des Ersten Weltkriegs herauszuarbeiten.

Nach 1918 betonten die Rechtskommentatoren einhellig, dass es aus rechtlicher Perspektive gar keine andere Möglichkeit gegeben habe, als die Berner Konvention während des Weltkriegs zu bewahren, die Rechte auch im Krieg zu achten und die aktive Verbandsarbeit nach Kriegsende ohne Bruch wieder in Gang zu setzen. Denn, so das Argument, nicht alle, sondern nur ein Teil der Signatarstaaten lagen miteinander im Krieg. Anders als bei bilateralen Verträgen, die mit Kriegsbeginn zwischen den Vertragspartnern automatisch erlöschen und nach Friedensschluss erst wieder ins Amt kommen, wenn sie entweder neu abgeschlossen oder explizit wieder in Kraft gesetzt werden,[7] kann ein Staat eine Union nicht gegenüber einzelnen Unionsmitgliedern aufheben, die Vertragsregeln gegenüber anderen Staaten jedoch unangetastet lassen. Sobald also nur einige Unionsstaaten militärische Konflikte austragen, haben die Kriegsparteien auf jeden Fall die Konvention weiter anzuwenden.[8] Wollte ein Staat die Union aus Kriegsgründen für ungültig erklären, bestünde die Möglichkeit entweder des eigenen Austritts oder aber einer konzertierten Auflösung durch die Mehrheit der Signatarstaaten. Von beiden Möglichkeiten wurde während des Ersten und später auch im Zweiten Weltkrieg jedoch kein Gebrauch gemacht, so dass alle Kommentatoren einstimmig zum Schluss kamen, die Berner Konvention sei rechtstheoretisch im Ersten Weltkrieg nicht erloschen, sondern habe grundsätzlich weiter existiert.[9]

Während der Rechtstheorie die Aufgabe zufiel, ex post das Verhalten der beteiligten Akteure zu begründen und rechtlich als Handlungsreglement für zukünftige Kriege zu verankern, stand die Rechtsprechung während des Ersten Weltkriegs vor der weitaus prekäreren Herausforderung festzulegen, wie Kriegsgesetze, die beispielsweise den Handel mit den Angehörigen der Feindstaaten verboten, auf die Rechtsbeziehungen zwischen den kriegführenden Staaten wirkten, die zugleich durch das Unionsrecht aneinander gebunden waren.[10] Für die Zeit zwischen 1914 und 1918 ist nur eine Gerichtsentscheidung des Hanseatischen Oberlandesgerichts vom Juli 1917 über die Klage eines Mailänder Musikverlags gegen einen Hamburger Musikverleger dokumentiert, der die Rechte an zwei Verdi-Opern durch unerlaubten Nach-

7 *Runge*, S. 31.

8 *Malaplate*, S. 133; *Mentha*, Berne Convention, S. 1068.

9 Ein prominenter Vertreter dieser Ansicht war der französische Parlamentsabgeordnete und Rechtsexperte Marcel Plaisant, der diese Interpretation der Berner Konvention nach dem Ersten Weltkrieg stark machte. Für den Zweiten Weltkrieg ist der ab 1938 amtierende Direktor des Berner Büros zu nennen, Bénigme Mentha, der sich im Rückgriff auf die rechtstheoretischen Gutachten der zwanziger Jahre bereits während des Kriegs für die fortgesetzte Geltung der Berner Konvention aussprach: *Plaisant*, La création; *Mentha*, La guerre.

10 *Runge*, S. 32.

druck verletzt haben sollte. Das Gericht entschied zu Gunsten des italienischen Klägers mit dem Argument, dass der bilaterale deutsch-italienische Urheberrechtsvertrag von 1884 mit Beginn des Kriegs zwar erloschen sei, im Rahmen der Berner Konvention aber alle Rechte, die ein Angehöriger eines Verbandslands vor Beginn des Kriegs erworben habe, unbedingt weiter gültig seien.[11] In der Tat ist die Klage des Mailänder Musikverlags im Verlauf des Ersten Weltkriegs weltweit der einzige Fall, der vor Gericht verhandelt wurde. Fragt man nach den Gründen für diese niedrige Zahl, zeigt sich, dass es über die ganzen Kriegsjahre hinweg verschwindend wenige Fälle von Rechtsverletzung gab, entsprechend auch kein gerichtlicher Handlungsbedarf bestand. Zwar dokumentierte das Berner Büro in seiner Zeitschrift *Le Droit d'Auteur* Rechtsbrüche, und auch private Berufsvertretungen der Verleger und Buchhändler wie der *Börsenverein des Deutschen Buchhandels* oder der französische Dachverband *Cercle de la Librairie* sammelten Informationen über solche Fälle, um sie dann im verbandseigenen *Börsenblatt des Deutschen Buchhandels* bzw. in der *Bibliographie de la France* zu veröffentlichen. Ein Blick in diese Sammlungen zeigt aber, dass es sich hier um wenige Fälle handelte, die keine besondere Beziehung zum Kriegsgeschehen aufwiesen, wie ein Vergleich mit dem Tagesgeschäft des Börsenvereins, des *Cercle de la Librairie* und des Berner Büros vor und nach 1914/1918 zeigt.[12]

b) Transnationale Koalitionen

Die Verhaltenssicherheit, die sowohl die ausbleibenden Gerichtsverfahren als auch das nachträgliche Votum der Rechtsexperten für die uneingeschränkte Geltung der Konvention suggerierten, war nur vermeintlich. Ein Blick in die Literatur und das Quellenmaterial zeigt vor allem für die ersten Kriegsjahre, wie schwer für die Zeitgenossen Informationen über den Umgang mit Urheberrechten in anderen Verbandsländern zu bekommen waren, so dass lückenhafte Kenntnisse, Unübersichtlichkeit und auch fehlende rechtstheoretische Erfahrung an vielen Orten zu Ratlosigkeit führten. Das zeigt das Beispiel des Börsenvereins des Deutschen Buchhandels. Auf eine Anfrage im Januar 1915 an die Handelskammer Leipzig, welche Gültigkeit die Berner Konvention aktuell habe und wie man mit eigenen Rechtsansprüchen im Ausland verfahren solle, kam die Auskunft, dass nach Rücksprache mit dem Auswärtigen Amt in Berlin auch dort keine Antwort zu bekommen sei, „da über diese verwickelte Rechtsfrage in der Theorie keine Übereinstimmung herrsche und es unsicher und unbekannt sei, wie die feindlichen Staaten sich

11 Bericht über das Urteil: GRUR, Jg. 23, 1918, S. 130 – 132.

12 Das zeigen Anfragen von Verlagen und Buchhändlern in dieser Zeit an die Rechtsabteilung des Börsenvereins (StAL Bv I, 21765/97); die laufenden Dokumentationen in *Le Droit d'Auteur* zwischen 1914 und 1918 zusammenfassend: *Malaplate*, S. 134 ff.

praktisch in dieser Angelegenheit verhalten werden".[13] Aber nicht nur die nationalen Regierungen und Interessenverbände waren unsicher, sondern auch erfahrene Rechtsexperten legten eine erhebliche Unentschlossenheit an den Tag. In einem Rechtsgutachten, das Albert Osterrieth - damals Vorsitzender des *Deutschen Vereins für den Schutz des gewerblichen Eigentums*, des wichtigsten privaten Zusammenschlusses für den Schutz geistigen Eigentums in Deutschland - im März 1915 für die Handelskammer Leipzig schrieb, kam er zu dem Ergebnis, dass das Konventionsrecht ausnahmslos für die deutsche Rechtsprechung verbindlich sei, weil „bei uns in Deutschland diese Verträge insofern weiter rechtsverbindlich sind, als sie durch verfassungsmäßige Verkündung zu einem Bestande der deutschen Privatrechtsgesetzgebung geworden sind".[14] Damit urteilte Osterrieth ganz anders als noch ein Jahr zuvor, als er kurz nach Kriegsbeginn argumentierte, die Berner Konvention und ihr gewerbliches Pendant, die Pariser Verbandsübereinkunft, seien während des Kriegs nicht gültig, weil die Entscheidung über die Einhaltung beider Konventionen im Kriegsfall keiner völkerrechtlichen Priorität unterworfen sei, sondern allein im Hoheitsbereich des jeweiligen souveränen Staats und seiner rechtspolitischen Interessen läge.[15]

Aber auch auf französischer Seite herrschte Unsicherheit darüber, ob die Berner Konvention mit Kriegsbeginn außer Kraft gesetzt worden sei oder nicht, wie das Beispiel des größten französischen Schriftstellerverbands, der *Société des Gens de Lettres de France* zeigt. Bereits Anfang August 1914 diskutierte der Vorstand die Frage, wie man den unautorisierten Nachdruck von Artikeln jeder Art während des Kriegs handhaben solle. Der Verband, der für seine Mitglieder die Wahrnehmung von Übersetzungsrechten, die Reproduktion von Aufsätzen und später auch die Adaption von Texten für Radio und Film regelte,[16] entschied sich bereits im August 1914, die Verfolgung unautorisierter Abdrucke aufgrund der unsicheren Rechtslage vorerst ruhen zu lassen und alle Fälle von Rechtsverletzung erst nach Kriegsende aufzurollen.[17] Vergleichbar zum Börsenverein löste sich auch bei der *Société* diese Unsicherheit über das geltende Recht im weiteren Verlauf des Kriegs nicht auf. Erneut diskutierte der Vorstand das Problem 1916, als er eine Broschüre zum Thema Übersetzung für seine Verbandsmitglieder plante. Die Diskussion entzündete sich an der grundsätzlichen Frage, ob eine solche Broschüre zum gegebenen Zeitpunkt überhaupt sinnvoll sei, weil man nicht wisse, ob die Berner Konvention noch gelte und man zudem damit rechnen müsse, dass die nach Kriegsende einsetzenden Friedensverhandlungen auch das Urheberrecht

13 Brief des Börsenvereins an die Handelskammer Leipzig am 15. Januar 1915 und Antwortschreiben der Handelskammer am 17. März 1915 (StAL Bv I, 21765/91, Bl. 51 u. 56).

14 Albert Osterrieth an die Handelskammer Leipzig am 9. März 1915 (StAL Bv I, 21765/91, Bl. 57).

15 *Osterrieth*, Der gewerbliche Rechtsschutz, S. 289 – 299.

16 *Société des Gens de Lettres*, S. 12.

17 Registre des procès-verbaux du comité de la Société des Gens de Lettres, Comité du 3 août 1914, Band 18, S. 250.

nicht verschonten und die Rechtslage der Vorkriegszeit grundsätzlich veränderten. Die Befürworter der Broschüre hielten dagegen, dass es bisher keine Verlautbarung gegeben hätte, die Berner Konvention sei mit Kriegsbeginn außer Kraft gesetzt worden. Da es zudem kein bilaterales deutsch-französisches Urheberrechtsabkommen gebe, das mit Kriegsbeginn hätte annulliert werden können, seien die Berner Konvention und ihre Übersetzungsbestimmungen weiterhin gültiges Recht und das nicht nur zwischen Frankreich und seinen Alliierten, sondern auch zwischen Frankreich und Deutschland. Da eine definitive Entscheidung dieser schwierigen Lage nicht in Sicht schien, der Verband die Broschüre aber auch nicht auf Eis legen wollte, schlug der Vorstand schließlich den überaus pragmatischen Weg ein, mit der Broschüre zu beginnen und vorerst nur die alliierten und neutralen Staaten zu berücksichtigen, Frankreichs Kriegsgegner auszusparen und diese Informationen nach Kriegsende nachzuliefern.[18]

Aber auch die französische Regierung war unentschieden, welche Auswirkungen der Krieg auf die Berner Konvention habe. Als Japan im Februar 1915 das Zusatzprotokoll der Berner Konvention von 1914 ratifizierte mit dem Hinweis, eine solche Ratifikation verändere jedoch nicht seine Haltung gegenüber seinen Kriegsgegnern,[19] nahmen Mitarbeiter im französischen Außenministerium dies zum Anlass, über das Verhältnis Frankreichs zur Berner Union nachzudenken. In einer dafür verfassten Stellungnahme ließ die französische Regierung, genauso wie auch schon zuvor das Auswärtige Amt, die Frage jedoch unbeantwortet, ob die Berner Konvention mit Kriegsbeginn außer Kraft gesetzt worden sei oder nicht, weil „die französische Regierung bis jetzt nicht der Ansicht ist, dass es ihr zukommt, sich auf eine allgemeine Art über diese Frage zu äußern, deren Auslegung der richterlichen Gewalt überlassen wurde“.[20]

Wer oder was bewirkte trotz dieser rechtlichen Unsicherheiten die in der Rückschau über die nationalen Grenzen hinweg geschlossen wirkende Haltung der nationalen Regierungen, Berufsverbände und Rechtsexperten? Gab es einen Akteur, der mit Kriegsbeginn nicht in einen Konflikt zwischen nationalem Recht und Völkerrecht geriet und der genug Autorität besaß, um die Einhaltung der Konvention in den damals 18 Verbandsstaaten zu erwirken?

Die Besonderheit der internationalen Verwaltungsunionen mit einem

18 Registre des procès-verbaux du comité de la Société des Gens de Lettres, Comité du 4 décembre 1916, Band 19, S. 229.

19 Das französische Außenministerium, Abteilung für die internationalen Verwaltungsunionen, an das französische Ministerium für Bildung und Kunst am 31. März 1915 (ArchNat: F/17/13491/6).

20 Zitat im Original (Übersetzung I.L.): „Le gouvernement français n'a pas cru, jusqu'à présent, qu'il rentrât dans son rôle de se prononcer d'une manière générale sur cette question qui a été laissée à l'interprétation des pouvoirs judicaires.“ In: Stellungnahme des französischen Außenministeriums zur Geltung der Berner Konvention im Ersten Weltkrieg (ArchNat: F/1 /13491/6).

ständigen Büro war ihre Ausstattung mit einem Stab von Mitarbeitern, die im Dienst der Gesamtheit der Staaten standen, die sich in der Union zusammengeschlossen hatten. Diese Mitarbeiter waren ausnahmslos dem gemeinsamen Gegenstand der Union verpflichtet, den sie in Zusammenarbeit mit den Regierungen der Signatarstaaten und mit Hilfe national und international organisierter Berufsverbände schützten und ausbauten. Bei Kriegsbeginn hatte das Berner Büro folglich einen eindeutigen Auftrag, nämlich die Pflege und Aufrechterhaltung dieses spezifischen Rechts- und Eigentumsregimes im Interesse aller beteiligten Staaten. Damit war das Berner Büro der einzige Akteur, der aufgrund einer eindeutigen Handlungsdirektive nicht in Loyalitätskonflikte geriet, anders als die nationalen Regierungen und die national organisierten Berufsverbände, die rechtlich und ideell sowohl der Berner Konvention als auch den jeweils nationalen Kriegszielen verpflichtet waren. Entsprechend meldete sich bereits im Oktober 1914 der damalige Direktor des Berner Büros, Ernst Röthlisberger, und sprach einer unbedingten Einhaltung der Konvention das Wort, unabhängig davon, ob kriegsbedingte Ereignisse ihre Anwendung behinderten.[21] In der Folge veröffentlichte das Berner Büro in seiner Zeitschrift *Le Droit d'Auteur* regelmäßig Artikel zum Stand der Konvention. In diesen Artikeln trat es vehement für seine Interpretation der fortlaufenden Geltung des Kollektivvertrags ein,[22] berichtete über die sich seit Kriegsbeginn sukzessiv verschlechternde materielle Situation von Autoren, Komponisten und Künstlern,[23] über Fälle von Rechtsverletzung, druckte Stellungnahmen und Handlungsempfehlungen der nationalen Autoren- und Verlegerverbände ab und dokumentierte schließlich urheberrechtliche Gesetzesmaßnahmen, die sowohl im Zusammenhang mit dem Kriegsgeschehen standen als auch unabhängig davon langfristige Revisionsvorhaben der nationalen Gesetze betrafen.[24] So konnte das Berner Büro beispielsweise im Januar 1915 melden, dass Italien die revidierte Fassung der Konvention von 1908 ratifiziert, Schweden deutliche Schritte in Richtung Ratifikation derselben unternommen und die Schweiz im Gefolge von Monaco und Großbritannien das Zusatzprotokoll von 1914 angenommen habe. Auf diese Weise

21 *Röthlisberger*, Das Schicksal; Le Droit d'Auteur, Jg. 28, 1915, S. 5–6.

22 Les rapports unionistes pendant la guerre, in: Le Droit d'Auteur, Jg. 28, 1915, S. 5–6; Les unions internationales et la guerre, in: Le Droit d'Auteur, Jg. 30, 1917, S. 118–119; La solution des questions concernant la propriété intellectuelle dans les accords intervenus entre les belligérants au commencement de 1918, in: Le Droit d'Auteur, Jg. 31, 1918, S. 113–117.

23 De la situation faite par la guerre aux producteurs intellectuels au point de vue des conditions de la vie sociale, de l'exercice des droits d'auteur et des restrictions de droit public, in: Le Droit d'Auteur, Jg. 28, 1915, S. 123–126; De la situation des droits d'auteur et d'édition durant et après la guerre, in: Le Droit d'Auteur, Jg. 30, 1917, S. 17 ff und die Fortsetzung in: Le Droit d'Auteur, Jg. 30, 1917, S. 29–33.

24 De la situation des droits d'auteur et d'édition durant et après la guerre, in: Le Droit d'Auteur, Jg. 30, 1917, S. 15 ff.

gewann das Büro ein zugkräftiges Argument für seine Auslegung der völkerrechtlichen Rechtslage.[25]

Entsprechend benannten alle Kommentatoren nach Ende des Kriegs den Beitrag des Berner Büros als das zentrale Moment, das die Einhaltung der Konvention bewirkte. Denn durch sein frühes, stetiges und vehementes Auftreten trug das Büro maßgeblich dazu bei, die anfänglichen rechtstheoretischen Unsicherheiten aufzulösen, indem es einschlägige Interpretationen der Rechtslage vorgab und damit klare Verhaltensregeln einforderte, die es durch umfangreiche Materialsammlungen nachhaltig stützen konnte. Vor allem entfaltete das Büro in seinem Einsatz für die Union eine moralische Autorität, die darauf beruhte, dass es die Berner und die Pariser Union als „typisch pazifistische Abkommen" und damit als wesentliche Errungenschaften zwischenstaatlicher Zusammenarbeit des 19. Jahrhunderts verteidigte, die für den Aufbau einer friedlichen Nachkriegsordnung wesentlich und deswegen unbedingt erhaltenswert seien.[26]

Der Einsatz des Berner Büros wäre jedoch im Sand verlaufen, wenn nicht die nationalen Berufsverbände der Autoren und Verleger das Büro aktiv unterstützt hätten und in Absprache mit dem Büro strikt gegen jede Form der Rechtsverletzung in ihren eigenen Reihen vorgegangen wären. Das lässt sich am Beispiel des Börsenvereins zeigen, der auf einer Vorstandssitzung im September 1916 entschied, alle Rechte geistigen Eigentums unangetastet zu lassen und alle Vorschläge abzulehnen, die Repressionen gegen die Urheberrechte der Kriegsgegner vorsähen.[27] Damit wiederholte er seine Position vom September 1914, als er im *Börsenblatt* erklärte, dass er ausnahmslos für die Anerkennung ausländischer Urheberrechte eintrete, eine Stellungnahme, die das Berner Büro im *Le Droit d'Auteur* im Januar 1915 abdruckte, gefolgt von einer zweiten Stellungnahme des Börsenvereins, die das Büro wiederum im Tonfall voller Unterstützung an gleicher Stelle im April 1915 auszugsweise zitierte.[28] Aber auch andere europäische Verlegerverbände schlossen sich diesem Votum an und nutzten die Zeitschrift des Berner Büros, um an zentraler und symbolträchtiger Stelle eindeutig für die Anerkennung ausländischer Urheberrechte einzutreten. So riet die britische Verlegervereinigung *The Publisher's Association* ihren Mitgliedern Anfang 1915 in scharfen Worten von unautorisierten Übersetzungen oder Nachdruck deutschsprachiger Werke ab,[29] und der französische Berufsverband *Syndicat français de la propriété*

25 Les rapports unionistes pendant la guerre, in: Le Droit d'Auteur, Jg. 28, 1915, S. 5.

26 Zitat im Original (Übersetzung I.L.): „[…] accords typiquement pacifiques […]", in: *Mentha*, La guerre, S. 5; *Malaplate*, S. 132 f.

27 Protokoll der Vorstandssitzung des Börsenvereins vom 20. September 1916 (StAL Bv I, 21765/91, Bl. 88).

28 Allemagne. De la traduction d'œuvres étrangères en temps de guerre, in: Le Droit d'Auteur, Jg. 28, 1915, S. 6–7; Les rapports unionistes pendant la guerre, in: Le Droit d'Auteur, Jg. 28, 1915, S. 117.

29 Le Droit d'Auteur, Jg. 28, 1915, S. 9.

intellectuelle machte sich 1916 an gleicher Stelle für die Fortsetzung der Berner Konvention stark.[30] Hinzu kamen weitere Verbände in Deutschland und Italien, die sich kurz nach Kriegsbeginn für die Geltung der Union aussprachen: in Italien der Verband der Verleger und Musikalienhändler sowie die *Società italiana degli autori ed editori* und in Deutschland der Verein der Deutschen Musikalienhändler, der Deutsche Musikverleger-Verband und der Deutsche Schriftstellerverband.[31] Die zeitgenössische Literatur und die exemplarisch für Deutschland und Frankreich konsultierten Unterlagen des Börsenvereins und der *Société des Gens de Lettres* geben jedoch keine Hinweise über direkte Kontakte zwischen den Berufsverbänden nach Kriegsbeginn.

Wegweisender als die programmatische Unterstützung des Berner Büros war jedoch das Engagement der nationalen Verleger- und Buchhändlerverbände bei der außergerichtlichen Aufklärung und Beilegung der rar gesäten Fälle unautorisierten Nachdrucks, bei denen die Berufsverbände jeweils in Absprache mit dem Berner Büro handelten.[32] Das prominenteste Beispiel im Ersten Weltkrieg war die so genannte Reihe *édition de guerre*, ein nicht autorisierter Nachdruck französischer Kompositionen durch das Berliner Verlagshaus Johannes Platt, über den das Berner Büro ausführlich berichtete.[33] Es beschrieb die Kampagnen niederländischer und schweizerischer Verlegerverbände, die ihre Mitglieder per Rundschreiben aufforderten, die *édition de guerre* wegen ihrer rechtswidrigen Herstellung nicht in den Handel zu bringen. Diesem Bericht folgte eine ausführliche Schilderung der Reaktionen der deutschen Buch- und Musikalienhändler, die nach diversen brancheninternen Diskreditierungen der *édition de guerre* eine Eingabe an das Reichsjustizministerium richteten, in der sie den ihrer Meinung nach rechtswidrigen Charakter der Auflage mit der fortdauernden Geltung der Berner Konvention begründeten und eine Intervention staatlicherseits forderten. Den folgenden freiwilligen Verzicht des Verlagshauses auf die weitere Produktion und Verkauf der *édition de guerre* verbuchte die Redaktion des *Le Droit d'Auteur* als großen Erfolg einer transnationalen Koalition aus Berner Büro und den über das Unionsrecht miteinander verbundenen nationalen Verlags- und Buchhändlerverbänden.[34]

Der *édition de guerre* folgten immer wieder kleinere Delikte, über die, wurden sie bekannt, das Berner Büro ausführlich und zumeist nach dem

30 Le Droit d'Auteur, Jg. 29, 1916, S. 131.

31 *Ruffini*, S. 459.

32 Eine zusammenfassende Übersicht dieser Kooperation: Le bilan de la guerre mondiale en matière de propriété intellectuelle, in: Le Droit d'Auteur, Jg. 33, 1920, S. 37–41.

33 Effondrement, sous la pression commune, d'une entreprise de contrefaçon musicale, dite „édition de guerre", in: Le Droit d'Auteur, Jg. 29, 1916, S. 11–12; Suppression, en germe, d'une nouvelle entreprise de contrefaçon musicale, dite „édition de guerre" in: Le Droit d'Auteur, Jg. 29, 1916, S. 36; den Fall zusammenfassend: *Mentha*, S. 18 ff.

34 Effondrement, sous la pression commune, d'une entreprise de contrefaçon musicale, dite „édition de guerre", in: Le Droit d'Auteur, Jg. 29, 1916, S. 12.

selben Muster berichtete. Es erschien eine akribische Dokumentation der Rechtsverletzung mit Nennung des Verlagshauses im *Le Droit d'Auteur*, im Publikationsorgan des zuständigen nationalen Buchhändlerverbands und bei anderen europäischen Berufsverbänden samt einem Aufruf zum Boykott dieser Druckerzeugnisse.[35]

Wenngleich die nationalen Berufsverbände, Gerichte und Regierungen sowohl untereinander als auch mit dem Berner Büro gleichsam eine Koalition für den Schutz von Urheberrechten zu bilden schienen, gab es mit der britischen Kriegsgesetzgebung dennoch eine Gesetzesinitiative, die das Regelwerk der Berner Konvention während der Kriegshandlungen dezidiert einschränkte.[36] Im August 1916 fror die britische Regierung per Gesetz die Urheberrechte von Angehörigen der Feindstaaten ein und unterstellte die Rechte einer öffentlichen Treuhandverwaltung. Denn, so das Argument, künstlerische Werke stünden aufgrund der Kriegsgesetze in Gefahr, jeglichen Rechtsschutz zu verlieren und ihre öffentliche Verwaltung solle hier vorbeugen.[37] Obwohl das Gesetz nur für Werke galt, die während des Kriegs entweder entstanden oder erstmals veröffentlicht wurden, die britische Regierung die Regelung auf die Dauer des Kriegs beschränkte und den ausländischen Rechteinhabern eine Entschädigungszahlung nach Friedensschluss zusicherte, wurde das Gesetz von Berufsverbänden, vom Berner Büro und von Experten staatenübergreifend heftig kritisiert, weil es die Geltung der Berner Konvention vorläufig einschränkte und damit gegen das Konventionsrecht verstieß.[38]

Die Tatsache, dass die Berner Union im Ersten Weltkrieg trotz der Feindschaft wichtiger Mitgliedsländer und der massiven Beeinträchtigung der Wirtschaftsbeziehungen zwischen den verfeindeten Staaten intakt blieb – in diesem Zuge möglicherweise auch der Umstand, dass die britische Regierung auf ein erneutes Aussetzen der Konventionsregeln im Zweiten Weltkrieg verzichtete – ist hauptsächlich den konzertierten Aktionen des Berner Büros und der nationalen Buchhändler- und Verlegerverbänden zuzuschreiben. Ent-

35 So beispielsweise eine Kampagne gegen den unautorisierten Vertrieb von Partituren in Spanien, bei denen das Verlagsrecht zwei Berlinern Verlagen gehörte, und eine zweite Kampagne gegen einen nicht genehmigten Verkauf von Postkarten in der Schweiz mit Motiven französischer Künstler: L'organisation de la lutte contre la piraterie internationale pendant la guerre, in: Le Droit d'Auteur, Jg. 30, 1917, S. 39–42: weitere Fälle: Allemagne. Lutte contre une nouvelle entreprise de contrefaçon musicale, in: Le Droit d'Auteur, Jg. 31, 1918, S. 130–131; Allemagne. Lutte contre une nouvelle entreprise de contrefaçon musicale, in: Le Droit d'Auteur, Jg. 32, 1919, S. 45; eine ausführliche Beschreibung der Fälle: *Malaplate*, S. 134–137; *Ruffini*, S. 459; Les rapports unionistes pendant la guerre, in: Le Droit d'Auteur, Jg. 28, 1915, S. 116–117.

36 Ein Bericht über das englische Gesetz: Le Droit d'Auteur, Jg. 29, 1916, S. 119.

37 *Ruffini*, S. 462 f.

38 *Malaplate*, S. 139. Interessanterweise wiederholte sich dieses Verhalten der britischen Regierung im Zweiten Weltkrieg nicht, sondern sie erkannte bereits Ende September 1939 per Gesetz explizit das Prinzip der Inländerbehandlung an und bestätigte so die Geltung der Konvention auch während des Kriegs: *Mentha*, La guerre, S. 25 ff; *Runge*, S. 33.

sprechend hob das Berner Büro in seinem Jahresbericht im Januar 1920 die wegweisende Unterstützung der nationalen und internationalen Autoren- und Verlegerverbände hervor, die maßgeblich zur Aufrechterhaltung der Union im Krieg beigetragen hätten, so dass die Union „dank dieser gemeinsamen Anstrengung“ weitgehend unbeschadet und mit einem guten Ruf aus dem Krieg hervorgegangen sei und „unter allen internationalen Unionen […] möglicherweise diejenige ist, die aufgrund ihres Ansehens und ihrer praktischen Wirksamkeit am wenigsten unter dem Weltkrieg gelitten hat“.[39]

c) Die Berner Union und die politische Neuordnung Europas

Mit der Berner Konvention und der Pariser Verbandsübereinkunft wurde in den Pariser Friedensverträgen auch das literarische, künstlerische und gewerbliche Eigentum verhandelt. Das erwies sich als problematisch, weil der Friedensvertrag Formulierungen einschloss, die von der Aushebelung rechtlicher Grundprinzipien der Berner Union bis zu ihrer uneingeschränkten Fortexistenz interpretiert werden konnten.

Die Integration der Berner Union in politische Ordnungskonzepte löste bei den betroffenen Akteuren eine erhebliche Unsicherheit über den Stand der Union aus, und es kam zu vehementen Kontroversen unter Fachverbänden, Rechtsexperten und dem Berner Büro über die Rechtsgründe der Union im Nachkriegseuropa und über den Grad ihrer Einbindung in die politische, wirtschaftliche und territoriale Neuordnung Europas. Die von allen Zweifeln bereinigte Position, dass die Berner Konvention als multilateraler, völkerrechtlich verbindlicher Vertrag durch das Kriegsgeschehen nicht außer Kraft gesetzt worden war und folglich auch unverändert in die Nachkriegszeit übernommen werden müsse, gewann in Rechtstheorie und Rechtspraxis erst nach der Veröffentlichung und kontroversen Diskussion der Friedensverträge die Oberhand. Die Durchsetzung dieser Interpretation verdankte sich einiger auf Absprache und Konsens gebauter Initiativen von Berufsverbänden und Berner Büro, die zwischen 1918 und 1921 auf eine Auslegung des Friedensvertrags hin arbeiteten, die eine ungebrochene und uneingeschränkte Fortsetzung der Verbandsarbeit unter genau den Prämissen und Regeln erlaubte, wie sie vor Beginn des Kriegs gegolten hatten. In der direkten Nachkriegszeit

39 Im Original (Übersetzung I.L.): „Grâce à tous ces efforts combinés, l'Union littéraire est peut-être celle qui, de toutes les Unions internationales, a le moins souffert du conflit mondial quant à son crédit et à son efficacité pratique. Sa réputation est si solidement ancrée qu'on peut, en toute confiance et sans tromper personne, lui amener de nouvelles recrues.“ In: L'Union internationale en 1920, in: Le Droit d'Auteur, Jg. 33, 1920, S. 6 – 7. Eine detailreiche Bilanz des Weltkriegs mit Blick auf die Rechtslage, Raubdrucke, Buchhandel und die wirtschaftliche sowie soziale Lage der Autoren: Le bilan de la guerre mondiale en matière du propriété intellectuelle, in: Le Droit d'Auteur, Jg. 33, 1919, S. 37 – 41, fortgesetzt im gleichen Jahrgang S. 50 – 55 und der dritte Teil S. 66 – 70.

legten Rechtsexperten, Berufsverbände und das Berner Büro erneut ein ähnlich geschlossenes Verhalten wie während des Kriegs an den Tag, das Unsicherheiten über Geltung und Umgang mit der Konvention nach Friedensschluss aufklärte. So erreichten sie eine Auslegung des Friedensvertrags, die dem Unionsrecht explizit und erneut Vorrang vor politischen Eingriffen einräumte und die in ihm enthaltenen Paragraphen mit Potential zur Schwächung der Berner Konvention aushebelte.

Nachdem das Berner Büro während des Kriegs mit großer Vehemenz die Integrität der Berner Konvention verteidigt und mit Verlegern und Buchhändlern die Akteure auf seine Seite gezogen hatte, die diese Regeln im täglichen Handel mit Büchern und Übersetzungsrechten anwandten, erkannte das Büro schon früh die Notwendigkeit, auf die Behandlung des gewerblichen und literarischen Eigentums im Friedensvertrag Einfluss zu nehmen, damit sowohl die Berner als auch die Pariser Verbandsübereinkunft unverändert und ohne Einschränkungen in die Nachkriegszeit übernommen würden. Bereits Anfang 1918 stellte das Berner Büro im *Le Droit d'Auteur* erste Überlegungen zur Überführung der beiden Unionen in den Friedenszustand an. Es trug vor allem seine altbekannte Position des losgelösten Charakters der Konventionen vom Kriegsgeschehen vor und räumte alle Argumente aus, die Gegenteiliges behaupteten.[40] Konkret wurde das Büro in einem Bericht im Februar 1918, in dem es dem Schweizer Polizei- und Justizdepartement Vorschläge zur Wiedereinsetzung der multilateralen Abkommen zum Schutz geistigen Eigentums im Rahmen der Friedensverträge unterbreitete.[41] Der Bericht hegte keine Zweifel über die uneingeschränkte Fortexistenz der Union auch nach Kriegsende, so dass Regelungsbedarf nur für die Beziehungen zwischen den Unionsmitgliedern und den Ländern gesehen wurde, die zwar in den Krieg verwickelt und folglich auch für den Friedensvertrag maßgeblich seien, nicht aber die Konvention unterzeichnet hätten. Das betraf die Vereinigten Staaten von Amerika und Österreich-Ungarn bzw. seine Nachfolgestaaten.[42] Da das Fernbleiben dieser Staaten seit Gründung der Berner Union ein grundsätzliches Problem war, plante das Büro, die Friedensverträge für sich zu nutzen und in einem Zuge mit der offiziellen Fortsetzung der Verbandsarbeit zugleich die USA und das in der Auflösung begriffene Österreich-Ungarn in die Union aufzunehmen.[43] Neben Vorschlägen zum praktischen

40 L'Union internationale après la guerre, in: Le Droit d'Auteur, Jg. 31, 1918, S. 15–17; La solution des questions concernant la propriété intellectuelle dans les accords intervenus entre les belligérants au commencement de 1918, in: Le Droit d'Auteur, Jg. 31, 1918, S. 113–117.

41 Rapport sur la réintégration, après la guerre mondiale, des droits de propriété industrielle et des droits d'auteur, Berne le 28 février 1918, signé Ernst Röthlisberger (BAR E 22, 1000/134, 2430).

42 Ebd., S. 2 (BAR E 22, 1000/134, 2430).

43 Les traités de paix préliminaire et la propriété intellectuelle, in: Le Droit d'Auteur, Jg. 32, 1919, S. 65–66; Desiderata en vue de la conclusion de la paix, in: Le Droit d'Auteur, Jg. 32, 1919, S. 24; Les traités et arrangements bilatéraux en matière de propriété littéraire et artistique, in: Le Droit d'Auteur, Jg. 32, 1919, S. 92–96.

Vorgehen (ein Fragebogen an die Unionsstaaten, um den konkreten Regelungsbedarf zu erheben, und redaktionelle Überlegungen für die Formulierung der entsprechenden Paragraphen des Friedensvertrags)[44] ließ der Bericht keine Zweifel an der Zuständigkeit und Bedeutung der internationalen Büros als „neutrale Organe in einem neutralen Land" für diesen Teilaspekt der Friedensverhandlungen als auch an der Tauglichkeit der Werte- und Rechtsvorstellungen der Berner Konvention für die Etablierung einer friedlichen Nachkriegsordnung.[45] Diesen Gedanken formulierte das Berner Büro auch noch einmal gut sichtbar und unmissverständlich im *Le Droit d'Auteur*, als es feststellte, dass „in unserem Bereich das Denken überwogen [hat], die Dinge rein rechtlich zu regeln, so dass jeder Gedanke an Gewalt in diesbezüglichen Vereinbarungen abwesend ist; es gibt in unserem Gebiet keine Sieger und keine Besiegten, sondern nur Parteien, die bestrebt sind, für die Rechte erneut einen normalen und gleichförmigen Schutz zu garantieren, die vorübergehend gelitten haben".[46]

Diesen Gedanken konnte das Berner Büro jedoch nicht durchsetzen. Im Artikel 306 formulierte der Friedensvertrag, dass „die gewerblichen, künstlerischen und literarischen Eigentumsrechte im Sinne der in Art. 286 bezeichneten internationalen Abkommen von Paris und Bern wieder in Kraft gesetzt oder wiederhergestellt" werden sollten.[47] Einschränkend erklärte der Vertrag, dass deutsche Staatsangehörige keine Ersatzleistungen fordern konnten für Werke, die während des Kriegs im Ausland ohne Erlaubnis des Urhebers vervielfältigt wurden. Diese – aus der Perspektive der wieder eingesetzten Berner Union – widerrechtlich hergestellten Publikationen durften nach Inkrafttreten der Pariser Friedensverträge noch für ein Jahr, das heißt bis zum Sommer 1920, verkauft und mussten danach vernichtet werden.[48] Bemerkenswert sind die Reaktionen von Juristen und Berufsverbänden der Entente- und der Verliererstaaten, die sich nämlich einhellig über diese Regelung empörten. Im Kreuzfeuer der Kritik standen die Existenz dieses Pa-

44 Annexe du rapport sur la réintégration, après la guerre mondiale, des droits de propriété industrielle et des droits d'auteur, Berne le 28 février 1918, signé Ernst Röthlisberger (BAR E 22, 1000/134, 2430).

45 Im Original (Übersetzung I.L.): „[...] organes neutres placés dans un pays neutre [...]", in: Rapport sur la réintégration, après la guerre mondiale, des droits de propriété industrielle et des droits d'auteur, Berne le 28 février 1918, signé Ernst Röthlisberger, S. 6 (BAR E 22, 1000/134, 2430).

46 Im Original (Übersetzung I.L.): „D'ailleurs dans nos matières, c'est la pensée de la réglementation purement juridique qui a prédominé, si bien que toute idée de force est absente des stipulations y relatives; il n'y a, sur notre terrain, ni vainqueurs ni vaincus, mais simplement des parties désireuses de garantir à nouveau une protection normale et homogène aux droits passagèrement en souffrance." In: La solution des questions concernant la propriété intellectuelle dans les accords intervenus entre les belligérants au commencement de 1918, in: Le Droit d'Auteur, Jg. 31, 1918, S. 113.

47 Zitiert nach *Runge*, S. 32.

48 *Plaisant*, La création, S. 104 f.

ragraphen und seine Details. Einstimmig herrschte Unverständnis unter den Rechtskommentatoren, dass die Friedensverträge einen mehrseitigen Vertrag wieder einsetzten, der vom Kriegsgeschehen unberührt geblieben und gar nicht suspendiert worden sei.[49] Auf der Suche nach Erklärungen wurde diese Regelung im angloamerikanischen Rechtsverständnis verortet, das entgegen kontinentaleuropäischer Traditionen auch mehrseitige Verträge als aufgehoben betrachte, sobald einige der Vertragsparteien miteinander Krieg führten. Folglich wurde dieses Rechtsverständnis als die Berner Union verfehlend abgelehnt.[50] Darüber hinaus stifteten einzelne Formulierungen des Friedensvertrags Verwirrung, weil sie unpräzise und in Unkenntnis der Berner Konvention formuliert worden seien. Angefangen mit der Bemerkung, dass der Vertrag unter der Überschrift „propriété industrielle" auch das literarische Eigentumsrecht abhandelte,[51] stand im Zentrum der Auseinandersetzungen der Artikel 310, der alle Urheberrechts- und Verlagsverträge zwischen deutschen und alliierten Staatsangehörigen unter dem, aus dem gewerblichen Eigentum entlehnten Begriff der Lizenz abhandelte.[52] Der Artikel legte fest, dass deutsche Verlage nach Unterzeichnung der Friedensverträge eine Frist von sechs Monaten eingeräumt bekämen, um „Lizenzverträge" mit ausländischen Verlagen von vor 1914 wieder einzusetzen. Nach dieser Frist sollten alle nicht verlängerten Verträge ihre Gültigkeit verlieren.

Die Schweizer Regierung unterstützte als Aufsichtsmacht die Initiative des Berner Büros von 1918 und beschloss im Dezember desselben Jahres dafür Sorge zu tragen, dass die internationalen Verwaltungsunionen beim Abschluss der Friedensverträge im vollen Umfang wieder wirksam würden.[53] Die explizite Wiedereinsetzung eines in der Logik des Friedensvertrags zuvor suspendierten Kollektivvertrags unter Verwendung einer dem Urheberrecht fremden Terminologie und Rechtspraxis zeigt jedoch die Unterlegenheit der rechtspolitischen Ordnungsvorstellungen der Berner Union. Dagegen half auch eine intensive Werbung des Berner Büros für die Konvention nicht. Noch vor Abschluss der Friedensverhandlungen hatte das Büro sich öffentlich gegen diese Interpretation der Rechtslage ausgesprochen[54] und eine zwar vorsichtig

49 In der zeitgenössischen Literatur wird betont, dass auch französische Rechtsexperten und Berufsverbände diese Auslegung über die Geltung der Konvention im Krieg ablehnten: *Malaplate*, S. 141; *Mentha*, La guerre, S. 24; *Plaisant*, La création, S. 100 ff; ausführlich zu den Friedensverträgen: *Chabaud*; *Ruffini*, S. 466 ff.

50 *Runge*, S. 32.

51 *Ruffini*, S. 466.

52 Der Begriff der Lizenz ist im deutschen Recht nicht eindeutig definiert. Eine ausschließliche Lizenz kann höchstens dann vorliegen, wenn der Urheber alle Rechte einem Dritten überträgt, also „nicht nur die positive Nutzungsbefugnis, sondern auch das Abwehrrecht": *Rehbinder*, Urheberrecht, S. 204.

53 Protokoll der Sitzung des Schweizerischen Bundesrates vom 11. Dezember 1918 (BAR E 22, 1000/134, 2430).

54 Les traités de paix préliminaire et la propriété intellectuelle, in: Le Droit d'Auteur, Jg. 32, 1919, S. 65 f.

formulierte, aber grundsätzliche Skepsis an der Zweckmäßigkeit der urheberrechtlichen Friedensregelungen geäußert.[55]

d) Wiederhergestellte Vorkriegsordnung 1918–1921

Die Unterlegenheit des Berner Büros bei der Einbringung seiner Vorstellungen in die Friedensverträge war nur vorläufig. Für die gewerblichen Eigentumsrechte ergriff das Büro bald die Initiative für den Abschluss eines „Internationalen Abkommens zur Erhaltung oder Wiederherstellung durch den Weltkrieg geschädigter gewerblicher Eigentumsrechte", das am 30. Juni 1920 in Bern unterzeichnet wurde.[56] Dieses Abkommen regelte laufende Verfahren der Anmeldungen von Patenten, Gebrauchsmustern oder der Eintragung von Marken, die durch den Beginn des Kriegs 1914 behindert oder unterbrochen worden waren.[57] Damit strebten die Beteiligten eine Vereinheitlichung der Sonderregelungen an, die die meisten Mitgliedsländer der Pariser Verbandsübereinkunft nach 1918 erlassen hatten, um die internationale Vergabe von Patentrechten und Markenschutz unter Maßgabe der Pariser Verbandsübereinkunft wieder in Gang zu bringen und um die Klauseln in den Pariser Friedensverträgen auszuhebeln, die vergleichbar zur Berner Union bewirkt hätten, dass der „begonnen Wirtschaftskrieg im Frieden fortgesetzt" worden wäre.[58]

Für das literarische und künstlerische Eigentum startete das Berner Büro im Juni 1920 eine vergleichbare, aber nicht erfolgreiche Initiative. Auf Anregung der ALAI wandte das Berner Büro sich an die Mitgliedsstaaten mit dem Vorschlag für ein internationale Abkommen, das die Schutzfrist *post mortem auctoris* (pma) von Werken, die vor dem 1. Januar 1921 erschienen und zum Zeitpunkt der Unterschrift des Abkommens noch nicht gemeinfrei waren, einmalig um die Dauer des Kriegs und damit um fünf Jahre verlängerte. Die ALAI argumentierte, der Krieg habe für Autoren europaweit finanzielle Einbußen gebracht, weil unautorisierte Nachdrucke, Adaptionen oder Übersetzungen aufgrund der Kriegshandlungen nicht verfolgt werden konnten, und es sei deswegen nun notwendig, die betroffenen Autoren dafür in Form einer

55 Le premier traité de paix conclu avec l'Allemagne et la protection de la propriété intellectuelle, in: Le Droit d'Auteur, Jg. 32, 1919, S. 78–83.

56 Internationales Abkommen zur Erhaltung oder Wiederherstellung durch den Weltkrieg geschädigter gewerblicher Eigentumsrechte mit Unterzeichnungsprotokoll (BAR E 22, 1000/134, 2430).

57 Botschaft des Bundesrats an die Bundesversammlung betreffend das am 30. Juni 1920 in Bern unterzeichnete internationale Abkommen zur Erhaltung oder Wiederherstellung durch den Weltkrieg geschädigter gewerblicher Eigentumsrechte vom 5. August 1920 (BAR E 22, 1000/134, 2430).

58 Internationales Abkommen zur Erhaltung oder Wiederherstellung durch den Weltkrieg geschädigter gewerblicher Eigentumsrechte vom 5. August 1920 (BAR E 22, 1000/134, 2430).

Schutzfristenverlängerung zu entschädigen.[59] Hinter diesem Vorschlag standen vor allem die französischsprachigen Berufsverbände, die sich gemeinsam mit der ALAI und der französischen Regierung seit der letzten Revisionskonferenz der Berner Union 1908 in Berlin für die verbindliche Einführung der fünfzigjährigen Schutzfrist pma eingesetzt hatten und die hofften, ein solches Abkommen brächte sie diesem Ziel einen Schritt näher.[60] Die französische Regierung, die einen solchen Vorstoß bereits 1917 in Absprache mit den französischen Verbänden vorbereitet hatte,[61] führte diese Initiative auf nationaler Ebene bereits im Februar 1919 mit einem Gesetz aus, das die Schutzfristen einmalig um fünf Jahre verlängerte.[62]

1922 teilte das Berner Büro in einem Rundschreiben mit, dass die ALAI ihren Vorschlag zurückgezogen habe und das Büro selbst auch die Angelegenheit als geschlossen betrachte, nachdem von den achtzehn Signatarstaaten sich nur sieben für den Vorschlag ausgesprochen hatten (Belgien, Spanien, Frankreich, Norwegen, Haiti, Luxemburg, Marokko, Tunesien).[63] Die mehrheitlich ablehnende Haltung der Unionsstaaten war jedoch kein Anzeichen dafür, dass die Berner Union im Nachkriegseuropa an Ansehen und Einfluss verloren hatte. Ganz im Gegenteil hatten die nationalen Administrationen ihre Befürwortung oder Ablehnung des Vorschlags mit Blick auf ihre Verhandlungspositionen für die nächste Revisionskonferenz der Berner Konvention formuliert, die in den zwanziger Jahren in Rom stattfinden sollte. Einer der wesentlichen Tagesordnungspunkte der Konferenz war der seit 1908 schwelende Streit um eine einheitliche Schutzfrist, in dem sich mit Deutschland und Frankreich zwei wichtige Mitgliedsländer grundsätzlich uneinig waren. Während Frankreich sich für die fünfzig Jahre als international verbindliche Schutzdauer einsetzte, hatte Deutschland sich 1908 offiziell für die dreißig Jahre *post mortem auctoris* ausgesprochen, eine Entscheidung, in deren Gefolge auf nationaler Ebene ein unerbittlicher Streit innerhalb der deutschen Berufsverbände zwischen den Anhängern der dreißig und denen der fünfzig Jahre ausgebrochen war.[64] Somit berührte der von der ALAI initiierte Vorschlag einen neuralgischen Punkt innerhalb der Berner Union, und ein Blick auf die deutsche Seite bestätigt, dass es allein dieser Sachstreit war, der die deutsche Regierung bewog, auf Distanz zu einer einmaligen Schutzfristenverlängerung zu gehen. Neben dem praktischen Argument, dass eine

59 Das Berner Büro an die Mitgliedsstaaten der Berner Union am 23. Juni 1920 (PolArch: R 43733); *Mächtel*, S. 313–327.

60 *Société des Gens de Lettres* an das französische Außenministerium am 23. März 1920 (ArchMin Nantes: Ministère des Affaires Etrangères/Unions internationales/1er versement/139).

61 Registre des procès-verbaux du comité de la Société des Gens de Lettres, Comité du 18 juin 1917, Band 19, S. 367 f und Comité du 5 novembre 1917, Band 20, S. 41.

62 *Plaisant*, La création, S. 54 ff.

63 Das Berner Büro an das französische Außenministerium am 20. März 1922 (ArchMin Nantes: Ministère des Affaires Etrangères/Unions internationales/1er versement/139).

64 *Beier*, Die urheberrechtliche Schutzfrist, S. 159 f.

Schutzfristenverlängerung sich erst dreißig Jahre nach dem Tod der Autoren finanziell bemerkbar mache und damit der aktuellen Finanznot der Kulturschaffenden in keiner Weise abhelfe, sprach sich die Mehrheit der von den zuständigen Ministerien befragten Autoren- und Verlegerverbände gegen den Vorschlag aus. Die Befürworter der dreißigjährigen Schutzfrist lehnten eine Schutzfristenverlängerung generell ab, und die Befürworter der fünfzig Jahre pma befürchteten, dass eine einmalige Verlängerung eine prinzipielle Anhebung der Schutzfrist national und international indiskutabel machte.[65] Die Argumente der Berufsverbände aufgreifend, entschied die deutsche Regierung sich gegen den Vorschlag der ALAI, nachdem sie sich zuvor versichert hatte, dass sie damit genauso handelte wie die Mehrheit der Berner Unionsstaaten, da „es unerwünschenswert sei, wenn Deutschland etwa allein sich ablehnend verhielte, weil es sich dadurch dem Vorwurf aussetzen könnte, es wolle auf Raub ausgehen".[66]

Wenngleich die Gründe, die auf deutscher Seite zur Ablehnung des Vorschlags der ALAI geführt hatten, und die innerhalb der französischen Regierung vorherrschende Meinung, die uneinheitlichen Schutzfristen innerhalb der Berner Union seien weitaus gravierender für das internationale Urheberrecht als die Einwirkungen des Kriegs,[67] deutlich zeigen, dass die Berner Konvention in den Augen der wichtigen europäischen Buchhandelsstaaten weiterhin gültig war und es auch bleiben sollte, gab es die Pariser Friedensverträge, die zweifeln ließen, ob die Berner Konvention tatsächlich uneingeschränkt fortgesetzt werden könnte. An dieser Stelle war es wieder das Berner Büro, das auf informellem Weg über eine enge Absprache insbesondere mit dem deutschen Börsenverein eine Auslegung der Friedensverträge bewirkte, die die befürchteten negativen Konsequenzen für die Konvention umschiffte und eine Rückkehr zum Regelwerk der Berner Konvention brachte, die Rechtssicherheit schuf.

Mit dem Bericht an das Schweizer Polizei- und Justizdepartement im Februar 1918 und mit der Initiative für das internationale Abkommen zur Wiederherstellung gewerblicher Eigentumsrechte setzte das Büro seine Strategie aus dem Krieg fort und sandte eindeutige Signale, die auf Fortbestand und rechtliche Autorität der beiden Kollektivverträge insistierten. Aus Sicht des Büros war der Einschluss der gewerblichen, künstlerischen und literarischen Eigentumsrechte in die Friedensverträge im hohen Maße problematisch, weil dies das geistige Eigentum explizit politisierte und, wie der Direktor des Berner Büros Ernst Röthlisberger in einem Gespräch mit einem Vertreter des Börsenverein im Dezember 1919 meinte, in „Sieger-Paragraphen" inte-

65 Protokoll einer Sitzung zu dieser Frage im Reichsjustizministerium unter Beteiligung der Berufsverbände der Verleger und Autoren am 21. Dezember 1920 (PolArch: R 43733).

66 Ebd.

67 Der französische Innenminister Pierre Marraud an den französischen Außenminister Aristide Briand am 19. August 1921 (ArchMin Nantes: Ministère des Affaires Etrangères/Unions internationales/2ème tranche/C/18).

grierte, „die auf einem speziellen Akt beruhen, an dem ich [Ernst Röthlisberger – I.L.] mir keine Kritik erlaube".[68]

Damit war das Berner Büro nach Friedensschluss in ein Dilemma geraten. Auf der einen Seite lösten die Friedensverträge das geistige Eigentum explizit aus dem neutralen Rahmen einer internationalen Verwaltungsunion, ordneten es in den Katalog von Reparationen und politischer Bestrafung des Deutschen Reichs ein und verwiesen das Berner Büro damit auf den Platz, den es laut Statut auch inne hatte, nämlich den einer rein verwaltenden Einrichtung ohne eigene politische Kompetenzen. Auf der anderen Seite hatte das Büro in seinem Bericht vom Februar 1918 bereits deutlich gesehen, dass die Einbindung der Pariser Verbandsübereinkunft und der Berner Konvention in die Friedensverträge zu grundsätzlichen Problemen führen würde. Denn maßgebliche Akteure bei den Friedensverhandlungen waren auf Seiten der Entente die Vereinigten Staaten und auf Seiten der Verlierer Österreich-Ungarn und damit zwei Territorien, die beide nicht Mitglieder der Berner Union waren. Aus Perspektive der Union war das heikel, weil die Einbindung dieser Staaten die eigentlich Recht setzende Instanz der Berner Union, die Vollversammlung der Mitgliedsstaaten, in ihrer Rechts- und Weisungsbefugnis massiv beeinträchtigten und das Unionsrecht mit neu zu schließenden internationalen Verträgen zur politisch-territorialen Neuordnung Europas vermischten. Dieses Problem sah das Berner Büro früh aufziehen und forderte deswegen bereits in seinen ersten Bemerkungen zum Friedensvertrag im Februar 1918 eine genaue und trennscharfe Behandlung der Unionsstaaten und der Nicht-Unionsstaaten.[69]

Wollte das Berner Büro sein starkes Engagement, das es während des Kriegs für die Union entfaltet hatte, auch in der direkten Nachkriegszeit fortsetzen, konnte es nicht mehr direkt durch eine einschlägige Interpretation der Konventionsregeln aktiv werden, weil es sich damit in politische Belange der wirtschaftlichen, sozialen und geographischen Neuordnung Europas eingemischt hätte, die weit außerhalb seiner Kompetenz und seines Gegenstandsbereichs lagen. Wollte es dennoch eine Auslegung der Friedensverträge erreichen, die die Berner Konvention in ihrer Fassung von 1908 nicht in Frage stellte, war es stärker noch als zuvor auf die Hilfe der nationalen Verleger- und Buchhändlerverbände und deren Auslegung der Lizenzregelung angewiesen. Diese Angewiesenheit auf Mitstreiter sprach das Büro in einem Bericht über die Friedensverträge im *Le Droit d'Auteur* offen aus, als es im letzten Satz die Frage stellte, welches Land oder welche Gruppe wohl die Initiative ergreife, die

68 Bericht von Gustav Kirstein an den Vorstand des Börsenvereins über ein Treffen mit dem Direktor des Berner Büros, Ernst Röthlisberger, in Bern im Dezember 1919 (StAL Bv I, 21765/199).

69 Rapport sur la réintégration, après la guerre mondiale, des droits de propriété industrielle et des droits d'auteur, Berne le 28 février 1918, signé Ernst Röthlisberger, S. 2 f (BAR E 22, 1000/134, 2430).

Berner und die Pariser Union wieder in ihren regulären Zustand zu versetzen.[70]

Die oben erwähnte Empörung, die bei Veröffentlichung des Friedensvertrags über die Paragraphen zum gewerblichen, literarischen und künstlerischen Eigentum bei Rechtsexperten und Betroffenen in allen europäischen Ländern ausbrach, war ein günstiges Vorzeichen für eine konzertierte Aktion des Büros mit den transnational agierenden Berufsverbänden, die teilweise die durch den Krieg unterbrochenen Kontakte schon wieder aufgenommen hatten.[71] Mit der Unterzeichnung der Friedensverträge brach eine Diskussion los, was der Begriff „Lizenz" im Urheberrecht und besonders für Verlagsverträge von vor 1914 praktisch bedeute.[72] So machten sich kurz nach Veröffentlichung des Vertragstexts besonders deutsche Rechtswissenschaftler daran, den englischen und französischen Originaltext des Friedensvertrags sowie seine deutsche Übersetzung einer ausführlichen Exegese zu unterziehen, um herauszufinden, wie der Begriff „Lizenz" im Friedensvertrag genau verwendet wurde, was er im englischen, französischen und im deutschen Recht mit Blick auf Verlagsverträge faktisch bedeute und ob er folglich auf die jeweilige Rechtslage überhaupt zutreffe oder anwendbar sei.[73]

Viel Stoff für aufgeregte Diskussionen bot der Friedensvertrag im Börsenverein, betraf die Lizenzregelung doch vorrangig die deutschen Verlage, die bei einer ungünstigen Auslegung durch ihre ausländischen Vertragspartner befürchten mussten, ihre bisherigen Verträge und Rechtsansprüche – sei es die Vergabe von Aufführungs- oder Übersetzungsrechten, die Erlaubnis einer begrenzten Vervielfältigung oder sogar die Übertragung des Verlagsrechts an einen ausländischen Verlag – zu Gunsten der ausländischen Verlage zu verlieren oder aber ihre durch Rechtsübertragung erhaltenen Rechte auf den Status einer Lizenz herabgestuft zu sehen.[74] Der Vorstand des Börsenvereins setzte sich Ende 1919 intensiv mit dem Pariser Vertragswerk auseinander. Diskutiert wurde die Frage, ob der Begriff „Lizenz" weit gefasst sei und jede Form der „Einräumung einer Nutzungs-, Vervielfältigungs-, Verbreitungs-, Aufführungs- usw.-Befugnis"[75] umfasse oder ob er in einem engen

70 Le premier traité de paix conclu avec l'Allemagne et la protection de la propriété intellectuelle, in: Le Droit d'Auteur, Jg. 32, 1919, S. 83.

71 Registre des procès-verbaux du comité de la Société des Gens de Lettres, Comité du 14 avril 1919, Band 20, S. 260.

72 Eine Übersicht der Diskussion: *Malaplate*, S. 140 ff; *Mentha*, La guerre, S. 24 ff.

73 Ein Beispiel gegen die Interpretation von Verlagsverträgen zwischen deutschen Staatsangehörigen und Angehörigen der Ententestaaten als Lizenzverträge: *Hoffmann*; die Anwendbarkeit des Lizenzbegriffs bejahend: *Seligsohn*; Gutachten von Justizrat Dr. Hillig zur Auslegung des § 310 als Anlage eines Briefs des Vorstehers des Börsenvereins Arthur Meiner an den Vorsitzenden des Ausschusses für Urheber und Verlagsrecht Dr. Georg Paetel am 16. September 1919 (StAL Bv I, 21765/199).

74 Brief des Börsenvereins an den Verlegerverein am 16. September 1919 (StAL Bv I, 21765/199).

75 Albert Osterrieth an den Ersten Vorsteher des Börsenvereins Arthur Meiner am 22. April 1920, S. 3 (StAL Bv I, 21765/199).

Sinn gemeint sei, so dass „nach der Auffassung des Professor Röthlisberger [...] auf dem Gebiete des literarisch-künstlerischen Urheberrechts nur dann eine Lizenz [besteht], wenn unter dieser ausdrücklichen Form eine Uebertragung stattgefunden hat".[76] Daran anknüpfend herrschte Uneinigkeit, ob der Börsenverein seinen Mitgliedern empfehlen sollte, sich möglichst früh bei den ausländischen Vertragspartnern um die Erneuerung von „Lizenzen" zu bemühen, oder ob es ratsamer sei, die Frist zu ignorieren, um auf diese Weise die Regelung des Friedensvertrags wirkungslos verstreichen zu lassen.[77]

Zur Beratung dieser Fragen suchte der Börsenverein den Kontakt mit dem Berner Büro. Im Dezember 1919 reiste Vorstandsmitglied Gustav Kirstein nach Bern, um in einem Gespräch mit dem Direktor Ernst Röthlisberger den problematischen Ausdruck Lizenz und die Handlungsalternativen der deutschen Verleger zu besprechen. Der Bericht, den Kirstein für den Börsenverein verfasste, veranschaulicht prägnant die engen Grenzen, die dem Berner Büro bei der Interpretation des Friedensvertrags auferlegt waren. Denn trotz mehrmaliger Gesprächsanläufe bestand Röthlisberger auf einer Trennung der Konventionsregeln und ihrer politischen Überformung im Friedensvertrag, zu der er sich konsequent nicht äußerte.[78]

Tatsächlich zeigen die nachfolgenden Diskussionen im Vorstand des Börsenvereins, dass die fehlende Positionierung des Berner Büros zu Handlungsunsicherheit führte, die der Börsenverein nur mühselig auflöste, indem er Kontakt mit dem Auswärtigen Amt,[79] mit Rechtsexperten[80] und den deutschen Vertretern an dem im Zuge des Friedensvertrags eingesetzten Internationalen Schiedsgerichtshof[81] suchte. Schließlich einigte man sich im April 1920, drei Monate vor Auslaufen der sechsmonatigen Frist, auf ein unauffälliges und abwartendes Verhalten. Denn es blieb unklar, und auch vorsichtige Sondierungen konnten nicht ausfindig machen, welchen Stellenwert die aus-

76 Notizen für die Besprechung am Freitag [16. April 1920 – Anm. I.L.] mit Herrn Reichsgerichtsrat Frhr. von Richthofen und Exz. Johannes, S. 4 (StAL Bv I, 21765/199).

77 Diskutiert wurden diese beiden Handlungsmöglichkeiten in einem Brief des Börsenvereins an Albert Osterrieth am 25. März 1920 (StAL Bv I, 21765/199).

78 Bericht von Gustav Kirstein an den Vorstand des Börsenvereins (StAL Bv I, 21765/199).

79 Schreiben des Börsenvereins an das Auswärtige Amt am 7. Juli 1919 die Auslegung des Friedensvertrags betreffend (StAL Bv I, 21765/199).

80 Vgl. die Korrespondenz des Börsenvereins mit Albert Osterrieth, Vorsitzender des Deutschen Vereins für den Schutz des gewerblichen Eigentums, Reichsgerichtsrat Richthofen, Mitglied des nach dem Friedensvertrag eingesetzten Internationalen Schiedsgerichtshofs für private Streitigkeiten, und mit Exz. Johannes, staatlicher Generalvertreter der deutschen Interessen an diesem Internationalen Schiedsgerichtshof (StAL Bv I, 21765/199).

81 Paragraph 310 sah vor, dass alle Rechte, die unter deutscher Gesetzgebung erworben wurden, bei Streitfällen vor einem Gemischten Schiedsgerichtshof verhandelt werden sollten. Vgl. § 310 in der deutschen Übersetzung: Brief des Vorstehers des Börsenvereins der Deutschen Buchhändler Arthur Meiner an den Vorsitzenden des Ausschusses für Urheber und Verlagsrecht Dr. Georg Paetel am 16. September 1919 (StAL Bv I, 21765/199); Bericht von Gustav Kirstein an Albert Osterrieth am 17. April 1920 über eine Besprechung mit Reichsgerichtsrat Frhr. von Richthofen und Exz. Johannes (StAL Bv I, 21765/199).

ländischen Verlage und Berufsverbände der Lizenzregelung im Friedensvertrag zumaßen.[82]

Auch wenn der Börsenverein den Rat deutscher Regierungsstellen suchte, beruhte seine Entscheidung nicht auf einer Anweisung des Auswärtigen Amts, genauso wenig auf den verschiedenen Rechtsgutachten, die auf weiten Strecken zu widersprüchlichen Urteilen kamen. Stattdessen war es letztlich das Berner Büro, das trotz aller politischen Verschlossenheit die Strategie wechselte und mit dem Börsenverein vereinbarte, er solle die im Friedensvertrag festgelegte Frist von sechs Monaten zur Wiedereinsetzung der „Lizenzverträge" ignorieren, um so diesem unklaren Begriff auszuweichen und dem Konventionsrecht explizit Vorrang vor den Regelungen des Friedensvertrags einzuräumen.[83]

Obwohl auch französische Rechtsexperten Unverständnis darüber äußerten, dass die Pariser Friedensverträge die Berner Konvention wieder in Kraft setzten, obwohl sie vom Kriegsgeschehen nicht berührt worden sei, herrschte hier nicht die Sorge, die Friedensverträge könnten der Berner Konvention nachhaltig schaden. Folgt man dem französischen Rechtsexperten Marcel Plaisant – in den zwanziger und dreißiger Jahren Mitglied des französischen Parlaments – waren die Friedensverträge weitaus weniger problematisch, als es der Börsenverein und die deutschen Rechtsexperten befürchteten. Denn, so Plaisant, Urheberrechtsansprüche, die deutsche Verleger oder Autoren in Frankreich nach 1914 unter den Regeln der Berner Konvention geltend machten, durften nicht prinzipiell, sondern nur unter drei Bedingungen aufgelöst werden: Eine solche Maßnahme musste erstens der nationalen Verteidigung oder dem öffentlichen Interesse dienen; zweitens durfte sie nur ergriffen werden, um die deutschen Behörden zur Einhaltung französischer Rechtsansprüche auf deutschem Territorium zu zwingen und drittens konnte die Aberkennung deutscher Urheberrechtsansprüche in Frankreich als Druckmittel dienen, um Deutschland zur Erfüllung seiner Verpflichtungen aus den Friedensverträgen zu zwingen.[84] Wenngleich Plaisant einräumte, dass die Folge dieser Regelung eine komplette Aberkennung der seit dem 1. August 1914 von Deutschen in Frankreich erworbenen Rechtsansprüche bedeuten könne, kam er letztlich zu dem Schluss, dass die Berner Konvention, genauso wie die Pariser Verbandsübereinkunft, unberührt von den Folgen des Kriegs bleiben müsste, solange sie Gegenstände behandelte, die in keinem direkten Zusammenhang mit dem Krieg stünden. Da das nicht der Fall sei und es zudem keine nennenswerten Rechtsverletzungen während des Kriegs gegeben

82 Bericht von Gustav Kirstein an Albert Osterrieth (StAL Bv I, 21765/199).

83 Der Börsenverein an Albert Osterrieth am 25. März 1920 (StAL Bv I, 21765/199). Einschränkend sei hier angemerkt, dass aufgrund der nicht überlieferten Archivbestände des Berner Büros dieser Strategiewechsel des Büros nur indirekt über das Archivmaterial des Börsenvereins zugänglich ist und deswegen zu Gründen und Interessen des Büros nicht mehr gesagt werden kann.

84 *Plaisant*, La création, S. 103 f.

habe, sei die Konvention die einzige maßgebende Richtlinie für den Umgang mit Urheberrechten nach dem Ersten Weltkrieg.[85]

Was geschah nach Ablauf der sechsmonatigen Frist zur Erneuerung von Lizenzen im Juli 1920? Soweit aus der Verbandszeitschrift *Le Droit d'Auteur*, den Akten des Börsenvereins, des Auswärtigen Amts in Berlin und des französischen Außenministeriums ersichtlich ist, blieb die befürchtete Entrechtung deutscher Verlage und Autoren aus. Es kam europaweit zu keinen gerichtlichen Auseinandersetzungen, die die Gültigkeit von Verlagsverträgen aus der Vorkriegszeit oder die während des Kriegs erworbenen Rechtsansprüche auf Grundlage der Pariser Friedensverträge infrage stellten.[86] Damit ignorierten nicht nur der Börsenverein, sondern auch die Autoren und Verleger der Entente-Staaten die Bestimmungen des Friedensvertrags. Stattdessen hatte das Zusammenspiel von Berner Büro, nationalen Berufsverbänden und einer dem geltenden Recht verpflichteten nationalen Rechtssprechung es geschafft, der strukturellen Herausforderung, die Verflechtung nationaler Gesellschaften durch den grenzüberschreitenden Transfer kultureller Güter zu regeln, Vorrang vor den politischen Zerwürfnissen der Berner Unionsstaaten einzuräumen. Die Berufsverbände setzten damit auf die schon mehrfach bewährten Regeln der Berner Konvention, die auf diese Weise von den professionellen Akteuren in Zusammenarbeit mit dem Berner Büro als maßgebender Rechtsrahmen für den europäischen Buchmarkt in der Zwischenkriegszeit anerkannt und verankert wurden.

85 *Ebd.*, S. 100.

86 Das zeigt eine Anfrage der Vertriebsstelle und Verlag Deutscher Bühnenschriftsteller und Bühnenkomponisten von 1937 an das Auswärtige Amt über die Gültigkeit der Regelungen der Pariser Friedensverträge, auf die das Auswärtige Amt antwortet, keine Kenntnis über den tatsächlichen Umgang mit der sechsmonatigen Frist zur Verlängerung von Lizenzen zu besitzen: Vertriebsstelle und Verlag Deutscher Bühnenschriftsteller und Bühnenkomponisten an das Auswärtige Amt, Legationsrat Dr. Günther, am 21. August 1937 (PolArch R 43763).

5. Die Berner Union: Ein neuer kultur- und rechtspolitischer Akteur

Anfang des 19. Jahrhunderts hatten Autorenrechte sich europaweit durchgesetzt. Als ein mehr oder weniger umfassendes und exklusives Bündel individueller Verfügungs- und Ausschlussrechte regelten sie die Vervielfältigung und Nutzung kultureller Güter auf nationaler Ebene. Sie stellten die Entstehung, Verbreitung und Rezeption dieser Güter auf sichere vertragsrechtliche Grundlagen und garantierten so Autoren und Verlagen Handlungssicherheit im wirtschaftlichen, kulturellen und sozialen Wettbewerb. Als Problem erwies sich jedoch die zeitgleich stattfindende „Internationalisierung des Lesestoffes" und die „Herausbildung eines Ensembles von Werken mit grenzüberschreitendem Publikum",[1] die die nationalstaatliche Ausformulierung kultureller Verfügungsrechte auf europäischer Ebene begleitete. Die Berner Konvention versprach Abhilfe, indem sie der Territorialisierung staatlichen Rechts ein grenzüberschreitendes Rechtsregime entgegensetzte. Mit der Berner Konvention wurde ein Regelwerk geschaffen, das den Handel mit kulturellen Gütern zwischen den Unionsstaaten mit einem höheren Grad an Durchsichtigkeit und Uniformität versah. Seine Praxisnähe gewann das Konventionsrecht aus dem Einbezug nichtstaatlicher Akteure aus Kultur und Wirtschaft. Sie waren es gewesen, die die nationalen Regierungen aufgefordert hatten, sich in einer Gemeinschaft von Staaten zu organisieren und gemeinsame Rechtsstandards und -normen für den Schutz von Autoren- und Verwertungsrechten festzulegen, die die Risiken beim Schreiben, Verlegen und Verkaufen von Büchern auf einem internationalem Buchmarkt berechenbar machen sollten.

Das Besondere dieser Rechtsordnung war ihre Institutionalisierung und Verstetigung. Die Mitgliedsstaaten beschränkten sich nicht darauf, ein einmaliges Abkommen zu unterschreiben, das in Gefahr schwebte, durch nachfolgende bi- oder multilaterale Abkommen überlagert oder durch technischen Fortschritt früher oder später unbedeutend zu werden. Stattdessen gründeten sie eine internationale Organisation, die zwei Merkmale auszeichneten. Das erste waren stetig einberufene Revisionskonferenzen, auf denen die Mitgliedsstaaten das Konventionsrecht sukzessive weiterentwickelten, eine Praxis, die langfristig zu einer tatsächlichen Angleichung nationaler und internationaler Autorenrechte führte. Das zweite Merkmal war die organisatorische Verankerung der neuen Konvention in einem permanenten Büro. Das Berner Büro erwies sich als wesentlich für die Aufrechterhaltung und Weiterentwicklung der Konvention, weil es die Signatarstaaten zur Einhaltung ihrer Vertragspflichten fortlaufend aufforderte, weil es das Thema ‚internationaler Urheberschutz' durch Sammlung von Informationen und deren re-

1 *Vec*, Weltverträge, S. 116.

gelmäßige Veröffentlichung wach hielt, und weil es Vorschläge für die Revision der Konvention bereithielt.

Neben diesen formalen Eigenschaften gab es zwei weitere Merkmale der Union, die für die Fortentwicklung des Rechtsschutzes und besonders für seine Abkoppelung von den Geschehnissen des Ersten Weltkriegs bedeutsam waren: der Einbezug gesellschaftlicher Akteure und die wechselseitige Verflechtung von nationalem und internationalem Recht. Die Konvention blieb kein dem nationalen Autorenrecht übergeordnetes Recht, sondern ihr Wirkungsmechanismus beruhte ganz im Gegenteil auf der Übernahme der internationalen Rechtsordnung in das nationale Recht. Die Ratifikation führte zu einer Verknüpfung von nationalem und internationalem Recht und band die Erfüllung nationaler Politikziele – der Schutz von Kulturschaffenden vor Nachdruck im In- und Ausland – unwiderruflich an ein möglichst reibungsloses Funktionieren der internationalen Regeln. Die Einbindung von Verlegern, Autoren und Rechtsexperten beförderte diese Verflechtung von nationaler und internationaler Ebene noch. Da sie es waren, für die das internationale Recht im Geschäftsalltag praktisch relevant wurde, setzten sie sich für die Verabschiedung eines belastbaren und im internationalen Rechtsverkehr tatsächlich sinnvollen Regelwerks ein. Da in den Organisationsstrukturen der Union jedoch kein offizielles Mitsprache- oder Stimmrecht für diese nichtstaatlichen Akteure beispielsweise während einer Revisionskonferenz vorgesehen war, nahmen sie über Verbandsarbeit Einfluss, indem sie entweder über die international organisierte und in nationalen Vereinen verankerte ALAI versuchten, das Programm einer Revisionskonferenz mit zu gestalten, oder indem sie bei der Erarbeitung nationaler Verhandlungspositionen als Experten und Berufsvertreter zu Rate gezogen wurden.[2] Dieses Engagement transformierte die Konvention in ein wirtschafts- und kulturpolitisches Steuerungsinstrument, das den transnationalen Verkehr von kulturellen Gütern, Übersetzungs- und Verwertungsrechten europaweit regelte.

Bis 1914 ist es allerdings schwierig, den Einfluss von Autoren, Verlegern oder Rechtsexperten und die Bedeutung des Büros für den rechtlichen und politischen Stellenwert der Konvention genau zu bemessen, was vor allem in dem nicht überlieferten Aktenbestand des Berner Büros begründet liegt. Das gilt jedoch nicht für den Zeitraum von 1914 bis 1918. Denn nach Kriegsbeginn nutzte das Berner Büro seine Zeitschrift *Le Droit d'Auteur* als Sprachrohr für eigene und fremde Stellungnahmen zu Gunsten der Konvention, so dass es möglich wird, die Bedeutung der gesellschaftlichen Akteure und des Berner Büros für die Krisensicherheit dieser multilateralen Rechtsordnung während des Ersten Weltkriegs zu erkennen. Da Verleger und Autoren ein starkes materielles Interesse hatten, ihre Rechte auch unter Kriegsbedingungen gewahrt zu sehen, wandten sich die nationalen Verleger- und Buchhändlerverbände nach Kriegsbeginn der Konvention zu und forderten Rechtsverbind-

2 Vgl. Kapitel 2c und 3d.

lichkeit ein, womit sie maßgeblich zur Stabilität dieses multilateralen Rechtsregimes beitrugen. So blieb die Berner Konvention trotz eingeschränkter Wirtschaftsbeziehungen zwischen den Signatarstaaten im Ersten Weltkrieg bestehen, und auch die Pariser Friedensverträge, die mit eigenmächtigen, dem Konventionsrecht fremden Bestimmungen eine Herausforderung für die Union bedeuteten, bewirkten keine Destabilisierung, partielle Aufhebung oder Ungültigkeit der Konvention.

Vor allem aber offenbarte der Erste Weltkrieg erstmals die Bedeutung des Berner Büros für die Fortexistenz der Union. Das Berner Büro trat der anfänglichen Unsicherheit über die Geltung der Konvention bereits im Herbst 1914 entgegen, indem es eine Interpretation für ihre Fortdauer auch unter Kriegsbedingungen vorlegte. Inwieweit das Büro mit diesem Einsatz eigene Interessen verfolgte, die es nicht in seinem Publikationsorgan *Le Droit d'Auteur* nannte, oder ob es sogar auf Druck von Dritten handelte, bleibt wegen der nicht überlieferten Akten eine offene Frage. Die frühe und zielsichere Stellungnahme für die Aufrechterhaltung der Konvention schöpfte das Büro aus dem Konventionsrecht und damit aus der Rechts- und Eigentumsinstitution selbst. Es stellte institutionelle und kommunikative Strukturen für eine transnationale Kooperation von Büro und Berufsverbänden bereit und drängte unmissverständlich auf die Trennung von internationalem Urheberrecht und nationalen Kriegszielen. Dabei profitierte das Büro von seiner Neutralität, der hohen Sachkompetenz seiner Mitarbeiter und seinem Mandat, die Mitgliedsstaaten an die Einhaltung der Konvention mahnend zu erinnern. Das Büro setzte das Konventionsrecht und die nationalen Gesetzgebungen in eine klare Hierarchie und schuf von zentraler Stelle aus Orientierung und Rechtseindeutigkeit, die die staatlichen und nichtstaatlichen Akteure aufgrund ihrer direkten und indirekten Verwicklung in das Kriegsgeschehen nicht leisten konnten. Mit dieser ausnahmslosen Verpflichtung an die Konvention und gestützt durch die nationalen Berufsverbände der Verleger und Autoren entfaltete es eine normative Bindungskraft, die maßregelnd auf die legislativen und exekutiven Instanzen der nationalen Administrationen einwirkte, so dass die Verbandsstaaten trotz gegenseitiger Kriegserklärungen das Konventionsrecht einhielten.

Dieses Engagement des Berner Büros wirft die Frage nach dem Stellenwert der Berner Union im Gefüge der internationalen Beziehungen in der zweiten Hälfte des 19. und zu Beginn des 20. Jahrhunderts auf. Die zunehmende Zahl internationaler Organisationen seit den sechziger Jahren wird in der Forschung einhellig als eine Multilateralisierung der internationalen Beziehungen beschrieben, die nicht auf zwischenstaatliche Kontakte begrenzt blieb, sondern die zu grenzüberschreitenden Netzwerken führte, in denen besonders gesellschaftliche Akteure massiv an Bedeutung gewannen.[3] Aber es bleibt die Frage der Gewichtung: Waren die internationalen Organisationen nur orga-

3 Exemplarisch: *Herren* u. *Zala*, S. 12.

nisatorische Knotenpunkte, während die beteiligten Staaten die eigentlichen „webmaster" blieben,[4] oder emanzipierten die neuen internationalen Organisationen sich zumindest partiell von ihrem rein exekutiven Mandat, indem sie nicht nur die Bühne für eine multilaterale Zusammenarbeit boten, sondern diese Bühne auch eigenständig gestalteten? Es gibt verschiedene Lesarten für das Verhältnis zwischen Staaten und internationalen Organisationen vor 1914, deren Erklärungskraft jedoch nicht vollends ausreicht, um die aktive Rolle des Berner Büros im Ersten Weltkrieg zu deuten. Zum einen gibt es den Vorschlag, besonders die internationalen Verwaltungsunionen als wesentliche Bestandteile einer kapitalistisch organisierten Weltwirtschaft zu interpretieren, die jedoch ihrer Aufgabe der Koordination von Wirtschaftsabläufen nur nachkommen konnten, sofern die machtpolitische Ordnung in Takt war und Frieden herrschte.[5] Zum anderen wird die Verabschiedung multilateraler Abkommen und die Gründung internationaler Organisationen in pazifistische, friedenssichernde Zielsetzungen von Internationalisierungsprozessen eingeordnet, was allerdings die Koexistenz von Weltkrieg und einer funktionierenden internationalen Organisation auch nur bedingt erklären kann.[6] Schließlich geht eine dritte Lesart davon aus, dass es zwar „Ansätze zu internationaler Vernetzung" gab und „Versuche, Institutionen zur Stabilisierung und wertbezogenen Fundierung des Staatensystems" zu gründen, diese aber in politisch randständigen Bereichen verharrten und in letzter Instanz die „Tradition der autonomen nationalstaatlichen Außenpolitik dominierend blieb".[7]

Woher bezog das Berner Büro seine normative Autorität, bedenkt man, dass es offiziell nur eine administrative Einrichtung zur Verwaltung und Ausführung der Berner Konvention war? Die Wirkung des Berner Büros allein aus dem Rechtsregime zu erklären, das es verwaltete, griffe zu kurz. Um hinreichend erklären zu können, warum die Berner Konvention vom Kriegsbeginn verschont blieb, ist die organisatorische Verankerung des Autorenschutzes in einer internationalen Organisation von zentraler Bedeutung. Die Berner Union war keine internationale Organisation, die nur ein Forum für zwischenstaatliche Gespräche bot. Vielmehr kann man das maßregelnde Auftreten des Berner Büros nur verstehen, wenn man es mit Hilfe politikwissenschaftlicher Modelle, wie Michael Barnett und Martha Finnemore sie vorschlagen, als einen eigenständigen Akteur interpretiert, der sich nicht darauf beschränkte, Regeln für die Ausgestaltung sozialer Beziehungen zu konservieren, sondern der sie als „constructor of the social world " selber anwendete.[8] Demnach erschöpfen internationale Organisationen sich nicht

4 *Ebd.*, S. 20.
5 *Murphy*, S. 9 ff.
6 *Staudinger*, S. 227 f.
7 *Doering-Manteuffel*, S. 103.
8 *Barnett* u. *Finnemore*, Political Approaches, S. 48.

darin, Spielball der großen Mächte zu sein, zwischenstaatliche Zusammenarbeit zu ermöglichen, bestehende internationale Ordnungen zu legitimieren oder als Verstärker der Normen und Werte einer internationalen Staatengemeinschaft aufzutreten, wie es konkurrierende politikwissenschaftliche Theorieansätze vorschlagen.[9] Vielmehr betont dieser dem Neoinstitutionalismus verpflichtete Ansatz[10] „the organization's generative powers: its ability to constitute or construct new actors in world politics, create new interests for actors, and define shared international tasks. [...] The emphasis on both agency and structure, therefore, directs our attention to how ideas become institutionalized, and how, once institutionalized, they shape the way we see the world".[11]

Wenngleich Barnett und Finnemore mit diesem Modell den Einfluss der Vereinten Nationen auf weltpolitische Vorgänge beschreiben und erklären möchten, erfüllte die Berner Union als eine partikulare, auf einen klar definierten Gegenstand beschränkte Organisation dieses Modell bereits vor 1945. Als treibende Kraft für die Durchsetzung von Normen und Regeln zum Schutz von Autorenrechten begnügte das Berner Büro sich während des Kriegs nicht damit, ausschließlich seinen administrativen Aufgaben nachzukommen. Vielmehr hatte es ein Programm, das in der Aufrechterhaltung der Konvention und in der Propagierung eines Normenkatalogs bestand, der im Kern auf der Forderung beruhte, die Leistung von Autoren anzuerkennen und sie angemessen zu entlohnen und zwar ohne Rücksicht auf die Nationalität der Autoren oder die politischen Rahmenbedingungen. Um dieses Programm durchzusetzen, wechselte es in eine aktive Rolle, indem es Verhaltensrichtlinien formulierte, mit denen es den staatlichen und gesellschaftlichen Akteuren Orientierung und Handlungssicherheit anbot, die sie selber nicht erbringen konnten. Dieses zielsichere Auftreten, das Beharren auf der Einhaltung sachgebundener Normen und die Forderung, diese vom politischen Tagesgeschehen deutlich zu trennen, setzte das Büro auch nach Kriegsende fort. Indem es sich explizit gegen die Pariser Friedensverträge und damit gegen gouvernementale Ordnungsmaßnahmen wandte, die die Konvention in die politische, soziale und wirtschaftliche Neuordnung Europas einzubetten versuchten, bewirkte es eine schnelle Rückkehr zum Recht der Berner Konvention, wie es vor dem Krieg gegolten hatte. Mit dem Berner Büro war also ein Akteur entstanden, der in Krisensituationen nicht in Interessenkonflikte zwischen nationalen und internationalen Agenden geriet. In seinen Organisationsstrukturen war das Nebeneinander nationaler Rechtsordnungen und bilateraler Verträge vielmehr in einem umfassenden Vertragswerk aufgehoben

9 Barnett und Finnemore klassifizieren anhand der Vereinten Nationen vier solcher Ansätze: erstens die Vereinten Nationen als Werkzeug der großen Mächte, zweitens als Vermittler zwischenstaatlicher Zusammenarbeit, drittens als Koordinator einer Gemeinschaft von Staaten und viertens als Legitimationsstruktur: *Barnett* u. *Finnemore*, Political Approaches.

10 *Boli* u. *Thomas*, Constructing; *Lechner* u. *Boli*; *Finnemore*, Norms; *Meyer*.

11 *Barnett* u. *Finnemore*, Political Approaches, S. 48 f.

mit dem Ziel, nationale Rechtsordnungen miteinander zu verflechten. Das heißt, „Normenbildung und -verrechtlichung [sind] nicht von der organisatorischen Struktur internationaler Beziehungen zu trennen".[12]

Die Berner Union bewahrte das Konzept eines funktionalen und auf den technischen Möglichkeiten der Massenvervielfältigung und Massenverschickung von kulturellen Gütern aufbauenden Kultur-, Wirtschafts- und Rechtsraums im Ersten Weltkrieg trotz der Schließung von Grenzen und der definitiven Wendung zu einer nationalistisch orientierten Politik.[13] Das bekräftigt die These über die zentrale Rolle internationaler Organisationen bei der Entfaltung der ersten Phase der Globalisierung von Wirtschaft und Gesellschaft, Recht und Kultur in der zweiten Hälfte des 19. Jahrhunderts, für deren Tätigkeit der Erste Weltkrieg keinen Bruch oder epochalen Einschnitt bedeutete.[14] Die internationalen Organisationen wie die Berner Union waren keine Konkurrenzunternehmen zu nationalstaatlicher Souveränität, sondern beide gingen Hand in Hand. Die Berner Union ermöglichte es den Nationalstaaten, nationale Regelungskompetenz in Maßen auch über die Grenzen des eigenen Territoriums hinaus auszuüben und so auf die wirtschaftliche, kulturelle und rechtliche Situation der nationalen Kulturschaffenden im Ausland Einfluss zu nehmen, während die internationalen Abkommen darauf angewiesen blieben, in das nationale Recht übernommen zu werden. In diesem Sinne ist Gerold Ambrosius und Madeleine Herren zuzustimmen, dass „die beginnende Globalisierung [...] nicht von einem Verlust an nationaler Politikkompetenz begleitet [wurde], sondern von einem Gewinn",[15] der die „konventionelle Außenpolitik territorialer Machtsicherung überlagerte".[16] Auf diesen Gewinn – die Erweiterung staatlicher Handlungskompetenzen und die grenzüberschreitende Verrechtlichung des Autorenschutzes – wollten die Staaten der Berner Union nicht verzichten, so dass sie die Organisationsstruktur dieses „Gewinns", die Berner Union, trotz Krieg bewahrten.

In den knapp drei Jahrzehnten ihrer Existenz hatte die Berner Union im Zuge der wirtschaftlichen und kulturellen Verflechtung der europäischen Buchmärkte eine Alternative zu Krieg und Wirtschaftsprotektionismus geschaffen, die das Berner Büro während des Kriegs gegen die kurz- oder mittelfristigen Interessen der Verbandsstaaten verteidigte. So konnten die rechtspolitischen Solidaritäten aus der Vorkriegszeit in diesem speziellen Bereich internationaler Zusammenarbeit über den Krieg bis in die Nach-

12 *Fuchs*, Internationale Nichtregierungsorganisationen, S. 149.

13 Zum Konflikt zwischen Liberalismus und einem nationalen, sozialen und wirtschaftlichen Protektionismus Anfang des 20. Jahrhunderts: *James*, The End, S. 197.

14 Vergleichbare Kontinuitätslinien für die Entwicklung des Rechtsstaats über 1914/18 hinweg zeigt: *Stolleis*; für eine Relativierung des Ersten Weltkriegs als Epocheneinschnitt argumentiert aus einer globalhistorischen Perspektive: *Osterhammel*, Auf der Suche, S. 114 ff.

15 *Ambrosius*, Regulativer Wettbewerb, S. 38; ähnlich argumentierend: *Boli* u. *Thomas*, INGOs, S. 48; *Finnemore*, International Organization, S. 592 f; *Osterhammel* u. *Petersson*, S. 69.

16 *Herren*, Internationale Organisationen, S. 26.

kriegszeit hinein bewahrt werden und die Union öffnete, zumindest im Feld des geistigen Eigentums, aufgrund der bewiesenen Stabilität und Integrität einen Weg für eine auf Kooperation, Verrechtlichung und Standardisierung gegründete Nachkriegsorganisation der europäischen Gesellschaften.

II. Internationale Autorenrechte in den zwanziger Jahren

Der Erste Weltkrieg hatte gezeigt, dass der internationale Autorenschutz auf einem soliden Fundament ruhte. Es bezog seine Festigkeit aus der Institutionalisierung geistiger Eigentumsrechte in einer internationalen Organisation und der mehrseitigen Kooperationen dieser Organisation mit nationalen Berufsverbänden und staatlichen Stellen. Trotz dieser rechtlichen Stabilität und politischen Integrität der Berner Union standen die zwanziger Jahre im Zeichen eines grundsätzlichen Reformbedarfs, den die Berner Mitgliedsstaaten gemeinsam zu bewältigen hatten. Zum einen war eine Revision der Berner Konvention nötig, die eigentlich schon früher hätte stattfinden sollen, aufgrund des Ersten Weltkriegs jedoch verschoben worden war. Zum anderen ließen die Beziehungen der europäischen Unionsmitglieder zu einigen amerikanischen Staaten erkennen, wie schwierig es war, die Rechtsregeln der Union auch außerhalb europäischer Einflussbereiche zu verankern und die Union in eine internationale Organisation zu verwandeln, deren Rechtsstandards weltweite Gültigkeit besaßen. Der zweite Teil widmet sich den zwanziger Jahren und der doppelten Anstrengung der Berner Mitgliedsstaaten, die Konvention nach Innen auf der Ebene der Rechtsinhalte zu stärken und sie zugleich nach Außen durch eine Rechtsharmonisierung mit den Urheberrechtsabkommen der Panamerikanischen Union zu einem Vertrag mit globaler Reichweite auszubauen. Mit dieser doppelten Perspektive schlägt der zweite Teil die Brücke zwischen der Verrechtlichung und Institutionalisierung des internationalen Autorenschutzes, wie er seit 1886 innerhalb der Berner Union praktiziert wurde, und der Globalisierung der Autorenrechte in den dreißiger Jahren im Rahmen der Organisation für geistige Zusammenarbeit des Völkerbunds.

Das sechste Kapitel behandelt die Revisionskonferenz der Berner Konvention 1928 in Rom. Es zeigt anhand eines deutsch-französischen Vergleichs, wie beide Länder die schon während des Ersten Weltkriegs verfolgte Strategie fortsetzten, den internationalen Autorenschutz keinen kurz- oder mittelfristigen politischen Zielen zu opfern, sondern die Berner Konvention als ein im hohen Maße nützliches Rechtsinstrument zu bewahren, das die transnationalen Beziehungen der europäischen Kulturschaffenden institutionalisierte und den Transfer kultureller Güter von einem nationalen Territorium ins andere verrechtlichte. Während das siebte Kapitel den Motiven der Berner Unionsstaaten nachgeht, in Rom die Ausdehnung der Konvention Richtung Amerika zu beschließen, vergleicht das achte Kapitel das jährliche Titelvolumen der europäischen, japanischen, russischen und US-amerikanischen Verlage zwischen 1890 und 1950 mit der Verlagsproduktion lateinamerikanischer Staaten im selben Zeitraum. Das Kapitel fragt nach den wirtschaftlichen Hintergründen für die von lateinamerikanischen Staaten mehrfach vorgebrachten Argumente, ein bi- oder multilateraler Rechtsschutz europäischer Autoren sei für sie nur nachteilig, weil er zu einer Destabilisierung ihrer nationalen Bildungssysteme führe.

6. Die Revisionskonferenz der Berner Konvention 1928

Im Frühjahr 1928 fand in Rom eine Revisionskonferenz der Berner Konvention statt. Es war die erste Konferenz der Berner Union nach dem Ersten Weltkrieg. Die zwanzig Jahre, die seit der letzten Revision 1908 verstrichen waren, hatten eine volle Tagesordnung hinterlassen, die die Mitgliedsstaaten abzuarbeiten hatten. Dieses Kapitel greift die Schlussthese des ersten Teils auf, dass die Berner Unionsstaaten die rechtspolitischen Solidaritäten aus der Vorkriegszeit während des Ersten Weltkriegs bewahrten und Anfang der zwanziger Jahre signalisierten, die Kooperation im Bereich des geistigen Eigentums ohne Einschränkungen fortzusetzen. Zunächst werden die schwierigen Rahmenbedingungen der Konferenz in Rom analysiert, die einem rapiden Mitgliederwachstum und den neuen Medien Radio, Film und Schallplatte geschuldet waren, die in den Rechtekatalog der Konvention integriert werden mussten. Dabei wird sich zeigen, dass Differenzen über einzelne Paragraphen jedoch nicht Überhand nahmen, sondern vielmehr in einen grundlegenden Konsens der Mitgliedsstaaten eingebettet waren, die Konvention geographisch auszudehnen und sie zu einem Vertrag mit globaler Reichweite auszubauen.

a) Themen, Streitpunkte, Ergebnisse

Die Mitglieder der Berner Union hatten 1908 in Berlin beschlossen, die nächste Revisionskonferenz nicht erst Ende der zwanziger Jahre, sondern bereits zehn Jahre früher abzuhalten. Dieser Zeitplan scheiterte jedoch am Ersten Weltkrieg. So lagen zwischen den Konferenzen von Berlin und Rom zwanzig Jahre, in denen sich einige Rahmenbedingungen für den internationalen Autorenschutz grundlegend verändert hatten. Zum einen war zwischen 1914 und 1928 die Zahl der Mitgliedsstaaten von 17 auf 36 angewachsen, und die Union hatte eine geographische Reichweite zuvor unbekannten Ausmaßes erreicht.[1] Dieses rapide Mitgliederwachstum ging vor allem, aber nicht nur auf die politische Neuordnung Europas im Zuge der Pariser Friedensverträge zurück. Die neuen Mitglieder rekrutierten sich mehrheitlich aus den Staaten Ostmitteleuropas, die aus dem Zerfall Österreich-Ungarns und des zaristischen Russlands hervorgegangen waren. Der Beitritt zur Berner Union geschah dabei nicht immer freiwillig wie bei Österreich, Polen und der Tschechoslowakei, die sich mit der Unterzeichnung der Pariser Vorortsverträge zum

1 Die neuen Mitgliedsstaaten waren Brasilien, Bulgarien, die Freie Stadt Danzig, Estland, Finnland, Griechenland, Libanon, Marokko, Österreich, Polen, Rumänien, Syrien, Tschechoslowakei und Ungarn. 1927 und 1928 traten mit Australien, Indien, Irland, Kanada und Neuseeland die britischen Dominions als selbständige Vertragsparteien der Union bei, für die die britische Ratifikation der revidierten Fassung von 1908 nicht gegolten hatte: *Ladas*, S. 97.

Beitritt verpflichtet hatten.[2] Während der Revisionskonferenz erwies sich dieses Mitgliederwachstum jedoch als zwiespältig. Auf der einen Seite bestärkte es das 1886 formulierte Prinzip, eine internationale Organisation mit universalem Anspruch zu gründen, die offen für neue Mitglieder war, sich technischen und politischen Herausforderungen stellte und das Ziel verfolgte, den Schutz des literarischen und künstlerischen Eigentums weltweit zu regeln. Auf der anderen Seite rührte ein Großteil der Kritik an den Ergebnissen der Rom-Konferenz aus der Vielzahl der Teilnehmerstaaten. Denn besonders bei den strittigen Themen - der Abschaffung der Vorbehalte, der mechanischen Vervielfältigung von Musik, der Rechte im Rundfunk und der Verlängerung der Schutzfrist *post mortem auctoris* (pma) - war eine Meinungsvielfalt entstanden, die die für Beschlüsse notwendige Einstimmigkeit nur schwer erreichbar machte.[3]

Wegen dieser schwierigen Verhandlungssituation dachten einige Beteiligte bereits kurz nach der Konferenz über eine Reorganisation der Berner Union nach. So kam Raymond Weiss, Leiter der Rechtsabteilung des Instituts für geistige Zusammenarbeit in Paris, das im Auftrag des Völkerbunds mit einer eigenen Delegation an der Konferenz teilgenommen hatte,[4] zu dem Schluss, dass die Union nur zukunftsfähig bliebe, wenn es ein jährlich tagendes Gremium gebe, bestehend aus staatlichen Delegationen, Experten, Berufsvertretern und dem internationalen Büro.[5] Ähnliche Überlegungen stellten die zuständigen Beamten im französischen Bildungsministerium 1931 an. Da die Konferenz auch in ihren Augen zäh und zu wenig erfolgreich verlaufen war, erwogen sie eine Reform der Berner Union nach dem Vorbild der Internationalen Arbeitsorganisation oder der Kommission für geistige Zusammenarbeit des Völkerbunds. Das Einstimmigkeitsprinzip sollte zu Gunsten des Mehrheitsprinzips abgeschafft werden, das Berner Büro durch die Zuweisung von mehr Kompetenzen gestärkt, die betroffenen Berufsgruppen intensiver eingebunden und schließlich eine ständige Mitgliederversammlung eingeführt werden, damit sich nicht mehr so viele offene Fragen zwischen den Revisionskonferenzen ansammelten.[6] Aber beide, das Pariser Institut und die französische Regierung, leiteten keine weiteren Schritte ein. Sie fürchteten, dass ein solcher Vorschlag verfrüht sei und den grundsätzlichen Meinungsverschiedenheiten zum Opfer fiele, die bereits die Konferenz in Rom ins

2 *Plaisant*, La création artistique, S. 108 ff; zur Bedeutung der Pariser Friedensverträge für die Berner Konvention vgl. Kapitel 4d.

3 *Ladas*, S. 101; *Ricketson*, The Berne Convention, S. 101.

4 Vgl. Kapitel 11c.

5 Raymond Weiss, Leiter der Rechtsabteilung des Instituts für geistige Zusammenarbeit in Paris, an Julien Luchaire, Direktor des Instituts, am 24. November 1928 (Unesco IICI: E.IV.22).

6 Brief des Unterstaatssekretärs im französischen Bildungsministerium, M. Petsche, an das französische Außenministerium am 4. November 1931 (ArchDip Nantes: Ministère des Affaires Etrangères/Sous-direction des unions internationales/2ème tranche/C/20).

Stocken gebracht hatten.[7] Realisiert wurden diese Reformideen erst auf der Revisionskonferenz 1967 in Stockholm. Als Reaktion auf den unauflösbar scheinenden Dissens über die Frage, ob es für Entwicklungsländer besondere Zugriffsrechte für geschützte Werke geben sollte oder nicht, unterschrieben die Mitgliedsstaaten das Gründungsdokument der *World Intellectual Property Organization*. Diese für alle Teilbereiche des geistigen Eigentums zuständige internationale Organisation, in deren Aufsicht auch die Berner Konvention überführt wurde, hielt mit der Generalversammlung, einer Konferenz, einem Koordinierungsausschuss und einem deutlich gestärkten internationalen Sekretariat genau die Gremien bereit, deren Einführung Kritiker der Berner Konvention bereits in der Zwischenkriegszeit gefordert hatten.[8]

Inhaltlich standen die Berner Mitgliedsstaaten 1928 vor mehreren Herausforderungen. Themen, die bereits auf der Konferenz 1908 in Berlin Uneinigkeit gestiftet hatten, waren die Einführung der fünfzig Jahre pma als obligatorischer Schutzfrist und die Abschaffung der Möglichkeit, Vorbehalte gegenüber einzelnen Paragraphen der Union zu formulieren, eine Option, die 1908 in den Vertragstext eingeführt worden war.[9] Hinzu kam ein ganz neuer Themenkomplex: Seit 1908 hatte sich die Medienlandschaft grundsätzlich gewandelt. Mit Radio, Film und Schallplatte waren neue technische Möglichkeiten der massenhaften Vervielfältigung und Verbreitung kultureller Güter entstanden, die große Lücken im nationalen und internationalen Recht provozierten. Die wenigsten nationalen Regierungen hatten jedoch ihre Urheberrechtsgesetze Ende der zwanziger Jahre bereits soweit novelliert, dass sie belastbare Prinzipien besaßen, mit denen sie die konkurrierenden Ansprüche von Komponisten und Musikern, Musikverlagen und der Schallplattenindustrie, Autoren und Radiostationen, Drehbuchschreibern und Filmproduzenten ausbalancieren konnten. Da mit Radio, Film und Schallplatte zudem ein eigener Sektor im Entstehen begriffen war, der ein großes wirtschaftliches Potential besaß, lag die Aufmerksamkeit der Konferenzteilnehmer besonders auf der internationalen Verrechtlichung dieser neuen Medien.[10]

Die Konferenz blieb weit hinter den Erwartungen zurück, weil sie nur einen geringen Teil der genannten Probleme löste. Bei den neuen Medien galt das Recht der Autoren, die Sendung ihrer Werke im Radio zu erlauben (Artikel 11bis), als wesentliche Neuerung.[11] Rechtshistorisch bedeutsam war die im Voraus der Konferenz nur wenig diskutierte Einführung des so genannten *droit moral* (Artikel 6bis). Das *droit moral* bezeichnet „das von den vermögensrechtlichen Befugnissen unabhängige Recht […], die Urheberschaft am

7 Ebd.

8 *Bureau international de la propriété intellectuelle*, La Convention de Berne, S. 35–52; *May*, The World Intellectual Property Organization.

9 Zu der rechts- und kulturpolitischen Bedeutung der Vorbehalte und zu den rechtlichen Problemen, die sie hervorriefen: Kapitel 3c.

10 *Püschel*, 100 Jahre, S. 60.

11 *Hubmann*, Hundert Jahre Berner Übereinkunft, S. 14.

Werk für sich in Anspruch zu nehmen sowie das Recht geltend zu machen, sich jeder Entstellung, Verstümmelung oder sonstiger Abänderung des Werks zu widersetzen, die seine Ehre oder seinem Ruf abträglich sein könnten".[12] Die Einführung eines solchen Rechts war eine direkte Reaktion auf die neuen Medien. Es sollte sichergestellt werden, dass die Abtretung der Verwertungsrechte beispielsweise eines Manuskripts an eine Filmproduktionsfirma nicht zur Folge hatte, dass der Text mit Blick auf die Machbarkeit oder den Publikumsgeschmack ohne Einwilligung des Autors geändert würde, er sich jedoch nicht dagegen wehren könne und weiterhin mit seinem Namen für die geänderte Fassung einstehen müsse.[13] Die Einführung dieses Artikels in die Berner Konvention wird bis heute als ein Meilenstein für die Internationalisierung der Autorenrechte bewertet.[14] Zum einen internationalisierten die Berner Staaten mit dem *droit moral* die wesentliche Eigenschaft der nationalen Gesetzgebungen, das Eigentumsrecht an einem kulturellen Gut als ein Recht zu konzipieren, das in der als besonders postulierten Beziehung zwischen Autor und Werk wurzelte. Zum anderen bedeutete die Einigung auf das moralische Recht des Autors die Verschmelzung der zwei Rechtstraditionen, die unter dem Dach der Berner Konvention vereint waren, nämlich des kontinentaleuropäischen *droit d'auteur* und des angelsächsischen *copyright.* Während die französische und deutsche Rechtsdogmatik im 19. Jahrhundert die persönlichkeitsrechtliche Dimension der Autorenrechte umfangreich ausgearbeitet und sukzessive kodifiziert hatten,[15] stand die angelsächsische Konzeption des *copyright* in der Tradition des *common law*, das weniger den Entstehungsprozess als das Besitzen, Vervielfältigen und Verbreiten eines Werks schützte.[16] Die weite Definition des *droit moral*, seine Trennung von den Verwertungsrechten sowie die Bestimmung, dass die konkrete Ausformulierung dieses Rechts in der Verantwortung der jeweiligen nationalen Gesetzgebung liegt, erlaubte es, dass die dem *copyright* verpflichteten Mitglieder der Berner Union moralische Rechte anerkennen konnten, indem sie diese mit einem anderen Rechtsinstrument als dem des Urheberrechts schützten.[17]

Außerhalb des Senderechts und des *droit moral* setzte sich die Hoffnung jedoch nicht durch, die Rechte der Autoren gegenüber den neuen technischen

12 *Vogt*, S. 23. Das deutsche Pendant zum *droit moral*, das Urheberpersönlichkeitsrecht, weicht in einer zentralen Hinsicht vom *droit moral* ab. Besonders die ab den zwanziger Jahren relevante Fassung der monistischen Theorie geht davon aus, dass persönlichkeits- und vermögensrechtliche Befugnisse des Autors Hand in Hand gehen und nicht voneinander getrennt werden können. Da jedoch die französische Konzeption 1928 in die Berner Konvention einzog, wird im Weiteren der französische Begriff verwendet.

13 *Grunebaum-Ballin*; *Institut internationale de coopération intellectuelle*, La protection internationale.

14 *Püschel*, 100 Jahre, S. 61; *Ulmer*, Hundert Jahre Berner Konvention, S. 35 f.

15 *Dietz*; *Strömholm.*

16 *Geller*, S. 225; zu den Unterschieden zwischen den Traditionen des *droit d'auteur* und des *copyright: Strowel.*

17 *Mentha*, Berne Convention, S. 1051.

Verwertungsmöglichkeiten zu stärken, den Rechtsschutz der Konvention auszubauen und sie nach Innen durch eine bessere Abstimmung von nationalem und internationalem Recht zu konsolidieren. Die Option, Vorbehalte gegen einzelne Paragraphen zu formulieren, wurde nicht vollständig abgeschafft, sondern nur eingeschränkt. Es gelang nicht, die bereits im Text verankerte Schutzdauer von fünfzig Jahren pma als obligatorische Frist einzuführen; und der Versuch, Werke der angewandten Kunst rechtlich mit denen der bildenden Kunst gleichzustellen, scheiterte ebenfalls.[18] Wo lagen die Gründe für diesen schwierigen Konferenzverlauf?

b) Politische Rivalitäten? Deutschland und Frankreich im Vergleich

Ein Grund, wie oben bereits erwähnt, war die bis dahin unbekannte Vielzahl der Teilnehmerstaaten, die es erschwerte, die für Beschlüsse notwendige Einstimmigkeit zu erzielen. Folgt man dem Bericht, den der Verleger Gustav Kirstein über seine Konferenzteilnahme im Auftrag des Börsenvereins des Deutschen Buchhandels verfasste, lag der Dissens zwischen den beteiligten Interessen jedoch nicht nur in der gewachsenen Zahl der offiziellen Teilnehmer begründet. Laut Kirstein prägte mit den Lobbygruppen der Film-, Rundfunk- und Schallplattenindustrie eine neue Akteursgruppe den Diskussionsverlauf, die bis dahin keine Rolle für Revisionskonferenzen gespielt hatte.[19] Da ihre Verwertungsinteressen zur Disposition standen, bemühten sie sich, Einfluss auf nationale Delegationen oder einzelne Delegationsmitglieder zu nehmen. Nicht nur Kirstein interpretierte die Präsenz der Lobbyisten als ein Moment, das die Verhandlungen deutlich erschwerte, sondern auch im Auswärtigen Amt in Berlin gab es Klagen. Die von den Lobbygruppen entsandten Rechtsexperten, hieß es, hielten sich nicht an die diplomatischen Gepflogenheiten, die Verhandlungen den offiziellen Delegationen zu überlassen, sondern drängten gewaltsam in die einzelnen Arbeitsgruppen hinein. So berichtete Wilhelm Mackeben, für das Auswärtige Amt auf der Konferenz, dass es mit den Vertretern der Interessenverbände anfänglich Streit gegeben habe, bis der deutsche Botschafter in Rom „sich aber den Experten gegenüber ganz energisch eingesetzt hat, dass sie ihre Extratouren unterlassen. Als solche wurde z. B. der Versuch gemacht, die deutschen Interessenvertreter als Delegierte anderer Länder in die Konferenz einzuführen oder sich ohne Einvernehmen mit der deutschen Delegation im Kongresssaal einzufinden."[20]

18 *Ricketson*, The Berne Convention, S. 103.

19 Bericht von Gustav Kirstein über die Konferenz in Rom an den Vorstand des Börsenvereins des Deutschen Buchhandels im Juli 1928 (StAL Bv I: 21765/89).

20 Wilhelm Mackeben an Rudolf Goebel von Harrant, zuständiger Ministerialdirektor für geistiges Eigentum im Auswärtigen Amt, am 10. Mai 1928 (PolArch: R 43741).

Inwieweit spielten politische Rivalitäten zwischen einzelnen Unionsstaaten eine Rolle für den Ausgang der Konferenz? Ein Blick auf die Verhandlungsführung zeigt, dass die Unionsstaaten in Rom die Politik aus dem Ersten Weltkrieg fortsetzten, die Berner Konvention keinen kurz- oder mittelfristigen politischen Zielen zu opfern, sondern sie als ein effektives Instrument zu erhalten, das sie in die Lage versetzte, ihre Interessen in die multilaterale Steuerung der wirtschaftlichen und kulturellen Verflechtung der europäischen Buch- und Medienmärkte einzubringen. Das bestätigt eine vergleichende Analyse der deutschen und französischen Haltung vor und während der Konferenz. Obwohl die Interessenkonstellationen innerhalb beider Länder grundsätzlich verschieden waren, fördert insbesondere das strategische Vorgehen der deutschen Regierung zu Tage, dass der Streit um Sachfragen im Vordergrund stand. Die deutsche Delegation war um eine ausgleichende Politik bemüht, die die widerstreitenden Interessen der Autoren und Verwertungsindustrien auf der einen Seite mit den eigenen politischen Zielen und einer positiven Außendarstellung der deutschen Kultur- und Rechtspolitik auf der anderen Seite in Einklang bringen sollte.

Die französische Regierung setzte in den zwanziger Jahren nahtlos ihre schon vor 1914 praktizierte Politik fort, sich für ein möglichst hohes Schutzniveau der Autoren einzusetzen und jegliche Einschränkung ihrer Rechte soweit wie möglich zu verhindern. Erstaunlich ist dabei die Einstimmigkeit, mit der Berufsverbände, Rechtsexperten und Regierungsbeamte für diese Position eintraten. Die Festlegung der Delegation[21] sowie die Einigung auf die französischen Konferenzziele – die Abschaffung der Vorbehalte, die Vereinheitlichung der Schutzfrist auf fünfzig Jahre pma und der Rechtsschutz für Filme, Schallplatten sowie für Werke der angewandten Kunst – geschah jeweils innerhalb von wenigen Tagen und ohne Protest der Berufsverbände oder Meinungsverschiedenheiten zwischen den zuständigen Ministerien für Bildung und Außenpolitik.[22] Auch nach der Konferenz gab es keine Klagen über politische Spannungen, sondern es überwog die inhaltliche Kritik an den Ergebnissen. In den Augen von Paul Grunebaum-Ballin, Rechtsberater im französischen Außenministerium und Delegationsmitglied in Rom, waren die Konferenzergebnisse nur aus dem Grund nicht zufrieden stellend, weil zu viele Fragen offen geblieben waren.[23]

Diese Einhelligkeit ist bemerkenswert, wenn man sie mit den Vorberei-

21 Brief des französischen Bildungsministeriums an das Außenministerium am 6. August 1927 (ArchDip Nantes: Ministère des Affaires Etrangères/Sous-direction des unions internationales/2ème tranche/C/20).

22 Das französische Außenministerium an die französische Botschaft in Rom am 19. August 1927 (ArchDip Nantes: Ministère des Affaires Etrangères/Sous-direction des unions internationales/2ème tranche/C/20).

23 Notiz von Paul Grunebaum-Ballin als Anlage eines Briefs des französischen Botschafters in Italien an den französischen Außenminister am 2. Juni 1928 (ArchDip Nantes: Ministère des Affaires Etrangères/Sous-direction des unions internationales/2ème tranche/C/20).

tungen und den teilweise heftigen Auseinandersetzungen um die Konferenzziele und die Besetzung der Delegation in Deutschland vergleicht.[24] Die bereits 1925 in Angriff genommenen Vorarbeiten[25] mündeten in deutschen Fachkreisen in einem grundsätzlichen Streit über die Frage, ob die Schutzfrist in Deutschland von dreißig auf fünfzig Jahre angehoben werden sollte oder nicht – ein Streit, bei dem sich letztlich die Anhänger der dreißig Jahre durchsetzten.[26] Obwohl Berufsverbände, Rechtsexperten und Ministerialbeamte diese Diskussion mit aller Vehemenz führten, zeigt ihr Verlauf jedoch, dass die deutsche Ablehnung der fünfzig Jahre nicht politisch motiviert war, sondern in Sachargumenten wurzelte.[27]

Der Streit um die Schutzfrist war in Deutschland bereits 1908 ausgebrochen, als die fünfzig Jahre pma in die Berner Konvention eingeführt wurden, ohne sie jedoch als eine obligatorische Frist zu verankern. Mit Ausnahme Schwedens und der deutschsprachigen Länder Deutschland, Österreich und der Schweiz schlossen sich danach beinahe alle europäischen Mitglieder der Berner Konvention den fünfzig Jahren an. Bis zur Einführung der fünfzig Jahre in Deutschland 1934 war die Schutzfristenfrage Gegenstand emotionalisierter Debatten, die zwischen mehreren Argumenten schwankten. Auf der einen Seite stand der Verweis auf das öffentliche Interesse an einer dreißigjährigen Schutzfrist. Eine schnelle Aufhebung von Verlagsmonopolen und ein möglichst ungehinderter Zugang zu künstlerischen Werken fördere Innovationen in Wissenschaft und Kunst sowie die Verbreitung von Bildung und Kultur.[28] Demgegenüber stand das Drängen der Berner Union auf eine einheitliche Regelung und damit auf eine Schutzfrist von fünfzig Jahren. Dieses Drängen war insofern zugkräftig, weil es neben den politischen Implikationen einen starken moralischen Druck erzeugte, „als Kulturnation nicht dauerhaft hinter dem internationalen Standard der RBÜ zurückzubleiben“[29] und den Ruf zu bekommen, „das typische Nachdrucksland zu sein“.[30] Hinzu kamen widerstreitende wirtschaftspolitische Überlegungen. Gewann der deutsche Buchhandel als auflagenstärkster Buchhandel in Europa durch die dreißig Jahre klare Wettbewerbsvorteile gegenüber anderen Buchmärkten mit einer länge-

24 Zu dem langwierigen, beinahe über ein Jahr andauernden Streit um die Besetzung der deutschen Delegation vgl. PolArch: R 43737 – 38/43740/43828.

25 Erstmals beauftragte der zuständige Ministerialrat Goebel von Harrant den deutschen Botschafter in Rom im Oktober 1925, sich bei der italienischen Regierung zu erkundigen, wann sie die Revisionskonferenz einberufe: Goebel von Harrant an den deutschen Botschafter von Neurath am 15. Oktober 1925 (PolArch: R 43736).

26 Ausführlich zum Schutzfristenstreit: *Beier*, Die urheberrechtliche Schutzfrist, S. 25 – 31.

27 Vgl. die stenographischen Protokolle des Urheberrechtsausschusses der Deutschen Vereinigung für gewerblichen Rechtsschutz und Urheberrecht, der die Vorarbeiten im Auftrag des Auswärtigen Amts koordinierte und durchführte (PolArch: R 43749 – 50).

28 *Kirstein*.

29 *Beier*, Die urheberrechtliche Schutzfrist, S. 160.

30 Aufzeichnung Goebel von Harrants über die Konferenzziele am 21. August 1927 (PolArch: R 43737).

ren Schutzdauer, gingen der Weimarer Republik wiederum Einkommensmöglichkeiten verloren, wenn die Werke deutscher Künstler im Ausland bereits nach dreißig Jahren auf den freien Markt kamen.[31] Und schließlich standen strategische Argumente mit Blick auf die Verhandlungen in Rom zur Disposition. Wollte die deutsche Delegation ihre traditionell konstitutive Rolle innerhalb der Berner Union behalten und ihr Ziel erreichen, die Vorbehalte abzuschaffen, sahen die zuständigen Ministerialbeamten sich vor der Notwendigkeit, Zugeständnisse bei der Schutzfristenfrage zu machen.[32]

Die Art und Weise, wie die Ministerialbeamten im Auswärtigen Amt diese schwierige Situation lösten, veranschaulicht deutlich ihre Orientierung an den internationalen Standards. Laut Rudolf Goebel von Harrant, dem im Auswärtigen Amt für das geistige Eigentum zuständigen Ministerialdirektor, sollte das Hauptziel der Konferenz sein, „die Angleichung der nationalen Gesetze zu fördern, den erzielten Fortschritt im Verbandsrecht zum Ausdruck zu bringen und die aus der technischen Entwicklung (Rundfunk) sich ergebenden neuen urheberrechtlichen Forderungen von vornherein verbandsmäßig und einheitlich zu gestalten".[33] Diese Bejahung der Berner Konvention wurde noch durch das Argument der Rechtssicherheit verstärkt. Diese sei im grenzüberschreitenden Handel mit kulturellen Gütern nur durch die Einigung auf einen internationalen Standard herstellbar, der „für die einheitliche Bemessung der Schutzdauer innerhalb der Union" spreche. „Die Verschiedenheit der Regelung in den einzelnen Ländern führt zu Rechtsunsicherheit und verursacht bei der ständig fortschreitenden technischen Entwicklung (Schallplatte, Film, Rundfunk) in immer steigenden Maße Unzuträglichkeiten zum Nachteil der internationalen Beziehungen."[34] Dieses Argument der Rechtssicherheit veranlasste die Fachministerien, die fünfzigjährige Schutzfrist gegen die Interessen der Verlage, Rundfunkgesellschaften und Schallplattenindustrien zu bevorzugen. Eine Rückkehr der Berner Konvention zu einer dreißigjährigen Frist sei ausgeschlossen, und mit Blick auf Frankreich wurde argumentiert, dass eine lange Schutzfrist nicht den kulturellen Schaden anrichte, den besonders die Verlage immer wieder behaupteten.[35]

Warum entschied man sich auf Regierungsebene trotz dieser Argumente für ein Einschwenken auf den internationalen Standard letztlich doch dafür, die dreißig Jahre in Rom zu verteidigen? Dieser Entschluss ging auf ein Machtwort von Außenminister Gustav Stresemann zurück. Obwohl Strese-

31 Aufzeichnung zur Frage der Dauer des Urheberschutzes bei Werken der Literatur und Kunst, erstellt für eine Besprechung im Reichsjustizministerium am 10. Februar 1927 (PolArch: R 43739).

32 Ebd.

33 Aufzeichnung Goebel von Harrants über die Konferenzziele am 21. August 1927 (PolArch: R 43737).

34 Ebd.

35 Bericht über eine Sitzung zur Schutzfristenfrage am 17. März 1927 im Reichsjustizministerium (PolArch: R 43737).

mann sich über die Argumente der Fachministerien und -referenten hinwegsetzte, standen dahinter keine revanchistischen oder anderen politischen Motive, sondern die pragmatische Sorge, dass eine „fünfzigjährige Schutzfrist [...] verhängnisvoll für die Volksbildung" sei. Denn „wenn ein Dichter oder ein Schriftsteller sein Werk im dreißigsten Jahre seines Lebens schreibt, im siebzigsten stirbt, dann hat das Buch also eine neunzigjährige Schutzfrist", die in Stresemanns Augen jedoch dem allgemeinen Interesse zuwiderlief, Wissen und Kultur zügig freizugeben, so dass seiner Meinung nach das „Solidaritätsgefühl gegen andere Staaten in dieser Frage zurücktrete".[36]

Trotz dieser Handlungsrichtlinie fiel auf einer Kabinettssitzung einen Monat später der Beschluss, in Rom nicht strikt auf den dreißig Jahren zu insistieren. Unter der Maßgabe, dass der politische Erhalt und die rechtliche Weiterentwicklung der Berner Konvention das oberste Ziel der deutschen Delegation sein müsse, einigte man sich darauf, einer eventuellen Einführung des englischen Systems zuzustimmen. Diese Variante sah eine Schutzfrist von dreißig Jahren vor, die um weitere zwanzig Jahre verlängert werden konnte, in denen die Rechteinhaber jedoch per Zwangslizenz verpflichtet werden konnten, einer Drittverwertung ihrer Werke zuzustimmen.[37] Diese Verhandlungsstrategie ging in Rom jedoch nicht auf, weil die deutsche Delegation ihre Zustimmung zum englischen System von der vollständigen Abschaffung der Vorbehalte abhängig machte, ein Anliegen, das jedoch am Widerstand der Staaten scheiterte, die auf einem Vorbehalt gegenüber den Übersetzungsbestimmungen der Berner Konvention bestanden.[38] Wilhelm Mackeben, der für das Auswärtige Amt nach Rom gereist war, zog nach der Konferenz trotzdem ein positives Fazit. Zwar habe man nicht alle rechtspolitischen Ziele erreicht, und es sei notwendig, die Konvention sobald wie möglich erneut zu revidieren. Aber dafür habe die deutsche Delegation in einem guten Einverständnis mit den Delegationen von Frankreich und Italien zusammengearbeitet, so „dass die Stellung Deutschlands innerhalb der Berner Union durch den Kongress sehr gefestigt werden konnte und dass die Befürchtungen, die vor Beginn des Kongresses in der Richtung gehegt wurden, dass Deutschland gegebenenfalls auf dem Kongress mehr oder weniger isoliert würde, in keiner Weise eingetreten sind".[39]

36 Telegramm des Außenministers Gustav Stresemann an das Auswärtige Amt am 16. Februar 1928 (PolArch: R 43740).

37 Protokoll der Kabinettssitzung vom 16. März 1928 (PolArch: R 3001/6426).

38 Wilhelm Mackeben an das Reichsjustizministerium am 11. April 1929 über das deutsche Vorgehen hinsichtlich der Schutzfrist (PolArch: R 43742).

39 Wilhelm Mackeben an das Auswärtige Amt am 4. Juni 1928 (PolArch: R 43741).

c) Zukunftsperspektiven: Der Weg ins Globale

Dieses gemeinsame Eintreten für tragfähige Kompromisse und das dahinter stehende Ziel, die Berner Konvention als ein zugkräftiges rechtspolitisches Instrument zu erhalten, offenbarte sich deutlich am Ende der Konferenz, als die Teilnehmerstaaten ihre so genannten Wünsche für die zukünftige Entwicklung der Konvention formulierten. Die Delegationen von Frankreich und Brasilien schlugen der Vollversammlung vor, die Staaten Süd- und Nordamerikas zum Beitritt zur Berner Konvention einzuladen und zugleich ein internationales Abkommen zwischen der Berner Union und den amerikanischen Staaten abzuschließen, das einen weltweit gültigen Standard für den Schutz des literarischen und künstlerischen Eigentums etablierte.[40]

Diesen Vorstoß hatten die französischen und brasilianischen Delegierten im Gespräch mit den Vertretern des Instituts für geistige Zusammenarbeit in Paris vereinbart, das zur Organisation für geistige Zusammenarbeit des Völkerbunds gehörte.[41] Brasilien kam innerhalb der Berner Union eine besondere Rolle zu, weil es das einzige Land war, das die Berner Konvention und das für den multilateralen Rechtsschutz von Autoren in Amerika wichtige Abkommen von Buenos Aires unterzeichnet und ratifiziert hatte. Der 1922 erfolgte Beitritt Brasiliens zur Berner Union stand in der Tradition einer gegenüber ausländischen Autoren freundlichen Urheberrechtspolitik, die Brasilien seit 1890 praktizierte. Mit dieser Haltung, so der brasilianische Delegierte M.F. Pessôa de Queiroz in Rom, zollte die brasilianische Regierung dem Umstand Respekt, dass Wissenschaft und Bildung in Brasilien vorrangig auf einem Wissenskanon europäischer Herkunft beruhe.[42] Diese Position war nicht nur innerhalb der brasilianischen Regierung heftig umstritten, bevor sich die Befürworter eines Beitritts zur Berner Konvention nach 1910 schließlich durchsetzten.[43] Wie die Ausführungen zu den Urheberrechtsabkommen der Panamerikanischen Union noch zeigen werden, verschlossen sich die meisten amerikanischen Staaten einem gemeinsamen europäisch-amerikanischen Autorenrecht, weil sie Nachteile für das jeweilige nationale Bildungssystem befürchteten, sobald kulturelle Güter europäischer Herkunft nicht mehr uneingeschränkt rezipiert werden könnten.[44] Dagegen begrüßten

40 *Union internationale pour la protection des œuvres littéraires et artistiques*, Actes de la conférence réunie, S. 350.

41 René Massigli, französischer Diplomat, an das französische Außenministerium am 3. Dezember 1928 (ArchDip Paris: Société des Nations/IN – Coopération Intellectuelle/1878); zur Rolle des Instituts für geistige Zusammenarbeit vgl. Kapitel 11c.

42 Rede des brasilianischen Delegierten M.F. Pessôa de Queiroz vor der Vollversammlung der Mitgliedsstaaten der Berner Union in Rom, in: *Union internationale pour la protection des œuvres littéraires et artistiques*, Actes de la conférence réunie, S. 300–303.

43 Die Kaiserliche Deutsche Gesandtschaft in Brasilien an das Auswärtige Amt am 2. Januar 1915 (BArch: R 3001/6406).

44 Vgl. Kapitel 7a.

die französischen Delegierten die Idee eines Autorenrechts mit globaler Reichweite. Zwischen Brasilien und Frankreich bestanden seit 1891 bilaterale Verträge für den Schutz von Autoren, und die zuständigen Diplomaten hofften, dass ein globales Urheberrechtsabkommen helfe, Werke französischer Kulturschaffender auch in den anderen amerikanischen Staaten vor unerlaubtem Nachdruck zu schützen.[45]

Was waren die Hintergründe für die Resolution, den Schutz von Autoren mit Hilfe eines globalen Urheberrechtsabkommens weltweit zu verankern? War die Berner Konvention nicht bereits ein Vertrag mit universalem Anspruch? Die Gründungsstaaten hatten die Berner Konvention 1886 mit einem offenen Regelwerk ausgestattet, dass zeitlich unbefristet war und keine geographische oder politische Begrenzung kannte, so dass nominell jeder souveräne Staat der Welt beitreten konnte. Der Praxis hatte dieser universale Anspruch jedoch nicht standhalten können. Nach einer Beitrittswelle Anfang der zwanziger Jahre zählte die Union zwar 36 Mitgliedsstaaten, und ein Blick auf die Weltregionen, die dem Recht der Berner Konvention 1928 unterlagen, erweckte den Eindruck, dass die Union es geschafft hatte, aus der anfänglichen Konzentration auf Europa auszubrechen und einen globalen Anstrich zu bekommen: Mit Ausnahme von China, der Türkei und der Sowjetunion folgten Europa, Afrika und Asien beinahe vollständig den Regeln der Konvention. Aber dieser Schein einer globalen Ausbreitung trog. Die flächenmäßige Ausdehnung über die drei Kontinente verdankte die Union dem Umstand, dass weite Teile Afrikas und Asiens europäischer Kolonialbesitz waren und die britischen, französischen, spanischen, portugiesischen und niederländischen Kolonien bzw. Mandatsgebiete der Union zwangsläufig wegen ihrer politischen und rechtlichen Abhängigkeit vom kolonialen Mutterland angehörten.[46] Australien, Neuseeland und Kanada traten der Union zwar im April 1928 als eigenständige Signatarstaaten bei, aber als vormalige britische Kolonien hatten auch sie bereits seit 1886 das Unionsrecht auf ihrem Territorium angewandt.[47] Die einzigen außereuropäischen Mitgliedsstaaten, die der Union als souveräne Staaten beigetreten waren, und die für den europäischen Buchhandel als potentielle Absatzmärkte oder Handelspartner Bedeutung besaßen, waren Japan (Beitritt 1899) und Brasilien (1922). Dagegen fehlten mit

45 René Massigli an das französische Außenministerium am 3. Dezember 1928 (ArchDip Paris: Société des Nations/IN – Coopération Intellectuelle/1878); zu den Beziehungen zwischen Frankreich und Brasilien im 20. Jahrhundert: *Compagnon* u. *Droulers*.

46 Exemplarisch wurde diese Frage 1930 innerhalb des französischen Außenministeriums diskutiert mit dem Ergebnis, dass Frankreich internationale Verträge stellvertretend für die Kolonien und Mandatsgebiete unterzeichnete: Brief des französischen Botschafters de Marcilly an den Außenminister Aristide Briand am 27. Mai 1930 (ArchDip Nantes: 650 Protection du droit d'auteur [septembre 1918 – juillet 1936]). Die Konflikte, die aus unterschiedlichen wirtschafts-, rechts- und bildungspolitischen Interessen zwischen dem kolonialen Mutterland und den Kolonien entstehen konnten, zeigt exemplarisch: *Bently*, Copyright, Translations.

47 Tableau des pays de l'union au 1er novembre 1928, in: *Union internationale pour la protection des œuvres littéraires et artistiques*, Actes de la conférence réunie, S. 9 f.

Ausnahme von Brasilien, Haiti und Kanada der gesamte amerikanische Kontinent und damit beinahe alle Staaten der freien, nicht kolonialisierten Welt.

Besonders die im Buchhandel starken Mitglieder der Berner Union hatten seit 1890 mehrfach versucht, Rechtsschutz für ihre nationalen Autoren und Verwertungsindustrien auf dem amerikanischen Kontinent zu bekommen. Der einfachste Weg wäre ein Beitritt der Berner Staaten zu den multilateralen Abkommen gewesen, die seit 1902 unter dem Dach der Panamerikanischen Union abgeschlossen worden waren. Diese Variante war jedoch ausgeschlossen, weil allen panamerikanischen Abkommen ein Passus eingeschrieben war, der diese Verträge strikt auf den amerikanischen Kontinent beschränkte und nicht-amerikanischen Staaten die Mitgliedschaft verweigerte.[48] Der alternative Weg, bilaterale Abkommen mit ausgewählten Staaten in Nord- und Südamerika abzuschließen oder diese Staaten von einem Beitritt zur Berner Konvention zu überzeugen, scheiterte jedoch in der Regel am Widerstand der amerikanischen Regierungen. Besonders die lateinamerikanischen Regierungen interpretierten die Berner Konvention als ein rechts- und kulturpolitisches Instrument, das einseitige Vorteile für die europäischen Kulturschaffenden bereithielte.[49]

Damit war die Berner Union 1928 noch weit davon entfernt, eine tatsächlich weltweit wirksame Organisation zu sein. Genau das gestanden die Mitgliedsstaaten mit dem Wunsch ein, ein globales Abkommen zum Schutz des literarischen und künstlerischen Eigentums zu erarbeiten, das auf den rechtlichen Gemeinsamkeiten der Berner Konvention und der multilateralen Urheberrechtsabkommen der amerikanischen Staaten beruhen sollte. Eine Rechtsvereinheitlichung sollte das Problem der flächenmäßigen Begrenzung der Berner Konvention lösen und helfen, die Union Richtung Amerika auszudehnen. Mit dem Wunsch von Rom, eine Brücke zwischen der Berner Konvention und ihrem amerikanischen Pendant zu schlagen, erkannte die Berner Union sich faktisch als eine europäisch dominierte Union an, die bis Ende der zwanziger Jahre gescheitert war, ihren bei der Gründung postulierten universalen Anspruch einzulösen. Die Beendigung dieses universalen Anspruchs dokumentieren auch die in den dreißiger Jahren verantwortlichen Akteure. Denn mit der Verhandlungsleitung wurde nicht das Berner Büro betraut, sondern der Völkerbund, der für sich beanspruchte, eine universale Organisation zu sein, die die Interessen aller Staaten der Welt bündelte und ein Forum bot, sie miteinander in Einklang zu bringen. Die Organisation für geistige Zusammenarbeit des Völkerbunds schuf für diese Aufgabe ein Netzwerk, das aus Rechtsexperten, Berufsverbänden und internationalen Organisationen bestand und mit Hilfe von regionalen Kommissionen und interkontinental besetzten Expertenkomitees den Dialog zwischen den beiden

48 *Royer*, S. 120.
49 Vgl. Kapitel 7a.

Rechtssystemen in Gang brachte.[50] Die Berner Union trat also nicht länger als überregionaler Verband auf, sondern als eine Interessenpartei, die auf die Integrationsfähigkeit einer noch jungen internationalen Organisation vertraute.[51]

50 Ausführlich dazu Teil III.

51 Nach dem Zweiten Weltkrieg wurde die Vermittlungsfunktion der Völkerbundsorgane wegen ihrer Nähe zu den europäischen Interessen jedoch kritisch begutachtet: *Bogsch*, La convention universelle, S. 39.

7. Europäischer und amerikanischer Autorenschutz im Widerstreit

Hinter dem Wunsch der Berner Unionsstaaten, das eigene Abkommen mit den Konventionen von Buenos Aires und Havanna zu harmonisieren, standen mehrfach gescheiterte Versuche europäischer Staaten, Rechtsschutz für europäische Kulturschaffende auf amerikanischem Territorium zu bekommen. Dieses Kapitel widmet sich den Motiven der europäischen Staaten, nicht mehr einzeln bei amerikanischen Regierungen vorstellig zu werden und einen bilateralen Autorenschutz vorzuschlagen, sondern sich als Staatenkollektiv in einer konzertierten Aktion um einen globalen Schutzstandard zu bemühen. Dabei wird untersucht, welche kultur- und rechtspolitischen Probleme die Organisation für geistige Zusammenarbeit des Völkerbunds (OGZ) mit der Weltkonvention zum Schutz des literarischen und künstlerischen Eigentums in den dreißiger Jahren lösen musste, wenn sie die kontinentaleuropäischen und angloamerikanischen Autorenrechte harmonisieren wollte.

Zunächst wird der aus europäischer Perspektive problematische Passus in allen amerikanischen Urheberrechtsabkommen thematisiert, der die Konventionen strikt auf den amerikanischen Kontinent beschränkte und allen nicht-amerikanischen Staaten die Mitgliedschaft verweigerte. Die Beispiele Deutschland und Frankreich demonstrieren, dass alternativ eingeschlagene Wege – bilaterale Verträge oder ein Beitritt zur Konvention von Montevideo, das einzige offene Abkommen – nicht fruchteten, weil die entsprechenden Verträge von den amerikanischen Vertragspartnern entweder abgelehnt oder nicht ratifiziert wurden. Das zweite Unterkapitel widmet sich der rechtlichen und politischen Heterogenität, die die Urheberrechtsabkommen der Panamerikanischen Union auszeichnete, und das dritte Unterkapitel problematisiert schließlich die besondere Rolle, die die USA seit den achtziger Jahren für die Berner Unionsstaaten spielten. Dabei wird das schwierige und spannungsgeladene Verhältnis zwischen der Berner Union und den USA skizziert, die sich einem Beitritt zur Union aus innenpolitischen Erwägungen heraus dauerhaft verweigerten.

a) Kultur- und rechtspolitische Differenzen

Seit den neunziger Jahren des 19. Jahrhunderts bemühten sich die einzelnen europäischen Staaten um Rechtsschutz für ihre Kulturschaffenden auch außerhalb der Berner Union. Dieses Bemühen war vor allem an die USA und die Staaten Mittel- und Südamerikas gerichtet, die mit Ausnahme von Haiti und Brasilien bis in die zwanziger Jahre hinein nicht in das Berner Rechtssystem integriert werden konnten. Dafür hatten die nord- und südamerikanischen Staaten zwischen 1889 und 1928 eine Reihe multilateraler Urheberrechtsabkommen verabschiedet, die Rechtsprinzipien für einen grenzüberschreitenden Schutz von Autoren- und Verwerterrechten formulierten. Aus europäischer Perspektive war das zentrale Problem der amerikanischen Abkommen jedoch ein Passus, der mit Ausnahme der Konvention von Montevideo (1889) allen anderen Konventionen eingeschrieben war (der Konvention von Caracas 1911 und den so genannten panamerikanischen Abkommen von Mexiko 1902, Rio de Janeiro 1906, Buenos Aires 1910 und Havanna 1928): Den Konventionen durften nur amerikanische Staaten beitreten. Einige Abkommen wie das von Buenos Aires gingen sogar soweit, nur den Autoren und Verwertern Rechtsschutz zu gewähren, die Staatsbürger eines Signatarstaats waren.[1]

Diese rigiden Beitrittsschranken waren aus Sicht von Regierungsvertretern und Kulturschaffenden in Europa problematisch. Sie argumentierten, dass die Werke europäischer Autoren vor allem in Südamerika im industriellen Stil nachgedruckt würden, ohne dass diese Rechtsmittel besäßen, gegen solche Publikationen Einspruch zu erheben oder Vergütungsansprüche geltend zu machen.[2] Wollten die europäischen Staaten ihre Kulturschaffenden vor Nachdruck in Amerika schützen, blieben ihnen nur zwei Wege, nämlich der Abschluss bilateraler Verträge oder ein Beitritt zur Konvention von Montevideo. Ein vergleichender Blick auf die Versuche der deutschen und französischen Außenministerien, beide Wege bis Ende der zwanziger Jahre zu beschreiten, zeigt jedoch schnell, warum die Staaten der Berner Union sich 1928 geschlossen dafür aussprachen, in einer kollektiven Anstrengung einen globalen Mindeststandard für den Schutz von Autorenrechten zu erarbeiten. Denn sowohl die bilateralen Abkommen als auch die Beitrittsversuche zur Konvention von Montevideo waren gekennzeichnet von Rückschlägen und Misserfolgen.

Die Schwierigkeiten mit bilateralen Urheberrechtsabkommen lassen sich gut anhand der französischen Außenpolitik nachvollziehen. Bis 1914 hatte Frankreich bilaterale Verträge mit Ecuador, Guatemala, Mexiko, Salvador und den USA abgeschlossen.[3] Da in dieser Liste jedoch Flächenstaaten wie Brasilien oder Chile fehlten, die für den französischen Buchhandel bedeutsam waren, wurde die französische Regierung bei beiden Regierungen vorstellig. Die 1913 mit Chile aufgenommenen Verhandlungen prägte ein sehr fundamentaler Konflikt um den ‚freien' Zugang zu Wissen und Informationen als soziale, wirtschaftliche und kulturelle Ressourcen einer Gesellschaft. Dieser Konflikt ist von Bedeutung, weil er exemplarisch die Auseinandersetzungen vorweg nahm, mit denen sich die OGZ in den dreißiger Jahren und die UNESCO ab 1946 in ähnlicher Weise konfrontiert sahen.[4] Die chilenische

1 *Ricketson*, International Copyright, S. 1175.

2 Exemplarisch: Schreiben des französischen Botschafters in Chile an den französischen Außenminister am 18. November 1912 (ArchNat: F/17/13491/6); der französische Botschafter in Brasilien an den französischen Außenminister am 20. Juni 1917 (ArchDip Nantes: Ministère des Affaires Etrangères/Unions internationales/1er versement/C/119); Brief des deutschen Botschafters in Argentinien an das Auswärtige Amt in Berlin am 8. Oktober 1923 (PolArch: R 43761).

3 *Röthlisberger*, Der interne und der internationale Schutz 1914, S. 14.

4 Für das 1952 unter Verantwortung der UNESCO abgeschlossene Welturheberrechtsabkommen

Regierung wies das französische Ansinnen mit der Begründung zurück, dass ein solches Abkommen nur einseitige Vorteile für die französischen Kulturschaffenden bereithielte, weil es sie ermächtige, über die Publikation ihrer Werke in Chile zu verfügen und Tantiemen einzustreichen. Dagegen erschwere es der chilenischen Gesellschaft, weiterhin von französischen Kulturerzeugnissen zu profitieren, was besonders die Förderung von Bildung und Wissenschaft hemme.[5]

Auf eine vergleichbare Ablehnung stieß die französische Regierung in Kuba. 1904 hatten beide Staaten ein bilaterales Abkommen zum Schutz des literarischen und künstlerischen Eigentums abgeschlossen, das jedoch praktisch bedeutungslos blieb, weil es von kubanischer Seite nicht ratifiziert wurde. In diesem Fall war es nicht die kubanische Regierung, die die Ratifikation blockierte, sondern die kubanische Presse. Sie startete eine große Kampagne gegen das Abkommen mit dem Argument, der freie Zugang zu Wissen, Informationen und kulturellen Gütern sei ein zentraler Pfeiler der öffentlichen Bildung, den die kubanische Regierung mit allen Mitteln und ohne Rücksicht auf Partikularinteressen verteidigen müsse.[6] In der Konsequenz gab die kubanische Regierung den Pressevertretern nach. Sie verschob die Ratifikation des bilateralen Abkommens mit Frankreich auf unbestimmte Zeit und nahm auch von dem zu dieser Zeit diskutierten Vorschlag Abstand, der Berner Konvention beizutreten.[7] Aber auch in Ländern wie Brasilien, das 1922 der Berner Konvention beitrat, und ab 1928 eine Weltkonvention zum Schutz des literarischen und künstlerischen Eigentums vehement befürwortete, war der Nutzen eines Beitritts in Regierungskreisen heftig umstritten. Im Zuge des 1913 zwischen Frankreich und Brasilien abgeschlossenen bilateralen Vertrags brach eine heftige Diskussion innerhalb der brasilianischen Regierung aus, in der sich Befürworter und Gegner eines grenzüberschreitenden Rechtsschutzes gegenüber standen. Die Befürworter bemängelten den bilateralen Vertrag, weil er nicht weit genug reiche und man viel lieber der Berner Konvention beitreten solle. Dagegen drängten die Kritiker darauf, den Vertrag nicht zu ratifizieren, weil „das von der geistigen Produktion des Auslands abhängige Brasilien kein Interesse an dem Schutze der fremden Erzeugnisse hat".[8]

Mit ähnlichen Schwierigkeiten waren die Versuche behaftet, als europäisches Land der Konvention von Montevideo beizutreten, wie das Beispiel der

beschreibt François Hepp, der die Verhandlungen innerhalb der UNESCO leitete, diesen Konflikt als das zentrale Problem: *Hepp*, Les perspectives actuelles, S. 8 f.

5 Brief des französischen Botschafters in Chile an den französischen Außenminister Raymond Poincaré am 18. November 1912 (ArchNat: F/17/13491/6).

6 Der französische Außenminister Stéphan Pichon an den französischen Botschafter in Havanna am 29. Dezember 1909 (ArchNat: F/17/13491/6).

7 Ebd.

8 Die Kaiserliche Deutsche Gesandtschaft in Brasilien an das Auswärtige Amt am 2. Januar 1915 (BArch: R 3001/6406).

Weimarer Republik zeigt. Der Beitritt zu dieser Konvention war für die europäischen Staaten attraktiv, weil sie die einzige Möglichkeit für einen multilateralen Rechtsschutz in Amerika bot, der neben Paraguay, Peru und Uruguay die aus europäischer Perspektive wichtigen Flächenstaaten Argentinien, Bolivien, Brasilien und Chile einschloss – auch wenn Brasilien und Chile die Konvention nie ratifizierten.[9] Der deutsche Beitrittsversuch stand unter demselben Stern wie die französischen Versuche, bilaterale Abkommen zu verabschieden. Das Auswärtige Amt stieß auf massive wirtschafts- und kulturpolitische Vorbehalte einiger amerikanischer Staaten, die in jedem europäischen Beitritt eine Bedrohung für den Ausbau ihres öffentlichen Bildungswesens sahen. Der deutsche Gesandte in Argentinien, der sich zuvor vergeblich um ein bilaterales Abkommen mit Argentinien bemüht hatte, formulierte dieses Problem als eine grundsätzliche, alle europäische Staaten betreffende Angelegenheit. Die südamerikanischen Staaten befänden „sich auch in kultureller Beziehung in der Entwicklung" und da sie „das größte Interesse an einer möglichst weitgehenden Befruchtung von außen her" besäßen, zeigten sie „naturgemäß kein Interesse an einer Gesetzgebung [...], die ihnen über den Rahmen des hier üblichen hinaus Bindungen auferlegt".[10]

Diese Einschätzung bewahrheitete sich kurze Zeit später, als die Weimarer Republik der Konvention von Montevideo beitrat. Der Vertragstext unterschied zwischen den ursprünglichen und später beigetretenen Staaten. Für Letztere reichte es nicht aus, ihren Beitritt einmalig zu erklären. Vielmehr mussten sie bei jedem Gründungsstaat um eine Beitrittsgenehmigung ersuchen und diese besaßen das Vorrecht, ein solches Gesuch durchaus abweisen zu können. Lehnte ein Staat ab, scherte er aus dem multilateralen Rechtsschutz aus. Damit schränkte sich der Kreis der Staaten ein, auf dessen Territorium die neuen europäischen Mitglieder Rechtsschutz für ihre Kulturschaffenden beanspruchen konnten. Genau in diese Situation geriet die Weimarer Republik 1926. Während Paraguay und Bolivien den Beitritt ohne Einschränkung akzeptierten,[11] stimmte Argentinien erst nach mehrmaligem Drängen zu[12] und Uruguay sowie Peru weigerten sich gänzlich, den deutschen Beitritt anzuerkennen. Die peruanische Regierung begründete ihre Absage mit einer 1890 getroffenen Grundsatzentscheidung, nur die Staaten zuzulassen, die von den

9 *Röthlisberger*, Der interne und internationale Schutz 1914, S. 11.

10 Schreiben des deutschen Botschafters in Argentinien an das Auswärtige Amt am 8. Oktober 1923 (PolArch: R 43761).

11 Die deutsche Gesandtschaft in Paraguay an das Auswärtige Amt am 22. Juli 1927 und die deutsche Gesandtschaft in La Paz, Bolivien an das Auswärtige Amt am 19. September 1927 (PolArch: R 43761).

12 Brief der deutschen Gesandtschaft in Buenos Aires an das Auswärtige Amt am 8. September 1926; das Auswärtige Amt an die Gesandtschaften in Lima, La Paz und Asunción, am 16. Februar 1927 (PolArch: R 43761).

ursprünglichen Mitgliedern zum Beitritt eingeladen worden waren.[13] Die Regierung von Uruguay führte dagegen die bekannten Argumente ins Feld, dass die literarische und künstlerische Produktion in Uruguay und Deutschland unterschiedlich stark sei und man ein Urheberrechtsabkommen nur einginge, wenn zwischen den Vertragsparteien ein ausgewogenes Verhältnis hinsichtlich der kulturellen Produktion herrsche, das eine „tatsächliche Gegenseitigkeit und Kompensation in sich schließt".[14]

Der von den Berner Unionsstaaten 1928 formulierte Wunsch, die Konventionen von Bern und Havanna zu harmonisieren und damit den Rechtsraum der Berner Konvention grundsätzlich zu erweitern, beruhte auf diesen seit 1890 mehrfach gescheiterten Versuchen der europäischen Staaten, die Rechte ihrer Kulturschaffenden auf dem amerikanischen Kontinent einzufordern. Mit der Entscheidung von Rom läuteten die Berner Staaten einen grundsätzlichen Strategiewechsel ein. Sie versuchten ihren Erfolg nicht mehr unabhängig voneinander, sondern traten nun als europäische Interessengemeinschaft nach Außen mit dem Ziel, gemeinsam die Abschaffung der geographischen Beschränkung der panamerikanischen Abkommen und ihre Öffnung für europäische Staaten zu erreichen.

b) Die Urheberrechtsabkommen der amerikanischen Staaten

Über die kultur- und wirtschaftspolitischen Interessenkonflikte hinaus stand die Einführung eines globalen Autorenschutzes zugleich vor der Notwendigkeit, Differenzen zwischen der Berner Konvention und den panamerikanischen Abkommen auf der Ebene der Rechtsinhalte ausgleichen zu müssen. Fragt man nach dem Grad dieser Differenzen, ist eine allgemeine Antwort durchaus schwierig. Auf der einen Seite folgte ein Großteil der amerikanischen Abkommen dem angloamerikanischen *copyright*, das sich in einigen Hinsichten grundsätzlich von der Berner Konvention unterschied. Auf der anderen Seite ergibt die Analyse der amerikanischen Verträge mehrere Überschneidungen mit der Berner Konvention. Welche inhaltlichen Hürden hatte die OGZ in den dreißiger Jahren zu überwinden, wollte sie eine Weltkonvention zum Schutz des literarischen und künstlerischen Eigentums ausarbeiten, und welche Folgen hatte die Tatsache, dass sie auf amerikanischer Seite mit mehreren Abkommen konfrontiert war?

Die amerikanischen Abkommen teilten sich in drei Gruppen: die so genannten südamerikanischen Abkommen, die zentralamerikanischen Ab-

13 Die deutsche Gesandtschaft in Lima an das Auswärtige Amt in Berlin am 28. Juli 1927 (PolArch: R 43761).

14 Schreiben der Regierung von Uruguay an das Auswärtige Amt am 8. Februar 1927 (PolArch: R 43761).

kommen und die Abkommen der Panamerikanischen Union.[15] Den Auftakt bildete die Konvention von Montevideo, die Anfang 1889 im Zuge eines südamerikanischen Kongresses zum internationalen Privatrecht verabschiedet worden war. Sie war das erste multilaterale Abkommen zum Schutz von Autorenrechten in Amerika, das Nachdruck und unerlaubte Vervielfältigung problematisierte, einen Katalog von Mindestrechten für Autoren und Verwerter formulierte und ein multilaterales Instrument bereitstellte, diesen Rechtekatalog grenzüberschreitend einzuklagen. In der Literatur wird die Konvention den südamerikanischen und den später folgenden panamerikanischen Abkommen zugeschlagen. Diese doppelte Zuordnung liegt in der Vereinnahmung der Konvention durch die Konferenz der amerikanischen Staaten im Oktober 1889 begründet. Ursprünglich wurde die Konvention zwischen den südamerikanischen Staaten Paraguay, Peru, Uruguay, Argentinien, Bolivien, Brasilien und Chile abgeschlossen, wobei die beiden Letztgenannten die Konvention nie ratifizierten. Da die amerikanischen Staaten sich jedoch nur wenige Monate später auf ihrer ersten Konferenz einigten, dass der Schutz des geistigen Eigentums eine wichtige Säule einer gemeinsamen Wirtschaftspolitik sei, verwies man während der Konferenz auf die gerade neu abgeschlossene Konvention und empfahl allen amerikanischen Staaten beizutreten – ohne dass ein Staat dieser Aufforderung gefolgt wäre.[16] Inhaltlich orientierte die Konvention sich an der Berner Konvention, von der sie zwar deutlich inspiriert war, von der sie sich aber auch in drei Hinsichten absetzte. Erstens beruhte die Konvention von Montevideo nicht auf dem Prinzip der Inländerbehandlung, sondern auf dem des Herkunftslands. Das heißt, Autoren und Verwerter konnten im Vertragsausland immer nur das Recht ihres Heimatlands für sich in Anschlag bringen. Der zweite Unterschied betraf den institutionellen Charakter der Konvention. Sie war ein einmaliges Abkommen und die Signatarstaaten gründeten keine Staatenunion, die vergleichbar zur Berner Union in einem internationalen Büro institutionalisiert und verstetigt worden wäre. Und drittens hielt die Konvention von Montevideo Bestimmungen bereit, die teilweise progressiver waren als die der Berner Konvention. So kannte der amerikanische Vertrag beispielsweise keine Formalitäten und schützte Übersetzungen ohne jede Einschränkung.[17]

Das zweite südamerikanische Abkommen, die Konvention von Caracas von 1911, hatte keine große rechtspolitische Bedeutung. Aber mit Blick auf die in den dreißiger Jahren geplante Weltkonvention ist sie durchaus interessant, weil sie einige der Merkmale aufwies, die bei den Verhandlungen zwischen den amerikanischen und europäischen Staaten zum Tragen kamen. Der erste As-

15 Zu den folgenden Ausführungen: *Bappert* u. *Wagner*, Internationales Urheberrecht; *Bogsch*, La convention universelle; *Canyes u. a.*; *Ladas*; *Ricketson*, International Copyright; *Röthlisberger*, Der interne und der internationale Schutz 1914; *Royer*; *Sidjanski-Castanos.*

16 *Ladas*, S. 639.

17 Zu den Rechtsbestimmungen der Berner Konvention vgl. Kapitel 3b.

pekt war die restriktive Konzeption des Rechtsschutzes, der ausnahmslos auf Autoren und Verwerter der Signatarstaaten beschränkt blieb. Zweitens stand der Rechtsanspruch den Kulturschaffenden nicht automatisch zu, sondern sie mussten ihn in allen Mitgliedsstaaten formal anmelden. Das verkomplizierte den grenzüberschreitenden Autorenschutz deutlich, weil ihm ein hoher Verwaltungs- und Kostenaufwand vorgelagert wurde, der die Berner Unionsstaaten 1908 dazu veranlasst hatte, die Formalitäten ersatzlos aus der Konvention zu streichen. Und drittens klaffte eine Lücke zwischen den Unterzeichnerstaaten und der Anzahl der Staaten, die die Konvention ins nationale Recht übernahmen. Denn von den fünf Signatarstaaten Ecuador, Bolivien, Peru, Kolumbien und Venezuela ratifizierten nur Ecuador, Peru und Venezuela die Konvention, so dass sie in der Praxis einen sehr kleinen Wirkungskreis hatte und damit relativ bedeutungslos blieb.

Nach den rechtspolitisch folgenlosen Abkommen der zentralamerikanischen Republiken von 1887, 1901 und 1907 entstand zwischen 1902 und 1928 eine Serie von multilateralen Abkommen, die unter Verantwortung der Union amerikanischer Staaten, der so genannten Panamerikanischen Union, abgeschlossen worden waren:[18] die Konventionen von Mexiko (1902), Rio de Janeiro (1906), Buenos Aires (1910) und Havanna (1928).[19] Diese Konventionen entsprangen dem Gedanken, ein kontinentales Schutzsystem einzuführen, das einen multilateralen und für alle Staaten Amerikas einheitlichen Autorenschutz etablierte. Alle Konventionen litten aber unter dem Problem, das auch schon die Konventionen von Montevideo und Caracas gelähmt hatte. Die Mehrheit der Teilnehmerstaaten an den Konferenzen der Panamerikanischen Union unterschrieben die Konventionen zwar, ratifizierten sie aber nicht, so dass sie in der Rechtspraxis weit hinter der erhofften Wirkung blieben, den Transfer kultureller Güter für den gesamten Kontinent nachhaltig zu verrechtlichen. Hinzu kam, dass die Konventionen keine systematische Abfolge aufeinander aufbauender Rechtsgrundsätze bildeten, wie das bei den Revisionskonferenzen der Berner Konvention der Fall war. Eine Ausnahme bildete die Konvention von Havanna, die explizit als Revision der Konvention von Buenos Aires geplant war, während die Konvention von Buenos Aires wiederum wesentliche inhaltliche Bestimmungen der beiden Abkommen von 1902 und 1906 aufhob. Die inhaltliche Verschiedenheit der Konventionen und das verfehlte Ziel der Universalität mündete Ende der zwanziger Jahre in einer großen Uneinheitlichkeit der kontinentalen Autorenrechte, die einige amerikanische Staaten in den dreißiger Jahren als einen Hinderungsgrund für die

18 Zur Gründungsidee, Funktionsweise und den Organen der Panamerikanischen Union: *Yepes* u. *da Silva*; einen Einblick in die Tätigkeitsfelder der Panamerikanischen Union gibt: *Pan American Union*, Report on the Activities.

19 Eine Übersicht der Gründungsdaten und Mitgliedsstaaten: *Röthlisberger*, Der interne und der internationale Schutz 1931.

Rechtsharmonisierung mit der Berner Konvention ins Feld führten. Erst die Konvention von Washington von 1946 konnte dieses Problem lösen.[20]

Die inhaltliche Heterogenität der panamerikanischen Abkommen wurzelte in dem Aufeinandertreffen zwei verschiedener Rechtstraditionen, nämlich das angloamerikanische *copyright* und die europäische Rechtstradition des *droit d'auteur.*[21] Wie die Skizze zur Geschichte des Autorenschutzes in den USA gezeigt hat,[22] war das US-amerikanische *copyright* ein Gesetzesrecht, das Verlagsmonopole verhindern, den freien Handel garantieren, Autoren schützen und die öffentliche Bildung fördern sollte. Der Konzentration auf die Vervielfältigung und Verwertung geschützter Werke entsprach eine starke Betonung der Rolle des Staats, ohne den es ein Recht des Autors nicht geben könne. Nur dieser könne Rechte schaffen und gewähren. Dem gegenüber betonten die unter dem Einfluss der französischen Rechtstradition stehenden Urheberrechtsgesetze der südamerikanischen Staaten die Figur des Autors, dessen wirtschaftliche und moralische Rechte im Zentrum des Rechtsschutzes standen.[23] Die Gleichzeitigkeit dieser zwei Rechtstraditionen und die Notwendigkeit, sie in den panamerikanischen Abkommen zu versöhnen, führte dazu, dass jedes Abkommen dieses Verhältnis anders ausbuchstabierte und dass die panamerikanischen Abkommen der Berner Konvention zugleich nah und fern waren. Das lässt sich gut an den zwei inhaltlichen Aspekten zeigen, die in den dreißiger Jahren im Rahmen der Weltkonvention zum Schutz des literarischen und künstlerischen Eigentums intensiv diskutiert wurden: die Pflicht einer formalen Registrierung des Rechtsschutzes und der Dualismus zwischen den Prinzipien der Inländerbehandlung und des Herkunftslands.

Einer der wesentlichen Unterschiede zwischen der Berner Konvention und den panamerikanischen Abkommen betraf die Frage, wie und wann der Rechtsschutz beginnt. Die Berner Konvention schützte jedes Werk mit seiner Entstehung und unabhängig davon, ob es veröffentlicht oder unveröffentlicht blieb. Zwar gab es einige süd- und westeuropäische Staaten wie Italien und Frankreich, die bis ins zweite Jahrzehnt des 20. Jahrhunderts hinein eine Registrierung geschützter Werke bei den Nationalbibliotheken verlangten. Aber diese Registrierung diente dem Vollzug eines bereits anerkannten Schutzrechts. Die bei den amerikanischen Abkommen vorherrschende Pflicht, das Werk an einer zentralen Stelle registrieren zu müssen, war dagegen der konstitutive Akt, in dem die Schutzrechte überhaupt erst erlangt wurden. Diese Regelung war deutlich der angloamerikanischen Konzeption des *copyright* geschuldet, die die Konzeption natürlicher Rechte ablehnte. Jeweils verschieden handhabten die panamerikanischen Konventionen jedoch die

20 *Pan American Union*, Inter-American Conference; zur inneramerikanischen Diskussion um eine Weltkonvention zum Schutz des literarischen und künstlerischen Eigentums: Kapitel 13b.

21 *Strowel.*

22 Vgl. Kapitel 1b.

23 Ausführlich: *Canyes u. a.*

Tragweite dieser Anmeldepflicht, die von einer einmaligen Anmeldung im Land der ersten Veröffentlichung (Konvention von Buenos Aires), über eine zentrales Registrierungsbüro für alle amerikanischen Staaten (Konvention von Rio de Janeiro) bis hin zur Nicht-Nennung der Formalitäten in der Konvention von Montevideo reichte.

Ähnlich verschieden gingen die einzelnen Abkommen mit der Frage um, ob die Autorenrechte sich nach der Rechtsordnung des Staats richteten, auf dessen Gebiet der Rechtsschutz beansprucht wurde (Prinzip der Inländerbehandlung), oder ob die Autoren auch im Ausland nach dem Recht des Lands geschützt wurden, in dem die erste Veröffentlichung ihres Werks statt gefunden hatte (Prinzip des Herkunftslands). Die Berner Unionsstaaten hatten sich 1886 für das Prinzip der Inländerbehandlung entschieden mit dem pragmatischen Argument, auf diese Weise Rechtsfälle zu verhindern, bei denen die Gerichte die jeweiligen Landesgesetze des ausländischen Autors anwenden müssten, ohne diese hinreichend zu kennen. Da die Formalitäten in den einzelnen amerikanischen Gesetzgebungen jedoch eine große Rolle spielten und die Details der Registrierung eindeutig an das Territorium des jeweiligen Staats gebunden waren, schwankten die panamerikanischen Abkommen zwischen beiden Optionen. Besonders die für die dreißiger Jahre wichtigen Konventionen von Buenos Aires und Havanna hielten in dieser Frage beide Regelungen bereit: Während die Konvention von Buenos Aires dem Prinzip des Herkunftslands folgte, entschieden die Staaten der Panamerikanischen Union sich mit der Konvention von Havanna für die Inländerbehandlung und damit für das zentrale Rechtsprinzip der Berner Konvention.

c) Die USA und der multilaterale Autorenschutz

Der 1928 in Rom ausgesprochene Wunsch, einen globalen Rechtsstandard für den Schutz von Autoren zu etablieren, bezog sich in erster Linie auf die Konvention von Buenos Aires, die für die europäischen Staaten eine besondere Rolle spielte. Diese war nämlich das einzige Abkommen, das die für die europäische Interessenpolitik bedeutsamen Flächenstaaten wie Argentinien und Brasilien, Bolivien, Chile und die USA unterschrieben hatten und das von vierzehn Staaten ratifiziert wurde, darunter auch die aus europäischer Perspektive wichtigen USA.[24] Die USA standen wegen ihrer dauerhaften Weigerung, der Berner Konvention beizutreten, besonders im Fokus der Berner Unionsstaaten. Obwohl eine Mitgliedschaft bereits bei den Vorkonferenzen der Berner Konvention 1884 und 1885 zur Diskussion gestanden und es seit 1886 keine Revisionskonferenz ohne US-amerikanische Beteiligung gegeben

24 *Royer*, S. 120.

hatte,[25] blieb der lange erhoffte Beitritt bis 1986 aus.[26] Was waren die Gründe für diese ausdauernde Verweigerungshaltung der USA, warum nahmen die Berner Unionsstaaten das Fehlen der USA als Lücke wahr und wie verhielten die USA sich gegenüber dem Völkerbund und seiner Initiative für eine Weltkonvention zum Schutz des literarischen und künstlerischen Eigentums?

Die USA waren aus wirtschaftlichen Gründen für die europäischen Staaten relevant, nachdem der US-amerikanische Buchmarkt Ende des 19. Jahrhunderts eine Verdoppelung der jährlichen Titelproduktion erlebt hatte. Legten die US-amerikanischen Verlage zwischen 1886 und 1890 noch 4.463 Titel im Jahresdurchschnitt auf, wuchs diese Zahl zwischen 1901 und 1910 auf 9.063. Damit war die Verlagsproduktion höher als die der britischen Verlage, die im selben Zeitraum nur 8.825 Titel pro Jahr hervorbrachten.[27] Der US-amerikanische Buchmarkt wurde um die Jahrhundertwende zu einer ernstzunehmenden Konkurrenz für die etablierte europäische Verlagslandschaft, die zunehmend um ihre Wettbewerbsfähigkeit fürchtete, sollten die Rechte europäischer Autoren vor Nachdruck und unautorisierter Übersetzung in den USA nicht umfassend geschützt werden.[28]

Genau dieser Rechtsschutz war aus europäischer Perspektive das Problem. Die Revisionskonferenz der Berner Konvention 1896 in Paris hatte den Rechtsschutz auch auf Autoren aus den Ländern ausgedehnt, die nicht Mitglieder der Konvention waren. Der Vertragstext sah nun vor, dass Unions-Ausländer auf dem gesamten Verbandsterritorium Rechte genossen, sobald sie ihre Werke *erstmals* oder *gleichzeitig* zur Erstveröffentlichung auch in einem Unionsland publizierten.[29] Diese Klausel stürzte jedoch die Autoren beiderseits des Atlantiks in eine Krise. Auf der einen Seite stand das national orientierte Urheberrechtsgesetz der USA. Es schützte Autoren nur dann, wenn sie die US-amerikanische Staatsbürgerschaft oder ihren Wohnsitz in den USA hatten und erklärten, diesen in ihren permanenten Wohnsitz zu verwandeln; eine Regelung, die es europäischen Autoren beinahe unmöglich machte, Rechtsschutz in den USA zu bekommen.[30] Dagegen standen die US-amerikanischen Kulturschaffenden, die bei einer gleichzeitigen Veröffentlichung ihrer Werke in den USA und in Großbritannien Autoren- und Verwerterrechte auf dem gesamten Territorium der Berner Union einklagen konnten. Trotz dieses eindeutigen Wettbewerbsvorteils profitierten die US-amerikanischen Autoren jedoch nicht nur von dieser Regelung. Der strenge Ausschluss aller ausländischen Autoren durch die US-amerikanischen Gesetze bewirkte

25 Eine Übersicht der Teilnehmerstaaten der Revisionskonferenzen von 1886 bis 1986 gibt: *Bureau international de la propriété intellectuelle.*

26 *Baumgarten* u. *Meyer.*

27 Le Droit d'Auteur, Jg. 24, 1911, S. 172.

28 Zum Nachdruck deutschsprachiger Literatur in den USA: *Cazden.*

29 *Union internationale pour la protection des œuvres littéraires et artistiques*, Conférence de Bruxelles 1936, S. 62 f.

30 *Kampelman*, S. 413.

nämlich, dass die US-amerikanischen Verlage britische Autoren preiswert und in Massen nachdrucken konnten. Die Konsequenz war eine große Preisrivalität zwischen englischen und US-amerikanischen Autoren, die darin endete, dass die wenigsten Autoren in den USA von ihrem Schreiben tatsächlich leben konnten.[31]

Da die US-amerikanischen Autoren gegen diese Regelung Sturm liefen, gewährte das 1891 erlassene Urheberrechtsgesetz ausländischen Autoren Rechtsschutz unter dem Vorbehalt der Gegenseitigkeit. Das hieß, sobald ein Staat US-amerikanischen Autoren Rechtsschutz gewährte, erhielten dessen Angehörige einen Anspruch auf gewisse Schutzrechte in den USA. Aber dieses Gesetz war weitaus weniger offen, als es auf den ersten Blick schien. Es sah nämlich vor, dass jedes in den USA geschützte Buch mit einer US-amerikanischen Setzmaschine auf US-amerikanischen Boden gedruckt werden musste.[32] Die europäischen Staaten suchten den Ausweg aus dieser für sie ungünstigen Regelung über bilaterale Verträge, die die USA zwischen 1891 und 1908 mit insgesamt zwölf europäischen Ländern eingingen: Belgien und Dänemark, Deutschland und Frankreich, Großbritannien und Italien, Niederlande und Norwegen, Österreich und Portugal, Schweiz und Spanien.[33] Aber auch diese Verträge waren aus Sicht der Berner Unionsstaaten unzureichend, weil sie auf dem Prinzip beruhten, die ausländischen Autoren nach Maßgabe der eigenen Gesetzgebung zu behandeln. Da die europäischen Urheberrechtsgesetze jedoch zumeist keine Erfüllung von Formalitäten erforderten, längere Schutzfristen besaßen und einen umfangreichen Katalog persönlichkeitsrechtlicher Ansprüche bereithielten, gerieten die europäischen im Vergleich zu den US-amerikanischen Autoren erneut in einen Wettbewerbsnachteil.[34]

Dieser Streit zwischen den USA und den Mitgliedsstaaten der Berner Union eskalierte mit einem 1914 abgeschlossenen Zusatzprotokoll zur Berner Konvention, nachdem sich 1908 und 1909 gezeigt hatte, dass die Urheberrechtspolitik der USA und die der europäischen Staaten in grundsätzlich verschiedene Richtungen steuerten. Auf europäischer Seite schafften die Berner Unionsstaaten 1908 die Erfüllung von Formalitäten als Vorbedingung für den Erhalt des Rechtsschutzes innerhalb der Union ab, womit sie sich gegen ein Kernelement des U.S. amerikanischen *copyright* entschieden.[35] Auf der anderen Seite hatten die USA 1909 ihre Gesetzgebung novelliert und die so genannte ‚Fabrikationsklausel' (also die Verwendung einer US-amerikani-

31 *Ebd.*, S. 414.

32 *Davies*, S. 53.

33 *Röthlisberger*, Der interne und der internationale Schutz 1914, S. 16.

34 Zur Diskussion dieses Problems innerhalb des Börsenvereins des deutschen Buchhandels und des Internationalen Verlegerkongresses und den Versuchen, eine einvernehmliche Lösung mit amerikanischen Verlagen außerhalb bilateraler Absprachen zu finden: *Fuchs*, Schriftenaustausch, S. 140 – 154.

35 *Püschel*, 100 Jahre, S. 50 f.

schen Setzmaschine) bestätigt; mit der Ausnahme, dass Ausländer mit Wohnsitz in den USA Rechtsschutz bekämen, auch wenn ihre Heimatländer die Rechte US-amerikanischer Autoren nicht anerkannten.[36] Das auf Betreiben der englischsprachigen Mitglieder der Berner Union – Kanada, Großbritannien und Australien – verabschiedete Zusatzprotokoll zur Berner Konvention war eine direkte Reaktion auf die Fortsetzung der gegenüber Ausländern rigiden US-amerikanischen Kulturpolitik. Das Protokoll erlaubte nämlich, den Unions-Ausländern Rechtsschutz zu verweigern, deren Heimatländer die unter Berner Unionsrecht stehenden Autoren nicht angemessen schützten – eine Maßnahme, die direkt gegen die USA gerichtet war.[37]

In den zwanziger Jahren setzte sich das schwierige Verhältnis zwischen den USA und der Berner Union fort. Rechtlich schlug die Berner Konvention 1928 in Rom eine Entwicklung ein, die sich immer mehr vom US-amerikanischen *copyright* entfernte. Mit dem *droit moral* führten die Berner Staaten ein geschlossenes System von Autorenrechten in die Konvention ein, das die USA grundsätzlich ablehnten.[38] Zugleich gingen in der Zwischenkriegszeit mehrere innenpolitische Versuche fehl, das US-amerikanische Gesetz von 1909 so zu novellieren, dass ein Beitritt zur Berner Konvention doch möglich geworden wäre. Zwischen 1925 und 1936 scheiterten insgesamt drei Gesetzesentwürfe an dem Widerstand protektionistischer Stimmen, die für eine weitgehend uneingeschränkte Bewegungsfreiheit der US-amerikanischen Verwertungsindustrien eintraten. Die mit der OGZ verknüpfte nationale Kommission für geistige Zusammenarbeit in Nordamerika brachte 1938 einen vierten Gesetzesentwurf ein, der aber wegen des Eintritts der USA in den Zweiten Weltkrieg zurückgestellt wurde. Insgesamt kamen die Reformarbeiten mit dem Krieg zum Stillstand und wurden erst 1976 abgeschlossen.[39]

Mit der 1928 in Rom formulierten Idee einer Weltkonvention zum Schutz des literarischen und künstlerischen Eigentums verbanden die Berner Unionsstaaten die Hoffnung, die USA doch noch in das Rechtsregime der Berner Konvention zu integrieren oder sie zumindest an die Berner Konvention zu binden.[40] Diese Hoffnung zerschlug sich jedoch bereits Anfang der dreißiger Jahre und spätestens 1933, als die amerikanischen Staaten auf ihrer Konferenz in Montevideo das Thema Weltkonvention diskutierten, zeichnete sich eindeutig ab, dass ein globales Autorenrecht auf amerikanischer Seite vorerst

36 *Royer*, S. 95 – 100.

37 *Mentha*, Berne Convention, S. 1039 f.

38 *Peifer*, S. 325.

39 Zur Bedeutung der nationalen Kommissionen für das Funktionieren der Organisation für geistige Zusammenarbeit vgl. Kapitel 10b; zur initiativen Rolle der nationalen Kommission in Nordamerika bei den Vorarbeiten für eine urheberrechtliche Weltkonvention vgl. Kapitel 12.

40 Réunion des institutions spécialisée dans les droits intellectuels et les problèmes juridiques connexes (16 – 17 mars 1931). La mise en harmonie des conventions de Rome et de la Havane. Mémorandum rédigé par l'Institut international de coopération intellectuelle sur ses travaux (DipArch Paris: Société des Nations/IN – Coopération Intellectuelle/1879).

ohne die USA auskommen müsste. Erstens sprachen die USA sich in Montevideo deutlich gegen eine Rechtsharmonisierung mit der Berner Konvention aus. Stattdessen schlugen sie vor, zuerst die Disparität der panamerikanischen Abkommen durch eine neue inneramerikanische Konvention aufzulösen, bevor man daran ginge, ein globales Autorenrecht zu entwerfen.[41] Zweitens stagnierte der nationale Reformprozess in den dreißiger Jahren derart, dass eine Beteiligung der USA an der Weltkonvention erst realistisch schien, nachdem sich innerhalb der US-amerikanischen Diskussion die harten Fronten zwischen Befürwortern und Gegnern eines internationalen Autorenschutzes aufgelöst hatten.[42] Und drittens gab es ein rechtliches Detail in dem von der OGZ 1936 vorgelegten Entwurf für einen globalen Rechtsstandard, das selbst den US-amerikanischen Befürwortern der Weltkonvention, die sich alle in der nationalen Kommission für geistige Zusammenarbeit in Nordamerika versammelt hatten,[43] Zurückhaltung auferlegte. Die OGZ plante die Einführung einer internationalen Schiedsgerichtsbarkeitsklausel in die neue Konvention. Dieser bereits auf der Revisionskonferenz der Berner Konvention 1928 heftig diskutierte, 1948 schließlich eingeführte Paragraph[44] sollte den internationalen Gerichtshof ermächtigen, Streitfälle zwischen den Konventionsangehörigen zu regeln.[45] Die Mitglieder der nationalen Kommission äußerten gegenüber den Mitarbeitern der OGZ die Befürchtung, dass eine obligatorische Streitschlichtung den US-amerikanischen Gegnern der Berner Konvention Auftrieb verleihe und die USA der geplanten Weltkonvention und in der Folge auch der Berner Union definitiv fern blieben.[46] Da die OGZ jedoch an dieser Klausel festhielt, verfestigten sich in den dreißiger Jahren die Unstimmigkeiten zwischen den USA auf der einen und den Berner Mitgliedsstaaten sowie der OGZ auf der anderen Seite.

41 *Heymann*, S. 52.

42 Mémorandum sur l'état de la protection internationale du droit d'auteur, présenté au comité du droit d'auteur de la Commission Nationale Américaine de Coopération Intellectuelle par Francis Deak (UNOG LoN: R 4032: 5B/23171/8174); *Committee for the Study of Copyright, Subcommittee of the American National Committee of International Intellectual Cooperation.*

43 Eine Übersicht der Aktivitäten der nordamerikanischen Kommission und ihrer internationalen Orientierung gibt: Le droit d'auteur aux Etats-Unis d'Amérique. Mémorandum rédigé pour l'Organisation de la Coopération Intellectuelle par MM. James T. Shotwell et Waldo G. Leland, du comité du droit d'auteur de la Commission Nationale Américaine de la Coopération Intellectuelle, mai 1938 (UNOG LoN: R 4032: 5B/23171/8174).

44 *Bappert* u. *Wagner*, S. 39.

45 *Gidel*; *Ladas*, S. 618 – 624.

46 Wilhelm von Schmieden, Mitarbeiter in der Abteilung für internationale Büros und geistige Zusammenarbeit im Generalsekretariat des Völkerbunds, an Raymond Weiss, Leiter der Rechtsabteilung des Instituts für geistige Zusammenarbeit und in den dreißiger Jahren hauptverantwortlich für die Weltkonvention, am 7. August 1930 (UNOG LoN: R 2217: 5B/17220/942).

8 Der Buchhandel in Zahlen: Ein internationaler Vergleich 1890 – 1950

Die letzen beiden Kapitel haben die Beweggründe der Berner Unionsstaaten veranschaulicht, in einer gemeinsamen Aktion auf die Öffnung der amerikanischen Urheberrechtsabkommen für die Kulturschaffenden aus Europa zu drängen. Aus europäischer Perspektive bestand das zentrale Problem in der Weigerung der amerikanischen Staaten, ihre multilateralen Urheberrechtsabkommen für europäische Staatsangehörige zu öffnen und die vermögens- und persönlichkeitsrechtlichen Ansprüche europäischer Autoren und Verlage im transnationalen Handel mit Kultur-, Wissens- und Informationsmedien anzuerkennen. Was stand jedoch hinter den von lateinamerikanischen Staaten mehrfach vorgebrachten Argumenten, ein bi- oder multilateraler Rechtsschutz europäischer Autoren führe zu einer Destabilisierung ihrer nationalen Bildungssysteme? Hinter diesem Argument verbarg sich ein kultur- und gesellschaftspolitisches Ungleichgewicht, das sich in der unterschiedlichen Wirtschaftskraft der lateinamerikanischen Buchmärkte auf der einen und der (west)europäischen, nordamerikanischen und japanischen Verlage auf der anderen Seite niederschlug.

In Europa war die Buchproduktion seit den vierziger Jahren des 19. Jahrhunderts signifikant angewachsen und spiegelte einen grundsätzlichen wirtschaftlichen, technologischen, sozialen und kulturellen Wandel der europäischen Gesellschaften. Das Verlagswesen war in einen Strukturwandel der Produktionsverhältnisse eingebettet, die sich im Verlauf des 19. Jahrhunderts von der Landwirtschaft zu Gunsten der Industrie- und Dienstleistungsbranchen verschoben hatten.[1] Das vor allem ab Mitte des 19. Jahrhunderts verstärkte Wachstum des Dienstleistungssektors, das auch als „Dienstleistungsrevolution“[2] beschrieben wird, betraf das Buch- und Verlagswesen insbesondere. Es profitierte vom Ausbau der Bereiche Erziehung, Bildung und Sozialwesen, weil mit wachsender Spezialisierung und Konzentration der industriellen Produktion in städtischen Ballungsräumen nämlich die Bedeutung minimaler Bildungsstandards in Form von Lese-, Schreib- und Rechenfähigkeiten wuchs. Parallel dazu verzeichneten die europäischen Gesellschaften ein gewaltiges Bevölkerungswachstum, das sich wegen des hohen Bedarfs an industriellen Arbeitskräften im Verlauf des 19. Jahrhunderts sukzessive in den städtischen Zentren konzentrierte, wo die Bevölkerung stärker als auf dem Land für öffentliche Bildungsinstitutionen erreichbar wurde.[3] Der Ausbau

1 Einen Überblick der neuen Dienstleistungsbereiche im 19. Jahrhundert gibt: *Hartwell*, S. 237.

2 *Ebd.*, S. 240.

3 Das Zusammenspiel von Bevölkerungswachstum und Verstädterung im 19. Jahrhundert zeigen deutlich die folgenden Zahlen: Im Jahr 1800 gab es in Europa 23 Städte mit mehr als 100.000 Einwohnern. 1900 waren es dagegen 135 Städte, in den 46 Millionen Menschen lebten im Vergleich zu 5,5 Millionen Einwohnern um 1800: *Armengaud*, S. 18.

staatlicher Bildungseinrichtungen war ein wesentlicher Bestandteil der Dienstleistungsrevolution, der sich in steigenden Schülerquoten ab Mitte des Jahrhunderts niederschlug.[4] Wenngleich das Schüler-Lehrer-Verhältnis, Aufbau und Struktur des Schulwesens und die Zunahme von Lese- und Schreibfähigkeiten starken regionalen Schwankungen unterlagen und die Mehrheit der Bevölkerung nur eine Primärausbildung absolvierte, wies der allgemeine Trend in Europa dennoch deutlich in Richtung zunehmender Lesefähigkeit.[5]

Das expansive Wachstum der europäischen Volkswirtschaften und die darin fest verankerte Aufwertung von Lesen und Schreiben als elementarer Kulturtechniken führten zu einer grundsätzlichen Reorganisation des Buch- und Verlagswesens, die sich in der quantitativen Zunahme des Angebots, in seiner qualitativen Ausdifferenzierung und der Entstehung ganz neuer Berufsgruppen niederschlug. Technisch wurde die Expansion des Buchmarkts ab den sechziger Jahren des 19. Jahrhunderts durch neue Verfahren bei Papierherstellung, Satz und Druck möglich, die eine preiswerte und massenhafte Produktion von Druckerzeugnissen erlaubten.[6] Autoren und Verlage reagierten auf das größer werdende Lesepublikum mit einem sich ausdifferenzierenden Literaturangebot, das vom Bildungsroman und Klassikerausgaben über populäre Sachliteratur, Unterhaltungs- und Trivialliteratur bis zu einem expansiven Zeitschriftenmarkt reichte, der eine massenhafte Tagespresse und ein Themenspektrum anbot, das von Literatur- bis zu Familienzeitschriften ein möglichst breites Publikum ansprach.[7] Getragen wurde diese Expansion des Buch- und Zeitschriftenmarkts durch die neuen intellektuellen Berufe, die ab den sechziger Jahren in Person von Journalisten, Redakteuren und Schriftstellern mit dem Anspruch auftraten, Schreiben hauptberuflich zu betreiben und von den finanziellen Erträgen des literarischen Markts zu leben.[8]

Bis in die zweite Hälfte des 19. Jahrhunderts hinein gibt es keine verlässlichen Zahlen, die eine vergleichende Gegenüberstellung der Buch- und Verlagsproduktion in den einzelnen europäischen Regionen erlauben.[9] Das änderte sich erst Ende der achtziger Jahre des 19. Jahrhunderts mit der Gründung des Berner Büros. Seit 1888 veröffentlichte das Büro die monatliche

4 Zur Entwicklung der Schülerquoten: *Fischer*, Wirtschaft und Gesellschaft Europas, S. 93.

5 Zur Entwicklung des Schul- und Bildungswesens in Europa zwischen 1850 und 1900: *Ebd.*, S. 82–100; *Vincent*, The Rise of Mass Literacy, S. 27–62.

6 *Barbier*, L'industrialisation des techniques; *ders.*, Une production multipliée; *Jäger*, Medien; *Weedon*.

7 *Charle*, Le siècle de la presse; *Zimmermann*, Die Zeitschrift; für Deutschland, Frankreich und Großbritannien exemplarisch: *Barbier*, Histoire du livre, S. 169–241; *Estermann* u. *Jäger*, S. 17–41; *Vincent*, Literacy and Popular Culture; *Wittmann*, Geschichte des deutschen Buchhandels, S. 257–328.

8 *Charle*, Vordenker der Moderne, S. 103–170; *Scheideler*, Zwischen Beruf und Berufung.

9 *Menz*, Der europäische Buchhandel, S. 110.

Zeitschrift *Le Droit d'Auteur*, in der es Studien zur Entwicklung des internationalen Autorenschutzes sowie Berichte über Rechtsprechung und Gesetzgebung innerhalb und außerhalb der Berner Union veröffentlichte. Medien- und buchgeschichtlich sind die statistischen Jahresübersichten bedeutsam, die das Büro zwischen 1888 und 1953 regelmäßig abdruckte. Der offenen Struktur der Berner Union gemäß publizierte das Büro nicht nur die Statistiken zur Jahresbuchproduktion seiner Mitgliedsstaaten, sondern auch Informationen über die Buch- und Zeitschriftenmärkte von Nicht-Unionsstaaten, um die Mitglieder über literarische und buchhändlerische Entwicklung in diesen Ländern und den dazugehörigen rechtlichen Rahmenbedingungen auf dem Laufenden zu halten. Die Angaben bekam das Büro von nationalen Buchhändler- bzw. Verlegervereinigungen, von Nationalbibliotheken oder von Korrespondenten gesandt, die die Daten einzelner Länder zusammen trugen. Korrespondenten wurden immer dann aktiv, wenn Länder entweder über keine zentrale Einrichtung verfügten, die Statistiken zur Buchproduktion hätte liefern können, oder sobald politische Unruhen die Sammlung und Weitergabe der Übersichten unterbrachen.

Fragt man nach der Zuverlässigkeit, ist ein unbedarfter Vergleich der Zahlen in keinem Fall ratsam. Da die meisten Angaben auf den Bibliographien der nationalen Buchhändler- und Verlegerverbände oder auf denen der Nationalbibliotheken beruhten, war ihre Kontinuität und Korrektheit von dem Funktionieren der professionellen Organisationsstrukturen abhängig. In Ländern, in denen nationale Buchhändlerverbände entweder nicht existierten oder – wie im Fall von Italien und Spanien – erst nach 1900 gegründet wurden und nicht sofort vollständige Übersichten lieferten, gibt es für die Anfangsjahre Dokumentationslücken. Die Korrespondenten, die in solchen Fällen dem Berner Büro weiterhalfen, garantierten auch bei bester Recherche allerdings nur Näherungswerte und keine Vollständigkeit.[10] Eine weitere Schwierigkeit betrifft die einfache Frage, was ein Buch ist und wann es in die Zählung der Jahresproduktion einfließt. In der Mehrzahl der erfassten Länder waren die Verleger über das so genannte *dépôt légal* verpflichtet, mindestens ein Exemplar von jedem Druckerzeugnis aus ihrem Betrieb kostenlos an die Nationalbibliothek zu geben. Die auf dieser Grundlage erstellten Nationalbibliographien weichen stellenweise jedoch grundsätzlich von den Übersichten der nationalen Buchhändler- oder Verlegervereinigungen ab, wie das Beispiel Spanien zeigt.[11] Diese Abweichungen liegen im Sammelauftrag der National-

10 Für eine tabellarische Auflistung der Daten und ihre ausführliche Kommentierung vgl. Anhang 1.

11 1918 veröffentlichte *Le Droit d'Auteur* eine vergleichende Statistik, die die Angaben der *Bibliografía Española* (B.E.) den Angaben der spanischen Nationalbibliothek gegenüberstellte, die zwischen 1910 und 1918 im Vergleich zur B.E. die siebenfache Menge an Jahrespublikationen verzeichnete: Für 1910 listete die B.E. 2.507 Publikationen gegenüber 7.087 der Nationalbibliothek; 1915 nannte die B.E. 1.585 gegenüber 9.042 Publikationen der Nationalbibliothek; 1918 waren es 1.301 Druckerzeugnisse der B.E. und 7.677 der Bibliothek und 1920 führte die B.E.

bibliotheken begründet, die alle Druckwerke – Bücher, Lithographien, Briefmarken und Broschüren – registrierten, gleichgültig ob sie für das Buchsortiment bestimmt waren oder nicht. Die Buchhändlerverbände nahmen dagegen nur die Druckerzeugnisse in ihre Zählung auf, die in den Verkauf gingen, womit sie Broschüren ausschlossen, die besonders in Spanien und Italien einen Großteil der Verlagsproduktion ausmachten.[12] Das Berner Büro war sich dieser Schwierigkeit bewusst, und in den meisten Fällen kommentierte es die nationalen Statistiken, bei denen Broschüren entweder eingerechnet oder aber vermutet wurden, so dass die vorliegenden Zahlen in der Tendenz die Buchproduktion spiegeln, die in den Verkauf ging. Trotz dieser Erhebungsprobleme sind die vom Berner Büro gesammelten Daten die einzige kontinuierliche, kritisch kommentierte und verlässliche Quelle, die einen internationalen Vergleich des Buch- und Verlagswesens über einen langen Zeitraum erlaubt. Deswegen ist bei einem behutsamen Umgang mit diesen Zahlen Gerhard Menz zuzustimmen, dass seit den statistischen Veröffentlichungen des Berner Büros „eine gewisse Übersicht möglich [ist], die zwar angesichts der Unterschiedlichkeit und der Lückenhaftigkeit der Unterlagen beschränkt bleibt, aber wenigstens die Tendenz der Entwicklung erkennen lässt."[13]

Für den internationalen Vergleich der zwischen 1890 und 1950 hergestellten Bücher wurden mit Deutschland und Frankreich, Großbritannien und Italien, Spanien und Japan, Russland und den USA die Länder ausgewählt, die im weltweiten Vergleich die meisten Bücher pro Jahr herstellten. Der Vergleich zeigt, dass sich – mit den Ausnahmen USA und UdSSR – die Mehrzahl der Buchmärkte, die in der ersten Hälfte des 20. Jahrhunderts weltweit die meisten Titel produzierten, in Europa und Japan und damit in der Berner Union konzentrierten (siehe Abbildung 1).[14]

1.577 und die Nationalbibliothek 6.288 Publikationen auf. Diese weitaus höhere Zählung der Nationalbibliothek lag in der Sammlung von Karten, Briefmarken und Broschüren begründet. Die Broschüren gingen zwar nicht in den freien Verkauf, waren aber genauso umfangreich wie die Buchpublikationen und erklären so die deutlich umfangreicheren Angaben der Nationalbibliothek. Da die spanische Buchproduktion nur für diesen kurzen Zeitraum doppelt ausgewiesen wurde und für unsere Zwecke nur die zum Verkauf produzierten Bücher relevant sind, fließen die Angaben der B.E. in die Statistik ein: Le Droit d'Auteur, Jg. 31, 1918, S. 138.

12 In Deutschland löste die Deutsche Bücherei das Problem, indem sie 1931 eine Aufteilung der Nationalbibliographie in zwei Reihen vornahm, die kommerzielle und nichtkommerzielle Publikationen voneinander trennte. Die Reihe A listete Neuerscheinungen des Buchhandels und die Reihe B Neuerscheinungen außerhalb des Buchhandels: *Kastner.*

13 *Menz*, S. 109 f.

14 Diese vergleichende Statistik der nationalen Buchproduktionen von 1890 – 1950 basiert auf den statistischen Jahresübersichten, die das Berner Büro in seiner Zeitschrift *Le Droit d'Auteur* seit 1888 regelmäßig veröffentlichte: Le Droit d'Auteur. Organe mensuel du bureau international de l'union pour la protection des œuvres littéraires et artistiques, Statistique intellectuelle, Berne 1890 – 1953. Die Zahlen, die das Berner Büro von den nationalen Berufsverbänden bzw. den Nationalbibliotheken erhielt, geben Auskunft über die in einem Jahr erschienenen Titel, nicht aber über Auflagenhöhe oder Verkaufspreise. Ähnlich verhält es sich mit Übersetzungen und Neuauflagen, deren Anteil an der Jahresproduktion oftmals nicht extra ausgewiesen wurde, so

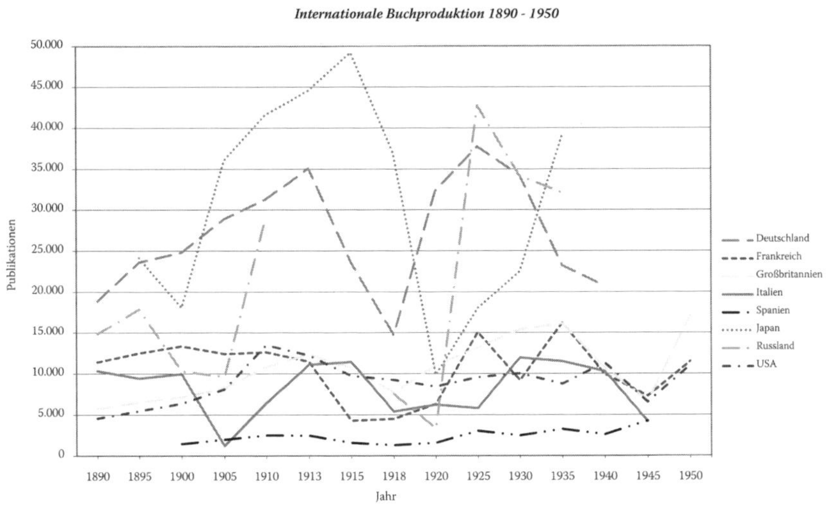

Abbildung 1: Internationale Buchproduktion 1890 – 1950 im Vergleich.

Nimmt man 1913 als das letzte vollständig erfasste Jahr vor Beginn des Ersten Weltkriegs, erwies es sich für beinahe alle auflagenstarken europäischen Buchmärkte als Spitzenjahr. Die deutschen, britischen und italienischen Verlage steigerten die Zahl jährlicher Publikationen im Vergleich zu 1910 noch einmal deutlich (die Steigerungsraten betrugen innerhalb von drei Jahren 12 % in Deutschland, 14 % in Großbritannien und 73 % in Italien).[15] Die spanischen Verlage hielten das Niveau von 1910, und nur Frankreich verzeichnete einen leichten Rückgang, vermeldete aber ein mit Großbritannien, Italien und den USA vergleichbares Titelvolumen. Ähnliche Tendenzen zeigten sich außerhalb Europas. 1913 vertrieb Japan mit 44.566 Titeln weltweit die meisten gedruckten Werke. Obwohl die USA 1913 im Vergleich zu 1910 einen leichten Rückgang erlebten, reihten sie sich dennoch in den allgemeinen Wachstumstrend ein, weil sie mit 12.230 Publikationen 1913 nicht nur gleich viel produzierten wie Frankreich, Großbritannien und Italien, sondern damit eine Verdoppelung des jährlichen Titelumfangs im Vergleich zu 1900 geleistet hatten. Für Russland gibt es eine Überlieferungslücke zwischen 1913 und 1918. Setzt man jedoch die Angaben für 1910 ins Verhältnis zu denen von 1900,

dass die hier verwendeten Zahlen alle Publikationen eines Jahres inklusive Erstveröffentlichungen, Neuauflagen und Übersetzungen anzeigen. Musikalien sind in der Regel in den Jahresangaben eingeschlossen außer im Fall von Frankreich und Deutschland, die Musikalien wegen ihres beträchtlichen Umfangs in einer eigenständigen Statistik erhoben. Um die Auswirkungen des Ersten Weltkriegs auf die weltweite Buchproduktion herauszuarbeiten, wurden die in Fünf-Jahresschritten erhobenen Daten um die Jahre 1913 und 1918 ergänzt. Für die tabellarische Darstellung der Produktionszahlen und eine ausführliche Kommentierung der Angaben vgl. Anhang 1.

15 Für Großbritannien und Italien: *Feather*, A History, S. 145 – 193; *Santoro*, S. 125 – 146.

bestätigt sich auch hier der allgemeine Trend eines starken Wachstums der Buchbranche bis zum Beginn des Ersten Weltkriegs. Im Fall von Russland ist jedoch die vom Berner Büro immer wieder geführte Beschwerde einzuberechnen, dass die russischen Angaben nur wenig vertrauenswürdig seien, weil sie je nach Quelle stark variierten.[16]

Wie wirkte sich der Erste Weltkrieg auf diese prosperierende Wirtschaftsbranche aus? Der Krieg beendete den bis 1913 permanenten Anstieg der europäischen und US-amerikanischen Verlagsproduktion schlagartig. Die einzelnen Buchmärkte reagierten jedoch mit unterschiedlicher Intensität auf den Weltkrieg. Von den europäischen Buchmärkten waren Deutschland und Frankreich am stärksten betroffen, die nach 1915 Einbrüche von 50 – 60 % erlebten. Die deutsche Buchproduktion erreichte 1918 ihren Tiefstand, schaffte aber bereits 1920 wieder den Anschluss an das Vorkriegsniveau. Der kriegsbedingte Rückgang der französischen Verlage hielt dagegen länger vor, und die Anzahl der jährlich produzierten Titel stieg nach dem drastischen Einbruch 1915 merklich erst wieder ab 1920 an. Danach regenerierte der französische Buchhandel sich jedoch umso schneller und wies 1925 genau wie Deutschland die höchste Titelproduktion seit 1890 vor.[17]

Die Reorganisation der nationalen Buchmärkte und ihr schnelles Anknüpfen an das Vorkriegsniveau standen jedoch vor weitaus größeren Herausforderungen, als es die einzelnen Verlaufskurven andeuten. Denn besonders in den europäischen und nordamerikanischen Ländern sah das Buch- und Verlagswesen sich vor der grundsätzlichen Herausforderung, auf den sozialen und kulturellen Wandel der Gesellschaften nach 1918 reagieren zu müssen, den die angestellten Mittelschichten verkörperten. Diese sich im Zuge der Ausweitung des städtischen Dienstleistungswesens seit 1900 rapide vergrößernde soziale Gruppe verhielt sich traditionellen Bildungs- und Freizeitmedien gegenüber zurückhaltend. Stattdessen wandte sie ihre Aufmerksamkeit den neuen Medien Radio, Film und Schallplatte zu und popularisierte mit Tanz- und Sportveranstaltungen Freizeitbeschäftigungen, die das Monopol des Buchhandels als kulturellen Massendienstleister, das er bis 1913 un-

16 Die Redaktion des *Le Droit d'Auteur* führt 1903 eine grundsätzliche Beschwerde über die Angaben aus Russland, weil sie je nach Quelle stark voneinander abwichen und kein einheitliches Bild der russischen Buchproduktion lieferten: „Les renseignements statistiques concernant la production littéraire de ce vaste Empire sont des plus inégaux et incomplets; nous avons été vivement frappés de ce fait en inscrivant sur un tableau toutes les informations fournies jusqu'ici par notre organe d'après les sources russes; un seul exemple suffira, à coté des chiffres différents indiqués déjà pour les années 1890 à 1895. Ainsi, en 1891 auraient paru en Russie, selon une source, 4.358 ouvrages, selon une autre, 6.588 (ouvrages russes), selon une troisième, 11.236, selon une quatrième, 11.518 [...]. Les divergences proviennent du fait que tantôt on ne compte que les seules œuvres en langues russes, tantôt seuls les ouvrages complets, tantôt tous les volumes sans distinction; ce qui a lieu d'étonner, c'est la précision des chiffres fournis.“, in: Le Droit d'Auteur, Jg. 16, 1903, S. 138.

17 Ausführlich zu Deutschland und Frankreich: *Kastner*; *Wilfert*.

umstritten inne hatte, einem starken Konkurrenzdruck aussetzten.[18] Ein Indiz für diese vom Buchhandel selbst konstatierte Konkurrenz war die so genannte „Bücherkrise" Ende der zwanziger Jahre, die Absatzschwierigkeiten der Branche mit allgemeinen gesellschafts- und kulturkritischen Diskussionen über die ideelle und kulturelle Abwertung des Buchs als Bildungs- und Unterhaltungsmedium verband.[19]

Löst man die Statistik der Jahrestitelproduktion in einer Indextabelle auf, sieht man allerdings, dass die europäischen Buchmärkte diese Herausforderung meisterten, so dass die unter den Zeitgenossen bereits stark umstrittene These einer Bücherkrise aus wirtschaftsgeschichtlicher Perspektive nicht haltbar ist. Die verglichenen nationalen Buchmärkte verzeichneten ab 1920 einen deutlichen Aufschwung. Auch wenn dieser Aufwärtstrend nicht in allen Ländern geradlinig verlief, es kurzfristige Rückschläge gab und die einzelnen Buchmärkte jeweils anderen sozialen und kulturellen Rahmenbedingungen unterlagen, spiegelt die Übersicht trotzdem die Gesamttendenz: Die europäischen, japanischen und US-amerikanischen Verlage schafften es in der Zwischenkriegszeit, auf die wirtschaftlichen Einbrüche im Gefolge des Ersten Weltkriegs und den Wettstreit mit den neuen Medien so zu reagieren, dass sie konkurrenzfähig blieben und weiterhin den weltweiten Buchhandel anführten. Aussagen darüber, inwieweit diese vergleichende Übersicht mäßigend auf die kontrovers diskutierte These der Bücherkrise unter den Zeitgenossen einwirkte und inwieweit sie den kritischen Stimmen gegen die Diagnose einer allgemeinen Kulturkrise Auftrieb verlieh, sind allerdings nicht möglich, weil sich in den konsultierten Archiven der deutschen und französischen Autoren-, Verleger- und Buchhändlerverbände keine Hinweise auf eine Diskussion der Statistik fanden (siehe Abbildung 2).[20]

18 *Bertho*, Les concurrences; *Füssel*, Das Buch in der Medienkonkurrenz, S. 333; *Scheideler*, Werbung; zur Bedeutung der Freizeitkultur und der neuen Medien: *Maase*, bes. S. 115 - 154.

19 Zur Diskussion in der Weimarer Republik und in Italien: *Brohm*, S. 263 ff; *Göpfert*, Die „Bücherkrise"; *Santoro*, S. 153 - 158.

20 Der Index 100 % wurde auf das Jahr 1900 gelegt, weil es das erste Jahr ist, für das alle erfassten Länder Angaben über die jährliche Titelproduktion an das Berner Büro meldeten.

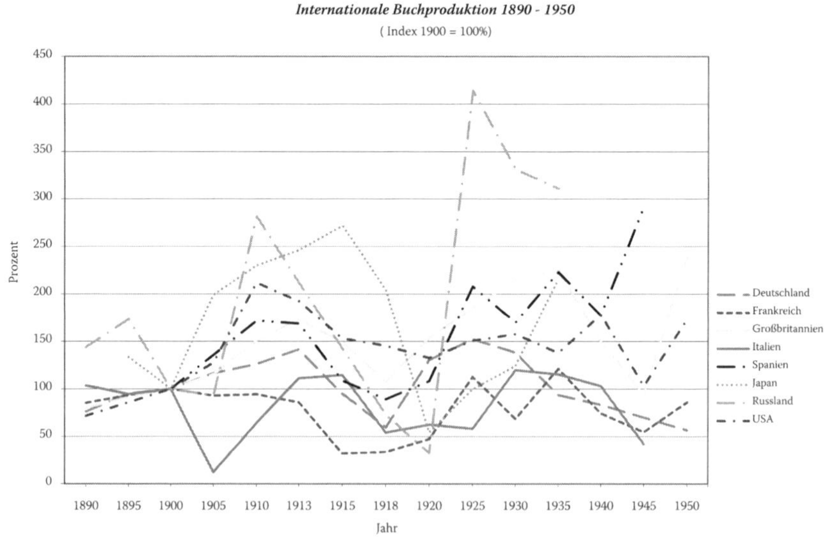

Abbildung 2: Internationale Buchproduktion 1890 – 1950 (Index 1900 = 100 %).

Konfrontiert man dieses Wachstums- und Regenerationspotential der europäischen, nordamerikanischen und japanischen Buchmärkte mit der jährlichen Buchproduktion der lateinamerikanischen Verlage, über die das Berner Büro im selben Zeitraum statistische Angaben veröffentlichte, ergibt sich ein eklatant anderes Bild:

Tabelle 3: Buchproduktion in Lateinamerika 1900 – 1934 im internationalen Vergleich.[21]

	Argentinien	Brasilien	Chile	Kolumbien	Kuba	Mexiko	Peru	Uruguay
1900	–	–	–	–	–	–	–	107
1902	–	–	–	–	–	–	–	107
1905	–	–	–	–	–	–	–	176
1910	–	–	–	–	40	–	–	231
1913	–	–	–	–	–	–	–	184
1915	–	–	–	–	–	–	–	205

21 Le Droit d'Auteur. Organe mensuel du bureau international de l'union pour la protection des œuvres littéraires et artistiques, Statistique intellectuelle, Berne 1900 – 1935. Diese Angaben enthalten Bücher, Broschüren und teilweise auch Flugblätter, deren jeweiligen Anteil die Redaktion jedoch nicht aufschlüsselte, genauso wenig wie die Verteilung von Übersetzungen, Neuauflagen und Erstveröffentlichungen. Für eine ausführliche Kommentierung der Angaben vgl. Anhang 1.

(*Fortsetzung*)

	Argentinien	Brasilien	Chile	Kolumbien	Kuba	Mexiko	Peru	Uruguay
1918	–	–	–	–	–	–	458	319
1920	–	–	174	–	–	–	–	351
1923	–	–	–	–	–	–	–	376
1925	–	–	1.702	–	–	–	–	383
1927	–	–	–	–	–	–	–	384
1929	683	1.292	–	–	1.120	–	–	–
1931	809	–	–	–	–	–	–	461
1933	1.762	–	–	530	–	–	–	423
1934	–	–	–	695	–	–	–	–

Das Berner Büro verfügte bei fast allen lateinamerikanischen Staaten nur über lückenhafte und teilweise unzuverlässige Angaben über die Höhe der jährlichen Buchproduktion. Fehlende Angaben bedeuten deshalb nicht, dass die Verlagsproduktion in den Jahren still stand, sondern dass der Redaktion keine Angaben vorlagen. Die meisten Angaben zur Verlagsproduktion in Lateinamerika bekam das Berner Büro ab 1918 von seinem Korrespondenten Navarro Salvador, den das Berner Büro deswegen „unseren großen Meister der Zahlen" nannte.[22] Eine Ausnahme bildete Uruguay, das ab 1913 eine regelmäßige und laut Berner Büro zuverlässige Übersicht seiner Buchproduktion lieferte, die zwischen einhundert und vierhundert Titeln pro Jahr schwankte – vergleicht man diese Zahlen beispielsweise mit den argentinischen Angaben, die in dem kurzen Zeitraum von 1929 bis 1933 zwischen 683 und 1.762 Titeln schwankten, oder der chilenischen Buchproduktion, die für 1920 insgesamt 174 Titel und 1.702 Titel für 1925 auswies, erwecken die Angaben aus Uruguay einen vergleichsweise stabilen Eindruck. Dem ging die gesetzliche Einführung des so genannten *depôt légal* voraus, bei dem nach europäischem Vorbild alle Verleger verpflichtet wurden, zwei Exemplare von jedem Druckerzeugnis aus ihrem Unternehmen an die Nationalbibliothek in Montevideo zu geben, die auf dieser Grundlage die jährlichen Übersichten der Buchproduktion erstellte.[23] Wo lagen die Gründe für diese Schwierigkeiten, Informationen über die Buchproduktion in Lateinamerika zu bekommen, und warum sind die

22 Im Original (Übersetzung I.L.): „notre grand pourvoyeur de chiffres", in: Le Droit d'Auteur, Jg. 42, 1929, S. 11.

23 Le Droit d'Auteur, Jg. 34, 1922, S. 152 f.

wenigen verfügbaren Zahlen signifikant niedriger als die Titelproduktion europäischer Verlage im selben Zeitraum?

Im Unterschied zu den europäischen Gesellschaften fiel der Industrialisierungsgrad in Lateinamerika Anfang des 20. Jahrhunderts geringer aus. Der Großteil der lateinamerikanischen Volkswirtschaften war von einer exportorientierten Industrie geprägt, die im Handel mit Rohstoffen und landwirtschaftlichen Produkten wurzelte. Dieses durchaus lukrative Exportgeschäft beruhte jedoch auf der Konzentration des landwirtschaftlichen Bodens in den Händen einer verhältnismäßig kleinen Oberschicht, die von der billigen Arbeitsleistung einer großen Gruppe von Landarbeitern profitierte. Dementsprechend führte das Exportgeschäft nicht zur Herausbildung einer finanzstarken industriellen Unternehmerschicht und zielte auch nicht auf den Aufbau eines Binnenmarkts zur Hebung der Kaufkraft im Inneren.[24] Die Vernachlässigung der heimischen Absatzmärkte hatte ein nur zögerliches Anwachsen des Dienstleistungssektors zur Folge mit der Konsequenz, dass ein Großteil der Bevölkerung Anfang der zwanziger Jahre immer noch in landwirtschaftlichen Produktionsbereichen arbeitete und das trotz eines starken Wachstums der lateinamerikanischen Großstädte seit der Jahrhundertwende.[25] Diese Entwicklung kehrte sich erst mit dem Ersten Weltkrieg um. Als die Nachfrage lateinamerikanischer Exportprodukte nachließ und umgekehrt der Import von Konsumgütern aus Europa wegen des Kriegs ins Stocken geriet, setzten die politischen und wirtschaftlichen Eliten verstärkt auf die eigenen industriellen Kapazitäten, um Konsumgüter selbst herzustellen und sie auf den heimischen Märkten zu verkaufen.[26] Erst dieser Strategiewechsel und die dafür eingeleiteten wirtschaftspolitischen Maßnahmen zum Ausbau der Infrastruktur in den Bereichen Technik, Handel und Dienstleistung sowie die Politik der Importsubstitution lösten einen intensiven Industrialisierungsprozess aus.[27]

Die Exportorientierung, die wirtschaftspolitische Konzentration auf Rohstoffe sowie landwirtschaftliche Produkte und das Fehlen einer breiten und finanzstarken Mittelschicht blieben nicht ohne Auswirkungen auf das durchschnittliche Bildungsniveau. Ein zentrales Problem der meisten lateinamerikanischen Staaten war bis in die zweite Hälfte des 20. Jahrhunderts hinein ein „defizitäres Bildungssystem".[28] Im Zuge der Unabhängigkeitskriege und der Staatengründungen seit den dreißiger Jahren des 19. Jahrhunderts war das koloniale, größtenteils von der Kirche getragene Bildungssystem zusammengebrochen. Zwar machten sich die meisten lateinamerikanischen Staaten in der zweiten Hälfte des 19. Jahrhunderts daran, ein öffentliches

24 *König*, S. 596.
25 *Bauer*, S. 161 f; *Hall*, The Urban Working Class, S. 325; *Scobie*, S. 242.
26 *Lewis*, S. 294 f.
27 *König*, S. 599 f.
28 *Potthast*, S. 109.

Bildungswesen aufzubauen. Aber mit Ausnahme wohlhabender Länder wie Argentinien oder Chile konzentrierte sich das Bildungssystem in der Regel auf die Mittelschichten in den Städten, während breite Bevölkerungsschichten weitestgehend ausgeschlossen blieben. Grundsätzlich änderte sich diese Situation erst in den fünfziger Jahren des 20. Jahrhunderts, nachdem die UNESCO und die Organisation Amerikanischer Staaten Bildungsprogramme initiiert hatten und die Alphabetisierungsraten sowie die Schülerzahlen in der Folge deutlich angestiegen waren.[29]

Im Vergleich zu den westlichen Ländern fehlte ein flächendeckendes und sozial inklusives Bildungssystem, das die Grundlage für die quantitative und qualitative Expansion des Buch- und Verlagswesens gebildet hätte. Genauso hatte die Professionalisierung von Autoren und Verlagen, ihre Ausdifferenzierung zu einer eigenständigen wirtschaftlichen Branche und ihre feste Verankerung im sozialen, wirtschaftlichen und kulturellem Gefüge der Gesellschaft nicht in dem Ausmaß statt gefunden wie in den europäischen und nordamerikanischen Gesellschaften. Das bestätigt ein Blick auf die Verlage, über deren Anzahl und Reichweite es für die einzelnen mittel- und südamerikanischen Länder auch nur wenige zuverlässige Angaben gibt. Die meisten Studien zu Kunst, Literatur, Musik und Film in Lateinamerika in der ersten Hälfte des 20. Jahrhunderts konzentrieren sich in der Regel auf kulturelle, künstlerische oder ästhetische Aspekte.[30] Bei den wenigen verfügbaren Daten zu Umfang und Reichweite der Verlage betonen die Autoren daher, dass die Angaben unter lückenhaften und nur schwierig zu beschaffenden Informationen leiden und deswegen nur Näherungswerte ausdrücken und keinen Anspruch auf Vollständigkeit erheben.[31] Exemplarisch zeigen das die Einträge zu Mexiko, Argentinien und Brasilien, die Anfang der fünfziger Jahre in zwei Lexika zum internationalen Buchwesen erschienen.[32] Demnach war der mexikanische Buchhandel bis Anfang der fünfziger Jahre stark von spanischen Buchimporten geprägt und konzentrierte sich größtenteils in Mexiko Stadt, wo es 1952 ca. zehn Verlage und 43 Buchhandlungen gab.[33] Ähnlich erging es dem argentinischen Buchhandel, der bis 1935 ebenfalls von spanischen Verlagen dominiert wurde, die ihre Bücher entweder einführten oder über Niederlassungen in Argentinien vertrieben. Das änderte sich erst mit dem Beginn des spanischen Bürgerkriegs, der wegen der signifikant einbrechenden spa-

29 *Ebd.*

30 Eine Ausnahme, die einen guten Einstieg in den Forschungsstand gibt: *Calvo*; exemplarisch für den anderen Studientyp: *Armbruster*; *Briesemeister: Martin*, The Literature, Music and Art.

31 Dieses Grundproblem durchzieht die Datensammlung, die das Berner Büro zwischen 1888 und 1953 über die Buchproduktion in den lateinamerikanischen Staaten anzulegen versuchte, so dass ein Großteil der ohnehin nur spärlichen Angaben auf Schätzungen beruhte, wie zum Beispiel die Schätzung der 1931 in Mexiko produzierten Bücher: Le Droit d'Auteur, Jg. 44, 1931, S. 11.

32 *Kirchner*; *Taubert.*

33 *Kirchner*, S. 23.

nischen Verlagsproduktion den wirtschaftlichen Aufschwung der argentinischen Verlage auslöste.[34] Für Anfang der fünfziger Jahre gibt es unterschiedliche Angaben zu den Verlagen in Buenos Aires, die zwischen 67 Verlagen und ungefähr 100 Buchhandlungen[35] und 150 Verlagen, davon 25 große Unternehmen, schwanken.[36] Schließlich konzentrierte sich auch in Brasilien das stark von internationalen Buchimporten abhängige Buch- und Verlagswesen in den größten Städten Buenos Aires und Rio de Janeiro. 1952 gab es nach einer amtlichen Berufszählung 41 Verlage und 613 Buchhandlungen in ganz Brasilien, und die Analphabetenrate auf dem Land blieb hoch.[37]

In dieser ungleichen Wirtschaftskraft der westlichen und lateinamerikanischen Verlagsindustrien lag die ablehnende oder zumindest skeptische Haltung der meisten mittel- und südamerikanischen Staaten gegenüber europäischen Versuchen begründet, bilaterale Urheberrechtsabkommen abzuschließen oder der Konvention von Montevideo beizutreten. Hinter den Diskussionen für oder gegen einen gemeinsamen europäisch-amerikanischen Rechtsraum stand immer zugleich das Problem der Konzentration wissenschaftlicher, technologischer und künstlerischer Innovationen in Europa und Nordamerika und die daraus resultierende gesellschafts- und kulturpolitische Schwäche der lateinamerikanischen Staaten. Da der Import von technischem Wissen und Bildungswissen nach Lateinamerika für Aufbau und Konsolidierung leistungsfähiger und international anschlussfähiger Industriegesellschaften jedoch elementar war, befürchteten einige lateinamerikanische Staaten, dass ein internationales Autorenrecht nach westlichen Maßstäben den Zugang zu Wissensbeständen europäischer Herkunft erschwerte und damit ein bereits existierendes bildungspolitisches, wissenschaftliches und technologisches Gefälle zwischen Europa und den lateinamerikanischen Staaten aufrechterhielte.[38] Diese auch schon innerhalb der Berner Union geführte Diskussion über Autorenrechte als Regulationsmechanismen für die Öffnung oder Schließung von Wissens- und Informationsflüssen, die für die internationale Wettbewerbsfähigkeit einer Gesellschaft jedoch entscheidend sein können, durchzog die dreißiger Jahre und setzte sich nach dem Zweiten Weltkrieg im Rahmen von Dekolonialisierung, Entwicklungshilfe und der Problematik des Nord-Süd-Gefälles fort.[39]

34 *Calvo*, S. 148.
35 *Ebd.*, S. 23 f.
36 *Taubert*, S. 29.
37 *Kirchner*, S. 24; *Taubert*, S. 49.
38 Vgl. Kapitel 7a.
39 *Dillenz*, Warum Österreich-Ungarn; *Frein*.

III. Der Völkerbund und die Globalisierung der Autorenrechte

Bedenkt man die rechts- und kulturpolitischen Spannungen zwischen den Staaten der Berner und der Panamerikanischen Union, hatten die Berner Mitgliedsstaaten mit der Angleichung der europäischen und amerikanischen Autorenrechte eine durchaus ambitionierte Aufgabe formuliert. Wollte man dem Projekt jedoch eine realistische Chance einräumen, war ein starker Verhandlungsführer notwendig, den beide Seiten akzeptierten, der nicht im Verdacht stand, parteiisch zu sein und der ausreichend Handlungsspielraum besaß, um zwischen der Berner und der Panamerikanischen Union tatsächlich vermitteln zu können. Der dritte Teil dieser Arbeit widmet sich der Organisation für geistige Zusammenarbeit des Völkerbunds (OGZ), die diese Aufgabe in den dreißiger Jahren federführend übernahm. Zur Diskussion steht dabei die in der Rechtsgeschichte vorherrschende Ansicht, die Internationalisierung der Autorenrechte habe in der Zwischenkriegszeit nur wenige Fortschritte gemacht. Diese Aussagen berufen sich zumeist auf die römische Revisionskonferenz der Berner Konvention, auf der es nicht gelungen war, die neuen Medien Radio, Film und Schallplatte urheberrechtlich zu regeln, die die kulturelle Praxis in den europäischen und nordamerikanischen Gesellschaften seit der letzten Revisionskonferenz 1908 revolutioniert und zum Aufstieg einer Populär- und Massenkultur geführt hatten.[1] Dieses Ziel scheiterte weitestgehend an der Heterogenität der beteiligten kultur- und rechtspolitischen Interessen, so dass bereits Zeitgenossen bemerkten, die Berner Staaten seien in den zwanziger Jahren nur beschränkt in der Lage gewesen, der Komplexität des kulturellen und gesellschaftlichen Wandels Rechnung zu tragen.[2] Hinzu kommt eine kritische Bewertung der tatsächlichen Konferenzergebnisse. Positiv wird die Anerkennung der Rundfunksenderechte der Autoren und die Integration des *droit moral* bewertet, ein Recht, das Maßstäbe für die weitere Rechtsentwicklung setzte.[3] Diese zentrale Innovation konnte jedoch nicht darüber hinweg täuschen, dass wichtige Vorhaben zur rechtlichen Konsolidierung der Union fehlschlugen, darunter die Abschaffung der Vorbehalte und die Einführung der 50 Jahre *post mortem auctoris* als einer obligatorischen Schutzfrist. Kurzfristig verhinderten die Konferenzergebnisse zwar, dass die

1 *Cross*; *Grazia*; *Lenthall*; *Maase*; zur Revisionskonferenz 1928 in Rom vgl. Kapitel 6.

2 Für eine abwägende Diskussion der Ergebnisse von Rom: *Plaisant* u. *Pichot*, S. 1 f.

3 *Hubmann*, S. 14; *Püschel*, Internationales Urheberrecht, S. 33; *Ulmer*, Hundert Jahre, S. 36; ausführlich vgl. Kapitel 6a.

Union auseinanderbrach. Trotzdem stürzte sie in eine Grundsatzkrise, weil ihre Fähigkeit Kompromisse zu schließen langfristig infrage stand.[4]

Einen ähnlichen Misserfolg bescheinigt die rechtshistorische Literatur dem Völkerbund und seinem Versuch, die geographischen Grenzen der Berner Konvention durch Rechtsannäherung mit den Urheberrechtsabkommen der Panamerikanischen Union zu überwinden. Mit Ausnahme der in den vierziger und fünfziger Jahre veröffentlichten Darstellungen[5] räumen die wenigen Überblicke zur internationalen Geschichte des geistigen Eigentums dem Völkerbund zumeist nur wenige Zeilen ein und charakterisieren ihn wegen seiner Erfolglosigkeit überwiegend als Episode.[6] Diese Argumente gehen allerdings nicht weiter der Tatsache nach, dass die UNESCO, die direkte Nachfolgeorganisation der OGZ, 1952, und damit nur kurz nach dem Zweiten Weltkrieg, die 1928 geforderte globale Vereinheitlichung der Autorenrechte mit dem Welturheberrechtsabkommen zum Abschluss brachte. Mit dem doppelten Wissen um dieses Abkommen und um die institutionelle Kontinuität zwischen OGZ und UNESCO stellt sich die Frage, ob die Zwischenkriegszeit tatsächlich eine Phase der Stagnation und festgefahrenen Positionen war oder ob der Völkerbund einem globalen Urheberrechtsabkommen den Weg soweit bereitete, dass die UNESCO nahtlos an das Programm des Völkerbunds anknüpfen konnte. Ein genauer Blick wird diese Annahme bestätigen.

Welchen Erkenntnisgewinn bringt jedoch die Analyse eines nicht realisierten Abkommens, wenn man sich direkt der UNESCO widmen könnte, um mehr über die Inhalte und Probleme bei der Einführung eines globalen Mindeststandards für den Schutz von Autoren zu erfahren? Mit dem Völkerbund wird der Blick über eine reine Analyse der Rechtsinhalte hinaus auf das ‚wie' gelenkt und nach den organisatorischen Strukturen gefragt, in die die Ausarbeitung eines solchen Abkommens eingebettet war. Welche Rolle spielten internationale Organisationen wie das Berner Büro, der Völkerbund und später die UNESCO bei der Verhandlung eines auf den ersten Blick rein intergouvernementalen Abkommens und welchen Einfluss übte insbesondere die OGZ aus? Gibt es Kontinuitätslinien zwischen dem Berner Büro und der OGZ auf der einen und der UNESCO und der OGZ auf der anderen Seite?

Diese Perspektive knüpft an die im ersten Teil dieser Arbeit diskutierten neueren Forschungen zu internationalen Organisationen an. Diese konzipieren internationale Organisationen als ‚Konstrukteure' der sozialen Welt und gehen davon aus, dass internationale Organisationen einen gewissen Grad an institutioneller Autonomie besitzen, der es ihnen erlaubt, sich von einzel-

4 *Ladas*, S. 101; *Ricketson*, The Berne Convention, S. 101; eine kritische Diskussion der Ergebnisse von Rom: *Mentha*, Berne Convention, S. 1041; *Püschel*, 100 Jahre, S. 59–75.

5 *Bogsch*, La convention universelle; *Heymann*; *Ladas*; *Royer*; *Saporta*; eine Ausnahme in der aktuellen Forschungsliteratur macht: *Ricketson*, International Copyright, S. 1177–1185.

6 Knappe Erwähnung findet der Völkerbund bei: *Bappert* u. *Wagner*, S. 188; *Sidjanski-Castanos*; *Ulmer*, Urheber- und Verlagsrecht, S. 95 f.

staatlichen Interessen zu emanzipieren und Einfluss auf die Fortentwicklung des von ihnen betreuten Gegenstands zu nehmen.[7] Denn, so das Argument, internationale Organisationen sind einem bestimmten Programm verpflichtet, das sie umsetzen, indem sie inhaltliche Leitlinien formulieren, einen Maßnahmenkatalog definieren und Allianzen in Form von Netzwerken mit staatlichen und nichtstaatlichen Akteuren schmieden.[8]

Um zu analysieren, wie die OGZ das geistige Eigentumsrecht in der Zwischenkriegszeit zu einem Recht mit globaler Reichweite auszubauen versuchte, wird auf das politikwissenschaftliche Konzept der *global governance* in seiner weiten Definition als ein „Gesamtarrangement von *governance by, with and without government*"[9] zurückgegriffen. Die folgenden Kapitel argumentieren, dass *global governance* nach dieser Definition kein historisch neues Phänomen ist. Die Eigenart von kulturellen Gütern, orts- und zeitunabhängig reproduziert werden zu können und nicht an ein staatliches Territorium gebunden zu sein, machte es bereits Ende des 19. Jahrhunderts notwendig, die Ausschließlichkeit staatlichen Regelungsanspruchs zu lockern und nationale kultur- und rechtspolitische Strategien in transnationale Handlungskontexte einzubetten. Das Berner Büro bemühte sich von Beginn an, der Berner Konvention einen gesellschaftspolitischen Rückhalt durch die Integration der betroffenen Berufsgruppen zu verleihen. In diesem Sinn standen das Berner Büro, die OGZ und die UNESCO in einer gemeinsamen Traditionslinie, weil sie den transnationalen Akteuren aus Kultur, Gesellschaft und Wirtschaft einen großen Stellenwert bei der Verabschiedung internationaler Urheberrechtsabkommen einräumten. Im Unterschied zum Berner Büro war die OGZ jedoch eine mehrgliedrige internationale Organisation, in deren Satzung die Zusammenarbeit von staatlichen und nichtstaatlichen Akteuren als zentrales Moment eingeschrieben war. Das trug ihrem Gründungsgedanken Rechnung, den freien Fluss von Kultur-, Informations- und Wissensmedien als eine Herausforderung zu begreifen, die nur im Zusammenwirken gesellschaftlicher und staatlicher Akteure gelöst werden konnte. Das heißt, erst die OGZ besaß den institutionellen Handlungsspielraum, die mehrseitige Kooperation mit zwischenstaatlichen Instanzen, staatlichen Delegierten und gesellschaftlichen Akteuren offiziell zu betreiben, sie zu formalisieren und zu professionalisieren; gleichzeitig wusste die OGZ die Überschneidung der drei Handlungsebenen staatlich, nichtstaatlich und zwischenstaatlich in ihren Organisationsstrukturen zu nutzen, um sich selbst als rechts- und kulturpolitischer Akteur zu etablieren, der den uneingeschränkten Schutz von Autoren als eine universale Rechtsnorm postulierte und Maßnahmen zur politischen Umset-

7 *Alvarez*, Legal Perspectives; *Boli* u. *Thomas*; *Barnett* u. *Finnemore*, Political Approaches; *Finnemore* u. *Sikkink*; *Iriye*, Global Community; *Keck* u. *Sikkink*; *Weiss* u. a., The 'Third' United Nations.

8 *Barnett* u. *Finnemore*, Rules, S. 1–44.

9 *Zangl* u. *Zürn*, Make Law, S. 14; ausführlich vgl. Einleitung.

zung dieses Programms einleitete. So war die OGZ des Völkerbunds der Ort, an dem sich die drei Handlungsebenen der *governance by, with and without government* im Bereich der kulturellen Handlungsrechte überschnitten und sich ein Gesamtarrangement von *global governance* für die Institutionalisierung und Verrechtlichung des globalen Transfers kultureller Güter formierte.

Schließlich steht das Verhältnis dieses globalen Politiknetzwerks unter Leitung der OGZ zum Nationalstaat zur Diskussion. Im ersten Teil dieser Arbeit wird argumentiert, dass die internationalen Organisationen der Vorkriegszeit staatliche Entscheidungs- und Handlungsbefugnisse stärkten, indem sie halfen, staatliche Befugnisse in Maßen über die Grenzen des nationalen Territoriums hinaus auszudehnen. Zentral blieb jedoch immer die Verknüpfung von internationaler Rechtsordnung und nationaler Regelungskompetenz, weil nur die nationalen Administrationen diese neuen Rechtsnormen in Form von Gesetzen oder anderen Steuerungsinstrumenten im nationalen Raum einführen konnten. Die folgenden Kapitel setzen diese Perspektive fort und fragen, wie besonders die Staaten der Berner Union auf die Initiative der OGZ reagierten, ein globales Urheberrechtsabkommen zu verabschieden. Die nationale Rezeption wird vergleichend für Deutschland und Frankreich untersucht. Dabei zeigt sich, dass beide Regierungen unabhängig von der jeweiligen politischen Ausrichtung und den sozialen sowie wirtschaftlichen Rahmenbedingungen für Kulturschaffende auf kulturpolitische Kontinuität setzten und durchweg für eine globale Rechtsvereinheitlichung zu Gunsten der nationalen Autoren plädierten. Die Analyse der nationalen Rezeption bleibt auf Europa beschränkt. Die Panamerikanische Union sowie die Haltungen einzelner amerikanischer Staaten, die Weltkonvention entweder zu unterstützen oder sie abzulehnen, wird ausschließlich aus der Perspektive des Völkerbunds, der europäischen Berufsverbände und ausgewählter europäischer Nationalstaaten analysiert. Die Beziehung des Völkerbunds zu den lateinamerikanischen Staaten und das mit dem Begriff der Monroe-Doktrin verknüpfte inneramerikanische Problemfeld – das Verhältnis der USA zu Lateinamerika – ist ein eigenständiges Thema, das hier nicht weiter verfolgt wird.

9. Der Völkerbund: Neue Konzepte internationaler Zusammenarbeit

Im Zuge der Pariser Friedensverträge hatten die Siegerstaaten des Ersten Weltkriegs eine im Völkerbund institutionalisierte Friedensordnung geplant, die durch ein multilaterales System der Streitschlichtung, Abrüstung und der territorialen Kontrolle von Mandatsgebieten die Folgen des Ersten Weltkriegs im Zaum halten und zwischenstaatliche Konflikte frühzeitig ausräumen sollte. Das innovative Moment des Völkerbunds bestand jedoch weniger in dem Gedanken, ein System der kollektiven Sicherheit zu schaffen, das bereits mit den Haager Friedenskonferenzen 1899 und 1907 in Angriff genommen worden war. Das Neuartige am Völkerbund lag vielmehr in der Verbindung außenpolitischer Interessen der Mitgliedsstaaten mit einer weit reichenden Erschließung der als ‚unpolitisch' interpretierten Politikfelder, die seit der zweiten Hälfte des 19. Jahrhunderts in den Händen der internationalen Organisationen gelegen und nur selten außenpolitisch sensible Fragen wie Grenzverläufe, Bündnisbildung oder Militarisierung berührt hatten. Der Völkerbund vereinte dagegen innerhalb einer Organisation die internationale Friedenssicherung mit den so genannten technischen Arbeitsgebieten, indem er geistige Zusammenarbeit und in diesem Zuge auch das geistige Eigentum, Gesundheit, soziale Themen, Umwelt, Verkehr, Kommunikation und Wirtschaft als globale, weil nationale Grenzen überschreitende Herausforderungen begriff, deren kollektive Regelung die notwendige Voraussetzung für eine internationale, auf Frieden ausgerichtete Politik sei.

Für diese Aufgabe schuf die Satzung des Völkerbunds eine internationale Organisation, die den Auftrag erhielt, die internationalen Beziehungen und die grenzüberschreitenden wirtschaftlichen, kulturellen und gesellschaftlichen Kontakte zwischen allen Staaten der Welt aktiv zu gestalten. Seine Qualität als autonomer Akteur gewann der Völkerbund durch das Genfer Generalsekretariat und die in ihm verankerten Kommissionen und technischen Organisationen. Die weitreichenden Handlungsbefugnisse, mit denen Rat und Generalversammlung insbesondere die vier technischen Organisationen – Gesundheit, Verkehr und Transit, Wirtschaft und Finanzen und die für das geistige Eigentum zuständige Organisation für geistige Zusammenarbeit – ausstatteten, warfen allerdings die Frage auf, in welchem Verhältnis sie zu den bereits mehrere Jahrzehnte existierenden Verwaltungsunionen standen, die teilweise dieselben Themengebiete wie die technischen Organisationen bearbeiteten.

Dieses Kapitel vertieft die akteurszentrierte Perspektive auf den Völkerbund, indem es sich dem Völkerbund und seinen institutionenpolitischen sowie strategischen Motiven widmet, das Mandat für die Harmonisierung des europäischen und amerikanischen Urheberschutzes zu übernehmen. Denn die Organisation für geistige Zusammenarbeit, so das Argument, führte mit ihrem Engagement für die Harmonisierung der Autorenrechte nicht nur einen Arbeitsauftrag aus, den die Staatengemeinschaft ihr überantwortet hatte. Sie ergriff mit dem Projekt zugleich die Gelegenheit ein Defizit zu beheben, das in der Arbeit des Generalsekretariats und der technischen Organisationen in den ersten Jahren in Erscheinung getreten war und den Anspruch des Völkerbunds auf universale Zuständigkeit für das internationale Leben zu schwächen drohte: die Weigerung anderer, auf einem zwischenstaatlichen Vertrag beruhender internationaler Organisationen, sich der Autorität des Völkerbunds zu unterstellen.

a) Die technischen Organisationen des Völkerbunds

Bei der Gründung des Völkerbunds beabsichtigte man, weiter als die Haager Friedenskonferenzen zu gehen und nicht nur eine internationale Gerichtsbarkeit für die geregelte Beilegung zwischenstaatlicher Konflikte zu etablieren.[1] Den verantwortlichen Gründerstaaten schwebte 1919 vielmehr eine neue Qualität der Konsensbildung und Kooperation in den internationalen Beziehungen vor, die weit mehr sein sollte als eine bloße Fortführung des Vorkriegsinternationalismus. Laut Satzung war der Völkerbund eine „internationale Rechts- und Friedensgemeinschaft",[2] die zwar die Souveränität der Mitgliedsstaaten nicht antastete, jedoch das Gewicht von Partikularinteressen beschnitt und sie völkerrechtlichen Pflichten unterwarf. Diese internationale Gemeinschaft hatte zwei Aufgaben zu erfüllen: Das eine war die Wahrung des internationalen Friedens mit Hilfe einer gemeinsamen Sicherheits- und Abrüstungspolitik der Mitgliedsstaaten und das andere die Gründung einer Arbeitsgemeinschaft.[3] Diese Arbeitsgemeinschaft widmete sich den so genannten technischen Gebieten, die die Artikel 23 und 24 der Satzung beschrieben, die einzigen, die sich nicht mit der Organisationsstruktur oder der Friedenssicherung beschäftigten.[4] Hinter diesem doppelten Auftrag des Völkerbunds stand der Gedanke, die brisanten Themen wie Abrüstung, Sicherheit und Frieden in ein dichtes Netz multilateraler Kooperationen in den Bereichen Arbeitsschutz und geistige Zusammenarbeit, Gesundheit, Verkehr und Transport sowie Menschen-, Waffen- und Drogenhandel einzubetten, das die

1 *Barandon*, Völkerbund, S. 598; *Dülffer*, Regeln; *Schneider*, Haager Friedenskonferenzen; ein frühes Beispiel für die Idee einer internationalen Schiedsgerichtsbarkeit: *Kéry*, Pierre Dubois.

2 *Schücking* u. *Wehberg*, S. 45.

3 Der Erfüllung dieses Auftrags dienten die politischen und rechtlichen Einrichtungen des Völkerbunds wie der ständige internationale Gerichtshof, die permanente Kommission für Militär, Marine und Luftfahrt, die temporäre Kommission für Abrüstung bzw. die Kommission für die Vorbereitung der Abrüstungskonferenz, die Mandatskommission und schließlich die vom Rat eingesetzten Kommissionen für den Schutz von Minderheiten: *Walters*, S. 169 ff; *Weber*, Völkerbund, S. 1015 f.

4 Zur Satzung des Völkerbunds: *Völkerbund*, Der Völkerbund, S. 55 – 70.

Gemeinschaft der Staaten stärken und die Mitglieder enger aneinander binden sollte.[5]

Damit drang der Völkerbund in die Gebiete vor, für die mit den Verwaltungsunionen bereits in der zweiten Hälfte des 19. Jahrhunderts internationale Regeln entworfen worden waren. Die internationalen Verwaltungsunionen hatten mit „Normenbildung, Standardisierung und Informationentransfer"[6] neue Paradigmen in die internationalen Beziehungen eingeführt, indem sie für jeweils konkrete Gegenstände und eine genau definierte Gemeinschaft von Signatarstaaten wirtschaftliche und technische, rechtliche und teilweise auch sozial-ethische Standards formuliert und sie völkerrechtlich verankert hatten. Anstelle des nationalstaatlichen Raums hoben die Verwaltungsunionen die Verflechtung nationaler Territorien aufgrund von Handel und Technik, Transport und Migration, Wissenstransfer und gemeinsamen Umweltbedingungen hervor und betonten, dass diese grenzüberschreitenden Phänomene alle Staaten mit vergleichbaren Problemen konfrontierten und deswegen nur in einer gemeinsamen Anstrengung sinnvoll gelöst werden könnten. So knüpfte der Artikel 23 der Satzung konzeptionell und inhaltlich direkt an den Internationalismus des 19. Jahrhunderts an, der sich bereits von einem absolut gesetzten Souveränitätsverständnis moderner Nationalstaaten verabschiedet hatte.[7] Anders als der institutionell versprengte Vorkriegsinternationalismus reklamierte der Völkerbund dagegen universale Zuständigkeit für alle humanitären, kulturellen und technischen Angelegenheiten, die im Genfer Generalsekretariat zentralisiert und im Sinne einer „internationalen Verwaltung planmäßig [...] organisiert" werden sollten.[8] Auf diese Weise stellte der Völkerbund sich explizit in die Tradition der internationalen Verwaltungsunionen und strebte darüber hinaus eine systematische Vernetzung der bis dahin nur wenig untereinander abgestimmten Verwaltungsunionen an.[9]

Zur Verwirklichung dieser programmatischen Aufgaben wäre ein Generalsekretariat, das die Sitzungen von Rat und Generalversammlung nur vorbereitete und die Beschlüsse hinterher ausführte, allein jedoch nicht ausreichend gewesen. Denn die in Artikel 23 beschriebenen Aufträge waren komplex und benötigten geschultes Personal, das Expertise sowie Kontakte zu staatlichen und transnationalen, zumeist professionell organisierten Akteu-

5 *Barandon*, Völkerbund, S. 609 f; *League of Nations*, The Aims, S. 25. Diese Interpretation des Völkerbunds als einer über einen losen Zusammenschluss von Staaten hinausgehenden Staatengemeinschaft war durchaus umstritten. Vor allem in Deutschland wurde diese Frage vor dem deutschen Beitritt 1926 kontrovers diskutiert, weil, so das Argument, eine solche Rechts- und Arbeitsgemeinschaft die Versailler Friedensordnung politisch und völkerrechtlich zu Ungunsten Deutschlands festschreibe. Exemplarisch dazu die ausführliche und prägnante Diskussion bei: *Schmitt*.

6 *Herren*, Hintertüren, S. 11.

7 Vgl. Kapitel 2a und b.

8 *Schücking* u. *Wehberg*, S. 482.

9 *Siotis*, S. 25; einführend: *Ghébali*, Aux origines.

ren besaß, so dass es Netzwerke knüpfen und mit ihnen gemeinsam Steuerungsinstrumente zur Verrechtlichung und Institutionalisierung der jeweiligen Themengebiete erarbeiten konnte. Entsprechend führte man bei der Gründung des Völkerbunds zwei Organisationsformen ein, die das Programm der Arbeitsgemeinschaft umsetzen sollten: die Kommissionen und die technischen Organisationen des Völkerbunds.[10]

Die Kommissionen bestanden zumeist aus Experten, Regierungsvertretern und fachlich spezialisierten Diplomaten, die dem Rat beratend zur Seite standen und die je nach Gegenstand permanent oder temporär eingerichtet wurden. Organisatorisch waren sie im Generalsekretariat verankert, das einen schmalen Etat für die Einberufung der Sitzungen, für Reisen, Enqueten oder andere Initiativen kleinen Umfangs zur Verfügung stellte und dessen Mitarbeiter die Aktivitäten der Kommissionen koordinierten. Da die Kommissionen jedoch nicht genug Ressourcen für großflächig angelegte Maßnahmen besaßen, konzentrierten sie sich zumeist darauf, in den betroffenen Gesellschaften sowie bei den relevanten politischen Gruppen ein Problembewusstsein zu wecken und für konzertierte internationale Lösungsstrategien zu werben.[11]

Ganz anders sah der Handlungsspielraum der technischen Organisationen aus, von denen drei gleich bei Gründung des Völkerbunds eingerichtet wurden: die Wirtschafts- und Finanzorganisation, die Organisation für Verkehr und Transit und die Gesundheitsorganisation des Völkerbunds.[12] Mit der Organisation für geistige Zusammenarbeit etablierte sich im Verlauf der zwanziger Jahre schrittweise eine vierte Organisation, die 1926 von der Generalversammlung erstmals benannt, offiziell jedoch erst 1931 von Rat und Generalversammlung in der Organisationsstruktur des Völkerbunds verankert wurde.[13] Die Generalversammlung hatte 1920 eine Resolution verabschiedet, die den Status der technischen Organisationen in groben Zügen festlegte.[14] Bis zum Beginn des Zweiten Weltkriegs versäumten die Mitgliedsstaaten es jedoch, eine Verfassung zu erarbeiten, die Arbeitsweise, Mandat und besonders den Grad zwischen Abhängigkeit und Autonomie von den Hauptorganen Rat und Generalversammlung detailliert und in Form eines allgemein verbindlichen Reglements für alle technischen Organisationen vorgeschrieben hätte. Entsprechend heterogen und den Erfordernissen des jeweiligen Themenfelds gemäß bildeten die vier technischen Organisationen eigene institutionelle Profile aus. Sie fanden unterschiedliche Wege, sich mit thematisch sowie strategisch relevanten Akteuren zu vernetzen, auf die Mei-

10 *Walters*, S. 175 – 194; *Weber*, Vom Völkerbund zu den Vereinten Nationen, S. 86 – 119.

11 Annuaire de la Société des Nations 1927, S. 102.

12 *Völkerbund*, Der Völkerbund, S. 36 – 40.

13 Resolution der Generalversammlung: Société des Nations, Journal officiel, supplément spécial, H.92, Genève 1931, S. 36.

14 Errichtung und Arbeitsweise der Technischen Organisationen des Völkerbunds. Resolution der Generalversammlung vom 8. Dezember 1920, in: *Knipping*, S. 629 f.

nungsbildung in den Mitgliedsstaaten einzuwirken oder auf die Verabschiedung internationaler Abkommen hinzuarbeiten.[15]

Alle technischen Organisationen zeichnete allerdings ihre doppelte Anlage aus, eine ausführende und zugleich eigenständige Organisation des Völkerbunds zu sein. Auf der einen Seite waren sie intergouvernementale Einrichtungen, die fest in der Entscheidungs- und Finanzstruktur des Völkerbunds verankert waren. Das Sekretariat der jeweiligen Organisation bildete die gleichnamige Abteilung im Genfer Generalsekretariat und das hieß, dass der Völkerbund zwei ihrer wesentlichen Existenzbedingungen kontrollierte: Sie erhielten ihr Budget aus dem Etat des Völkerbunds, und die internationalen Beamten unterstanden der Aufsicht des Generalsekretärs.[16] Trotz dieser organisatorischen, personellen und finanziellen Verankerung in Genf genossen alle technischen Organisationen auf der anderen Seite eine gewisse Eigenständigkeit gegenüber Rat und Generalversammlung, die sie weitaus beweglicher sein ließ als die Kommissionen. Da sie im Auftrag des Völkerbunds möglichst weit reichende Verbindung zu staatlichen Stellen, Experten und gesellschaftlichen Akteuren aufnehmen und mit ihnen gemeinsam international praktikable Lösungen erarbeiten sollten, die in und zwischen den Mitgliedsländern tatsächlich und mit sichtbarem Erfolg angewandt würden, besaßen sie die Erlaubnis, den direkten Kontakt mit Politikern, Experten und gesellschaftlichen Gruppen zu suchen.[17] Allerdings war dieser Schritt, die intergouvernementale Anlage des Völkerbunds durch die Einbindung transnationaler Akteure aus Gesellschaft und Wirtschaft grundsätzlich aufzubrechen, nicht so strikt in ihr Reglement eingeschrieben, wie bei der Internationalen Arbeitsorganisation. Deren „drittelpartitätische Struktur“ bestimmte, dass die von den Mitgliedsstaaten entsandten Delegationen neben zwei Regierungsvertretern aus je einem Repräsentanten der Arbeitgeber- und der Arbeitnehmerschaft bestehen mussten.[18] Dennoch erlaubten Rat und Generalversammlung es den technischen Organisationen, fern diplomatischer und intergouvernementaler Gepflogenheiten Akteure um einen Tisch zu versammeln, die bis dahin nur im thematisch eng umgrenzten Rahmen der internationalen Verwaltungsunionen gemeinsam über die internationale Regelung sozialer, kultureller, wirtschaftlicher, technischer und rechtlicher Fragen beraten hatten. Auf diese Weise erweiterte der Völkerbund die intergouvernementalen Beziehungen um eine non-gouvernementale Dimension, die es ermöglichte, die im Völkerbund versammelten Staaten mit gesellschaftlichen und professionellen Eliten politisch direkt zu verknüpfen.[19] Anders als bei den Verwaltungsunionen bildete die Integration nichtstaatlicher

15 Vgl. u.a. *Dubin*; *Clavin* u. *Wessels*; zur Organisation für Verkehr und Transit: *Walters*, S. 178–180.

16 *Walters*, S. 179.

17 *Schücking* u. *Wehberg*, S. 479.

18 *Maul*, S. 14.

19 *Fuchs* u. *Schulz*.

Akteure jedoch das wesentliche und in seiner Reichweite neuartige Strukturmerkmal der technischen Organisationen, das sie für Berufsverbände, Interessengruppen und besonders für bereits existierende internationale Organisationen – wie beispielsweise das Berner Büro – attraktiv machte, deren offizieller Handlungsspielraum enger gesteckt war.[20] Dementsprechend gingen das Berner Büro und die Organisation für geistige Zusammenarbeit Ende der zwanziger Jahre eine enge Kooperation ein, die auf eine globale Ausdehnung des Rechtsraums der Berner Konvention zielte. Beide Organisationen machten sich in den dreißiger Jahren die mehrdimensionale Struktur der Organisation für geistige Zusammenarbeit zu Nutze, sowohl mit Nationalstaaten verhandeln und auf eine positive Intervention von Rat oder Generalversammlung drängen zu können als auch unter Ausschluss dieser gouvernementalen Ebene Projekte unter Beteiligung gesellschaftlicher Kräfte wie Rechtsexperten und Berufsverbänden soweit voranzubringen, dass multilaterale Verhandlungen für eine Weltkonvention zum Schutz von Autorenrechten eingeleitet werden konnten.[21]

b) Der Völkerbund und die internationalen Verwaltungsunionen

Bevor das Berner Büro und die Organisation für geistige Zusammenarbeit dieses Bündnis jedoch eingingen, gab es einige Auseinandersetzungen über das Verhältnis zwischen dem Völkerbund und den internationalen Verwaltungsunionen. Der Völkerbund setzte mit den technischen Organisationen das fort, was vor allem seine europäischen Mitgliedsstaaten bereits in der zweiten Hälfte des 19. Jahrhunderts mit den Verwaltungsunionen begonnen hatte. Es bahnten sich jedoch von Beginn an erhebliche Konflikte an, weil der Völkerbund sich mit seinem Programm, das er als Arbeitsgemeinschaft verfolgte, in den Verantwortungsbereich der internationalen Verwaltungsunionen drängte. Ein Aufgehen der Verwaltungs- und Regelungskompetenz bereits existierender internationaler Abkommen im Völkerbund war nur möglich, wenn die Abkommen keine völkerrechtlich eigenständige Rechtspersönlichkeit konstituierten, wie es die internationalen Verwaltungsunionen taten, die autonome, vertraglich gesicherte Gemeinschaften von Staaten waren, die sich freiwillig in einem Zweckverband mit festem Regelwerk zusammengeschlossen hatten.[22] Für den Völkerbund waren aber gerade die Verwaltungsunionen – die zwei internationalen Unionen für den Schutz des geistigen Eigentums, der Weltpostverein, die internationale Telegraphenunion, die Union für den

20 *Ghébali*, Aux origines, S. 502 f: zum Verhältnis von Berner Büro und der Organisation für geistige Zusammenarbeit in den zwanziger Jahren: Kapitel 11b.

21 Die Integration von Experten und professionellen Gruppen interpretiert Patricia Clavin als das wesentliche Merkmal der Organe des Völkerbunds: *Clavin*, S. 426; zur mehrdimensionalen Organisationsstruktur der Organisation für geistige Zusammenarbeit vgl. Kapitel 10.

22 *Wolfrum*.

Eisenbahnfrachtverkehr oder das Internationale Sanitätsamt – von besonderem Interesse. Sie hatten internationale Verkehrsregeln für solche Gegenstände formuliert, die auch in seinen Augen für den Aufbau einer friedlichen Weltordnung zentral waren und sich mit den Arbeitsgebieten seiner technischen Organisationen teilweise direkt überschnitten.[23]

Um die Verwaltungsunionen mit dem Völkerbund zu verknüpfen, fügten die Gründungsstaaten in die Satzung den Artikel 24 ein, der nichts weniger beabsichtigte, als die Verwaltungsunionen „vorbehaltlich der Zustimmung der vertragsschließenden Teile" dem Völkerbund einzuverleiben und alle zukünftigen internationalen Organisationen oder Kommissionen der Schirmherrschaft des Völkerbunds direkt zu unterstellen.[24] Der Artikel formulierte jedoch schon das Kernproblem, an dem seine Umsetzung letztlich auf ganzer Linie scheiterte. Der Völkerbund besaß nämlich keine Mittel, seinen Anspruch auf universale Zuständigkeit gegenüber den Verwaltungsunionen einzuklagen. Aufgrund ihrer völkerrechtlichen Eigenständigkeit konnten sie dem Völkerbund nur unterstellt werden, wenn die jeweiligen Unionsstaaten das einstimmig beschlossen. Verweigerten die Staaten sich, war der Völkerbund machtlos.[25]

Tatsächlich waren die Ambitionen des Völkerbunds, völkerrechtliche Abkommen unter seine Aufsicht zu stellen und die bis dahin nur wenig untereinander abgestimmten Verwaltungsunionen systematisch zu vernetzen, nicht unproblematisch. Das zeigten erste Versuche, sich die Büros der internationalen Verwaltungsunionen einzuverleiben. Hierbei stieß der Völkerbund besonders bei der Schweiz, unter deren Aufsicht einige der Verwaltungsunionen standen, auf offene Ablehnung. 1925 schlug ein Abgeordneter des Schweizer Bundesrats vor, den Weltpostverein und die internationale Telegraphenunion zu reorganisieren und sie dem Völkerbund zu unterstellen. Auf diesem Weg, so das Argument, könnten die Beziehungen zwischen den Regierungen der Mitgliedsstaaten verbessert und die Effizienz der Unionen deutlich gesteigert werden. Die Schweizer Regierung ließ sich jedoch nicht auf diese Argumente ein und formulierte stattdessen eine unmissverständliche Absage mit dem Hinweis, beide Verwaltungsunionen funktionierten einwandfrei und ihre derzeitige rechtliche Verfassung stehe einer Zusammenarbeit mit dem Völkerbund in keiner Weise im Weg.[26] Hinter dieser ablehnenden Haltung der Schweiz standen, wie der französische Botschafter in Bern, Jean Hennessy, betonte, explizit nationale Interessen. Zum einen waren die Posten in den internationalen Büros wegen ihrer guten finanziellen Ausstattung in Schweizer Politiker- und Diplomatenkreisen begehrt, aus deren

23 *Boisson*, S. 60–92.

24 Satzung des Völkerbunds, in: *Völkerbund*, Der Völkerbund, S. 69 f.

25 *Schücking* u. *Wehberg*, S. 482.

26 Der französische Botschafter in Bern, Jean Hennessy, an den französischen Außenminister am 8. Oktober 1925 (ArchDip Paris: Société des Nations/IV A à H – Bureaux internationaux. Questions internationales/2433).

Reihen alle Direktoren der internationalen Büros kamen, solange die Büros der Schweizer Aufsicht unterstanden. Zum anderen benutzten gerade kleine Staaten wie die Schweiz und Belgien, unter dessen Aufsicht auch eine Reihe internationaler Büros standen, die internationalen Organisationen, um neue außenpolitische Strategien zu entwerfen und ihre Tragfähigkeit in der politischen Praxis zu testen.[27]

Selbst bei einer Zustimmung der Schweizer Regierung wären zwei wichtige Fragen offen geblieben: Erstens klärte der Artikel 24 nicht, was mit den Staaten sei, die zwar Mitglied einer internationalen Union, nicht aber des Völkerbunds waren. Zweitens blieb es unklar, wie ein Bericht des französischen Repräsentanten Gabriel Hanotaux im Rat des Völkerbunds 1921 veranschaulichte, was eine solche Überführung für die interne Organisation und Autonomie der Büros bedeutete. Inwieweit verlören sie ihre Selbständigkeit und gingen unter Führung des Generalsekretariats im Völkerbund auf? Oder nähme der Völkerbund sich inhaltlich zurück und funktionierte vielmehr als übergeordnete Schaltstelle, die Informationen sammelte und bei inhaltlichen Überschneidungen zwischen den jeweiligen Organisationen vermittelte?[28] Hinzu kam, dass die anfängliche Gründungseuphorie die finanzielle und personelle Belastbarkeit des Genfer Generalsekretariats deutlich überschätzt hatte. Für die Eingliederung der internationalen Abkommen, Kommissionen und Verwaltungsunionen gab es zwar eine Abteilung, die 1922 noch um den Bereich der geistigen Zusammenarbeit erweitert wurde. Aber die handvoll Mitarbeiter um den Japaner Nitobe Inazō, Abteilungsleiter und zugleich Untergeneralsekretär des Völkerbunds,[29] sahen sich, ausgerüstet mit einem verhältnismäßig bescheidenen Etat, von Beginn an vor der großen Herausforderung, einen sinnvollen Dienst für geschätzte 300 internationale Organisationen anzubieten, was allein im Hinblick auf Größenverhältnisse ein Problem zu werden versprach.[30] Schließlich gab es noch ein definitorisches

27 Ebd.; *Herren*, Hintertüren, S. 238 ff.

28 Application de l'article 24 du Pacte concernant les bureaux internationaux. Memorandum du secrétaire général 1921 (ArchDip Paris: Société des Nations/IV A à H – Bureaux internationaux. Questions internationales/2433); Notiz im Eidgenössischen Politischen Departement vom 21. Juli 1921 über einen Bericht, den der französische Repräsentant Gabriel Hanotaux dem Rat des Völkerbunds zum Thema im Juli 1921 vorlegte (BAR E 22, 1000/134, Dossier 2357).

29 Zur komplizierten Rolle Nitobes als Vertreter Japans im Völkerbund: *Burkman*, Nationalist Actors; allgemein zum Verhältnis zwischen Japan und dem Völkerbund: *Burkman*, Japan.

30 Nitobe Inazō, Leiter der Abteilung und Untergeneralsekretär des Völkerbunds, in einem Memorandum für den Generalsekretär und die Informationsabteilung im September 1922 (UNOG LoN: R 1011: 13/20098/20098). Zur Lösung dieses Problems schlug Nitobe im gleichen Memorandum vor, die Abteilung in eine globale Informations- und Auskunftsstelle für internationale Organisationen zu verwandeln. Alle internationalen Organisationen, Kommissionen und Verbände wurden aufgefordert, den Völkerbund über Versammlungen, Publikationen und Projekte regelmäßig zu informieren. Die Abteilung sammelte diese Informationen und veröffentlichte sie zwischen 1921 und 1938 in dem Handbuch *Répertoire des Organisations Internationales*. Zur Abteilung für internationale Büros und geistige Zusammenarbeit: *Wöbse*, „To cultivate the internationale mind".

Problem, das die Ausführung des Artikel 24 merklich verkomplizierte: Wann war eine internationale Organisation eine internationale Organisation, die legitimerweise in die Strukturen des Völkerbunds eingegliedert werden konnte? Zur Lösung dieser auch unter Zeitgenossen umstrittenen Frage[31] definierte der Generalsekretär des Völkerbunds, Sir Eric Drummond, 1920 drei Kategorien internationaler Organisationen, von denen nur die dritte von einer Einverleibung in den Völkerbund explizit ausgeschlossen wurde. Es gab öffentliche internationale Organisationen, deren Gründung wie bei der Berner Union auf einen zwischenstaatlichen Vertrag zurückging, quasi öffentliche Organisationen, die zwar auf nichtstaatlichen Initiativen beruhten, jedoch von Regierungen mit offiziellen Delegierten beschickt wurden, und schließlich private internationale Organisationen, die im Vergleich zu den beiden anderen Kategorien keine staatliche Beteiligung kannten.[32]

Da aber auch eine solche Definition die heiklen Fragen nach personeller und finanzieller Ausstattung sowie der konkreten Ausformulierung des Reglements der einverleibten Organisationen nicht zu klären vermochte, nahm sich die Generalversammlung des Themas 1928 erneut an. Sie verabschiedete sich von dem ursprünglichen Plan einer vollständigen Unterstellung. Stattdessen sollten die internationalen Organisationen der ersten und zweiten Kategorie nur lose an den Völkerbund angebunden werden und ihre politische sowie finanzielle Autonomie behalten. Um dennoch eine enge und regelmäßige Zusammenarbeit mit thematisch korrespondierenden Organen des Völkerbunds zu pflegen, Ressourcen zu bündeln, von Synergieeffekten zu profitieren und ein doppeltes Engagement zu vermeiden, sollte das Genfer Generalsekretariat als eine Art Zentrale dienen und alle internationalen Organisationen in einem institutionellen Netzwerk miteinander verknüpfen.[33]

c) Kooperation oder Integration? Die internationalen Unionen für den Schutz des geistigen Eigentums

Aber auch dieser Beschluss litt unter seinem empfehlenden Charakter, weil er Netzwerkbildung nur anregen, nicht aber anweisen konnte. Diese Hilflosigkeit des Völkerbunds gegenüber anderen internationalen Organisationen bekam die Organisation für geistige Zusammenarbeit (OGZ) im Besonderen zu spüren. Bereits bei ihrer Gründung hatte die Kommission für geistige Zusammenarbeit die rechtliche und materielle Sicherung kreativer Arbeit zu

31 *Office Central des Institutions Internationales*, Annuaire 1910/ 1911.

32 Application de l'article 24 du Pacte concernant les bureaux internationaux, Memorandum von Sir Eric Drummond, Generalsekretär des Völkerbunds, von 1921 (ArchDip Paris: Société des Nations/IV A à H – Bureaux internationaux. Questions internationales/2433).

33 Relations entre la Société des Nations et les instituts et organes constitués sous son autorité, in: Société des Nations, Journal officiel, H.7, Genève 1928, S. 899.

einem ihrer Hauptanliegen erklärt.[34] Damit geriet sie jedoch in das Terrain der Berner Union, die seit 1886 ein funktionierendes und zudem kriegsbeständiges internationales Abkommen für den Schutz des literarischen und künstlerischen Eigentums betreute. Wollte die OGZ das geistige Eigentum als eines ihrer programmatischen Standbeine profilieren, musste sie einen Weg finden, wie sie die Berner Union und die für das gewerbliche Eigentum zuständige Pariser Verbandsübereinkunft inhaltlich und strukturell in ihre Arbeit einbinden konnte.

Mit ihrem Beschluss von 1928 hatte die Generalversammlung des Völkerbunds den Weg für eine Kooperation zwischen den einzelnen internationalen Organisationen frei gemacht, indem die Stärken der jeweiligen Organisationen für das Erreichen gemeinsam formulierter Ziele genutzt werden sollten. Trotzdem startete die britische Regierung 1931 einen Versuch, das Büro der Pariser Verbandsübereinkunft dem Völkerbund zu unterstellen, eine Initiative, die auch die Berner Konvention betroffen hätte, weil das Berner Büro eine administrative Einheit für die Betreuung beider Konventionen war. Im Zuge der Revisionskonferenz der Pariser Verbandsübereinkunft 1935 in London wandte sich die für die Konferenz verantwortliche britische Regierung im Juli 1931 mit einem entsprechenden Vorschlag an die Aufsichtsmacht der beiden Unionen, die Schweiz. Die Idee basierte auf der Beobachtung, dass der Völkerbund ständig mit Themen befasst sei, die das Büro direkt oder indirekt beträfen, der Völkerbund sich für das Büro engagiere, er bei einer Einverleibung die Kosten für beide Büros decken könne und zu erwarten sei, dass die Fortschritte beider Konventionen unter dem Völkerbund größer seien. Schließlich, so die britische Regierung, bedeute ein solcher Vorschlag keinerlei Kritik an der bisherigen Arbeit des Berner Büros oder der Aufsichtsführung durch die Schweiz, sondern stünde allein im Zusammenhang „with the general policy of his Majesty's Government in the United Kingdom to secure that as many as possible of the various Bureaux should be transferred to Geneva and placed under the controll of the League of Nations".[35]

Der britische Vorstoß blieb wirkungslos. Die Schweizer Regierung interpretierte den Vorschlag als politische Zudringlichkeit und Versuch, sich die Kompetenz des Berner Büros unrechtmäßig einzuverleiben, und wehrte ihn dementsprechend ab. Anders als die Schweiz begegnete der Direktor des Berner Büros, Fritz Ostertag, dem Vorschlag prinzipiell bejahend, indem er die in den ersten Jahren des Völkerbunds oftmals gehörten Argumente für ein Aufgehen der Verwaltungsunionen im Völkerbund aufgriff. Ein Beitritt zum Völkerbund brächte Synergieeffekte, erhöhe die Durchschlagskraft und steigere die politische Autorität der Unionen, da sie mit Rat und Generalversammlung Druckmittel in die Hände bekämen, um Initiativen direkt an die

34 Ausführlich: Kapitel 11a.
35 Note der Britischen Delegation an die Schweizer Regierung am 30. Juli 1931 (BAR E 22, 1000/134, Dossier 2357).

Unionsstaaten zu adressieren und säumigen Mitgliedern gegenüber fordernder aufzutreten.[36] Die Schweizer Regierung sah das anders und war von der „Notwendigkeit oder auch nur Nützlichkeit einer Unterstellung nicht überzeugt".[37] Neben der Sorge, mit der Aufsichtsfunktion selber politische Vorteile zu verlieren, äußerte sie die Befürchtung, dass bei einer Eingliederung die fachliche Kompetenz des Büros von politischen Interessen überlagert würde. Zudem beruhten Synergieeffekte nicht notwendig auf einer institutionellen Einheit, sondern könnten durch einfache Absprachen erreicht werden, indem der Völkerbund schlicht anerkenne, dass das Berner Büro die fachlich und administrativ hauptverantwortliche internationale Organisation für geistiges Eigentum sei.[38]

Neben diesen strategischen Abwehrreaktionen gab es noch ein politisches Problem: Nicht alle Mitglieder der beiden Unionen zum Schutz des geistigen Eigentums waren zugleich Mitglieder des Völkerbunds. Das hätte zwar mit einem Passus geregelt werden können, der den Mitgliedsstaaten in Bezug auf die Unionen die Rechte eines Völkerbundsmitglieds garantiert hätte.[39] Es zeichnete sich jedoch ab, dass die USA als Mitglied der Pariser Verbandsübereinkunft prinzipiell gegen die Eingliederung in den Völkerbund stimmten, weil ihnen das völkerrechtliche und politische Pflichten auferlegt hätte, gegen die der U.S. amerikanische Senat sich mit der Weigerung, die Versailler Friedensordnung zu ratifizieren und dem Völkerbund beizutreten, explizit ausgesprochen hatte. Um eine solche Erklärung seitens der USA zu verhindern und die Pariser Verbandsübereinkunft nicht unnötig politisch zu schwächen, nahmen die Schweizer Regierung und das Berner Büro letztlich davon Abstand, den Vorschlag auf der Revisionskonferenz in London überhaupt zu präsentieren.[40] Damit hatte spätestens die Diskussion um den britischen Vorstoß gezeigt, wie unrealistisch eine Einverleibung der beiden Unionen für den Schutz geistigen Eigentums in den Völkerbund unter den gegebenen politischen Umständen war.[41]

Wollte die OGZ dennoch am geistigen Eigentum festhalten und es trotz aller äußeren Widerstände doch noch zu einem integralen Bestandteil der geistigen Zusammenarbeit machen, blieb ihr in den dreißiger Jahren nur der Weg, eine enge Kooperation mit dem Berner Büro zu suchen. Die Teilnahme der OGZ an

36 Fritz Ostertag an das Eidgenössische Politische Departement am 26. August 1931 (BAR E 22, 1000/134, Dossier 2357).

37 Bericht der Justizabteilung des Eidgenössischen Justiz- und Polizeidepartements an das Eidgenössische Politische Departement, Abteilung für Auswärtiges am 28. November 1931 (BAR E 22, 1000/134, Dossier 2357).

38 Ebd.

39 *Schücking* u. *Wehberg*, S. 483.

40 Bericht der Justizabteilung des Eidgenössischen Justiz- und Polizeidepartements an das Eidgenössische Politische Departement, Abteilung für Auswärtiges am 28. November 1931 (BAR E 22, 1000/134, Dossier 2357).

41 *Boisson*, S. 95 ff; *Siotis*, S. 28.

der Revisionskonferenz der Berner Konvention 1928 in Rom wies bereits in diese Richtung und gab ein erstes Beispiel dafür, wie die administrative Kompetenz des Berner Büros mit dem strategischen, auf Netzwerkbildung, politische Meinungsbildung und Normimplementierung ausgerichteten Potential der OGZ produktiv verbunden werden konnte.[42] Nach der Konferenz eröffnete die in Rom diskutierte Rechtsangleichung zwischen der Berner Konvention und den Urheberrechtsabkommen der Panamerikanischen Union der OGZ eine Option, sich in die bestehenden Abkommen durch Verhandlungsführung und Netzwerkbildung sinnvoll einzuschalten und als Brückenbauer zwischen der Berner Konvention und den panamerikanischen Abkommen in Erscheinung zu treten. Neben den strategischen Absichten, auf diesem Weg zumindest eine der wichtigen internationalen Verwaltungsunionen an den Völkerbund zu binden, artikulierte sich nicht nur in Genf, sondern auch innerhalb der französischen Regierung die Hoffnung, schließlich doch noch eine institutionelle Einheit zwischen dem Völkerbund und den beiden Unionen zum Schutz des geistigen Eigentums zu stiften. Denn genauso wie die britische Regierung befürwortete das französische Außenministerium prinzipiell eine Integration der beiden Unionen in den Völkerbund. Die im französischen Außenministerium zuständigen Beamten spekulierten, dass eine Eingliederung helfe, das in den Konventionen eingeschriebene Einstimmigkeitsprinzip abzuschaffen und die Zuständigkeit des internationalen Gerichtshofs auf beide Unionen auszudehnen. Da ein solcher Schritt Anfang der dreißiger Jahre im Hinblick auf Staaten wie die USA jedoch verfrüht und politisch unrealistisch erschien, hofften die französischen Diplomaten, dass eine Harmonisierung des europäischen und amerikanischen Urheberrechts unter Federführung der OGZ alle Beteiligten schließlich doch davon überzeugte, dass die Berner Union und die Pariser Verbandsübereinkunft in den Händen des Völkerbunds gut aufgehoben seien.[43]

42 Ausführlich vgl. Kapitel 11c.

43 Schreiben der französischen Vertretung beim Völkerbund an die im französischen Außenministerium für die internationalen Verwaltungsunionen zuständige Abteilung am 28. Mai 1932 (ArchDip Paris: Société des Nations/IN – Coopération intellectuelle/1879).

10. Die Organisation für geistige Zusammenarbeit des Völkerbunds

Mit der Organisation für geistige Zusammenarbeit (OGZ) entstand im Verlauf der zwanziger Jahre die vierte technische Organisation des Völkerbunds, die die Themen Kultur, Wissenschaft und Bildung als grenzüberschreitende, alle Staaten des Völkerbunds betreffende Aufgabe definierte und sie in die Agenda der Arbeitsgemeinschaft einschrieb. Genauso wie die anderen technischen Organisationen – Gesundheit, Wirtschaft und Finanzen sowie Verkehr und Transit – agierte die OGZ an der Schnittstelle von intergouvernementaler Politik und einer engen Kooperation mit nichtstaatlichen Akteuren. Im Unterschied zu den internationalen Organisationen des 19. Jahrhunderts war diese mehrseitige Kooperationsstruktur jedoch bewusst und in Form eines festen Reglements in die OGZ eingeschrieben. Sie sollte das nationalstaatliche Kulturmonopol um eine globale Koordinationsinstanz erweitern, indem sie den kulturellen Austausch in den Mittelpunkt rückte und dafür sensibilisierte, dass der transnationale Fluss von Kultur- und Informationsmedien alle Staaten der Welt gleichermaßen betraf und nur in einer gemeinsamen Anstrengung in geregelte Bahnen gelenkt werden konnte. Für die Realisierung dieses ambitionierten Vorhabens vertraute die OGZ nicht nur auf diplomatische Instrumente, sondern integrierte gezielt die Akteure in ihre Arbeit, die das kulturelle und geistige Leben in den nationalen Gesellschaften prägten. In diesem Sinn, so das Argument, war die OGZ eine zwar zwischenstaatlich verankerte, jedoch größtenteils mit nichtstaatlichen Akteuren arbeitende Organisation, die über eine Palette verschiedener Steuerungsinstrumente verfügte, um den Umgang mit Wissen und kulturellen Gütern, die Organisation von Wissenschaft und Bildung sowie die sozialen und wirtschaftlichen Rahmenbedingungen für Kulturschaffende grenzüberschreitend zu institutionalisieren und zu verrechtlichen.

Dieses Kapitel analysiert die OGZ als ein komplexes institutionelles Gefüge, das in den zwanziger Jahren Schritt für Schritt entstand. Die Aufmerksamkeit liegt dabei noch nicht auf dem geistigen Eigentum, das von 1922 bis 1939 ein inhaltliches Standbein der OGZ war, sondern vorerst nur auf der Entstehung einer mehrdimensionalen Handlungsstruktur.

a) Die Internationalisierung von Kultur, Wissenschaft und Bildung

1920 war die geistige Zusammenarbeit weder in Form einer Kommission noch als technische Organisation im Völkerbund vertreten. Während der Pariser Friedensverhandlungen wurde der Vorschlag noch explizit abgelehnt, eine Unterorganisation des Völkerbunds zu gründen, die sich ausschließlich um die Belange der ‚geistigen Arbeiter' kümmerte. Diese Ansicht hielt jedoch nur kurz vor, weil das Fehlen einer Institution, die Wissenschaft, Bildung und Kultur als gemeinsames Aufgabenfeld der Mitgliedsstaaten des Völkerbunds definierte, bald als Manko empfunden wurde.[1] Denn, so die Ansicht, Abrüstung und Friedenssicherung sollte nicht nur militärisch und diplomatisch betrieben werden, sondern in einem interkulturellen Miteinander der Völkerbundmitglieder wurzeln, das sich die Vermittlung von Wissen über andere Gesellschaften und Kulturen, den Austausch von Kulturschaffenden, konkrete Maßnahmen im Bereich Bildung und Erziehung sowie die Verbesserung der Arbeitsbedingungen von Wissenschaftlern und Intellektuellen auf die Fahnen schrieb.[2] Entsprechend entschied die Generalversammlung auf ihrer zweiten Sitzung im September 1921, eine Kommission für geistige Zusammenarbeit einzuberufen.[3] Die Kommission bekam den Auftrag, den interkulturellen Dialog anzukurbeln, zwischen den Gesellschaften des Völkerbunds eine Atmosphäre des gegenseitigen Respekts zu schaffen und ein kollektives Bewusstsein für Aufgaben, Probleme und Zukunftsperspektiven in den Bereichen Kultur, Wissenschaft und Bildung herzustellen, die nur gemeinsam bewältigt werden konnten. Um das zu erreichen, sollte die Kommission den wissenschaftlichen und kulturellen Austausch mit gezielten Maßnahmen fördern, die Vernetzung nationaler Wissenschafts- und Kultureinrichtungen koordinieren und materielle, rechtliche sowie ideologische Hindernisse für den Transfer von Informationen, Wissen und kulturellen Gütern soweit wie möglich aus dem Weg räumen.[4]

Von Beginn an legte die Generalversammlung großen Wert auf die symbolische Rolle der Kommission als intellektuelles Zentrum für moralische Abrüstung und Friedenssicherung. Um das zu erreichen, sollte die Kommission nicht die politischen Machtverhältnisse im Völkerbund spiegeln, sondern mit renommierten Intellektuellen besetzt sein, deren nationale Herkunft keine Rolle spielte. Mit dem französischen Philosophen Henri Bergson, der polnischen Physikerin Marie Curie-Sklodowska und dem deutschen Physiker Albert Einstein gehörten drei Intellektuelle der Gründungskommission an, die damals schon weit über die Landesgrenzen hinaus bekannt waren und dafür eintraten, die Kommission als eine sachbezogene und tatsächlich auf interkulturellen Dialog ausgerichtete Organisation zu führen.[5] Zudem konnte die Kommission sich rühmen, das einzige Organ des Völkerbunds zu sein, dem von Anfang an prominente Nicht-Mitglieder des Völkerbunds angehörten. 1922 betraf das den US-amerikanischen Astronomen George E. Hale (der aus gesundheitlichen Gründen allerdings im gleichen Jahr noch zurücktrat

1 *Bekri*, S. 45 f.

2 *Société des Nations* u. *Section d'information*, La Société des Nations et la coopération intellectuelle 1926, S. 5.

3 Resolution der Generalversammlung: Société des Nations, Journal officiel, supplément spécial H.6, Genève 1921, S. 34.

4 *Pham-Thi-Tu*, S. 62.

5 Für eine Auflistung aller Kommissionsmitglieder zwischen 1922 und 1939 siehe Anhang 2.

und an dessen Stelle der Physiker Robert A. Milikan trat) und Albert Einstein, der zwar 1923 kurzzeitig aus Protest gegen die französische Ruhrbesetzung austrat, 1924 aber wieder hinzukam.[6] Wirft man einen Blick auf die politischen Verhältnisse in den jeweiligen Heimatländern der Kommissionäre, erscheint ihre politische Neutralität allerdings in einem anderen Licht. Denn mit Milikan, Einstein, dem italienischen Juristen und faschistischen Justizminister Alfredo Rocco, oder den französischen Kommissionsmitgliedern Paul Painlevé und Edouard Herriot, die gleichzeitig zu ihrer Mitgliedschaft politische Ämter in der französischen Regierung bzw. im französischen Parlament bekleideten, arbeiteten in der Kommission nicht nur Mitglieder und Nicht-Mitglieder des Völkerbunds zusammen. Vielmehr versammelte sie zugleich die gesamte Spannweite politischer Differenzen der Zwischenkriegszeit. Die spannende Frage, ob und welche Ziele die einzelnen Regierungen mit der Entsendung ihrer Repräsentanten verfolgten und welche Auswirkungen diese hintergründige Politisierung auf das Selbstverständnis und die Arbeit der Kommission außerhalb des geistigen Eigentums hatte, ist ein im hohen Maße untersuchungswerter Gegenstand, der an dieser Stelle allerdings nicht weiter verfolgt werden kann.

Das Selbstverständnis als eine strikt unparteiische und ausschließlich ihrem Gegenstand verpflichtete Organisation verstärkten vier Grundprinzipien, die die Kommissionsarbeit prägten: Erstens war sie unpolitisch und sollte ihre Projekte außerhalb nationaler Interessen entwickeln; zweitens kümmerte sie sich ausschließlich um Probleme des geistigen Lebens; drittens sollte sie föderal organisiert sein, das heißt, ihre Bemühungen nicht in Genf konzentrieren, sondern ihre Projekte mit Hilfe der nationalen Kommissionen für geistige Zusammenarbeit in die Mitgliedsstaaten des Völkerbunds hineintragen, damit sie dort größtmögliche Wirkung entfalteten. Und viertens hatte sie den Anspruch, eine universale Organisation zu sein, die möglichst alle Staaten der Welt in ihre Arbeit einbezog, unabhängig davon, ob sie Mitglieder des Völkerbunds waren oder nicht; das schloss die Erwartung ein, nicht eurozentrisch zu agieren, sondern das Augenmerk besonders auf den Austausch zwischen den Kontinenten zu richten.[7]

Die Kommission bestand anfänglich aus zwölf Mitgliedern, deren Zahl bis 1926 auf fünfzehn, bis Mai 1930 auf siebzehn und bis 1937 noch einmal auf 19 anwuchs.[8] Der Rat nominierte die Kommissionsmitglieder und beschränkte ihre Amtszeit 1926 auf fünf Jahre mit Verlängerungsoption; während dieser fünf Jahre konnten sie ihren Posten nur freiwillig aufgeben, nicht jedoch des Amts verwiesen werden.[9] Formal stand die Kommission dem Rat beratend zur

6 *Rothbarth*, S. 2 f.
7 *Pham-Thi-Tu*, S. 65–71.
8 *Bekri*, S. 55; *Galabert*, S. 73.
9 *André*, S. 184; Discussions at the 62th session of the Council January 1931 (UNOG LoN R 2219: 5B/24688/1397).

Seite. Folglich hatten ihre Beschlüsse immer nur empfehlenden Charakter, und alle Resolutionen und Projektvorschläge, auf die die Kommissionsmitglieder sich einigten, mussten vor ihrer Realisierung der Generalversammlung und dem Rat des Völkerbunds zur Genehmigung vorgelegt werden.[10]

Dem stand eine relative Autonomie der internen Organisation und der Themenwahl gegenüber. Die Kommission trat einmal im Jahr – zumeist im Juli – für mehrere Tage zusammen und plante Projekte, beriet Arbeitsergebnisse und erstattete Rat und Generalversammlung Bericht. Um das breite und undefinierte Feld ‚geistige Zusammenarbeit' effektiv kanalisieren und auf wenige, wirkungsvolle Themenkomplexe eingrenzen zu können, gründeten die Kommissionsmitglieder gleich in der ersten Versammlung vier Unterkommissionen, die das inhaltliche Spektrum der Kommission abstecken sollten. Diese vier Themenbereiche waren geistiges Eigentum, Bibliographie und Wissenschaft, Kunst und Literatur und Universitätsbeziehungen.[11] Um die inhaltlichen Arbeiten möglichst effektiv zu gestalten, berief die Kommission Expertenkomitees ein, „die ganz oder teilweise aus Sachverständigen von außerhalb bestehen, insbesondere aus Vertretern technischer Institutionen oder wissenschaftlicher Gesellschaften".[12] Die Konsultation von thematisch relevanten nationalen Einrichtungen sowohl in- als auch außerhalb der Mitgliedsstaaten des Völkerbunds war ein zentrales Anliegen der Kommission. Denn, so das Argument, nur in der direkten Auseinandersetzung mit kultur- und wissenschaftspolitisch relevanten Akteuren könne die Kommission ihr Ziel erreichen, der Nationalisierung von Kultur, Gesellschaft und Wissenschaft durch die Vernetzung nationaler Kultur- und Wisseneinrichtungen entgegen zu steuern.[13] Wesentlich war dabei, dass eine solche Zusammenarbeit nicht nur gelegentlich stattfand, sondern systematisch betrieben wurde. Von Beginn an war sie als integraler Bestandteil in die Strukturen der Kommission eingeschrieben, indem die nichtstaatlichen Akteure entweder Mitglieder der Kommission waren oder aber in den Expertenkomitees mitarbeiteten, wo sie exponierte, dauerhafte und entscheidungsträchtige Positionen bekamen, auf denen das kulturpolitische Engagement des Völkerbunds ruhte.

In den ersten Jahren schien die Kommission ihren Auftrag eilig in die Tat umzusetzen. Bereits in der ersten Sitzung wurden die Unterkommissionen fixiert, die ihre Arbeit sofort aufnahmen und ab 1924 erste Expertenkomitees einberiefen. Thematisch bezogen sich diese Expertenkomitees auf einen zwischen 1922 bis 1924 von der Kommission erarbeiteten Bericht über die gegenwärtigen Lebensbedingungen der geistigen Arbeiter, dessen Ergebnisse

10 *Institut international de coopération intellectuelle*, L'Institut international, S. 18.

11 *Krüss*, S. 4.

12 Artikel 6 und 7 der Geschäftsordnung der Internationalen Kommission für geistige Zusammenarbeit, in: *Knipping*, S. 939 f.

13 *League of Nations*, The Aims, S. 154 – 157.

in einer Reihe mit insgesamt 29 Bänden veröffentlicht worden waren.[14] 1923 verwandelte die Kommission einen Teil der Abteilung für internationale Büros und geistige Zusammenarbeit im Genfer Generalsekretariat in ein internationales Auskunftsbüro für Universitätsbeziehungen,[15] und im selben Jahr waren bereits zwölf nationale Kommissionen für geistige Zusammenarbeit gegründet worden, die für die Ziele der Kommission auf nationaler Ebene eintraten.[16]

Trotzdem war die Kommission anfänglich weitaus weniger erfolgreich, als es auf den ersten Blick schien. Die einzelnen Unterkommissionen und Expertenkomitees traten zwar mehrfach im Jahr zusammen, berieten den Fortgang ihrer Projekte und brachten ihre Arbeitsergebnisse einer internationalen Öffentlichkeit in Form von Publikationen zu Gehör. Aber es fehlte der Kommission im Ganzen an Schlagkraft und Kontinuität. Dieses Problem wurzelte in ihrer mangelnden finanziellen und personellen Ausstattung. Bis 1926 bekam sie keinen eigenen Etat im Haushalt des Völkerbunds zugewiesen. Stattdessen standen ihr zwischen vier und fünf Mitarbeiter und ein Teil des Budgets der Abteilung für geistige Zusammenarbeit und internationale Büros im Generalsekretariat zur Verfügung, was jedoch nur die Finanzierung der Publikation sowie die Reisekosten der Kommissionsmitglieder und Experten abdeckte.[17] Da die verantwortlichen Beamten im Generalsekretariat nicht ausschließlich der Kommission zuarbeiteten, sondern sich zugleich um das Verhältnis des Völkerbunds zu anderen internationalen Organisationen kümmerten, fehlte es der Kommission an eigenem Personal, das ihre Pläne konzentriert umgesetzt hätte und in der Lage gewesen wäre, dauerhafte und vertrauensvolle Verbindungen zu gesellschaftlichen Akteuren aufzubauen, um die in Genf verabschiedeten Resolutionen auch tatsächlich in die nationalen Gesellschaften zu tragen und sie mit regionalen Initiativen und Reformprojekten zu verknüpfen.[18]

Nachdem der 1924 amtierende Kommissionspräsident Henri Bergson in der Generalversammlung dazu aufgerufen hatte, die Kommission für geistige Zusammenarbeit finanziell zu unterstützen und so ihren Handlungsspielraum zu vergrößern, unterbreitete die französische Regierung dem Rat des Völkerbunds im Sommer 1924 das Angebot, ein Internationales Institut für geistige Zusammenarbeit zu gründen und es der Kommission als Exekutivorgan zur Verfügung zu stellen. Es sollte seinen Sitz in Paris haben, und die französische Regierung sagte die Bereitstellung von Räumlichkeiten sowie die

14 *Krüss*, S. 4; eine Auflistung der 29 Bände: Annuaire de la Société des Nations 1927, S. 645 f.

15 Resolution der Generalversammlung: Société des Nations, Journal officiel, supplément spécial H.11, Genève 1923, S. 24.

16 *League of Nations*, National committees, S. 6.

17 *Völkerbund*, S. 6.

18 *Luchaire*, S. 369; *Société des Nations* u. *Section d'information*, La Société des Nations et la coopération intellectuelle 1926, S. 32.

Finanzierung der Betriebs- und Unterhaltungskosten mit einer jährlichen Zuwendung in Höhe von zwei Millionen französischer Francs zu.[19]

Der Vorschlag stieß in den Reihen des Völkerbunds auf Vorbehalte. Die belgische Regierung verwies auf die lange Tradition, Aufsichtsmacht von internationalen Organisationen zu sein und sah ihre Rolle als europäisches Zentrum der geistigen Zusammenarbeit von französischer Seite bedroht.[20] Ähnlich skeptisch reagierten Großbritannien, Australien und die skandinavischen Staaten, die bezweifelten, dass das Institut tatsächlich eine internationale und neutrale Organisation sein könnte. Vielmehr befürchteten sie, das Institut sei als verstecktes Instrument der französischen Regierung geplant, um die Kommission in Genf politisch zu entkräften, Paris als Zentrum der internationalen geistigen Zusammenarbeit zu etablieren und diese nach französischen Direktiven zu gestalten.[21] Nach einer kontroversen Diskussion in der Generalversammlung, in der es vor allem um die befürchtete politische Vereinnahmung ging, nahmen Rat und Generalversammlung den französischen Vorschlag im Herbst 1924 trotzdem an. Zum einen hatte der Rat aufgrund der Finanznot der Kommission und des Fehlens einer sinnvollen Alternative auf die Annahme des französischen Angebots gedrängt; zum anderen konnte in der Generalversammlung eine Mehrheit unter der Bedingung gefunden werden, dass in der Satzung des Instituts sein strikt internationaler Charakter besonders hervorgehoben und rechtlich abgesichert werden müsse.[22]

b) Eine zwischenstaatliche Organisation nichtstaatlicher Akteure?

Das Institut für geistige Zusammenarbeit wurde im Januar 1926 in Paris eröffnet. Die insgesamt neun Abteilungen waren analog zu den Unterkommissionen und thematischen Schwerpunkten der Kommission konzipiert, so dass sie die Kommission gezielt unterstützen konnten.[23] Die Unterkommission für geistiges Eigentum bekam eine Rechtsabteilung zur Seite gestellt, die im Unterschied zu den anderen Abteilungen jedoch nicht nur ihr zuarbeitete, sondern zugleich für alle juristischen Fragen innerhalb des Instituts zuständig

19 *Institut international de coopération intellectuelle*, L'Institut international, S. 21 ff.

20 *Renoliet*, S. 49.

21 *Bekri*, S. 62 f; *Rothbarth*, S. 3.

22 Resolution des Rats: Société des Nations, Journal officiel, supplément spécial H.2, Genève 1924, S. 285; Resolution der fünften Völkerbundsversammlung vom 23. September 1924, in: *Völkerbund*, Der Völkerbund und die geistige Zusammenarbeit, S. 51 f; Schreiben der französischen Regierung an den Vorsitzenden des Völkerbundsrats am 8. Dezember 1924 (mit den Statuten des Instituts im Anhang), in: *ebd.*, S. 53 – 59.

23 *Galabert*, S. 81; eine ausführliche Beschreibung der umfangreichen Arbeitsaufträge der einzelnen Abteilungen des Pariser Instituts: *Institut international de coopération intellectuelle*, L'Institut international, S. 27 – 31.

und gegenüber Vereinen und Privatpersonen jeder Art auskunftspflichtig war, sobald diese sich mit rechtlichen Fragen zur geistigen Zusammenarbeit an das Institut wandten.[24]

Das Institut verfügte über drei verschiedene Instrumente, um weit reichende Kontakte in die Mitgliedsstaaten des Völkerbunds zu knüpfen, mit deren Hilfe es eine internationale Verständigung über den Umgang mit Kultur, Wissenschaft und Bildung erreichen sollte. Erstens hatten die einzelnen Abteilungen den Auftrag, den Kontakt mit kulturellen, wissenschaftlichen oder anderen professionellen Einrichtungen auf nationaler Ebene aufzunehmen, sobald ihre Unterstützung für die Realisierung eines bestimmten Vorhabens der Kommission sinnvoll erschien.[25]

Zweitens betreute das Institut die nationalen Kommissionen für geistige Zusammenarbeit. Diese gründeten sich ab 1922 in kurzer Abfolge. Sie waren freiwillige Zusammenschlüsse gesellschaftlicher Akteure, die die Arbeit der internationalen Kommission in ihren Heimatländern unterstützten. Die Idee für die Gründung nationaler Kommissionen entstand 1922 eher spontan. Auf ihrer ersten Sitzung hatte die Kommission beschlossen, zu einer ad hoc Hilfe für die Länder aufzurufen, in denen das geistige Leben – und hier fokussierte die Kommission die Wissenschaften – wegen wirtschaftlicher, politischer oder sozialer Krisen besonders bedroht sei.[26] Um Art und Umfang der Hilfsmaßnahmen besser abschätzen zu können, forderte die Kommission konkrete Angaben über den Bedarf an finanzieller oder materieller Hilfe, die ausländische Einrichtungen beispielsweise in Form von Bücherspenden an Bibliotheken leisten konnten. Für die Übermittlung dieser Angaben nach Genf formten sich in den vorrangig betroffenen Staaten Ostmitteleuropas nationale Kommissionen für geistige Zusammenarbeit, die institutionell zumeist an Universitäten oder Akademien angeschlossen waren. Den ersten nationalen Kommissionen, die im Dezember 1922 in Estland und Ungarn gegründet wurden, folgten bis Mitte 1923 zehn weitere Kommissionen in Polen und Bulgarien, Jugoslawien und Österreich, Litauen, Finnland und Griechenland, Lettland, Rumänien und in der Tschechoslowakei.[27] 1929 gab es bereits 24 nationale Kommissionen, die bis 1938 auf 49 anwuchsen, ohne dass die jeweiligen Staaten zwangsläufig Mitglieder des Völkerbunds waren.[28] Ähnlich

24 Die anderen Abteilungen waren eine wissenschaftliche Abteilung mit zwei Unterabteilungen für Natur- und Geisteswissenschaften, jeweils eine Abteilung für Literatur, Kunst und Universitätsbeziehungen, eine beim Direktor angesiedelte Abteilung für allgemeine Fragen der geistigen Zusammenarbeit und eine kleine Abteilung, die sich um die Archivierung, Dokumentation und die Bibliothek des Instituts kümmerte: *Rothbarth*, S. 5; *Institut international de coopération intellectuelle*, Travaux, S. 152.

25 *André*, S. 233 ff.

26 *Société des Nations* u. *Section d'information*, La Société des Nations et la coopération intellectuelle 1926, S. 9 f.

27 *League of Nations*, National committees, S. 6.

28 *Ebd.*; *Société des Nations* u. *Organisation internationale de coopération intellectuelle*; *Société des Nations*, Publications, S. 4.

wie die internationale Kommission bestanden auch die nationalen Kommissionen aus Intellektuellen und Wissenschaftlern, die über die jeweiligen Fachgrenzen hinaus international bekannt waren. Beispielsweise waren in der deutschen Kommission unter anderem die Physiker Max Planck und Albert Einstein, der Dirigent Wilhelm Furtwängler und der Schriftsteller Thomas Mann aktiv. In Frankreich engagierten sich der Schriftsteller Paul Valéry, der Philosoph Henri Bergson und die Physikerin Marie Curie-Sklodowska, zu denen die jeweiligen Direktoren des *Collège de France*, der Nationalbibliothek, der *Ecole normale supérieure*, der *Ecole polytechnique*, der *Ecole centrale de Paris*, der *Université de Paris* und jeweils ein Vertreter der fünf Akademien des *Institut de France* hinzu kamen.[29]

Für die Kommission waren die nationalen Kommissionen von zentraler Bedeutung. Sie unterstrichen die grundsätzlich doppelte Anlage der Genfer Kommission, das Organ einer zwischenstaatlichen Organisation zu sein, deren Arbeit im Kern jedoch auf der Kooperation mit gesellschaftlichen Akteuren aus allen Weltregionen beruhte. Da die Kommission dabei auf politische Allianzen in- und außerhalb des Völkerbunds zumindest keine offensichtlichen Rücksichten nahm, avancierten die nationalen Kommissionen zur wesentlichen Legitimationsinstanz der Genfer Kommission, die nun von sich behaupten konnte, tatsächlich kosmopolitisch zu sein.[30] Darüber hinaus nahmen die nationalen Kommissionen Schlüsselstellungen ein, weil sie als Bindeglieder zwischen der internationalen Kommission in Genf und den kulturellen sowie wissenschaftlichen Einrichtungen auf nationalstaatlicher Ebene funktionierten. Auf der einen Seite vermittelten sie die Pläne der Kommission mit nationalen Akteuren, Organisationen und Initiativen und verliehen der Kommission dadurch die internationale Breitenwirkung, aus der heraus sie allein ihre Legitimation und Glaubwürdigkeit gewinnen konnte. Auf der anderen Seite funktionierten die nationalen Kommissionen als Sammelbecken für Ideen und Projekte, die auf nationaler Ebene allein nicht realisierbar waren, sondern die eine übergreifende, internationale Koordination brauchten, wie die Genfer Kommission sie verkörperte. Den nationalen Kommissionen kam folglich eine essentielle Bedeutung für das Funktionieren der Kommission zu, weil ausschließlich über sie die Verknüpfung zwischen der nationalen und internationalen Ebene statt fand und sie als nichtstaatliche Organisationen der Kommission erst den transnationalen Anstrich jenseits zwischenstaatlicher Direktive verliehen, mit dem sie für ihre Unabhängigkeit und Universalität werben konnte.[31]

Das Pariser Institut bekam noch ein drittes Instrument an die Hand, um Mitstreiter außerhalb des institutionellen Gefüges des Völkerbunds zu suchen, das weit über die Handlungsbefugnisse hinausging, die der Völkerbund

29 *Société des Nations* u. *Organisation internationale de coopération intellectuelle*, S. 13 ff u. 41 ff.
30 *Bekri*, S. 67.
31 *Ebd.*

der Kommission zugestand: staatliche Beigeordnete. War es der Kommission nur erlaubt, Kontakt zu staatlichen Stellen nach expliziter Genehmigung durch den Rat und auch dann nur über die Vermittlungstätigkeit des Generalsekretariats aufzunehmen, erlaubten die staatlichen Beigeordneten dem Institut von Beginn an eine direkte Fühlungnahme auf Regierungsebene unter Umgehung von Rat und Generalversammlung.[32] Die staatlichen Beigeordneten rekrutierten sich zumeist aus dem in Paris ansässigen diplomatischen Corps eines Lands. 1936 waren insgesamt 45 staatliche Beigeordnete beim Institut registriert, und ein Blick auf die regionale Verteilung zeigt eine breite Streuung mit einer großen Gruppe südamerikanischer und ostmitteleuropäischer Staaten.[33]

Da die staatlichen Beigeordneten in der Regel über kein Expertenwissen im Bereich der geistigen Zusammenarbeit verfügten, standen sie dem Institut als Vermittler zur Verfügung. Sie stellten offizielle Verbindungen zu den nationalen Regierungen her, über die das Institut Informationen über die Realisierbarkeit oder Erwünschtheit eines Vorhabens in den jeweiligen Ländern einholen oder – wie sich später noch im Zusammenhang mit der Weltkonvention für das literarische und künstlerische Eigentum zeigen wird – gezielt Lobbyarbeit betreiben konnte, um Regierungsvertreter für seine Pläne zu gewinnen. Umgekehrt konnten Regierungen auf diesem Weg Anregungen für die programmatische Gestaltung und regionale Verankerung der geistigen Zusammenarbeit direkt an das Pariser Institut richten, ohne den längeren diplomatischen Weg über die Generalversammlung oder den Rat des Völkerbunds nehmen zu müssen. Schließlich erfüllten die staatlichen Beigeordneten einige praktische Funktionen. Sie erlaubten es erstens, das Fehlen oder wenig effiziente Funktionieren von nationalen Kommissionen in einem Land über den Aufbau von Regierungskontakten auszugleichen. Zweitens waren sie finanziell für das Institut bedeutsam, weil es über sie zusätzliche Finanzmittel außerhalb der regelmäßigen französischen Zuwendungen einwarb; und zuletzt garantierten die staatlichen Beigeordneten einmal mehr die Universalität und Unparteilichkeit der OGZ, weil auch Staaten beim Institut registriert sein konnten, die nicht zugleich Mitglieder des Völkerbunds waren.[34]

Wenngleich die Kooperation mit den staatlichen Beigeordneten nicht reibungslos verlief und ihr Einflussbereich auf das Institut bei seiner Reform 1930 strikt beschnitten wurde,[35] waren sie für das Institut von großer Be-

32 *Bonnet*, S. 23.

33 International Institute of Intellectual Co-operation, Paris. Governmental Collaboration, Lists of Delegates (UNOG LoN: R 4006: 5B /27290 /2341).

34 *André*, S. 202 ff.

35 IICI. Relations Between the Institute and the „Délégués d'Etat" (UNOG LoN R 3989: 5B/12651/942); Résolutions adoptée par la Commission internationale de coopération intellectuelle et le Conseil d'administration (Session de juillet 1935) destinée à définit les rapports de l'Institut avec les délégués d'états approuvée par l'Assemblée au cours de sa XVIème session (ArchDip Paris: Société des Nations/IN – Coopération intellectuelle/1859).

deutung, weil sie das Pendant zu den nationalen Kommissionen für geistige Zusammenarbeit bildeten. Das Institut erhielt in der Kombination beider Foren mit den von der Kommission einberufenen Expertenkomitees und den zwischenstaatlichen Instanzen Rat und Generalversammlung ein komplexes Instrumentarium an die Hand, mit dem es auf mehreren Ebenen Beziehungen in die für seine Arbeit relevanten Länder und Regionen aufbauen konnte. Das besondere an diesem Vernetzungspotential lag darin, dass es dem Institut die Wahl der Mittel ließ, die von multilateralen Verhandlungen über gezielte diplomatische Lobbyarbeit bis zum Einbezug gesellschaftlicher Akteure und der Konsultation von Experten reichte. So spiegelte das Institut im Kleinen das wesentliche und innovative Strukturmerkmal der technischen Organisationen des Völkerbunds, nämlich einerseits in die intergouvernementalen Strukturen des Völkerbunds integriert zu sein und andererseits eine relative Autonomie zu genießen, die Mitarbeit nichtstaatlicher Akteure forcieren und Projekte im direkten Kontakt mit Experten oder gesellschaftlichen Gruppen erarbeiten zu können.[36]

c) Die globale Steuerung kultureller Beziehungen ab 1930

Die Gründung des Pariser Instituts vergrößerte den Handlungsspielraum der Kommission maßgeblich. Sie war nicht mehr nur auf freiwilliges Interesse und Kooperationsbereitschaft gesellschaftlicher und staatlicher Akteure in den einzelnen Ländern angewiesen, sondern kam nun in die Lage, Interesse wecken zu können, Kooperationen vorzuschlagen, sie zu betreuen und langfristig auszudehnen.[37] Zugleich bildete sich mit dem Institut ein Organisationsgefüge heraus, das immer mehr die Züge einer ‚technischen Organisation' des Völkerbunds annahm. Das Institut als exekutives Organ war der Weisungsbefugnis der international besetzten Kommission in Genf unterstellt, die ihrerseits eine konsultative Kommission des Rats mit einer eigenen Abteilung im Generalsekretariat war und über die nationalen Kommissionen für geistige Zusammenarbeit Kontakte zu gesellschaftlichen Akteuren weltweit unterhielt. Entsprechend veränderte die Eröffnung des Pariser Instituts auch Status und Charakter der Kommission. Bei ihrer Einrichtung hatte der Rat ein nur auf ein Jahr beschränktes Mandat erteilt. Die Generalversammlung hatte diese Befristung zwar schon ein Jahr später aufgehoben, aber erst die Gründung des Pariser Instituts setzte dem temporären Status der Kommission ein Ende. Sie wurde in eine permanente Einrichtung verwandelt, und der Rat befestigte ihre Dauerhaftigkeit mit der Zuweisung eines eigenen Etats im Finanzhaushalt des Völkerbunds.[38] Damit waren die Weichen gestellt, dem sich neu herausbil-

36 *Kolasa*, S. 41.
37 *Luchaire*, S. 370.
38 Règlement sur les attributions du secrétariat de la Commission de coopération intellectuelle,

denden Ensemble den Status einer technischen Organisation zu verleihen, den es erstmals 1926 von der Generalversammlung zugesprochen bekam,[39] der definitiv jedoch erst 1931 nach der Reform von Kommission und Institut befestigt wurde.[40]

Allerdings wurde bereits 1928, und damit zwei Jahre nach Gründung der neuen Organisation, die Notwendigkeit einer grundsätzlichen Reform diskutiert, die vor allem in einem eigenwilligen Statut begründet lag, das sich schnell als Fußangel erwies. Das Pariser Institut bewegte sich von Beginn an in einem Spannungsfeld zwischen seiner Eingliederung in die Strukturen des Völkerbunds und einer starken Bindung an Frankreich, die sich am deutlichsten in seinem Standort Paris, in der Aufstellung des Budgets und dem französischen Vorbehalt spiegelte, nicht in Konflikt mit französischen Interessen geraten zu dürfen. Dieser Spagat musste sowohl in der Satzung als auch in den internen Strukturen des Instituts so verarbeitet werden, dass es auf der einen Seite den französischen Bedürfnissen nach Interessenwahrung Rechnung trug, auf der anderen Seite aber eine selbständige und politisch neutrale Organisation blieb, die ausschließlich der Kommission diente.

Diese Quadratur des Kreises erreichte die Satzung durch zwei Bestimmungen. Erstens wurde das Institut nach französischem Recht als eine autonome und zweitens als eine internationale Organisation gegründet.[41] Anders als die internationalen Büros der Verwaltungsunionen war das Institut als autonome Organisation unabhängig sowohl gegenüber der Regierungsgewalt seines Gastgeberlands als auch gegenüber den Entscheidungsorganen des Völkerbunds, denen es nur zur Verfügung stand, nicht aber unterstellt war.[42] Die französische Regierung hatte damit keinerlei Zugriff auf die Verwendung des Budgets, die internen Verwaltungsabläufe, die Auswahl der internationalen Beamten oder die Aufgabenfelder. Umgekehrt konnte das Institut nicht in den Völkerbund inkorporiert und in der Satzung als Organ des Völkerbunds genannt werden.[43] Als autonome Einrichtung besaß es eine eigene Rechtspersönlichkeit, haftete für sein Handeln, und der Völkerbund hatte

adopté par le Conseil d'administration de l'Institut international lors de sa 3e session, tenue à Genève, le 29 juillet 1926 (UNOG LoN R 224: 5B/13977/13977).

39 Septième session ordinaire de l'Assemblée de la Société des Nations. Travaux de la Commission internationale de la coopération intellectuelle. Résolutions adoptées par l'Assemblée le 24 septembre 1926 sur la proposition de la deuxième commmission, in: Publications de la Société des Nations, XII.A. Coopération Intellectuelle 1926.XIIA.11.

40 Resolution der Generalversammlung: Société des Nations, Journal officiel, supplément spécial H.92, Genève 1931, S. 36.

41 Schreiben der französischen Regierung an den Vorsitzenden des Völkerbundsrats am 8. Dezember 1924 (mit den Statuten des Instituts im Anhang), in: *Völkerbund*, Der Völkerbund und die geistige Zusammenarbeit, S. 53 – 59.

42 Artikel 1 und 3 der Statuten, in: *Knipping*, S. 1070 f.

43 Der Generalsekretär des Völkerbunds, Joseph A. Avenol, an das französische Außenministerium am 6. November 1937 (ArchDip Paris: Société des Nations/IV A à H – Bureaux internationaux. Questions internationales/2433).

keinen direkten rechtlichen, administrativen oder finanziellen Zugriff auf das Personal.[44] Damit das Institut allerdings nicht nur lose mit dem Völkerbund verbunden blieb, sondern der Kommission als ausführendes und unterstützendes Organ zur Seite stand, erhielt es den Status einer internationalen Organisation.[45] Als solche unterstand das Institut einer internationalen Kontrolle. Das heißt, das Personal musste international rekrutiert werden und die programmatische, administrative und finanzielle Aufsicht lag in den Händen eines anderen internationalen Organs – laut Satzung die Kommission.[46] Da die Kommission jedoch Rat und Generalversammlung unterstand, konnte sie keine direkte Weisungsgewalt über das Institut ausüben. Um aus dieser Zwickmühle zu entkommen, wurde ein zwischen Institut und Kommission angesiedelter Aufsichtsrat gegründet. Seine Aufgabe war es, das Pariser Institut sinnvoll in die OGZ einzubinden und die Handlungseinheit zwischen Paris und Genf herzustellen.[47] Der Aufsichtsrat bestand aus allen Mitgliedern der Genfer Kommission und unterschied sich nur dahingehend von ihr, dass ihm nicht der Kommissionspräsident, sondern das jeweilige französische Kommissionsmitglied vorstand und zwar als moralischer Garant für eine Institutspolitik, die im Einklang mit französischen Regierungsinteressen und wichtigen kulturellen Einrichtungen in Frankreich stand.[48]

Wie sehr die französische Regierung auf eine kulturpolitische Kontrolle des Pariser Instituts achtete, die weit über bloße Loyalitätsbekundungen französischer Intellektueller hinausgehen sollte, zeigt die Besetzung des Aufsichtsratvorsitzes. Mit Paul Painlevé (1926 bis 1933) und Edouard Herriot (1934 bis 1939) füllten zwei Personen diese Position aus, die sich dadurch auszeichneten, dass sie französische Staatsmänner waren. Herriot gestaltete seit 1912 die französische Politik zunächst als Bürgermeister von Lyon und von 1919 bis zum Beginn des Zweiten Weltkriegs als Abgeordneter des Departements Rhône; 1924, 1926 und 1932 war er Regierungschef sowie Mitglied des Kabinetts unter Poincaré (1926 bis 1928) und 1934, 1935 sowie zwischen 1936 und 1940 Präsident der Abgeordnetenkammer. Ähnlich stand es mit Painlevé, der von 1910 bis zu seinem Tod 1933 Abgeordneter war, 1917 und zweimal im Jahr 1925 kurzzeitig Regierungschef wurde und nach verschiedenen, nur kurzfristigen Ministerposten von 1925 bis 1933 durchgehend das Amt des französischen Kriegsministers bekleidete.[49] Diese Entsendung zweier politischer Persönlichkeiten zeigt die Bedeutung, die die französische Regierung der OGZ als ein kulturpolitisches Instrument zur Steuerung grenzüberschreitender kultureller Prozesse beimaß. Besonderes Gewicht kam dabei

44 *Bonnet*, S. 23.
45 Artikel 2 der Statuten, in: *Knipping*, S. 1071.
46 *Völkerbund*, S. 9.
47 *Bonnet*, S. 22.
48 *Institut international de coopération intellectuelle*, L'Institut international, S. 25; *Pham-Thi-Tu*, S. 89.
49 Zu den Karrieren beider Politiker: *Mayeur*.

Herriot zu, der als Bürgermeister von Lyon eine intensive kommunale Bildungs- und Kulturpolitik betrieb und die dabei entworfenen Instrumente als Bildungsminister auch auf nationaler Ebene zum Einsatz brachte.[50]

Durch die Auflage, unbedingt eine autonome Organisation sein zu müssen, die dem Völkerbund nicht unterstehen, ihm aber zuarbeitete und letztlich doch nur in seinem Namen handeln durfte, nachdem Rat und Generalversammlung die Projekte abgesegnet hatten,[51] entstanden Grauzonen, in denen die Weisungsbefugnis der Kommission nicht immer klar war und die das Institut nutzte, um administrative und inhaltliche Freiräume zu gewinnen und den Einfluss der Kommission zurückzudrängen.[52] Dies fiel umso leichter, als die bürokratische Stärke des Instituts und ein hoher Durchlauf an Mitarbeitern in Genf eine gewisse Unübersichtlichkeit hinterließen und das Institut von Außen nur schwer durchschaubar und lenkbar machten.[53] So schien das Institut der Kommission mehr und mehr zu entgleiten, was die dezentrale Lage in Paris, der nur lose mit dem Genfer Generalsekretariat verbundene große Verwaltungsapparat, die fehlenden Disziplinarmöglichkeiten von Kommission und Rat und schließlich die direkten Kooperationsmöglichkeiten des Instituts mit den nationalen Kommissionen sowie den staatlichen Delegierten noch beförderten.[54]

Das 1929 von der Kommission eingesetzte Komitee zur Reform der OGZ, bestehend aus fünf Kommissionsmitgliedern und drei externen, nichtstaatlichen Mitgliedern, arbeitete im Frühjahr 1930 ein umfassendes Reglement aus, das die geistige Zusammenarbeit innerhalb des Völkerbunds neu verortete, Methoden und Programm überdachte sowie das Verhältnis zwischen Kommission, Generalsekretariat und Pariser Institut reorganisierte.[55] Die Reform griff grundsätzlich in die Funktionsabläufe der OGZ ein. Nach 1930 war sie nicht mehr nur ein Ensemble verschiedener Einrichtungen, die zwar unter dem gleichen Dach firmierten, aber unzureichend miteinander verknüpft waren. Nun trat sie als eine eigenständige Organisation in Erscheinung, die ihr Programm gestrafft und sich ein Reglement gegeben hatte, das die Kommunikation verbessern und Arbeitsabläufe effizienter gestalten sollte. Vor allem aber verstärkte die Reform die grundlegende Anlage der OGZ, eine zwischenstaatlich legitimierte Organisation zu sein, die ihre konkrete Projektarbeit jedoch auf nichtstaatlicher Ebene realisierte, indem sie die nationalen

50 *Höpel.*

51 *Institut international de coopération intellectuelle*, L'Institut international, S. 26 f.

52 Insbesondere stand der erste Direktor des Instituts, Julien Luchaire, vormaliger Mitarbeiter im französischen Bildungsministerium, in der Kritik, die Abnabelung des Instituts und damit die nachhaltige Schwächung der Genfer Kommission gezielt betrieben zu haben: *Renoliet*, S. 50 f.

53 *André*, S. 105 f.

54 *Bekri*, S. 70 f.

55 Commission internationale de coopération intellectuelle, Rapport de la commission sur les travaux de sa douzième session plénière soumis au Conseil et à l'Assemblée, in: Série de publications de la Société des Nations, XII.A Coopération Intellectuelle 1930.XII.A.3, S. 2.

Kommissionen konsultierte und Expertenkomitees bestehend aus Fach- und Interessenvertretern einberief – Kooperationsstrukturen, die die OGZ in den dreißiger Jahren nutzte, um die Regeln für den Schutz des literarischen und künstlerischen Eigentums global zu vereinheitlichen.

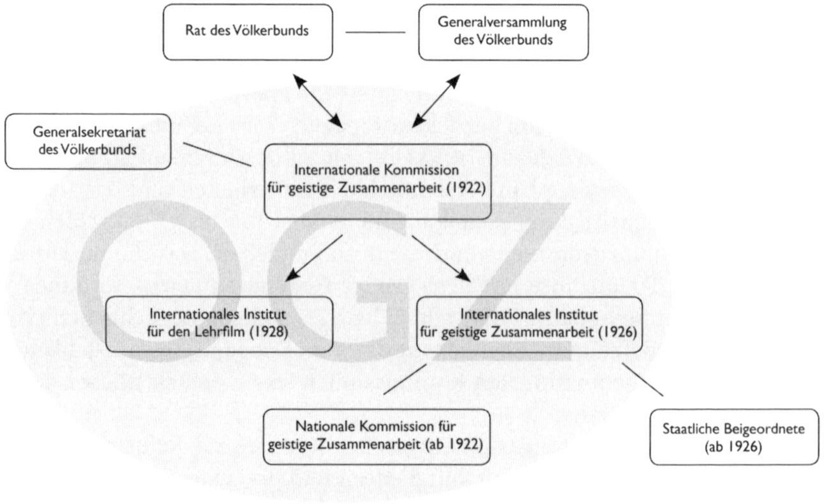

Abbildung 3: Die Organisation für geistige Zusammenarbeit des Völkerbunds.

Nach der Reform setzte die OGZ sich offiziell aus der internationalen Kommission für geistige Zusammenarbeit (beratende Kommission des Völkerbundrats), den von Kommission und Institut eingesetzten Expertenkomitees, dem internationalen Institut für geistige Zusammenarbeit in Paris (Exekutivorgan der Kommission), dem internationalen Institut für den Lehrfilm in Rom und den nationalen Kommissionen für geistige Zusammenarbeit zusammen.[56] Obwohl die nationalen Kommissionen schon vor 1931 eng mit Kommission und Institut kooperiert hatten, war ihre offizielle Integration in die OGZ ein Novum. Denn diese nichtstaatlichen, auf nationalstaatlicher Ebene verankerten Organisationen erhielten nun einen internationalen Status, der sie zu einem festen Bestandteil einer zwischenstaatlich begründeten Organisation machte.[57]

Einschneidende Veränderungen brachte die Reform für die Kommission. Zuallererst wurden die Unterkommissionen abgeschafft und durch ein gestuftes System von Expertenkomitees ersetzt. Die Unterkommissionen hatten sich als träge und den Arbeitsprozess eher verlangsamende Momente erwie-

56 Commission internationale de coopération intellectuelle, Rapport de la commission sur les travaux de sa treizième session plénière soumis au Conseil et à l'Assemblée, in: Série de publications de la Société des Nations, XII.A. Coopération Intellectuelle 1931.XII.A.4, S. 11.

57 *League of Nations*, National Committees, S. 12.

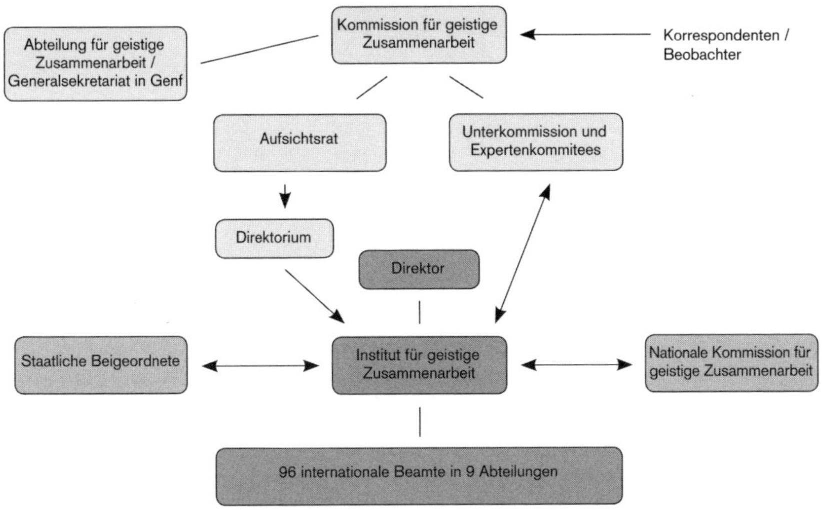

Abbildung 4: Die Organisation für geistige Zusammenarbeit bis 1930.

sen, weil sie zwischen der Kommission als Beschluss fassendem Organ einerseits und den von ihnen selbst eingesetzten Expertenkomitees andererseits standen, bei denen die tatsächliche Projektarbeit gelegen hatte.[58] Stattdessen entwarf man drei, der Kommission unterstehende Typen von Expertenkomitees:[59] Zeitlich befristete Expertenkomitees für die Bearbeitung von Spezialfragen; Expertenkomitees mit verlängertem Mandat für die Bearbeitung eines mehrjährigen Arbeitsplans und kurzfristig einberufenen Studienkomitees, die Projektentwürfe auf ihre Tauglichkeit überprüften und der Kommission empfahlen, welches Problem sie tatsächlich auf ihre Agenda setzen sollte. Zeitlich entfristet wurde nur die in ein Komitee umgewandelte vormalige Unterkommission für Literatur und Kunst.[60]

Das Pariser Institut sah sich mit einer deutlichen Reduktion des bürokratischen Apparats und mit einer besser kontrollierten Einbindung in das Ensemble der OGZ konfrontiert. Der wohl fundamentalste Einschnitt betraf die Anzahl der internationalen Beamten, deren Stellen um 64 % von 96 auf 35 gekürzt wurden.[61] Um die von der Kommission flexibel formulierten Leitideen umsetzen und besser auf inhaltliche Kursänderungen reagieren zu können,

58 Commission internationale de coopération intellectuelle, Rapport de la commission sur les travaux de sa douzième session plénière soumis au Conseil et à l'Assemblée, in: Série de publications de la Société des Nations, XII.A Coopération Intellectuelle 1930.XII.A.3, S. 4.

59 Für eine Erläuterung der Komiteetypen samt einer Klassifikation der 1931 aktiven Expertenkomitees: Commission internationale de coopération intellectuelle, Rapport de la commission sur les travaux de sa treizième session plénière soumis au Conseil et à l'Assemblée, in: Série de publications de la Société des Nations, XII.A. Coopération Intellectuelle 1931.XII.A.4, S. 3.

60 *Galabert*, S. 84.

61 *André*, S. 107 f.

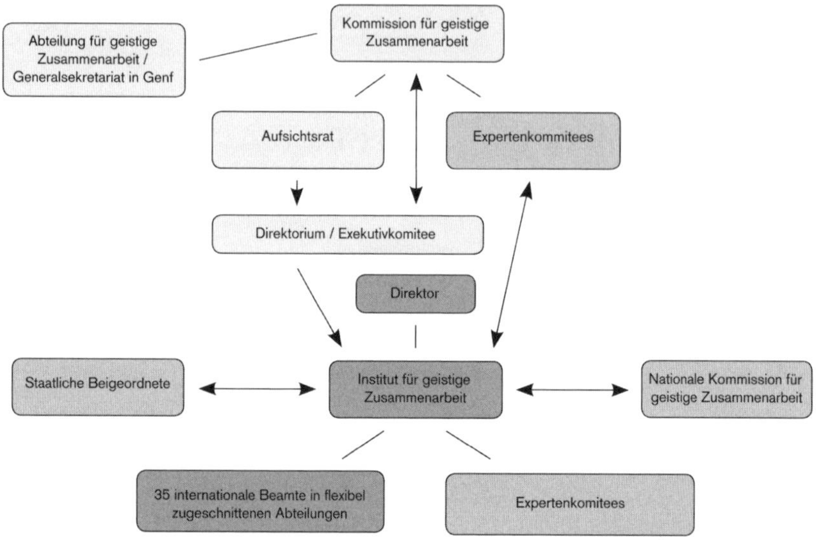

Abbildung 5: Die Organisation für geistige Zusammenarbeit ab 1930.

plädierte das Reformkomitee für die Abschaffung der Abteilungen zu Gunsten von Aufgabenbereichen. Auf diese Weise erhofften die Verantwortlichen sich eine Flexibilisierung der Arbeitsabläufe, die dem erneuten Aufbau eines bürokratischen Apparats erschweren, eine größere Transparenz der internen Strukturen schaffen und es erleichtern sollte, die Zusammenarbeit zwischen Paris und Genf zu koordinieren.[62] An die Stelle der Abteilungen traten nun Expertenkomitees, die die Projekte der Kommission gemeinsam mit den Institutsmitarbeitern realisierten. Je nach Thema waren die Pariser Expertenkomitees unterschiedlich eng an die Expertenkomitees der Kommission angebunden. Beide, die Pariser und die Genfer Expertenkomitees, bestanden vorrangig aus Personen, die aufgrund ihrer fachlichen Kompetenz, als Interessenvertreter oder als Mitglieder der nationalen Kommissionen zu Rate gezogen wurden, in den wenigstens Fällen jedoch aus Diplomaten oder staatlichen Delegierten.[63]

Schließlich ging das bessere Funktionieren der OGZ nach 1930 auch auf den Wechsel in der Direktorenposition des Pariser Instituts zurück. Dem vormaligen Direktor Julien Luchaire folgte ab 1931 Henri Bonnet, der bis zu seiner Ernennung im Büro des stellvertretenden Generalsekretärs des Völkerbunds,

62 Commission internationale de coopération intellectuelle, Rapport de la commission sur les travaux de sa douzième session plénière soumis au Conseil et à l'Assemblée, in: Série de publications de la Société des Nations, XII.A Coopération Intellectuelle 1930.XII.A.3, S. 5.

63 Commission internationale de coopération intellectuelle, Rapport de la commission sur les travaux de sa treizième session plénière soumis au Conseil et à l'Assemblée, in: Série de publications de la Société des Nations, XII.A. Coopération Intellectuelle 1931.XII.A.4, S. 3.

Joseph A. Avenol, gearbeitet hatte.[64] Im Vergleich zu seinem Vorgänger betrieb Bonnet eine auf Konsens und Integration zielende Verwaltungspolitik, die die Spannungen zwischen Paris und Genf schlagartig beruhigte. So schrieb der aus Deutschland stammende Direktor der Abteilung für internationale Büros und geistige Zusammenarbeit und zugleich Untergeneralsekretär des Völkerbunds, Albert Dufour von Feronce, 1932 an das Auswärtige Amt in Berlin, dass die OGZ Dank der Reform und der Einsetzung von Bonnet auf einem guten Weg sei und „man doch nun anfängt, auch größere Probleme ins Auge zu fassen, und dagegen aufgehört hat, allen möglichen Kleinkram beinahe wahllos zu behandeln. Ich bin überzeugt, dass diese neue Arbeitsmethode alljährlich weitere Fortschritte machen und dass man nach und nach erkennen wird, wie viel Nützliches dieses Gremium gelehrter Männer doch leisten kann."[65]

Bemerkenswert sind die Handlungsbefugnisse, die die OGZ mit der Anerkennung durch Rat und Generalversammlung 1931 erhielt. Sie war eine Organisation des Völkerbunds und benötigte für die Realisierung ihres Programms das Mandat von Rat und Generalversammlung. Hatte die OGZ dieses einmal erhalten, besaß sie weit reichende Befugnisse, Kontakte zu nationalen und internationalen Einrichtungen wie auch zu staatlichen und nichtstaatlichen Akteuren aufzunehmen, diese aktiv in ihre Arbeit einzubinden und mit ihnen gemeinsam Projekte auszuarbeiten oder diplomatische Konferenzen für die Verabschiedung internationaler Konventionen vorzubereiten – und das, obwohl die Kommission nicht aus staatlichen Delegierten oder Regierungsvertretern bestand, sondern aus nichtstaatlichen Akteuren, die den Weg in die Kommission vor allem wegen ihres intellektuellen Ansehens gefunden hatten.[66] Die Reform verstärkte sogar noch die Andockmöglichkeiten für nichtstaatliche Akteure. Ihnen standen nicht mehr nur die nationalen Kommissionen oder die von den Unterkommissionen eingesetzten Expertenkomitees zur Verfügung, um ihre Anliegen in den Völkerbund zu tragen und an ihrer Realisierung aktiv mitzuarbeiten. Die neue Struktur ebnete auch nichtstaatlichen Akteuren den Weg in die Projektarbeit der OGZ und zwar auf mehreren Ebenen: Es gab nun die von der Kommission und vom Pariser Institut eingesetzten Expertenkomitees und die nationalen Kommissionen. Umgekehrt ging auch die OGZ gestärkt aus der Reform hervor. Neben der fachlichen Expertise, die die OGZ sich über die intensive Einbindung von Experten und transnationalen Akteuren aus Gesellschaft, Wirtschaft und Kultur ausführlicher als zuvor zu Nutze machte, behielt das Pariser Institut die staatlichen

64 Annuaire de la Société des Nations 1927 – 1930. Deuxième partie. Délégués, représentants, juges et fonctionnaires. Le secrétariat. Personnel, Genève 1927 – 1931.

65 Albert Dufour von Feronce an das Auswärtige Amt in Berlin am 29. Juli 1932 (PolArch: R 96833).

66 *Institut international de coopération intellectuelle*, L'Institut international, S. 70.

Beigeordneten, die ihm diplomatische Kontakte auf Regierungsebene ermöglichten.

Mit der engen Verflechtung von staatlichen Delegierten, gesellschaftlichen Eliten und transnationalen Akteuren aus Kultur und Gesellschaft stand die OGZ unverkennbar in der Tradition der internationalen Organisationen des 19. Jahrhunderts, keine trennscharfe Demarkation zwischen staatlichem und nichtstaatlichem Einflussbereich zu ziehen. Das besondere Moment der OGZ im Unterschied zu den internationalen Organisationen des 19. und frühen 20. Jahrhunderts bestand jedoch in der institutionellen Verbindung von zwischenstaatlichem Mandat mit non-gouvernementalen Arbeitsweisen. Die mehrgliedrige Organisationsstruktur der OGZ bot ausreichend Möglichkeit, die Internationalisierung kultur- und bildungspolitischer Maßnahmen auf verschiedenen politischen Ebenen zu betreiben. Erstens konnte die OGZ die Konsultation nationalstaatlicher Instanzen aussetzen, indem sie den Kontakt zu gesellschaftlichen Akteuren suchte. Aber die OGZ konnte, zweitens, auch mit nationalen Administrationen zusammenarbeiten, um sie davon zu überzeugen, bestimmte kultur- und bildungspolitische Maßnahmen im nationalen Raum anzuwenden und so den grenzübergreifenden Transfer von Kulturgütern und Informationsmedien zu erleichtern. Drittens stand der OGZ die Tür zu multilateralen Initiativen offen, indem sie gemeinsam mit staatlichen und nichtstaatlichen Akteuren auf die Verabschiedung internationaler Abkommen hinarbeitete, die bildungs- und kulturpolitische Strategien international standardisierten und flächendeckend einführten. Die Eigenart der OGZ bestand darin, dass diese verschiedenen Formen der Aushandlung von Regeln und Normen für die Verrechtlichung von Kultur nicht parallel oder sogar unabhängig voneinander existierten, sondern sich in den Strukturen einer internationalen Organisation überschnitten. Dabei begnügte die OGZ sich nicht damit, nur ein Forum für diese Verrechtlichungsprozesse zu bieten. Vielmehr nutzte sie die ihr zur Verfügung stehenden Freiräume und trat vorrangig im eigenen Namen als Organisation für geistige Zusammenarbeit auf, die im Auftrag und mit Rückendeckung des Völkerbunds ein globales Programm für die Verbesserung des interkulturellen Miteinanders und der moralische Abrüstung realisierte.[67]

67 *Bonnet*, S. 27 f; *Kolasa*, S. 164.

11. Der Völkerbund und das geistige Eigentum 1922–1930

Der Schutz geistigen Eigentums stand von Beginn an auf dem Programm der Kommission für geistige Zusammenarbeit des Völkerbunds. Sie betrachtete die materielle und rechtliche Absicherung von Autoren und Musikern, Komponisten und Künstlern, Erfindern und Wissenschaftlern als wesentliche Voraussetzung für eine friedliche und auf Verstehen ausgerichtete Auseinandersetzung mit anderen Gesellschaften und Kulturen. Denn, so die Ansicht, nur wenn die grenzüberschreitende Verbreitung stoffloser Güter wie Wissen, Kunst und Musik in juristisch geregelten Bahnen verliefe, gäben Kultur- und Wissensproduzenten ihre Werke frei, so dass sie tatsächlich international verbreitet und rezipiert würden.[1] Mit diesem Arbeitsauftrag drang die Kommission in ein Gebiet vor, das mit der Berner Konvention und der Pariser Verbandsübereinkunft seit knapp vierzig Jahren im internationalen Recht fest verankert war und das seine Krisenfestigkeit im Ersten Weltkrieg bereits unter Beweis gestellt hatte.

Dieses Kapitel verfolgt die ersten Schritte der OGZ, mit denen sie sich als fachlich und politisch zuständige Autorität in dem institutionell schon etablierten Feld des geistigen Eigentums zu profilieren versuchte. Bis zu ihrer Reform 1931 gestaltete sich das Verhältnis zwischen Berner Büro und OGZ spannungsreich und beide Organisationen gerieten zeitweise in eine institutionelle Konkurrenz. Erst die Teilnahme des Pariser Instituts an der Revisionskonferenz 1928 in Rom förderte die unterschiedlichen Eigenschaften sowie die spezifischen Kompetenzen beider Organisationen deutlich zu Tage: das Büro als ausführende Einrichtung und das Institut als eine internationale Organisation mit ausreichend Handlungsspielraum, um gestaltend in die internationale Rechtsentwicklung eingreifen zu können. Mit dieser Erfahrung im Gepäck bemühten beide Organisationen sich ab 1929 um eine enge und letztlich auch fruchtbare Zusammenarbeit, die nach der Reform der OGZ in einen umfassenden Strategiewechsel eingebettet wurde. Das Ziel war nun nicht mehr, sich mit innovativen rechtspolitischen Initiativen Gehör zu verschaffen, sondern sich in bestehende organisatorische Netzwerke als zentrale Koordinierungsinstanz einzuschalten und sie auf den Völkerbund zu lenken.

a) Themenfindung, Arbeitsorganisation und Netzwerkbildung

Mit der Einrichtung der Kommission für geistige Zusammenarbeit genehmigte der Rat des Völkerbunds zugleich eine Unterkommission für geistiges Eigentum, die im Dezember 1922 erstmals zusammentrat.[2] Die Unterkom-

1 *Société des Nations*, L'Institut international, S. 25.

2 Report of the Sub-Committee's First Meeting on December 18th to 19th 1922 in Paris (UNOG LoN: R 1044: 13/24053x/2256).

mission traf sich jährlich in Genf für die Besprechung laufender und die Planung zukünftiger Projekte. Zwischen 1922 und 1926 bestand sie aus fünf Mitgliedern der Kommission: dem französischen Philosoph Henri Bergson, dem ehemaligen belgischen Minister für Wissenschaft und Kunst, Jurist und Schriftsteller Jules Destrée, dem Direktor einer physikalischen Forschungseinrichtung in Kalifornien, Robert A. Millikan, dem ehemaligen italienischen Bildungsminister, Senator und Rechtsprofessor Francesco Ruffini und schließlich dem Direktor einer elektro-mechanischen Forschungseinrichtung in Spanien, Leonardo de Torres y Quevedo.[3] Hinzu kam ein Vertreter des Generalsekretariats und der von der Kommission nominierte Rechtsexperte und spätere Gründungsdirektor des Instituts für geistige Zusammenarbeit, Julien Luchaire.

Um internationale Anerkennung zu gewinnen und ihren Projekten Erfolg zu garantieren, erhielt die Unterkommission den Auftrag, sich mit Organisationen, Verbänden und Einzelpersonen zu vernetzen, die sich bereits mit geistigem Eigentum beschäftigten, und deren Arbeit für das Anliegen der Unterkommission relevant war.[4] Die Unterkommission zielte darauf, als eine Art Vermittler bestehende Organisationen und Initiativen miteinander in Kontakt zu bringen. Einmal unter dem Dach der Kommission vereint, sollten sie unter Anleitung des Völkerbunds international praktikable Lösungen für den rechtlichen Umgang mit Wissen, Kunst und Kultur ausarbeiten, die den Rechtsschutz und die soziale Situation von Intellektuellen, Wissenschaftlern und Künstlern verbesserten. Entsprechend sah die Unterkommission sich in der Rolle, Juristen, Schriftsteller, Wissenschaftler und Industrielle miteinander zu vernetzen.[5]

Dafür brauchte es ein Programm, das über allgemeine Zielsetzungen hinaus konkrete Themen nannte, die den Gedanken einer internationalen Verständigung durch geistige Zusammenarbeit glaubwürdig verkörperten. Da es ein solches Programm bei Gründung der Kommission nicht gegeben hatte, bestand die wesentliche Aufgabe der einzelnen Unterkommissionen in den ersten Jahren darin, Projekte zu formulieren, mit denen die Kommission sich international etablieren konnte. Ganz oben auf der Agenda der Unterkommission für geistiges Eigentum stand der Schutz des wissenschaftlichen Eigentums, den sie analog zur Berner Konvention und zur Pariser Verbandsübereinkunft in Form eines multilateralen Abkommens international verankern wollte. Diese Idee war unter Rechtsexperten und Mitgliedsstaaten des Völkerbunds umstritten. Seit der Gründung der Pariser Verbandsüberein-

3 Protokoll der ersten Sitzung der Unterkommission im Dezember 1922 (UNOG LoN: R 1044: 13/24053x/2256).

4 Bericht von Gabriel Hanotaux, französischer Delegierter im Rat des Völkerbunds, über die Arbeit der Kommission an den Rat am 14. September 1922 (UNOG LoN: R 1044: 13/23482/22526).

5 Commission internationale de coopération intellectuelle, Dixième session plénière. Rapport de la commission, soumis au Conseil et à l'Assemblée, in: Série de publications de la Société des Nations, XII.A Coopération Intellectuelle A.28.1928.XII, S. 2.

kunft zum Schutz gewerblichen Eigentums 1883 war die Patentierung und kommerzielle Verwertung von Erfindungen international nach einheitlichen Regeln geschützt. Die Unterkommission beharrte dagegen darauf, dass es einen Unterschied zwischen technischen und wissenschaftlichen Erfindungen gebe, den die Pariser Verbandsübereinkunft zum Nachteil von Wissenschaftlern nicht hinreichend berücksichtige. Denn, so das Argument, die Verbandsübereinkunft schütze nur industriell verwertbare Erfindungen, nicht aber Erfindungen aus dem Bereich der Grundlagenforschung, deren praktische Anwendung noch nicht in Sicht sei. Hier sah die Unterkommission eine Lücke im internationalen Recht, das Ingenieuren Rechtsschutz bot, sobald sie theoretische Einsichten praktisch anwendbar machten, das aber diejenigen, die das theoretische Fundament dafür geliefert hatten, außen vor ließ. Ziel der Unterkommission war eine internationale Konvention für den Schutz des wissenschaftlichen Eigentums, die als drittes internationales Abkommen neben den Schutz des gewerblichen sowie des literarischen und künstlerischen Eigentums treten sollte. Analog zur Berner Konvention sollte der Wissenschaftler mit seinen ideellen, moralischen und materiellen Rechtsansprüchen ins Zentrum rücken und als dritte Figur neben Autor und Erfinder treten. Obwohl der Schutz wissenschaftlichen Eigentums die Arbeit der Unterkommission bis zur Neuordnung der OGZ 1930 dominierte, blieb dem Projekt der Erfolg verwehrt, weil es von der Mehrzahl der Industrie- und Berufsverbände – mit Ausnahme der chemischen Industrie – sowie von den Regierungen der industrialisierten Staaten als eine Doppelung bereits existierender Abkommen abgelehnt wurde. Sie führten vor allem zwei Argumente ins Feld: Erstens seien Ideen an sich nicht schützbar, sondern nur ihre konkrete Ausformulierung, die jedoch in den Gegenstandsbereich der Berner Konvention falle. Und zweitens lege ein solcher Rechtsschutz der Industrie eine zusätzliche finanzielle Belastung auf, die sich eher innovationshemmend als -fördernd auswirke.[6]

Das zweite Standbein der Unterkommission war das Urheberrecht, das sie jedoch zu Gunsten des wissenschaftlichen Eigentums in den ersten Jahren nicht systematisch verfolgte. Themen waren die Anerkennung des *droit moral*,[7] die international einheitliche Regelung der Schutzfrist *post mortem*

6 Ausführlich: *Miller*; die Diskussion abbildend: *Galabert*, S. 125–144; *Institut international de coopération intellectuelle*, L'Institut international, S. 452–475; *Ruffini* u. *League of Nations Committee on Intellectual Co-operation*; *Société des Nations* u. *Section d'information*, La Société des Nations et la coopération intellectuelle 1926, S. 17; zur Auseinandersetzung um das wissenschaftliche Eigentum in Deutschland in der Zwischenkriegszeit vgl. *Gispen*; für die deutsche Diskussion vor 1914: *Seckelmann*, Industrialisierung.

7 Das *droit moral* bezeichnet „das von den vermögensrechtlichen Befugnissen unabhängige Recht [...], die Urheberschaft am Werk für sich in Anspruch zu nehmen sowie das Recht geltend zu machen, sich jeder Entstellung, Verstümmelung oder sonstiger Abänderung des Werkes zu widersetzen, die seiner Ehre oder seinem Ruf abträglich sein könnten" (*Vogt*, S. 23). Dem aus dem französischen Rechtsverständnis stammenden *droit moral* steht die deutsche Konzeption des Urheberpersönlichkeitsrechtes gegenüber, für das sich mit der monistischen und dualistischen

auctoris, die Abschaffung von Vorbehalten beim Beitritt zur Berner Konvention, der Rechtsschutz für die mündliche Rede, die Einrichtung einer *domaine public payante*[8] und das *droit de suite*[9]. Schließlich gab es eine Reihe von Themen, die zwar unregelmäßig, aber immer wieder in den Sitzungen auftauchten. Dazu gehörten die soziale und rechtliche Situation geistiger Arbeiter bzw. die Arbeitslosigkeit unter Intellektuellen und Akademikern, Probleme bei der internationalen Verbreitung von Büchern, die Einrichtung einer Sozialkasse für finanziell bedrohte Kulturschaffende und der Rechtsschutz akademischer Titel und Berufsbezeichnungen; ab 1928 kamen die Erarbeitung eines Mustervertrags für den Verlag, eine Übersicht der Rechtsprechung zum geistigen Eigentum, die in Zusammenarbeit mit dem Berner Büro entstehen sollte, und eine *statistique intellectuelle*[10] hinzu, die Informationen über die sozialen, wirtschaftlichen und rechtlichen Lebensbedingungen geistiger Arbeiter weltweit zusammentragen und regelmäßig veröffentlichen sollte.[11]

Die thematische Breite der Unterkommission und ihre nur einmal im Jahr statt findenden Arbeitssitzungen erwiesen sich mit der Zeit als problematisch, weil sie sich in der Vielfalt der Themen zu verlieren drohte. Es fehlte an Zeit,

Theorie zwei Ansätze herausbildeten. Die für die deutsche Rechtsentwicklung ab den zwanziger Jahren entscheidende monistische Theorie geht davon aus, dass „das Urheberrecht weder ein reines Vermögensrecht noch ein reines Persönlichkeitsrecht, sondern ein Recht der besonderen Art [ist], welches sich aus persönlichkeitsrechtlichen und vermögensrechtlichen Befugnissen des Urhebers zusammensetzte“ (*ebd.*, S. 245). Da die französische Konzeption, die keine vermögensrechtlichen Befugnisse des Autors kannte, 1928 in die Berner Konvention einzog, und Kommission sowie Institut sich auf das *droit moral* im Sinne der Berner Konvention beriefen, wird im Weiteren der französische Begriff verwendet.

8 Der *domaine public payante* entsprach das Anfang der zwanziger Jahre in Deutschland diskutierte, jedoch nie realisierte Modell der Reichskulturabgabe. Die Veröffentlichung von Werken, deren Schutzfrist bereits ausgelaufen war, sollte mit einer Gebühr belegt werden. Der Ertrag war für die Schriftstellerverbände vorgesehen, die mit dem Geld ihre wirtschaftlich Not leidenden Mitglieder finanziell unterstützen sollten. Da eine solche Regelung jedoch bis heute nicht im deutschen Recht verankert wurde und der Ausdruck *domaine public payante* zudem der rechtswissenschaftliche Fachterminus ist, wird er im Folgenden stellvertretend für die unterschiedlichen Bezeichnungen und Erscheinungsformen dieser Rechtskonstruktion verwendet.

9 Das *droit de suite* bezeichnet das Recht bildender Künstler und ihrer Erben, prozentual an dem Weiterverkauf ihrer Werke beteiligt zu werden. Da dieses Recht erst 1965 unter dem Begriff des Urhebernachfolgerechts in die bundesrepublikanische Gesetzgebung einzog, wird weiterhin der die zeitgenössische Diskussion bestimmende französische Terminus verwendet.

10 Abgesehen von einem Bericht wurde diese Statistik letztlich nicht auf den Weg gebracht: *Société des Nations*, Rapport.

11 Commission internationale de coopération intellectuelle, Dixième session plénière. Rapport de la commission, soumis au Conseil et à l'Assemblée, in: Série de publications de la Société des Nations, XII.A Coopération Intellectuelle A.28.1928.XII, S. 11; Sitzungsprotokolle der Unterkommission zwischen 1923 und 1930 (UNOG LoN: R 1045: 13C/29774/22526; 13C/30837/22526; 13C/312598/22526; 13C/37599/22526; 13C/45395/22526; 13C/53643 /22526; R 1046: 13C/60765/22526; 13C/60073/22526; R 2206: 5B/5834/530).

personellen und finanziellen Ressourcen, um die Projekte gründlich auszuarbeiten, sie international zu platzieren und zu einem Abschluss zu bringen. Dazu gesellte sich der unglückliche Umstand, dass das einzige konsequent und mit Nachdruck betriebene Projekt der Unterkommission, der Schutz des wissenschaftlichen Eigentums, international keinen Widerhall fand und folglich nicht von der Stelle kam. Die Gründung des Instituts für geistige Zusammenarbeit bot 1926 eine Gelegenheit für die inhaltliche und organisatorische Neugestaltung der Unterkommission.

Zunächst begann man mit einer Namensänderung. Anstatt „sous commission de propriété intellectuelle" nannte sie sich nun „sous-commission des droits intellectuels",[12] womit sie ihren Anspruch unterstrich, für alle Bereiche des internationalen Rechts zuständig zu sein, die Kultur, Kunst, Wissen und die so genannten ‚geistigen Arbeiter' im weitesten Sinne berührten. Als zweites folgten personelle Veränderungen und eine verbesserte strategische Vernetzung der Unterkommission. Nachdem 1926 die erste fünfjährige Amtsperiode der Kommissionsmitglieder ausgelaufen war, legten mit Bergson und Torres y Quevedo zwei der fünf Unterkommissionäre ihr Amt nieder, während Ruffini in die Unterkommission für Kunst und Literatur wechselte.[13] Bei der folgenden Neubesetzung beschränkte man die Mitgliedszahl auf drei, und neben Destrée traten im Juli 1926 der italienische Justizminister Alfredo Rocco und Julio Casarès, spanischer Publizist sowie Mitglied der Königlich-Spanischen Akademie, in die Unterkommission ein. Die Bedeutung der Unterkommission versuchte man durch die Berufung beigeordneter Mitglieder zu erhöhen, die entweder rechtspolitisch einflussreich waren – die Mehrzahl der Beigeordneten hatten grundsätzliche und über den jeweiligen nationalen Wissenschaftskontext hinaus rezipierte Bücher zum internationalen Autorenschutz geschrieben[14] – oder Regierungskontakte in die urheberrechtlich wichtigen Mitgliedsstaaten des Völkerbunds unterhielten. Zu diesen neuen Mitgliedern gehörten der Direktor des Berner Büros Ernst Röthlisberger bzw. nach seinem Tod 1926 sein Nachfolger Fritz Ostertag; Francesco Ruffini, dieses Mal in der Funktion eines Rechtsexperten; Ragnard Knoph, Experte für

12 Der deutsche Ausdruck ‚geistiges Eigentum' beinhaltet zwei Dimensionen, die in der französischen Rechtsprache getrennt benannt werden. Das ist zum einen die vermögensrechtliche Dimension des Besitzens und Verwertens kultueller Güter (*propriété intellectuelle*) und zum anderen die Konzeption von Urheberrechten als persönlichkeitsrechtlich begründete Handlungsrechte (*droits intellectuels*). Da der deutsche Ausdruck beide Dimensionen beinhaltet, werden beide französischen Begriffe mit dem Terminus ‚geistiges Eigentum' übersetzt.

13 Travaux de la sous-commission des droits intellectuels. Rapport présenté à la Commission par M. Marcel Plaisant, au nom de la sous-commission et adapté le 27 juillet 1926, in: Commission internationale de coopération intellectuelle, Procès-verbal de la hutième session, tenue à Genève du lundi 26 juillet au jeudi 29 juillet 1926, in: Série de publications de la Société des Nations, XII.A Coopération Intellectuelle C.462.M.181.1926.XII, S. 60.

14 *Ostertag*, Die Haager Konferenz; *Plaisant*, De la protection internationale; *Plaisant* u. *Pichot*; *Röthlisberger*, Der interne und der internationale Schutz 1914; *ders.*, Urheberrechts-Gesetze und -Verträge; *ders.*, Du droit des auteurs; *Ruffini*.

internationales Recht und Rechtsprofessor in Oslo; ein Vertreter der Internationalen Arbeitsorganisation und schließlich der Jurist und französische Parlamentsabgeordnete Marcel Plaisant.[15] In den Sitzungen traten hauptamtliche und beigeordnete Mitglieder gleichberechtigt auf, und in der Regel waren es sogar die beigeordneten Mitglieder, die programmatische Vorschläge ausarbeiteten und Kommission sowie Generalsversammlung des Völkerbunds Bericht über die Ergebnisse der Unterkommission erstatteten.[16]

Auch wenn die Kommission vorrangig darauf zielte, den Kontakt zu gesellschaftlichen Akteuren in- und außerhalb der Völkerbundsstaaten zu vertiefen, hing ihr letztendlicher Erfolg von der Zustimmung zwischenstaatlicher und staatlicher Akteure ab. Zum einen blieb sie als technische Organisation des Völkerbunds von der Genehmigung von Rat und Generalversammlung abhängig. Zum anderen mussten internationale Abkommen immer das gleiche Nadelöhr passieren, nämlich die Ratifikation multilateraler Abkommen durch die jeweiligen Signatarstaaten. Deswegen war es ratsam, bei der Besetzung der Unterkommissionen auch strategisch zu denken und nicht nur auf Expertise oder die Ausübung eines internationalen Amts zu achten, wie im Falle des Direktors des Berner Büros oder des Vertreters der Internationalen Arbeitsorganisation, sondern auch beigeordnete Mitglieder für die Unterkommission zu gewinnen, die für den Buchhandel und das internationale Autorenrecht wichtige Staaten vertreten konnten. Marcel Plaisant repräsentierte mit Frankreich einen der Gründungsstaaten der Berner Union und den zweitstärksten Buchmarkt in Europa mit einem direkten Kontakt in das französische Parlament. Dagegen gab es bis 1927 sowohl in der Unterkommission für geistiges Eigentum als auch in der für Literatur und Kunst keine deutschen Mitglieder und das, obwohl Deutschland der auflagenstärkste Buchmarkt in Europa und hinter Japan der zweitgrößte weltweit war.[17] Um dem abzuhelfen, wandte sich die Abteilung für internationale Büros und geistige Zusammenarbeit des Genfer Generalsekretariats 1927 an das Auswärtige Amt in Berlin mit der Bitte, für beide Unterkommissionen einen Delegierten zu nominieren. Für die Unterkommission für geistiges Eigentum wünschte man sich einen Juristen oder fachlich spezialisierten Parlamentarier und für die Unterkommission für Literatur und Kunst einen Repräsentanten eines der großen deutschen Verlagshäuser mit technischen und verlagspraktischen Erfahrungen, der mit der zeitgenössischen Literatur vertraut war.[18]

15 Annuaire de la Société des Nations 1927, Genève 1927, S. 173.

16 Sitzungsbericht der Unterkommission von Januar 1926 (UNOG LoN: R 1045: 13C/49044/22526).

17 An der Unterkommission für Bibliographie nahmen seit 1926 Albert Einstein und als beigeordnetes Mitglied der 1925 ins Amt gekommene Generaldirektor der Preußischen Staatsbibliothek Hugo Andreas Krüss teil. Deutsches Mitglied in der Unterkommission für Universitätsbeziehungen war seit 1926 Friedrich von Gottl-Ottlilienfeld, Soziologe, Nationalökonom und Professor an der Humboldt Universität in Berlin: Annuaire de la Société des Nations 1927, Genève 1927, S. 172.

18 Georges Oprescu, Mitarbeiter der Abteilung für internationale Büros und geistige Zusam-

Während die Unterkommission für geistiges Eigentum ohne deutschen Repräsentanten blieb,[19] entsandte das Auswärtige Amt ab 1928 zwei deutsche Vertreter in die Unterkommission für Literatur und Kunst: für die Sektion Literatur den Verleger Anton Kippenberg – zwischen 1905 und 1950 Leiter des Insel Verlags – und für die Sektion Kunst Richard Ernst Graul, Direktor des Leipziger Kunstgewerbemuseums.[20] Nach der Reorganisation von Kommission und Institut 1930, bei der allein die Unterkommission für Literatur und Kunst erhalten blieb, trat Thomas Mann an die Stelle der beiden vorigen deutschen Vertreter.[21]

Die Gründung des Instituts für geistige Zusammenarbeit war nach Namensänderung und Nominierung beigeordneter Mitglieder schließlich der dritte Pfeiler bei der Neuordnung der Unterkommission. Bei seiner Gründung wurde das Institut mit einer Rechtsabteilung ausgestattet, die sich unter anderem mit geistigen Eigentumsrechten beschäftigte.[22] Um sie möglichst optimal in die Arbeit der Unterkommission einzubinden und Doppelungen zu vermeiden, erhielt Letztere den Auftrag, den Arbeitsplan der Pariser Rechtsabteilung zu koordinieren. Dafür war eine deutliche programmatische Straffung der Unterkommission nötig, weg von der thematischen Vielfalt hin zu einer explizit formulierten Agenda, die auf der Jahressitzung im Juli 1926 auf den Weg gebracht wurde. Das neue Arbeitsprogramm formulierte drei Kernbereiche: den Schutz wissenschaftlichen Eigentums, die Ausdehnung des literarischen und künstlerischen Eigentums und die Ausarbeitung einer einheitlichen Satzung für internationale Vereine, Verbände und Stiftungen.[23] Mit diesem Programm waren die anderen Themen wie die internationale Verbreitung von Büchern oder der Mustervertrag für Verlage nicht vom Tisch, rückten in ihrer Wichtigkeit jedoch in die zweite Reihe. Innerhalb der drei Kernthemen gewann das literarische und künstlerische Eigentum zwar zunehmend an Gewicht, aber es blieb bis zur Auflösung der Unterkommission 1930, als zugleich die Idee eines weltweit einheitlichen Autorenschutzes auf die Tagesordnung rückte, im Schatten des wissenschaftlichen Eigentums.[24]

menarbeit im Generalsekretariat, an das Auswärtige Amt in Berlin am 11. Mai 1927 (UNOG LoN: R 1045: 13C/49045/22526).

19 Die Gründe dafür konnten nicht ausfindig gemacht werden, weil sich in den entsprechenden Akten des Auswärtigen Amts keine Vermerke finden.

20 Interne Notiz im Auswärtigen Amt vom 22. März 1928 (PolArch: R 96833); Commission internationale de coopération intellectuelle, Dixième session plénière. Rapport de la commission, soumis au Conseil et à l'Assemblée, in: Série de publications de la Société des Nations, XII.A Coopération Intellectuelle A.28.1928.XII, S. 3.

21 Deutsches Konsulat in Genf an das Auswärtige Amt am 24. Februar 1931 (PolArch: R 96833); Annuaire de la Société des Nations 1931, Genève 1931, S. 240.

22 Vgl. Kapitel 10c.

23 Commission internationale de coopération intellectuelle, Huitième session plénière. Rapport de la commission soumis au Conseil et à l'Assemblée, in: Série de publications de la Société des Nations, XII.A Coopération Intellectuelle A.28.1926.XII, S. 5.

24 Commission internationale de coopération intellectuelle, Dixième session plénière. Rapport de

Die Reform der OGZ 1930 ließ auch die Unterkommission für geistiges Eigentum nicht unberührt. Mit der Nominierung der beigeordneten Mitglieder hatte man 1926 bereits versucht, die Kontakte in die Mitgliedsstaaten der Berner Konvention deutlich zu verbessern und von der mehr zufälligen Projektauswahl wegzukommen hin zu einer institutionell konsolidierten Zusammenarbeit mit einschlägigen Institutionen und Rechtsexperten, die international tatsächlich relevante Themen auf die Agenda der Unterkommission setzten. Programmatisch blieb das geistige Eigentum als wichtiges Standbein der Kommission zwar erhalten, aber der Neuordnung fiel die Unterkommission zum Opfer.[25] Stattdessen wurde die inhaltliche Verantwortung für diesen Bereich vollständig in die Hände der Pariser Rechtsabteilung gelegt. Sie erhielt den Auftrag, alle Fragen zum geistigen Eigentum und zur Situation der geistigen Arbeiter in enger Zusammenarbeit mit den anderen internationalen Organisationen aus den Reihen des Völkerbunds zu bearbeiten, die sich satzungsgemäß auch mit geistigem Eigentum beschäftigten. Zu diesen Organisationen gehörten neben dem Pariser Institut die Internationale Arbeitsorganisation, das Internationale Institut für die Vereinheitlichung des Privatrechts in Rom und die Rechtsabteilung des Genfer Generalsekretariats. Vervollständigt wurde dieses Ensemble mit dem Berner Büro, das zwar nicht zum Völkerbund gehörte, für das geistige Eigentum jedoch unverzichtbar war.[26] Mit der Idee einer gemeinsamen Agenda, die die Effizienz durch projektbezogene Initiativen sowie Arbeitsteilung erhöhen sollte, professionalisierte die Kommission ihr rechtspolitisches Engagement. Sie arbeitete Projekte nun nicht mehr allein aus, sondern bündelte und koordinierte bestehende Kapazitäten, verknüpfte die politischen Netzwerke der einzelnen Organisationen miteinander und hoffte so, die Autorität, Reichweite und rechtspolitische Relevanz des Völkerbunds international zu erhöhen.[27]

la commission, soumis au Conseil et à l'Assemblée, in: Série de publications de la Société des Nations, XII.A Coopération Intellectuelle A.28.1928.XII, S. 38.

25 Als einzige blieb die Unterkommission für Literatur und Kunst erhalten, die als permanente Kommission neben eine Reihe von Expertenkomitees trat: Commission internationale de coopération intellectuelle, Rapport de la commission sur les travaux de sa treizième session plénière, soumis au Conseil et à l'Assemblée, in: Série de publications de la Société des Nations, XII.A Coopération Intellectuelle A.23.1931.XII, S. 3.

26 Commission internationale de coopération intellectuelle, Rapport de la commission sur les travaux de sa douzième session plénière, in: Série de publications de la Société des Nations, XII.A Coopération Intellectuelle A.21.1930.XII, S. 4.

27 Commission internationale de coopération intellectuelle, Rapport de la commission sur les travaux de sa onzième session plénière, in: Série de publications de la Société des Nations, XII.A Coopération Intellectuelle A.20.1929.XII, S. 3.

b) Das Berner Büro und die Organisation für geistige Zusammenarbeit

Mit ihrer Gründung bekam die Unterkommission den Auftrag, insbesondere an das Berner Büro heranzutreten und es in die Arbeit von Kommission und Unterkommission zu integrieren.[28] Die dafür nötige Korrespondenz erledigte anfangs die Abteilung für internationale Büros und geistige Zusammenarbeit des Genfer Generalsekretariats, die im Herbst 1922 Kontakt mit Ernst Röthlisberger, dem Direktor des Büros, aufnahm und ihn zur Gründungssitzung der Unterkommission im Dezember 1922 einlud.[29] Obwohl die Mitglieder der Unterkommission mit Röthlisberger einen regelmäßigen und überwiegend freundschaftlichen Kontakt pflegten, der im Austausch von Dokumenten, in der gegenseitigen Information über aktuelle Rechtsentwicklungen und in Berichten bestand, die das Berner Büro über die Kommissionsarbeit in seiner Zeitschrift *Le Droit d'Auteur* abdruckte,[30] war das Verhältnis zwischen Unterkommission und Büro nicht ungetrübt. Denn die Unterkommission und später auch das Pariser Institut trafen mit dem Berner Büro auf ein rechtliches und administratives Zentrum einer funktionierenden internationalen Kooperationsstruktur, der gegenüber die OGZ sich so positionieren musste, dass sie nicht den Eindruck erweckte, eine Verdoppelung und Konkurrenz des Büros zu sein. Aber genau das war das Problem der ersten Jahre. Was der Kommission bzw. ihren auf geistiges Eigentum spezialisierten Organen anfänglich fehlte, war ein eigenes Thema und eine spezifische, vom Berner Büro unterschiedene Funktion, mit der sie sich in diesem internationalen Rechts- und Organisationsgefüge verorten und ihren Anspruch legitimieren konnte, eine internationale Organisation mit universeller Zuständigkeit für alle Fragen der geistigen Zusammenarbeit zu sein.

Diese anfängliche Orientierungslosigkeit schlug sich in einem zwiespältigen Verhältnis zum Berner Büro nieder. Auf der einen Seite unterstütze die Kommission das Büro. So beschloss sie im November 1923, die Mitgliedsstaaten des Völkerbunds aufzufordern, der Berner Konvention beizutreten, sofern das noch nicht geschehen war. Diese Aufforderung, die der Generalsekretär des Völkerbunds Sir Eric Drummond im Februar 1925 aussprach, wurde in Absprache mit Ernst Röthlisberger vorbereitet und an die Mitgliedsstaaten des Völkerbunds verschickt.[31] Diese Art der Zusammenarbeit

28 Bericht von Gabriel Hanotaux, französischer Delegierter im Rat des Völkerbunds, über die Arbeit der Kommission am 14. September 1922 (UNOG LoN: R 1044: 13/23482/22526).

29 Rapport des Bureaux réunis de la propriété industrielle, littéraire et artistique adressée à la Commission internationale de coopération intellectuelle instituée par la Société des Nations (Unesco IICI: E.III.2).

30 Intellectual Property and Rights, 1922/Sous-commission des droits intellectuels (UNOG LoN: R 1044, 13/24053x/2256).

31 Brief des Generalsekretärs Sir Eric Drummond an die Mitgliedsstaaten des Völkerbunds im Februar 1925 (UNOG LoN: R 1066: 13C/39168/32756). Das Berner Büro kommentierte den ersten Briefentwurf und sandte Drummond Listen mit möglichen Adressaten und eine Ein-

setzte sich bis in die dreißiger Jahre fort, als die Kommission 1933 beschloss, die Mitgliedsstaaten des Völkerbunds per Rundschreiben daran zu erinnern, die Beschlüsse der Revisionskonferenz von Rom sobald wie möglich zu ratifizieren, um den Weg für die für 1935 geplante Revisionskonferenz in Brüssel frei zu machen.[32]

Auf der anderen Seite gab Röthlisberger gegenüber den Kommissionsmitgliedern deutlich zu erkennen, dass nicht die Kommission, sondern das von ihm geleitete Büro die beiden maßgeblichen internationalen Abkommen für den Schutz geistigen Eigentums betreute.[33] Das wissenschaftliche Eigentum war ein Versuch, dem Berner Büro ein Stück Boden abzuringen, damit die Kommission zwischen gewerblichem Eigentum auf der einen sowie künstlerischem und literarischem Eigentum auf der anderen Seite ein eigenes internationales Abkommen hätte erarbeiten können, für das sie sich allein verantwortlich gezeichnet hätte. Beim Thema Autorenrechte gab es zwar keinen expliziten Versuch, in das Territorium des Berner Büros einzudringen, aber man dachte darüber nach. Bis 1926 tauchten in der Unterkommission immer wieder Überlegungen auf, eine internationale Urheberrechtskonvention auszuarbeiten, ohne dabei die Existenz der Berner Union, an die eine solche Konvention allein hätte sinnvoll angebunden werden können, mit einem Wort zu erwähnen.[34]

Dieses Konkurrenz- und Profilierungsstreben der Unterkommission beruhigte sich Mitte der zwanziger Jahre, nachdem Fritz Ostertag, der neue Direktor des Berner Büros als beigeordnetes Mitglied der Unterkommission offiziell nominiert und die Zusammenarbeit so in geregelte Bahnen gelenkt worden war. Aber damit war das neu gegründete Pariser Institut nicht von seiner Verpflichtung befreit, eine eigene programmatische Linie zu finden, die zugleich sein Verhältnis zum Berner Büro klären konnte. Prinzipiell verfügte das Institut über eine ganze Palette von Möglichkeiten, zur Gestaltung des geistigen Eigentums beizutragen. In der Rechtsabteilung des Instituts waren drei Vollzeit-Mitarbeiter mit den rechtlichen Aspekten der geistigen Zusammenarbeit beschäftigt. Darüber hinaus stand den Mitarbeitern ein Budget zur Verfügung, um auf Kongresse von wichtigen internationalen Verbänden zu

schätzung über die Beitrittswahrscheinlichkeit einzelner Staaten: Correspondance With Union Internationale (UNOG LoN: R 1066: 13C/39866/32756).

32 Intellectual Property. Documents Presented to and Discussed at the 15th Session of the CICI, July 1933 (UNOG LoN: R 4022: 5B/4856/4181).

33 Einen solchen Vorbehalt, am besten über anstehende Maßnahmen zur Verbesserung des internationalen Urheberschutzes entscheiden zu können, äußerte das Berner Büro in seinem Bericht über das Treffen der Unterkommission im Dezember 1922 in Paris: Bureau de l'union internationale pour la protection des œuvres littéraires et artistiques. Rapport de gestion. Trente-cinquième année, Berne 1922, S. 3 (BAR: E 2001 (B), R 62/31, Dossier 21).

34 So beispielsweise auf der Sitzung der Unterkommission am 7. Dezember 1923 (UNOG LoN: R 1066: 13C/32756/82756) oder auf der Jahressitzung der Unterkommission im Juli 1926: Preparation of a Model Draft Law and International Convention by IICI (UNOG LoN: R 1066: 13C/53930/32754).

fahren und umgekehrt, Delegierte dieser Verbände zu Besprechungen nach Paris einzuladen. Dennoch geriet die Rechtsabteilung des Instituts nach wenigen Jahren in starke Kritik. Ein Vorwurf an das Institut, der 1930 ein wesentlicher Aspekt seiner Reorganisation werden sollte, war die Breite dieser Kontakte, die anfänglich zu willkürlich gewählt und zu wenig inhaltlich fokussiert schienen. Kontakte zur *International Law Association*, zu Rechtsprofessoren, Mitgliedern des permanenten internationalen Gerichtshofs, zum Präsident des deutschen Reichsgerichts und zu internationalen Einrichtungen wie der *Académie Internationale de Droit Comparé* und der *Académie de Droit International*,[35] beide in Den Haag, halfen dem Institut nur wenig weiter, solange sie auf kein konkretes Projekt zielten, was in den wenigsten Fällen tatsächlich der Fall war. Stattdessen raubten diese nach vielen Seiten gerichteten Vernetzungsversuche Zeit und Geld, und die Arbeit der Rechtsabteilung erschien ineffektiv.[36] Zusätzlich erschwerten die Aufgaben, die die Rechtsabteilung innerhalb des Instituts erfüllen musste, ein ergebnisorientiertes Arbeiten, weil sie nicht nur der Unterkommission zuarbeitete, sondern zugleich alle juristischen Fragen innerhalb des Instituts betreute.[37]

Die Kritik an einem fehlenden inhaltlichen Leitfaden der Rechtsabteilung beschwichtigte die Unterkommission bis zur Neuordnung der OGZ weitestgehend. Die Unterkommission steckte in einem Dilemma. Auf der einen Seite war die Vernetzung mit internationalen Einrichtungen und Verbänden eine der zentralen programmatischen Leitlinien des Instituts, die es im Sinne der geistigen Zusammenarbeit unbedingt weiter ausspielen sollte. Auf der anderen Seite barg dieser allgemein formulierte Auftrag, Kontakte zu knüpfen, die Gefahr, dass das Institut sich verzettelte. Entsprechend gestand Marcel Plaisant in seinen jährlichen Arbeitsberichten über die Unterkommission zwar ein, dass die Rechtsabteilung an einigen Stellen zu oberflächlich arbeite und sich inhaltlich mehr vertiefen sollte, schob diesen Umstand aber darauf, dass das Institut sich erst einmal auf dem internationalen Parkett orientieren und seinen eigenen Platz finden müsse. Beide, Kommission und Institut, seien erst wenige Jahre aktiv, die Idee einer geistigen Zusammenarbeit ganz neu, und es brauche Zeit und Geduld, damit die OGZ Akzeptanz und Autorität gewänne, um aus der Vielfalt unterschiedlicher Interessen tragfähige Kompromisse zu schließen. Darüber hinaus sei es ein wesentlicher Bestandteil geistiger Zusammenarbeit, Juristen und Wissenschaftler, Schriftsteller und Musiker, Künstler und Verwerter wissenschaftlicher oder kultureller Werke miteinan-

35 Die Korrespondenz mit der *Académie Internationale de Droit Comparé* endete 1927 ergebnislos, nachdem das Pariser Institut versucht hatte, sie in die Arbeit der Unterkommission einzubinden (Unesco IICI: B.IV.13).

36 Institut international de coopération intellectuelle, Rapport à la sous-commission des droits intellectuels sur l'activité de la section juridique (UNOG LoN: R 1046: 13C/60073/22526).

37 *Institut international de coopération intellectuelle*, Travaux, S. 152.

der ins Gespräch zu bringen, so dass das Institut seinen Auftrag letztlich durchaus erfülle.[38]

Den ersten Versuch eines gemeinsamen Projekts von Institut und Berner Büro, das über gegenseitige Beratung und Information hinausgehen sollte, beschloss die Unterkommission 1927. Sie beauftragte den Leiter der Rechtsabteilung, Raymond Weiss, gemeinsam mit dem Berner Büro eine Übersicht der nationalen Rechtsprechungen zum Urheberrecht auszuarbeiten, die als gemeinschaftliche Veröffentlichung beider Organisationen erscheinen sollte.[39] Die Grundlage für eine solche Zusammenarbeit hatten beide Organisationen ein Jahr zuvor gelegt, als das neu gegründete Institut sich beim Berner Büro vorstellte und betonte, dass es die fachliche Autorität und strategische Bedeutung des Berner Büros anerkenne und deswegen keine Konkurrenz suche, sondern eine enge Zusammenarbeit.[40] Das Publikationsprojekt, das ab 1928 Gestalt annahm und für das es 1930 sogar zu Verlagsverhandlungen kam, verlief trotzdem im Sand. Es begann viel versprechend, als ein deutscher Jurist und Experte für internationales Urheberrecht, Willy Hoffmann, dem Institut seine Mitarbeit anbot. Er wollte nicht nur zur Erstellung der Übersicht beitragen, sondern war international so gut vernetzt, dass er Länderkorrespondenten für Österreich und die Tschechoslowakei, Ungarn und Polen, Italien und Großbritannien, Jugoslawien und Dänemark gewann, die sich bereit erklärten, beiden Organisationen Berichte über die laufende Rechtsprechung in ihren Ländern zuzuarbeiten.[41] Nach der Reorganisation des Pariser Instituts geriet das Projekt in eine erste Krise. Es litt unter Geldsorgen, weil dem Institut nun das Budget fehlte, den Korrespondenten ein Honorar zu bezahlen.[42] Viel größer war aber das Problem, dass Direktor Fritz Ostertag seine Unterstützung sukzessive zurückzog. Nach anfänglicher Skepsis, ob die Übersicht in Form eines vierteljährig erscheinenden Sonderhefts des *Le Droit d'Auteur*, der Zeitschrift des Berner Büros, tatsächlich sinnvoll wäre, lehnte er das geplante Format schließlich ganz ab. Er zweifelte an der Qualität des Materials und war zudem überzeugt, dass es quantitativ nicht für eine regelmäßige Veröffentlichung ausreiche. Stattdessen entschied das Berner Büro, die Rubrik Recht-

38 Bericht von Marcel Plaisant über die Arbeit der Unterkommission für das Jahr 1929 (UNOG LoN: R 2207: 5B/13059/520); Commission internationale de coopération intellectuelle, Dixième session plénière. Rapport de la commission, soumis au Conseil et à l'Assemblée, in: Série de publications de la Société des Nations, XII.A Coopération Intellectuelle A.28.1928.XII, S. 2.

39 Ebd.

40 Der Direktor des Pariser Instituts, Julien Luchaire, an den Direktor der Berner Büros, Fritz Ostertag, am 13. November 1925; Antwort von Ostertag am 19. Novemver 1925 (Unesco IICI: E.III.2).

41 Willy Hoffmann an Raymond Weiss am 15. Mai 1931 (Unesco IICI: E.IV.39). Willy Hoffmann begründete 1928 die bis heute existierende Zeitschrift *UFITA. Archiv für Urheber- und Medienrecht.*

42 Raymond Weiss an Willy Hoffmann am 15. Juni 1930 (Unesco IICI: E.I.13).

sprechung im *Le Droit d'Auteur* zu erweitern und die Korrespondenten zu bitten, ihre Berichte direkt an die Redaktion in Bern zu schicken.[43]

Mit dieser Entscheidung zog das Berner Büro eine deutliche Trennlinie zwischen seinem Hoheitsgebiet und den Begehrlichkeiten der OGZ. Mit dem Ausschluss des Pariser Instituts von der Redaktion des *Le Droit d'Auteur* hinderte das Berner Büro es daran, sich in die Gestaltung einer seiner zentralen Aufgaben einzuschalten, nämlich die Publikation der offiziellen Zeitschrift der Berner Union, die für das internationale Urheberrecht die vollständigste Dokumentation der aktuellen Rechtsentwicklung lieferte, deren Herausgabe die fachliche und rechtspolitische Autorität des Büros wesentlich ausmachte und die das Büro als Sprachrohr zu nutzen wusste, um eigene rechtspolitische Positionen zu verteidigen.[44] Für die Kommission scheiterte mit der Übersicht dagegen ein ernstzunehmender Versuch, das Pariser Institut als koordinierende Organisation neben dem Berner Büro zu etablieren und ein Betätigungsfeld zu gewinnen, das die Kritik an der Arbeit des Instituts abschwächen konnte. Dieser misslungene Versuch, die Beziehung zum Berner Büro auf feste Füße zu stellen, fiel letztlich jedoch nicht schwer ins Gewicht, weil die Revision der Berner Konvention 1928 in Rom bald zeigen sollte, dass beide Organisationen durchaus Potential besaßen, sich sinnvoll zu ergänzen und gemeinsam an der Ausdehnung des internationalen Urheberschutzes zu arbeiten.

c) Das Pariser Institut auf der Revisionskonferenz der Berner Konvention

Alle Anwandlungen, sich als Konkurrenzorganisation des Berner Büros profilieren zu wollen, verschwanden jedoch spätestens 1927, als die Vorbereitungen für die nächste Revisionskonferenz der Berner Konvention anliefen, die ursprünglich im Oktober 1927 stattfinden sollte, dann aber auf Frühjahr 1928 verschoben wurde. Die OGZ begann sich nun immer mehr für solche rechtlichen Änderungen in der Berner Konvention zu engagieren, die Fritz Ostertag auch gern als Ergebnis der Konferenz gesehen hätte, ohne dass er jedoch die Befugnis besaß, offiziell Einfluss auf die Konventionsstaaten auszuüben und auf eine bestimmte rechtliche Entwicklung der Konvention hinzuwirken. 1927 legte Raymond Weiss im Namen der Pariser Rechtsabteilung zwei detaillierte Berichte über Revisionsmöglichkeiten der Konvention vor, einen im Auftrag der Unterkommission für Literatur und Kunst über die Ausdehnung der Rechte des Urhebers und einen zweiten im Auftrag der Unterkommission für geistiges Eigentum über das *droit moral*, das *droit de suite* und die *domaine public payante*. Die Unterkommissionen beschlossen, beide

43 Raymond Weiss an Willy Hoffmann am 31. März 1931 (Unesco IICI: E.I.13); Fritz Ostertag an Raymond Weiss am 23. Oktober 1930 (Unesco IICI: E.III2).

44 Vgl. Kapitel 4.

Berichte in der neu eröffneten Publikationsreihe des Instituts, die *Cahier des Droits Intellectuels*, in Form einer Broschüre zu veröffentlichen und sie im Februar 1928 als Information über die rechtspolitischen Positionen des Völkerbunds an alle Berner Mitgliedsstaaten zu verschicken.[45] Die in der Broschüre abgedruckten Kernforderungen setzten die von Beginn an urheberfreundliche Politik der Kommission fort: die Verlängerung der Schutzfrist *post mortem auctoris* von 30 auf 50 Jahre, die Abschaffung von Vorbehalten, die ein Land beim Beitritt zur Berner Konvention formulieren konnte, die rechtliche Gleichstellung der angewandten Kunst mit Werken der bildenden Kunst und schließlich die Verankerung des *droit moral*, des *droit de suite* und der *domaine public payante* in den Konventionstext.[46]

Grund für die Drucklegung und Verschickung der Broschüre war die von der italienischen Regierung ausgesprochene Einladung, das Pariser Institut solle an der Konferenz mit einer eigenen Delegation teilnehmen. Offiziell begründete die italienische Regierung, die die Einladungsliste als Gastgeberin verantwortete, diesen Schritt mit dem langjährigen Engagement der Kommission für die Anerkennung geistiger Eigentumsrechte.[47] Inoffiziell ging dieser unübliche Schritt, die Delegation einer internationalen Organisation zu einer diplomatischen Konferenz einzuladen, auf persönliche Beziehungen der Kommission zurück. Der neben dem italienischen Außenministerium für die Konferenz zuständige italienische Justizminister, Alfredo Rocco, war seit 1926 Mitglied der Kommission für geistige Zusammenarbeit, 1926–1927 Mitglied der Unterkommission für geistiges Eigentum (danach wechselte er in die Unterkommission für Universitätsbeziehungen)[48] und seit 1926 Mitglied im Direktorium des Pariser Instituts. Entsprechend war es Rocco, der sich im Voraus der Konferenz bei der italienischen Regierung dafür einsetzte, dem Institut die Teilnahme an der Konferenz zu gestatten.[49]

Wie kam die Broschüre zustande? Sie war Niederschlag der doppelten institutionellen Anlage der OGZ, einerseits Organ einer zwischenstaatlichen

45 *Institut international de coopération intellectuelle*, La protection internationale; Bericht über die Arbeit der Unterkommission für das Jahr 1927 von Marcel Plaisant (UNOG LoN: R 1046: 13C/60765/22526). Die Reihe *Cahiers des droits intellectuels* wurde bereits kurz nach ihrem Erscheinen wieder eingestellt und außer der Broschüre für die Revisionskonferenz in Rom erschien nur noch ein Heft über das wissenschaftliche Eigentum: *Weiss*, La "propriété scientifique".

46 Texte de la résolution adoptée par la Commission internationale de coopération intellectuelle sur la proposition commune de la sous-commission des droits intellectuels et de la sous-commission des lettres et des arts (Session de juillet 1927), in: *Institut international de coopération intellectuelle*, La protection internationale, S. 6 f.

47 Einladungsschreiben der italienischen Regierung an den Generalsekretär des Völkerbunds Sir Eric Drummond am 28. Oktober 1927 (UNOG LoN: R 1045: 13C/59932/22526).

48 Annuaire de la Société des Nations 1928, Genève 1928, S. 195.

49 Julien Luchaire an Alfredo Rocco am 28. April 1928 (UNOG LoN: R 2200: 5B/401/401). Über die Motive der italienischen Regierung zu dieser Einladung finden sich in den Archivbeständen keine Hinweise.

Organisation zu sein, das im Auftrag der Mitgliedsstaaten Resolutionen vorbereitete, die Rat und Generalversammlung des Völkerbunds später genehmigten, andererseits aber das Mandat zu besitzen, den Austausch mit anderen internationalen Organisationen und gesellschaftlichen Akteuren zu suchen und ihre Positionen in die offiziellen Dokumente des Völkerbunds einfließen zu lassen. Folglich basierte die Broschüre im Wesentlichen auf drei Quellen: Zuarbeiten des Berner Büros, eine Sammlung von Resolutionen verschiedener internationaler Berufs- und Interessenverbände, die das Institut seit seiner Gründung zusammengetragen und ausgewertet hatte, und schließlich eigene Arbeiten der Pariser Rechtsabteilung.

Mit der fünfzigjährigen Schutzfrist *post mortem auctoris* und der Abschaffung der Vorbehalte unterstützte die Broschüre die Anliegen, deren Änderung Fritz Ostertag als notwendige Voraussetzung für die Verbesserung des internationalen Urheberschutzes betrachtete. In diesem Sinne funktionierte die OGZ als Sprachrohr des Berner Büros, indem sie die zwangsläufig immer nur inoffiziell formulierten Wünsche offiziell und im Namen des Völkerbunds aussprach. Genau dazu forderte Fritz Ostertag die Unterkommission im Juli 1927 auch auf mit der Bitte, dass die verlängerte Schutzfrist und die Abschaffung der Vorbehalte nachdrücklich verfolgt und entsprechend Druck auf die in Rom anwesenden nationalen Delegationen ausgeübt werden müsse.[50] Von diesem Zeitpunkt an arbeitete das Berner Büro Hand in Hand mit Unterkommission und Institut, die alle eine gleichermaßen urheberfreundliche Politik betrieben und sich einig waren über die Ziele, die sie in Rom erreichen wollten. Nun schien die unterschwellig ausgetragene Konkurrenz zwischen dem Berner Büro und der OGZ ausgeräumt, weil sich unterschiedliche Kompetenzen und Handlungsoptionen beider Organisationen abzuzeichnen begannen. Das Berner Büro führte Revisionskonferenzen und Beschlüsse durch, während Kommmission und Pariser Institut Meinungen sondierten, Lobbyarbeit bei Regierungen und Berufsverbänden betrieben und mit einem eigenen programmatischen Beitrag in Erscheinung traten.

Meinungen sondierte das Pariser Institut auf internationalen Kongressen von Berufs- und Interessenverbänden, die die Mitarbeiter der Rechtsabteilung seit 1926 regelmäßig besuchten: der *Congrès international du cinématographe* 1926 in Paris, die Kongresse der *Association littéraire et artistique internationale* 1926 in Warschau und 1927 in Lugano, der Kongress der *Confédération internationale des sociétés d'auteurs et compositeurs* 1927 in Rom, der Kongress der *Union internationale du radiophonie* 1927 und der *Congrès juridique international de la T.S.F.* 1927 in Genf.[51] Auf diesen Kongressen warben sie für

50 Protokoll der siebten Sitzung der Unterkommission für geistiges Eigentum im Juli 1927 (UNOG LoN: R 1046: 13C/60984/22526).

51 Note à la sous-commission des droits intellectuels sur le vœux émis par differents congrès internationaux susceptibles de former l'objet d'une activité de la commission (UNOG LoN: R 1086: 13C/61003/60540).

das Institut, indem sie seine Projekte und Ziele vorstellten und zugleich seinen Anspruch unterstrichen, weltweit für alle Fragen der geistigen Zusammenarbeit zuständig zu sein. Zugleich suchten die Institutsmitarbeiter das Gespräch mit Autoren, Verwertern und Rechtsexperten. Auf diese Weise unterhielt das Institut einen steten Kontakt zu den transnationalen Akteuren, die zwar den jeweiligen nationalen Gesetzgebungen unterlagen, anstelle ihrer nationalen Zugehörigkeit aber ihre gemeinsame rechtliche und wirtschaftliche Situation als Autoren oder Verwerter auf einem internationalen Markt herausstrichen, auf dem sie ihre grenzüberschreitenden Rechte und Befugnisse stärken wollten, indem sie sich für die weitere internationale Angleichung der nationalen Urheberrechtsgesetze einsetzten. Auch wenn die Kongressteilnahmen bei der Neuordnung der OGZ umstritten waren, weil sie das Institut Geld kosteten ohne einen jedes mal ersichtlichen Nutzen, waren sie für die Vorbereitung der Konferenz in Rom dennoch wesentlich. Denn durch sie wurde das Institut in die Lage versetzt, die Vorschläge der Berufsverbände in die Broschüre einzuarbeiten und so seinem eigentlichen Auftrag gerecht zu werden, geistige Zusammenarbeit über eine rein zwischenstaatliche Kooperation hinaus zu erweitern und gesellschaftliche Kräfte aus den Mitgliedsstaaten des Völkerbunds aktiv in die Arbeit der OGZ einzubinden.

Die Bedeutung der interorganisationellen Netzwerke zwischen dem Berner Büro, der OGZ, den Berufsverbänden und staatlichen Gremien trat während der Revisionskonferenz im Rom deutlich zu Tage, und ein genauer Blick auf die Konferenzteilnehmer offenbart erstmals das Ausmaß, in dem besonders die privaten Akteure nationales und internationales Engagement kombinierten und ihre mehrfache Tätigkeit in berufsständischen, internationalen und nationalen Gremien für eine Ausweitung des internationalen Rechtschutzes zu nutzen wussten.

Die Delegation des Völkerbunds auf der Konferenz in Rom bestand aus dem Direktor des Pariser Instituts Julien Luchaire, dem Leiter der Pariser Rechtsabteilung Raymond Weiss, dem Leiter der Abteilung Öffentlichkeitsarbeit Giuseppe Prezzolini und Wilhelm von Schmieden aus der Abteilung für internationale Büros und geistige Zusammenarbeit des Genfer Generalsekretariats.[52] Ein Großteil der Unterkommission für geistiges Eigentum war auch anwesend, allerdings nicht im Auftrag des Völkerbunds, sondern durchweg als Delegierte ihrer nationalen Regierungen: Jules Destrée gehörte der belgischen, Marcel Plaisant der französischen Delegation an, und Alfredo Rocco vertrat als zuständiger Fachminister die italienische Regierung; hinzu kam Fritz Ostertag, der als Direktor des Berner Büros an der Konferenz teilnahm.[53] Wenngleich die Mitglieder der Unterkommission nicht im Namen des Völkerbunds sprachen, sondern ausschließlich als nationale Delegierte ihrer

52 *Union internationale pour la protection des œuvres littéraires et artistiques*, Actes de la conférence réunie, S. 139.

53 *Ebd.*, S. 131–139.

Regierungen, waren die jeweiligen nationalen Konferenzziele deckungsgleich mit denen der Kommission, so dass die Unterkommissionäre trotz unterschiedlicher institutioneller Anbindung für die gleichen Ziele stritten und sich gegenseitig wertvolle Schützenhilfe leisteten.[54] An dieser Stelle profitierte die OGZ grundsätzlich von dem mehrfachen Engagement ihrer Mitglieder: Plaisant, Destrée und Rocco waren international renommierte Rechtsexperten, die als solche der Unterkommission angehörten. Sie beschränkten sich jedoch nicht auf diese Funktion, sondern hatten gleichzeitig auf nationaler Ebene politische Ämter übernommen mit dem Ergebnis, dass sie als staatlich nominierte Delegierte nach Rom fuhren und dort auf die Delegation des Völkerbunds trafen, deren Konferenzziele sie in ihrer Rolle als gesellschaftliche Interessenvertreter mit ausgearbeitet hatten.

Diese Verknüpfung von nationalem und internationalem sowie gesellschaftlichem und politischem Engagement war charakteristisch für die Revisionskonferenz und betraf nicht nur das Verhältnis zwischen Völkerbund und staatlichen Delegationen, sondern auch das von Berufsverbänden und nationaler Politik. Wie der Blick auf Deutschland und Frankreich zeigt, waren die national einflussreichen und zugleich international miteinander vernetzten Verbände in den staatlichen Delegationen repräsentiert. Auf französischer Seite gehörte neben einem Mitglied der kulturpolitisch wichtigen *Société des Gens de Lettres* auch Georges Maillard der Delegation an, der in seiner Funktion als Präsident der *Association littéraire et artistique internationale* nominiert worden war.[55] Die Berufung dieser beiden Personen ging auf das französische Bildungsministerium zurück, das die Beteiligung von Berufsvertretern und Rechtsexperten an Revisionskonferenzen generell positiv bewertete und dementsprechend gegenüber dem französischen Außenministerium darauf insistiert hatte, diese Praxis in Rom fortzusetzen.[56] Mit dem gleichen Argument wurde Maximilian Mintz – Rechtsexperte, Präsident des *Deutschen Vereins für den Schutz des gewerblichen Eigentums* und Vorsitzender der deutschen Landesgruppe der ALAI – als deutsches Delegationsmitglied nominiert.[57] Mintz war eine zentrale Figur für die internationale Rechtsentwicklung, weil er national und international agierte und dabei Netzwerke zwischen verschiedenen Einrichtungen und Akteursgruppen knüpfte: Erstens hatte er gute Verbindungen ins Auswärtige Amt und ins Reichsjustizministerium, in deren Auftrag er die regierungsamtlichen Vor-

54 Bericht des Instituts über seinen Beitrag auf der Konferenz in Rom (UNOG LoN: R 2217: 5B/4845/942); Jules Destrée an Raymond Weiss am 5. Mai 1927 (Unesco IICI: E.IV.22).

55 *Union internationale pour la protection des œuvres littéraires et artistiques*, Actes de la conférence réunie, S. 5.

56 Das französische Bildungs- an das Außenministerium am 23. März 1928 (ArchDip Nantes: Ministère des Affaires Etrangères/Sous-direction des unions internationales/2ème tranche/C/20).

57 Das Auswärtige Amt an den deutschen Botschafter in Rom, Konstantin Freiherr von Neurath, am 5. April 1928 (PolArch: R 43740).

arbeiten für Rom leitete; zweitens engagierte er sich in der nationalen und internationalen Verbandsarbeit, wobei er vor allem als Vorsitzender der deutschen ALAI maßgeblich die internationale Koordination der Verbände mit Hilfe von Kongressen mit gestaltete, an denen auch Repräsentanten der OGZ teilnahmen, und drittens pflegte er den Kontakt zum Berner Büro, das bis 1928 den jeweils aktuellen Stand der Vorarbeiten an Mintz bzw. die *Deutsche Vereinigung* weitergeleitet hatte.[58] Das heißt, in Rom trafen nicht nur staatliche Delegationen, sondern auch die vom Berner Büro, der OGZ und den Berufsverbänden geknüpften interorganisationellen Netzwerke zwischen staatlichen und privaten Akteuren aufeinander und berieten gemeinsam über die Zukunft des internationalen Autorenschutzes. Dabei waren es die gesellschaftlichen Akteure, die nicht mehr eindeutig auf einer der Ebenen von *global governance* als *governance by, with and without government* agierten, weil sie gleichzeitig als Rechtsexperten, Interessenvertreter, Mitglieder in internationalen Gremien und staatliche Delegierte auftraten.

Da die Teilnahme einer internationalen Organisation an einer diplomatischen Konferenz eine Neuheit war, klärte man während der ersten Sitzung erst einmal den Status der Delegierten des Völkerbunds. Auf Vorschlag von Wilhelm von Schmieden nahm die Vollversammlung die Formulierung in das Konferenzreglement auf, die Abgesandten des Völkerbunds gleichberechtigt neben den Repräsentanten der Staaten zu nennen, die nicht Mitglieder der Berner Union seien und nur als Beobachter an der Konferenz teilnähmen. Die Völkerbundsvertreter erhielten eine beratende Stimme, die ihnen die aktive Beteiligung an den Verhandlungen erlaubte und ihnen gestattete, Änderungsanträge und Gegenvorschläge einzureichen. Auch wenn sie kein Stimmrecht bekamen, zeigten sich die Delegierten des Völkerbunds erfreut über diese Handlungsbefugnisse, weil sie in ihren Augen unerwartet weit reichend waren und diplomatisch innovativ erschienen.[59]

Mit der Broschüre hatten Unterkommission, Generalsekretariat und Institut die inhaltlichen Leitlinien festgelegt, die das Institut auf der Konferenz vertreten sollte. Die Art und Weise aber, wie die Institutsvertreter diese inhaltlichen Vorgaben verteidigten, wie sie sich in die Verhandlungen einbrachten und versuchten, die Anliegen der OGZ in der revidierten Konvention zu verankern, lag in der Entscheidungshoheit der Delegierten vor Ort. Damit hatte die Delegation des Völkerbunds freie Hand bei der Wahl der Mittel.[60] Im Voraus hatten die Mitarbeiter des Pariser Instituts diskutiert, ob das Institut als nichtstaatliche Delegation tatsächlich aktiv an den Beratungen teilnehmen könne, ohne diplomatisches Missfallen zu erregen, oder ob es sich besser als

58 Ausführlich zu Mintz und der Vernetzung der deutschen Landesgruppe der ALAI Kapitel 2c und 3d.

59 Bericht von Wilhelm von Schmieden an Sir Eric Drummond über die Ergebnisse der Konferenz im Juni 1928 (UNOG LoN: R 1045: 13C/59932/22526).

60 Report by the IICI to the Sub-Commission on Intellectual Rights, July 1928 (UNOG LoN: R 1086: 13C/60683/60540; R 1086: 13C/60683/60540).

stiller Beobachter geben und seine inhaltlichen Vorschläge über Rocco in seiner Doppelfunktion als staatlicher Delegierter und Kommissionsmitglied kommunizieren sollte.[61] Die Delegation beschloss, zwar aktiv an den Beratungen teilzunehmen und Einfluss auf die „Delegierten der wichtigen Staaten" zu üben, das aber mit größtmöglicher Zurückhaltung und ergänzt um „kleine schriftliche Änderungsanträge", die ein öffentliches Auftreten der Delegation unnötig machen sollten.[62]

Wenngleich ein Großteil der Beteiligten mit den Ergebnissen der Revisionskonferenz eher unzufrieden war und weiterhin dringenden Revisionsbedarf sah,[63] konnte die OGZ zumindest in Teilen mit ihrer Arbeit zufrieden sein. Denn die Mitgliedsstaaten hatten das d*roit moral* in den revidierten Text aufgenommen, und die endgültige Formulierung des neuen Paragraphen basierte auf dem Bericht, den das Institut über das Urheberpersönlichkeitsrecht Anfang 1928 veröffentlicht und an alle teilnehmenden Regierungen verschickt hatte.[64] Damit entfalteten die ‚kleinen' schriftlichen Eingaben, die Raymond Weiss formuliert hatte, eine maximale Wirkung, weil das Institut dieser zentralen Neuerung, die in der Folge immer als wesentliche Errungenschaft der Konferenz in Rom genannt wurde, den Weg bereitet hatte. Diesen Beitrag des Instituts nahm nicht nur die Kommission zur Kenntnis, sondern das Engagement des Instituts wurde auch in Fachkreisen anerkennend erwähnt, und man brachte es fortan mit dem neuen, von allen Seiten begrüßten Paragraphen in Verbindung.[65]

Dieses konstruktive Wirken besonders der Rechtsabteilung sollte sich bald in den internen Diskussionen um die Restrukturierung der OGZ auszahlen. Denn das Reformkomitee hatte ursprünglich auf eine vollständige Abschaffung der Rechtsabteilung gedrängt, weil sie zu kostenintensiv sei. Zudem verfüge das Generalsekretariat in Genf bereits über eine Rechtsabteilung, so dass entweder sie für das Pariser Institut arbeiten oder bei Bedarf professionelle Rechtsberater engagieren werden könnten.[66] Dagegen warb Destrée für die Beibehaltung der Rechtsabteilung. Neben einigen praktischen Argumenten berief er sich vor allem auf die in Rom gefundene Arbeitsteilung zwischen Berner Büro und Pariser Rechtsabteilung, die bei systematischer Verwendung der internationalen Durchsetzung geistiger Eigentumsrechte im hohen Maße dienlich wäre. Das Berner Büro sei für das internationale Urheberrecht die zentrale administrative Anlaufstelle und funktioniere als „éxecuteur des

61 Raymond Weiss an Julien Luchaire am 3. März 1928 (Unesco IICI: E.IV.22).

62 Im Original (Übersetzung I.L.): „les délégués des principaux pays" und "certains petits amendements écrits", in: Bericht von Wilhelm von Schmieden an Sir Eric Drummond (R 1045: 13C/59932/22526).

63 Vgl. Kapitel 6c.

64 Julien Luchaire an Fritz Ostertag am 2. Januar 1929 (Unesco IICI: E.IV.32).

65 Jules Destrée an Julien Luchaire am 4. Juni 1928 (Unesco IICI: E.IV.32).

66 Rapport du comité d'étude, présenté au président de la Commission internationale de coopération intellectuelle, mai 1930 (UNOG LoN: R 2245: 5B/19528/13977).

conventions diplomatiques. Il suffit à cette tâche." Die Rechtsabteilung dagegen verfüge über das Mandat, die Mittel und die Kontakte, programmatisch arbeiten und bereits im Voraus Einfluss auf die nächste Revisionskonferenz der Berner Konvention nehmen zu können. „Il est bon que l'Institut prépare cette révision et étudie les points nouveaux."[67] Damit unterstrich Destrée die Flexibilität des Instituts, Kontakte zu Interessen- und Berufsverbänden zu knüpfen, einen Teil seiner Agenda erst in der Auseinandersetzung mit diesen transnationalen Akteuren aus Wirtschaft und Kultur zu erarbeiten und schließlich als Bindeglied zwischen ihnen, nationalen Regierungen und anderen internationalen Organisationen aufzutreten. Diese Eigenschaft, auf mehreren Ebenen gleichzeitig operieren und sie strategisch miteinander verknüpfen zu können, hob er als die eigentliche Stärke des Instituts heraus, die es von anderen internationalen Organisationen unterschied.

Die Kommission, die sich auf Destrées Argumente einließ und die Rechtsabteilung bewahrte, autorisierte mit diesem Schritt die doppelte Anlage der OGZ, gleichzeitig intergouvernemental und non-gouvernemental zu agieren. Dabei spielte besonders das Pariser Institut gekonnt auf einer doppelten Klaviatur. Einerseits war es auf der Revisionskonferenz im Auftrag einer zwischenstaatlichen Organisation aufgetreten und benötigte folglich in letzter Instanz immer die Genehmigung von Rat und Generalversammlung; andererseits hatte es dies mit einem Programm getan, das jeder staatlicher Intervention entbehrte und stattdessen aus einer Zusammenarbeit mit Berufsverbänden, Rechtsexperten und anderen internationalen Organisationen hervorgegangen war, die mit dem Pariser Institut die Möglichkeit erhielten, ihre wirtschaftlichen und rechtspolitischen Positionen auf einer diplomatischen Konferenz zu Gehör zu bringen. Das Engagement der gesellschaftlichen Akteure verhallte dabei keineswegs im luftleeren Raum. Sobald die nationalen Regierungen die revidierte Fassung der Berner Konvention ratifizierten und so zum Bestandteil der nationalen Gesetzgebung machten, schlug das Engagement der transnationalen Akteure schließlich auf die rechtlichen, kulturpolitischen und wirtschaftlichen Rahmenbedingungen auf nationaler Ebene durch.

Vor diesem Hintergrund stellte die Revisionskonferenz in Rom sowohl institutionell als auch inhaltlich die Weichen für die Arbeit der Pariser Rechtsabteilung in den dreißiger Jahren. Nach einigen organisatorischen Veränderungen wurde die vorher so stark kritisierte Vernetzungsaktivität des Instituts als seine besondere Stärke anerkannt und institutionell festgeschrieben. Inhaltlich verschwand das Bemühen um die internationale Anerkennung des wissenschaftlichen Eigentums. Stattdessen rückte die inhaltliche sowie geographische Ausdehnung der Berner Konvention auf die Agenda des

67 Unterstreichungen im Original: Memorandum soumis au comité exécutif par M. Jules Destrée. Esquisse de ce que pourraient être les attributions d'un conseiller juridique à l'Institut, 25 août 1930 (UNOG LoN: R 2245: 5B/22050/13977).

Instituts. Für 1935 war die nächste Revisionskonferenz in Brüssel geplant, und als Option für weitere Betätigung stand zudem die von der Revisionskonferenz 1928 gewünschte Annäherung der Berner Konvention an die Urheberrechtsabkommen der Panamerikanischen Union im Raum.[68]

68 Zur Revisionskonferenz in Belgien: Jules Destrée an Julien Luchaire am 4. Juni 1928 (Unesco IICI: E.IV.32).

12. Die Weltkonvention zum Schutz des literarischen und künstlerischen Eigentums 1928–1936

Das Institut für geistige Zusammenarbeit hatte bereits während der Revisionskonferenz der Berner Konvention 1928 in Rom signalisiert, dass die von Frankreich und Brasilien vorgeschlagene Rechtsharmonisierung der Konventionen von Bern und Havanna eine Aufgabe des Völkerbunds sein könnte. Entsprechend zögerte die Kommission für geistige Zusammenarbeit nicht lange und schrieb die Annäherung des kontinentaleuropäischen und amerikanischen Urheberschutzes noch im gleichen Jahr in das Arbeitsprogramm des Pariser Instituts, nachdem Rat und Generalversammlung das Vorhaben bewilligt hatten. Die Aufgabe des Pariser Instituts bestand nun darin, einen organisatorischen Rahmen zu schaffen, in dem die maßgebenden Akteure, die Berner Union und die Panamerikanische Union, so schnell wie möglich zusammen kommen und die Optionen für eine globale Vereinheitlichung des Autorenschutzes diskutieren konnten.

In diesem Kapitel wird anhand der ersten Schritte in Richtung Ausarbeitung und Verabschiedung eines weltweiten Autorenschutzes untersucht, wie die OGZ ihr Potential entfaltete, über eine mehrgliedrige Handlungsstruktur zu verfügen und damit Netzwerke zu staatlichen und nichtstaatlichen Akteuren außerhalb und innerhalb des Völkerbunds knüpfen zu können. Es wird gezeigt, wie insbesondere das Pariser Institut auf das 1931 gegründete Netzwerk der mit geistigem Eigentum beschäftigten internationalen Organisationen zurückgriff, um die Idee einer Weltkonvention auf europäischer Seite zu propagieren und maßgebliche Akteure wie das Berner Büro von Sinn und Machbarkeit des Vorhabens zu überzeugen. Als deutlich schwieriger erwies sich dagegen der Kontakt mit der Panamerikanischen Union, aus deren Reihen Ansprechpartner gefunden werden mussten, die die selbst erklärte Zuständigkeit des Völkerbunds akzeptierten und sich den in Europa kontinuierlich voranschreitenden Plänen, wie eine globale Vereinheitlichung der Autorenrechte vollzogen werden könnte, öffneten. Aber auch hier erwiesen sich die in der OGZ institutionalisierten Netzwerke als wertvolles Instrument, das Gespräch mit der Panamerikanischen Union in Gang zu bringen und Kontakte trotz mehrfacher Rückschläge immer wieder neu zu knüpfen.

a) Ein schwieriger Start: Die Einbindung der Panamerikanischen Union

Von Beginn an war die von der brasilianischen und französischen Delegation 1928 in Rom vorgeschlagene Annäherung der Konventionen von Bern und Havanna eng mit dem Völkerbund verknüpft. An den Gesprächen, in denen sich die Vertreter beider Länder auf den gemeinsamen Vorstoß einigten, hatten bereits die Delegierten des Pariser Instituts teilgenommen, und man war übereinstimmend zu dem Schluss gekommen, dass der Völkerbund am besten geeignet schien, eine Entscheidungsgrundlage für die Frage zu erarbeiten, ob und wie eine Rechtsannäherung funktionieren könne.[1] Neben seinem universalen Anspruch eröffneten die Vielzahl diplomatischer Instrumente dem Völkerbund bzw. der OGZ Handlungsspielräume, die erfolgversprechender erschienen als eine bilaterale Initiative. Wirft man nämlich einen Blick auf die Art und Weise, wie die OGZ die Staaten der Berner und der Panamerikanischen Union für das Vorhaben zu gewinnen versuchte, stößt man bald auf das engmaschige Netz von gouvernementalen und non-gouvernementalen Kontakten, die insbesondere das Institut zu nutzen wusste, um selbst ins Stocken geratende Verhandlungen wieder in Gang zu bringen und das Projekt stetig voranzutreiben.

Der Direktor des Pariser Instituts Julien Luchaire zögerte nicht lange und legte der Unterkommission für geistiges Eigentum im Juli 1928 einen Bericht über die Vorteile einer Verknüpfung beider Rechtssysteme vor, in dem er nicht versäumte, die Machbarkeit einer solchen Annäherung explizit hervorzuheben.[2] Die Kommission gab das Projekt frei und beauftragte das Institut, gemeinsam mit dem ebenfalls dem Völkerbund zur Verfügung stehenden Institut für die Vereinheitlichung des Privatrechts in Rom erste Schritte in Richtung einer Rechtsannäherung einzuleiten. Nachdem auch Rat und Generalversammlung im Dezember 1928 die Idee eines globalen Autorenrechts gut geheißen und der OGZ das Mandat erteilt hatten, Studien über die Möglichkeiten einer solchen Rechtsharmonisierung in die Wege zu leiten,[3] wandte sich das Institut den nationalen Kommissionen für geistige Zusammenarbeit und dem Netzwerk der mit geistigem Eigentum beschäftigten Organisationen zu, um über diese Kanäle das Berner Büro in die Vorberatungen einzubeziehen und zugleich Ansprechpartner auf amerikanischer Seite zu finden, die dem Institut wohl gesonnen waren und sich bereit zeigten, das Vorhaben in Amerika zu betreuen.

Das Gespräch mit dem Direktor des Berner Büros zu suchen, war das kleinste Problem. Denn als Mitglied der Unterkommission für geistiges Eigentum nahm Fritz Ostertag zwangsläufig an der ersten Diskussion des

1 René Massigli, französischer Diplomat, an das französische Außenministerium am 3. Dezember 1928 (ArchDip Paris: Société des Nations/IN – Coopération Intellectuelle/1878); L'Année 1934 de la coopération intellectuelle, Dijon 1934, S. 153.

2 Commission international de coopération intellectuelle, Dixième session plenière. Rapport de la commission, soumis au Conseil et à l'Assemblée. Annexe 3: Rapport général du directeur, M. Julien Luchaire, sur l'activité de l'Institut international de coopération intellectuelle, A.28.1928.XII, S. 38; *Weiss*, Vers, S. 789.

3 Resolution des Rats am 11. Dezember 1928: „Le Conseil renvoie à la CICI pour étude la question d'une entente générale ayant pour but l'unification internationale des lois et des mesures protégeant les créations de l'esprit, en conformité du vœu émis par la Conférence de Rome pour la révision des Conventions de Berne relatives au droit d'auteur." (UNOG LoN: R 2200: 5B/8121/401).

Themas im Juli 1929 teil.[4] Ganz anders gestaltete sich dagegen der erste Kontakt mit der Panamerikanischen Union, unter deren Schirmherrschaft die Konvention von Havanna verabschiedet worden war. Das Institut stand vor dem Problem, keine Beziehungen zu den zuständigen Autoritäten in Amerika zu unterhalten, sei es auf Regierungsebene, zu Berufsverbänden der Autoren und Verleger, zum Exekutivkomitee oder zum Büro der Panamerikanischen Union.[5] Es gab auch keine vergleichbare Organisation zum Berner Büro, die die amerikanischen Urheberrechtsabkommen zentral verwaltete. Die Konvention von Rio de Janeiro (1906) hatte zwar die Gründung von zwei internationalen Büros mit Sitz in Havanna und Rio de Janeiro vorgesehen, die das neue Abkommen betreuen und die formale Registrierung urheberrechtlich geschützter Werke zentral koordinieren sollten. Da jedoch zu wenige Staaten die Konvention ratifizierten (neun von 19 Signatarstaaten), wurden beide Büros letztlich nie gegründet.[6] In dieser Situation profitierte das Institut von seiner mehrgliedrigen Struktur und den darin institutionalisierten Netzwerken, indem es auf die nationalen Kommissionen für geistige Zusammenarbeit in Amerika zurückgriff und um Hilfe bat. Raymond Weiss, Leiter der Rechtsabteilung und für das Projekt verantwortlich, bat den Generalsekretär der nationalen Kommission in Nordamerika um Hilfe. Von dort erhielt er im Herbst 1929 den Hinweis, er solle sich dringend an das 1915 auf Initiative der Panamerikanischen Union gegründete *American Institute of International Law* (AIIL) mit Sitz in Havanna wenden und es einladen, gemeinsam mit dem Berner Büro, dem Pariser Institut und dem Institut in Rom erste Studien über die Annäherung des europäischen und amerikanischen Autorenschutzes anzustellen.[7] Denn, so das Argument, das Institut sei im Auftrag der Panamerikanischen Union um die Kodifikation des internationalen Rechts bemüht und funktioniere als Nadelöhr, durch das alle Themen im Bereich des internationalen Rechts hindurch müssten, denen die Panamerikanische Union sich auf ihren Konferenzen ernsthaft widmete.[8]

Dieser Hinweis sollte sich umgehend auszahlen. Denn nachdem Weiss dem AIIL sein Anliegen vorgetragen und um Unterstützung gebeten hatte, behandelte das jährlich tagende Direktorium der Panamerikanischen Union bereits im Herbst 1929 die Annäherung der Konventionen von Bern und

4 Sitzungsbericht der Unterkommission für geistiges Eigentum im Juli 1929 (UNOG LoN: R 2207: 5B/13125/520); Travaux de la sous-commission des droits intellectuels. Rapport sur la huitième session, tenue à Genève les 12 et 13 juillet 1929. Présenté par M. Marcel Plaisant, membre de la sous-commission (UNOG LoN: R 2207: 5B/13059/520).

5 Zu Gründungsidee, Funktionsweise und Organen der Panamerikanischen Union: *Yepes* u. *da Silva*; einen Einblick in die Tätigkeitsfelder der Panamerikanischen Union gibt: *Pan American Union*, Report.

6 *Ladas*, S. 643.

7 Zu Gründung und Arbeitsprogramm des Instituts: *Urrutia*, S. 179–184.

8 J. David Thompson, Sekretär der nationalen Kommission für geistige Zusammenarbeit in Nordamerika, an Raymond Weiss am 2. Oktober 1929 (Unesco IICI: E.IV.28_1).

Havanna und beauftragte das AIIL, einen Bericht über die Möglichkeit und Erwünschtheit einer solchen Rechtsvereinheitlichung auszuarbeiten.[9] Dieser Beschluss war auf Initiative des technischen Beirats der Abteilung geistige Zusammenarbeit der Panamerikanischen Union gefallen, dem der Präsident des AIIL James Brown Scott und der Sekretär der nationalen Kommission für geistige Zusammenarbeit in Nordamerika J. David Thompson angehörten, der dem technischen Beirat diese Idee auf Bitte von Weiss angetragen hatte.[10] Diese schnelle Aufnahme des Themas auf amerikanischer Seite versetzte die Mitarbeiter der OGZ in großes Erstaunen, das die Entscheidung des Leitungsgremiums des AIIL im Januar 1930 noch steigerte, die Konvention von Havanna einer Revision zu unterziehen und sie mit Rechtsregeln zu versehen, die denen der Berner Konvention ähnelten. Die Idee einer Vereinheitlichung der Autorenrechte hatte in den Reihen des AIIL großen Zuspruch gefunden, und das Institut beabsichtigte, eine solche Rechtsharmonisierung möglichst komplikationslos zu vollziehen. Da man jedoch befürchtete, eine Rechtsvereinheitlichung könne innerhalb der Panamerikanischen Union auf Widerstand stoßen, entschied das Direktorium des AIIL, die rechtlichen Differenzen zwischen den Konventionen von Bern und Havanna bereits vor Beginn offizieller Beratungen auszuräumen, so dass gegen eine Rechtsharmonisierung während der Verhandlungen nichts Grundsätzliches mehr eingewandt werden könnte. Um zugleich offizielle Beratungen einzuleiten, wollte das Institut dem Exekutivkomitee der Panamerikanischen Union auf seiner Jahressitzung im Dezember 1930 vorschlagen, das Thema Urheberrechte auf das Programm der nächsten Konferenz der amerikanischen Staaten zu setzen.[11]

Nach diesen ersten, aus der Perspektive des Instituts glücklich verlaufenden Gesprächen geriet der Kontakt mit dem AIIL allerdings in eine ernsthafte Krise. Da die Mitarbeiter der Pariser Rechtsabteilung mit den positiven Nachrichten aus Amerika den Weg für eine Rechtsannäherung grundsätzlich geebnet sahen, schickten sie dem AIIL und allen nationalen Kommissionen für geistige Zusammenarbeit in Amerika im Juli 1930 einen Bericht, den das Institut in Rom im Auftrag der Kommission ausgearbeitet hatte.[12] Dieser

9 Raymond Weiss an Emilio Roig, Sekretär des *American Institute of International Law*, am 22. Oktober 1929; Wilhelm von Schmieden, Mitarbeiter in der Abteilung für internationale Büros und geistige Zusammenarbeit im Genfer Generalsekretariat, an Raymond Weiss am 21. Januar 1930 (UNOG LoN: 5B/11279/942).

10 Französische Übersetzung eines Artikels aus der argentinischen Tageszeitung *La Prensa* vom 22. Oktober 1922: L'Union panaméricain s'occupe des droits de la propriété littéraire. Élection de la commission technique qui doit assister la Coopération intellectuelle (Unesco IICI: E.IV.28_1).

11 J. David Thompson an Raymond Weiss am 23. Januar 1930 mit einem Auszug des Sitzungsberichts des technischen Beirats der Abteilung für geistige Zusammenarbeit der Panamerikanischen Union im Anhang (Unesco IICI: E.IV.28_1).

12 Brief des Instituts in Rom an das Pariser Institut mit dem Bericht und der Bitte um Versendung an die nationalen Kommissionen für geistige Zusammenarbeit in Amerika am 12. Juli 1930

Bericht analysierte im Detail die Gemeinsamkeiten und Unterschiede der Konventionen von Bern und Havanna, benannte die Schwierigkeiten, die eine Annäherung zu meistern habe, und enthielt einen Fragebogen über die Rechtssituation von Autoren in den amerikanischen Staaten.[13] Aber keine der nationalen Kommissionen antwortete oder schickte einen ausgefüllten Fragebogen zurück, und auch der Präsident des AIIL, James Brown Scott, begnügte sich damit, einige Monate nach der Versendung des Berichts mit einer Empfangsbestätigung ohne weiteren Kommentar zu antworten.[14] Offiziell war die plötzliche Zurückhaltung auf amerikanischer Seite politischen Unruhen in Kuba geschuldet, die dazu führten, dass die Jahressitzung des AIIL im Dezember 1930 ausfiel und um ein Jahr auf Oktober 1931 verschoben wurde.[15] Das war jedoch nicht der eigentliche Grund. Vielmehr stellte sich bald heraus, dass das Pariser Institut den Präsidenten des AIIL mit dem Bericht grundsätzlich verärgert hatte. Das Institut hatte Bericht und Fragebogen an die nationalen Kommissionen für geistige Zusammenarbeit in Amerika geschickt, ohne das AIIL in die Ausarbeitung des Berichts einzubeziehen, es um Kontaktpersonen oder um Rat über das günstigste Vorgehen zu fragen. Dementsprechend fühlte James Brown Scott sich von den Völkerbundsorganen übergangen und reduzierte sein Engagement soweit, dass J. David Thompson bereits von einem Bruch („cleavage") sprach, „which has now definitely taken place between the Inter-American Intellectual Cooperation and League of Nations Intellectual Cooperation".[16] So hatte das Pariser Institut mit dem AIIL einen wichtigen Kooperationspartner im Rahmen der Panamerikanischen Union verloren, in dessen Augen es die Zuständigkeit amerikanischer Rechtsexperten in Zweifel gezogen und sich statt dessen vollständig auf die in Europa angesiedelten Kompetenzen gestützt hatte, um die Vorgänge auf dem amerikanischen Kontinent von dort aus und im Alleingang zu steuern.[17]

Obwohl das AIIL sich genauso wie die nationalen Kommissionen für geistige Zusammenarbeit in Südamerika zurück zog, die auch auf ein zweites Rundschreiben des Pariser Instituts nicht reagierten,[18] gelang es Weiss letztlich doch noch, dass die Staaten der Panamerikanischen Union sich offiziell mit der Annäherung der europäischen und amerikanischen Autorenrechte

(Unesco IICI: E.IV.28_1); zur Rolle des Instituts für die Vereinheitlichung des Privatrechts in Rom vgl. das folgende Unterkapitel.

13 Das Rundschreiben verschickte das Pariser Institut am 25. Juli 1930 an die nationalen Kommissionen für geistige Zusammenarbeit in Bolivien und Brasilien, Kuba, Salvador und Chile, Costa-Rica und Haiti, Paraguay, Peru und in der Dominikanischen Republik (Unesco IICI: E.IV.28_1).

14 James Brown Scott, Präsident des AIIL, an Raymond Weiss am 17. November 1930 (Unesco IICI: E.IV.28_1).

15 J. David Thompson an Raymond Weiss am 12. Februar 1931 (Unesco IICI: E.IV.28_1).

16 Ebd.

17 Wilhelm von Schmieden an Raymond Weiss am 7. August 1930 (Unesco IICI: E.IV.28_1).

18 Das zweite Rundschreiben ging an die gleichen Adressaten am 20. Mai 1931 (Unesco IICI: E.IV.28_1).

beschäftigten. An dieser Stelle zahlte sich die Eigenschaft der OGZ aus, ihre Arbeit im Kern auf die Kooperation mit transnationalen Akteuren zu stützen, die sich für das Institut, wenn nötig auch auf informellem Weg einsetzen, konnten. In diesem Fall war es erneut J. David Thompson, der der OGZ zu Hilfe eilte. Er nutzte seine Doppelfunktion als Sekretär der nationalen Kommission in Nordamerika und als Mitglied des technischen Beirats der Abteilung geistige Zusammenarbeit der Panamerikanischen Union und bewirkte Anfang 1932, dass das AIIL einen vergleichenden Bericht über die Konventionen von Bern und Havanna erarbeitete, der den Staaten der Panamerikanischen Union als Diskussionsgrundlage auf ihrer nächsten Konferenz dienen sollte, die, ursprünglich für Dezember 1932 geplant, schließlich im Dezember 1933 tagte.[19]

Mit der Erörterung eines weltweiten Autorenschutzes auf der siebten panamerikanischen Konferenz 1933 in Montevideo hatte die OGZ die erste Etappe gemeistert und der internationalen Vereinheitlichung der Autorenrechte einen globalen Anstrich verliehen, indem sie das Projekt besonders den zentralen politischen Akteuren in Amerika angetragen und sie zu ersten Schritten bewegt hatte. Dagegen verliefen die Verhandlungen weitaus weniger reibungslos, als die OGZ es gewünscht hatte. Neben der Tatsache, dass erst Ende 1933 und damit vier Jahre nach der ersten Tuchfühlung mit der Panamerikanischen Union von dort eine offizielle Stellungnahme zu erwarten war, erwies sich die geographische Distanz zwischen der OGZ in Paris, Genf und dem Institut in Rom einerseits und dem AIIL in Havanna und dem permanenten Büro der Panamerikanischen Union in Washington andererseits als ein Problem. Die Kommunikation kam nur langsam voran, und die Mitarbeiter der OGZ blieben oftmals ohne Informationen über den Stand der Dinge in Amerika, was sie zu einseitigen und strategisch nachteiligen Initiativen verleitete. Schwerer wogen jedoch die Auswirkungen dieses Kommunikationsproblems auf die Verhandlungsbereitschaft der Panamerikanischen Union bzw. des bis 1933 maßgeblich zuständigen AIIL. Denn mit dem eindeutigen Signal des Institutspräsidenten, dass er das selbständige Vorpreschen des Pariser Instituts missbilligte, verschwand zugleich die 1929 noch artikulierte Absicht, zentrale Parameter des kontinentaleuropäischen Urheberrechts in die

19 J. David Thomas schrieb Raymond Weiss am 15. Februar 1932, dass die Panamerikanische Union das Thema auf ihrer Konferenz im Dezember 1932 behandeln will. Am 18. April 1932 informierte er Weiss, dass die Konferenz um ein Jahr auf Dezember 1933 verschoben wurde (Unesco IICI: E.IV.28_1); Huitième réunion du comité des institutions s'occupant des droits intellectuels (Paris, 22 juin 1938), Memorandum sur l'état de la protection internationale du droit d'auteur présenté au comité du droit d'auteur de la commission nationale américaine de coopération intelllectuelle, par le Professeur Francis Deak, de la Faculté de Droit de l'Université Columbia, S. 5 f (UNOG LoN: R 4032: 5B/23171/8174); der Bericht des AIIL: La protection interaméricaine de la propriété intellectuelle et le rapprochement des conventions de la Havane et de Rome (Rapport présenté à la VIIe conférence internationale des Etats américains par le conseil de direction de l'Institut américain de droit international), in: *Administration belge* u. *Institut international de coopération intellectuelle*, S. 17–27.

panamerikanischen Abkommen zu übernehmen. Stattdessen schlug der auf der Konferenz in Montevideo 1933 diskutierte Bericht des AIIL eine neue Richtung ein. Er empfahl der Panamerikanischen Union, die Konvention von Havanna um ein Zusatzabkommen zu erweitern, das beitrittsoffen für alle Staaten der Berner Union sein und auf den Gemeinsamkeiten der Konventionen von Bern und Havanna beruhen, bei rechtlichen Differenzen jedoch das amerikanische Recht bevorzugen solle.[20] Damit hatte die OGZ einen Pyrrhussieg errungen, und spätestens ab 1932 war klar, dass die Zusammenarbeit mit der Panamerikanischen Union auf stabilen Grund gestellt werden musste, der möglichst in festen Ansprechpartnern und einem permanenten Meinungsaustausch in einem extra geschaffenen, offiziellen Forum bestand, wollte man nicht alle Hoffnungen auf ein globales Urheberrecht aufgeben.

b) Europäische Netzwerkbildung im Völkerbund

Bestand in Richtung Amerika noch erheblicher Verbesserungsbedarf in Sachen Netzwerkbildung und Ansprechpartner, sah die Situation auf europäischer Seite ganz anders aus. Das Pariser Institut war in der komfortablen Situation, auf das Netzwerk der internationalen Organisationen zurückgreifen zu können, das 1930 anstelle der Unterkommission für geistiges Eigentum eingerichtet worden war.[21] Dieses Netzwerk bestand aus Organisationen, die sich mit der Rechtssituation von Intellektuellen und Künstlern, Autoren und Musikern, Erfindern und Wissenschaftlern sowie mit den rechtlichen Rahmenbedingungen der Verbreitung und Verwertung kultureller Güter beschäftigten: das Pariser Institut, die Internationale Arbeitsorganisation (IAO), das Internationale Institut für die Vereinheitlichung des Privatrechts in Rom, das Berner Büro und die Rechtsabteilung des Generalsekretariats des Völkerbunds. Erstmals kamen Repräsentanten dieser Organisationen im März 1931 zusammen. Sie einigten sich auf Programmpunkte, die sie im Verlauf der nächsten Jahre im internationalen Recht verankert sehen wollten, und verteilten die dazu gehörigen Arbeitsaufträge so auf die einzelnen Organisationen, dass die vorhandenen Kapazitäten möglichst optimal genutzt und Kräfte gebündelt wurden. Die IAO konzentrierte sich auf die mechanische Reproduktion von Musik und auf die Rechte ausübender Künstler; das Pariser Institut und das Berner Büro widmeten sich dem *droit de suite*, das auf der nächsten Revisionskonferenz der Berner Konvention im Vertragstext verankert werden sollte, und die Annäherung des europäischen und amerikani-

20 *Ebd.*, S. 27.

21 Zur Einsetzung dieses Netzwerks anstelle der Unterkommission für geistiges Eigentum vgl. Kapitel 11a; das Netzwerk lief unter dem umständlichen Namen *Réunion des réprésentants des institutions s'occupant des droits intellectuels et problèmes juridiques connexes*, der hier mit dem Ausdruck ‚Netzwerk der mit geistigem Eigentum beschäftigten internationalen Organisationen' übersetzt wird.

schen Urheberrechts wurde zu einer gemeinsamen Angelegenheit von Pariser Institut und dem Institut in Rom.

Die 1931 noch als einmalige Veranstaltung geplante Sitzung dieses Netzwerks etablierte sich nach einer Entscheidung des Exekutivkomitees der OGZ ab 1932 zu einer festen, im Jahresturnus stattfindenden Einrichtung.[22] Das Pariser Institut nutzte diese Plattform, um im Gespräch mit den anderen Organisationen sein strategisches Vorgehen und die rechtlichen Möglichkeiten einer Annäherung der Konventionen von Bern und Havanna frühzeitig auszuloten und Rückendeckung für seine Schritte zu bekommen. Das betraf vor allem das Berner Büro als eine der beiden Parteien, die das Projekt direkt berührte. Auch wenn das Pariser Institut in stetigem Briefwechsel mit dem Direktor Fritz Ostertag stand, boten diese Jahrestreffen dem Institut den großen Vorteil, dass es nicht allein mit dem von Beginn an skeptischen Ostertag diskutierte.[23] Vielmehr bekam es Verstärkung von den anderen Organisationen, die das Projekt durchweg befürworteten und dem Pariser Institut halfen, Ostertags Argumente abzuschwächen. Genau das geschah auf dem Treffen 1932. Als Ostertag auf die Formalitäten in den Gesetzgebungen der amerikanischen Staaten als eine grundlegende und nur schwer zu überwindende Differenz zwischen dem kontinentaleuropäischen und angloamerikanischen Recht hinwies, räumten der Vertreter der Kommission Jules Destrée und der Abgesandte der chilenischen Regierung Alvarez Ostertags Argument mit dem Hinweis aus dem Weg, es handele sich hierbei nur um eine Formalie, die mit einem entsprechenden Passus leicht und zur Zufriedenheit aller erfüllt werden könne.[24]

22 Bericht über die Sitzung der mit geistigem Eigentum beschäftigten internationalen Organisationen im Juni 1932 in Paris (UNOG LoN: R 2217: 5B/34691/942).

23 Bereits bei der ersten Diskussion des Themas im Juli 1929 in der damals noch existierenden Unterkommission für geistiges Eigentum meldete Ostertag massive Bedenken gegenüber der Annahme an, die Konventionen von Bern und Havanna beruhten auf gemeinsamen Grundsätzen, die trotz aller Unterschiede in den Vertragstexten in einem internationalen Abkommen kodifizierbar seien. Vielmehr verwies er auf zwei Kriterien im angloamerikanischen Recht, die eine grundsätzlich andere Konfiguration des Autorenschutzes in Amerika zur Folge hatten als die Berner Konvention: zum einen die in der Mehrzahl der panamerikanischen Abkommen verankerte Notwendigkeit, ein Werk formal registrieren zu müssen, der eine naturrechtlich begründete Eigentumskonzeption in der Berner Konvention gegenüberstand; und zum anderen das in den panamerikanischen Abkommen vorherrschende Prinzip des Herkunftslands (das ist die vorrangige Geltung des Recht des Lands, in dem ein Werk erstmals veröffentlicht wird), das die Berner Gründungsstaaten 1886 explizit zu Gunsten der Inländerbehandlung abgelehnt hatten. Diese richtete sich grundsätzlich nach der Rechtsordnung des Staats, auf dessen Gebiet der Rechtsschutz beansprucht wurde. Ausführlich vgl. Kapitel 13c und: Sitzungsbericht der Unterkommission für geistiges Eigentum im Juli 1929 (UNOG LoN: R 2207: 5B/13125/520); Travaux de la sous-commission des droits intellectuels. Rapport sur la huitième session, tenue à Genève les 12 et 13 juillet 1928. Présenté par M. Marcel Plaisant, membre de la sous-commission (UNOG LoN: R 2207: 5B/13059/520).

24 League of Nations' Intellectual Co-operation Organisation, Information Bulletin, Jg. 1, 1932, S. 65.

Um sich der Zustimmung wesentlicher Akteure zu versichern und Szenarien durchzuspielen, wie die Rechtsangleichung vollzogen werden könne, war es nötig, den Teilnehmerkreis strategisch zu erweitern und solche Personen zu den Treffen einzuladen, die entweder wesentliche Standpunkte oder aber wichtige Interessengruppen vertraten. Das tat das Netzwerk 1932, als Paul Grunebaum-Ballin, Mitglied der *Association littéraire et artistique internationale* (ALAI) und zugleich Jurist im französischen Bildungsministerium, der Generalsekretär der *International Federation of Journalists*, Stephen Valot und der chilenische Botschafter Alvarez eingeladen wurden. Im Zusammenspiel mit Fritz Ostertag und Jules Destrée, Mitglied der Kommission für geistige Zusammenarbeit und zugleich Leiter der Arbeitsgruppe im belgischen Ministerium für Wissenschaft und Kunst zur Vorbereitung der anstehenden Revisionskonferenz der Berner Konvention in Brüssel, waren auf der Sitzung Vertreter aller in Europa für das Gelingen der Weltkonvention wichtigen Gruppen anwesend: der Berner Union, der zwei großen internationalen Berufsverbände der Schriftsteller und Journalisten, der innerhalb des Völkerbunds verantwortlichen Institute in Rom und Paris und der Gastgeberregierung der nächsten Revisionskonferenz der Berner Konvention. Mit dem chilenischen Repräsentanten hatte das Pariser Institut zudem einen dezidierten Befürworter der Rechtsannäherung aus Südamerika eingeladen, der sich ausführlich und intensiv über die Vorteile eines gemeinsamen Autorenrechts äußerte.

Inhaltlich mündete die Sitzung genau in den Vorschlägen, die die Vorarbeiten für die Rechtsvereinheitlichung bis 1939 prägen sollten. Das war zum einen die Idee, ein aus europäischen und amerikanischen Delegierten bestehendes Expertenkomitee einzuberufen, das aus den Instituten in Paris und Rom, dem Berner Büro und den Mitarbeitern des AIIL bestehen sollte. Zum anderen zeichneten sich im Verlauf der Sitzung die drei Wege ab, über die eine Rechtsannäherung bewerkstelligt werden konnte. Erstens war es denkbar, die bestehenden Konventionen in einer neuen Konvention aufgehen zu lassen, die alle rechtlichen Besonderheiten der Berner Konvention und der Urheberrechtsabkommen der Panamerikanischen Union in sich schlösse; die zweite Lösung verband die existierenden Konventionen mit Hilfe einer dritten Konvention, die im Sinne eines kleinsten gemeinsamen Nenners nur die rechtlichen Gemeinsamkeiten kodifizierte; und drittens konnte eine Klausel in die Berner Konvention eingefügt werden, die den amerikanischen Staaten die Beibehaltung der Registrierung eines Werks ermöglichte und ihnen so den Weg in die Berner Konvention ebnete.[25]

25 Ebd.; Bericht über die Sitzung der mit geistigem Eigentum beschäftigten internationalen Organisationen im Juni 1932 in Paris (UNOG LoN: R 2217: 5B/34691/942); die Bestätigung dieser Beschlüsse durch die Kommission für geistige Zusammenarbeit: Commission internationale de coopération intellectuelle, Rapport de la commission sur les travaux de sa quatorzième session plenière, soumis au Conseil et à l'Assemblée, A.11.1932.XII, S. 13.

Der weltweite Autorenschutz war zwar ein wichtiger Gegenstand innerhalb des Netzwerks, stand bis 1936 jedoch in zweiter Reihe, weil die Mehrzahl der Themen mit Blick auf die nächste Revisionskonferenz der Berner Konvention ausgewählt worden war. Sie sollte 1935 in Brüssel stattfinden, und das Netzwerk besprach unter Anleitung von Fritz Ostertag erste Formulierungen für die Revision einzelner Paragraphen.[26] Die Verbindungsperson zwischen dem Völkerbund und der mit den Vorarbeiten betrauten belgischen Regierung war Jules Destrée. Er hatte Raymond Weiss bereits 1928 gemahnt, sich ohne Verzögerung der Brüsseler Revisionskonferenz zu widmen, damit die OGZ dort anders als in Rom nicht nur teilnehme, sondern auch schon die Vorstudien maßgeblich präge.[27] Über Destrée hinaus gab es zwei weitere Schnittstellen zwischen dem Netzwerk und der belgischen Regierungskommission. Das war zum einen Fritz Ostertag, der die im Netzwerk besprochenen Inhalte nach Brüssel trug und sie dort in die Konferenzdokumente einfließen ließ,[28] und zum anderen Raymond Weiss. Auf Wunsch von Destrée hatte Weiss Ende 1932 Kontakt mit dem belgischen Ministerium für Wissenschaft und Kunst aufgenommen, um für die Revisionsvorschläge der OGZ zu werben und Unterstützung bei der inhaltlichen Vorbereitung der Konferenz anzubieten. Dieses Angebot hatten die belgischen Verantwortlichen gern angenommen und so machten sie Weiss ab Frühjahr 1933 zu einem festen Mitglied der ministerialen Kommission.[29]

Diese personelle Verknüpfung der Brüsseler Revisionskonferenz mit der Annäherung des europäischen und amerikanischen Urheberrechts erwies sich für Letztere als vorteilhaft. Denn nun rückten die Rechtsvereinheitlichung und die Brüsseler Revisionskonferenz in eine inhaltliche Nähe, die sukzessive in dem Gedanken mündete, beide Dinge miteinander zu verknüpfen und zwei Konferenzen in Brüssel auszurichten, eine erste für die Revision der Berner Konvention und eine zweite zur Verabschiedung einer Weltkonvention zum Schutz des literarischen und künstlerischen Eigentums. Die Verbindung der Weltkonvention mit der Berner Revisionskonferenz versprach zwei Vorteile. Erstens hätte man von dem Umstand profitiert, dass die Staaten der Berner Union und, wie es Tradition war, die meisten amerikanischen Staaten als Beobachter bereits an einem Ort versammelt waren und die Ausrichtung einer zweiten Konferenz organisatorisch kein großes Problem gewesen wäre.

26 Bericht über die Sitzung der mit geistigem Eigentum beschäftigen internationalen Organisationen im Juni 1933 in Paris (UNOG LoN: R 4022: 5B/4181/4181).

27 Jules Destrée an Julien Luchaire, Direktor des Pariser Instituts, am 4. Juni 1928 (Unesco IICI: E.IV.32).

28 *Union internationale pour la protection des œuvres littéraires et artistiques*, Conférence de Bruxelles. Propositions.

29 Raymond Weiss an Marcel Nyns, Mitarbeiter im belgischen Bildungsministerium, am 2. Dezember 1932; Glesener, Mitarbeiter im selben Ministerium, an Raymond Weiss am 23. Juli 1933 (Unesco IICI: E.IV.45_1); Jules Destrée an Raymond Weiss am 2. März 1933 (Unesco IICI: E.IV.45_1).

Zweitens bestand die Möglichkeit, die Berner Konvention so zu revidieren, dass sie mit einer im direkten Nachgang verabschiedeten Weltkonvention vereinbar gewesen wäre. Erstmals wurde die Verbindung dieser beiden Ereignisse im Mai 1935 besprochen, als Vertreter der belgischen Regierungskommission an dem Jahrestreffen der mit geistigem Eigentum beschäftigten internationalen Organisationen teilnahmen und darüber entschieden, wie das bis dahin noch nicht weiter diskutierte Verhältnis der Revisionskonferenz und der für den gleichen Zeitraum geplanten Rechtsannäherung zwischen Europa und Amerika aussehen könnte.[30]

c) Etappensieg: Der erste europäisch-amerikanische Entwurf

Auf der Konferenz der Panamerikanischen Union 1933 in Montevideo hatten die versammelten amerikanischen Staaten nach einer kontroversen Diskussion, die durchaus unterschiedliche Haltungen gegenüber einer Rechtsvereinheitlichung zu Tage förderte,[31] schließlich ihre Bereitschaft signalisiert, die bestehenden internationalen Abkommen mittel- oder langfristig zu harmonisieren und ein Expertenkomitee einzuberufen, das die Annäherung der europäischen und amerikanischen Autorenrechte prüfen sollte.[32] Aber aus der Perspektive des Völkerbunds war der Beschluss von Montevideo nicht unproblematisch. Er ließ nämlich keine Zweifel daran, dass dieses Expertenkomitee vorerst auf Amerika beschränkt bliebe und sich nicht Richtung Völkerbund öffnete. Es sollte aus fünf Delegierten aus den Ländern bestehen, unter deren Leitung die bisherigen panamerikanischen Urheberrechtsabkommen abgeschlossen worden waren, und bis zur nächsten Konferenz der amerikanischen Staaten prüfen, wie ein Entwurf für ein internationales Abkommen zur Verbindung der beiden Rechtssysteme aussehen könnte.[33]

Wenngleich die OGZ die Einrichtung dieses Expertenkomitees begrüßte und die begründete Hoffnung äußerte, eine Rechtsannäherung mittelfristig realisieren zu können, bestand ein grundsätzliches Problem fort, nämlich ein nur zäher Informationsfluss über die Komposition, den Zeitplan und die inhaltlichen Positionen dieses Expertenkomitees. Hier machte sich der strategische Fehler des Pariser Instituts von 1930 deutlich bemerkbar, den Bericht über die Möglichkeiten einer Rechtsvereinheitlichung ohne vorherige Konsultation des *American Institut of International Law* verschickt zu haben, weil mit dem Institut ein wichtiger Kooperationspartner verloren gegangen war,

30 Bericht von Jules Destrée, Vorsitzender auf dem Treffen der mit geistigem Eigentum beschäftigten internationalen Organisationen, an die Kommission für geistige Zusammenarbeit im Mai 1935 (UNOG LoN: R 4022: 5B/17320/4181).

31 Vgl. Kapitel 13b.

32 Résolution de la VIIe conférence internationale des Etats américains (Montevideo, 16 décembre 1933), in: *Administration belge* u. *Institut international de coopération intellectuelle*, S. 9–10.

33 Résolution de la VIIe conférence internationale des Etats américains, in: *ebd.*, S. 9 f.

der einen Brückenschlag zur Panamerikanischen Union erlaubt hätte. Nachdem die OGZ das Projekt auf europäischer Seite in eine breite und allem Anschein nach belastbare Kooperation eingebettet hatte, die gemäß ihrer eigenen mehrgliedrigen Struktur aus internationalen Organisationen, staatlichen und nichtstaatlichen Akteuren bestand, musste sie der Situation ein Ende bereiten, dass die Beratungen von Völkerbund und Panamerikanischer Union weiterhin separat abliefen, und neue Ansprechpartner innerhalb der Panamerikanischen Union finden, mit denen sie bald zu handfesten Ergebnissen kommen konnte.

Der Versuch, aus den immer noch getrennt voneinander ablaufenden Bemühungen entweder eine gemeinsame zu machen oder sie zumindest miteinander zu koordinieren, gestaltete sich jedoch schwierig, weil erneut keine verlässlichen Informationen über die Vorgänge in Amerika zu bekommen waren und die Rechtsabteilung des Pariser Instituts bis Mitte 1935 nicht herausfinden konnte, wo und unter welchem Vorsitz das amerikanische Expertenkomitee tagte und ob es seine Arbeit schon aufgenommen hatte.[34] In dieser schwierigen Situation bewährte sich die besondere Struktur der OGZ, ihre Projekte sowohl auf gouvernementalem Weg als auch in der Zusammenarbeit mit nichtstaatlichen Akteuren voranzutreiben. Um Kontakte in Richtung Amerika zu knüpfen und ein Expertenkomitee mit Delegierten aus beiden Ländern einzuberufen, die gemeinsam einen Entwurf für eine Weltkonvention zum Schutz von Autorenrechten ausarbeiteten, besann die OGZ sich auf ihre transnationalen Netzwerke, die sie in Form der nationalen Kommission für geistige Zusammenarbeit in Nordamerika und des staatlichen Beigeordneten Brasiliens aktivierte.[35] Auf diesem Weg gelang es endlich, das von der Panamerikanischen Union eingesetzte Expertenkomitee in die Vorarbeiten des Völkerbunds zu integrieren und zum ersten Mal in einem interkontinental besetzten Gremium konkrete Formulierungen für einen möglichen Konventionstext zu diskutieren, Zeitpläne auszuarbeiten und sich auf einen organisatorischen Rahmen für die Ausrichtung einer diplomatischen Konferenz zu einigen.

Neben der nationalen Kommission für geistige Zusammenarbeit in Nordamerika, die Raymond Weiss erneut bat, den Arbeitsauftrag des Instituts auf inoffiziellem Weg an die Verantwortlichen der Panamerikanischen Union zu kommunizieren und so den Boden für eine Kooperation zu bereiten,[36] griff das Institut auf die staatlichen Beigeordneten zurück und zwar namentlich auf

34 Raymond Weiss an J.D. de Montenach, Mitarbeiter der Abteilung für internationale Büros und geistige Zusammenarbeit im Genfer Generalsekretariat, am 24. Januar 1935 (Unesco IICI: E.IV.28_2).

35 Sitzungsprotokoll des Exekutivkomitees der OGZ von Dezember 1934 (UNOG LoN: R 4005: 5B/16107/2051).

36 Der Generalsekretär des Völkerbunds, Joseph A. Avenol, an James T. Shotwell, Vorsitzender des Komitees für geistiges Eigentum der nationalen Kommission für geistige Zusammenarbeit in Nordamerika, am 16. Februar 1935 (UNOG LoN: R 4022: 5B/8576/4181).

Brasilien.[37] Seit der Revisionskonferenz der Berner Konvention 1928 pflegte das Institut einen guten Kontakt zu brasilianischen Regierungsvertretern. Neben dem brasilianischen Botschafter in Italien, Joâo da Fonseca Hermes, gehörte der staatliche Beigeordnete Brasiliens, E.F. de Montarroyos, zu dem Personenkreis, mit dem Raymond Weiss sich immer wieder über die Fortschritte des Vorhabens austauschte.

Erstmals wurde die brasilianische Regierung 1933 auf der Konferenz der amerikanischen Staaten vermittelnd aktiv, nachdem Weiss an Montarroyos mit der Bitte herangetreten war, seine Regierung solle sich für das Projekt innerhalb der Panamerikanischen Union stark machen und auf der Konferenz mit eigenen Vorschlägen für eine Rechtsannäherung in Erscheinung treten.[38] Genau das tat die brasilianische Regierung, indem sie der Konferenz den Vorschlag unterbreitete, die Panamerikanische Union solle das Institut für geistige Zusammenarbeit beauftragen, ein mit amerikanischen und europäischen Experten besetztes Komitee in Paris zu versammeln, das im Namen des Völkerbunds einen ersten Entwurf für eine Weltkonvention zum Schutz von Urheberrechten ausarbeitete.[39] Obwohl die Konferenz dieses Ansinnen explizit ablehnte, beharrte Brasilien weiterhin auf seiner Rolle, positiv auf das Stimmungsbild innerhalb der Panamerikanischen Union einzuwirken und die immer noch separaten Bemühungen des Völkerbunds und der Panamerikanischen Union zu verknüpfen. Der direkteste Weg war, alle Beteiligten an einem Ort zu versammeln, und so lud die brasilianische Regierung die wesentlichen europäischen Akteure kurzerhand und auf eigene Kosten im Oktober 1935 nach Rio de Janeiro ein: den Leiter der Rechtsabeilung des Pariser Instituts Raymond Weiss, einen Vertreter des Instituts in Rom, den Direktor des Berner Büros Fritz Ostertag und Stephen Valot für die *International Federation of Journalists.* Offiziell sollte die europäische Delegation die von der brasilianischen Regierung zu diesem Zeitpunkt eingesetzte Arbeitsgruppe zum Thema Urheberrecht und Weltkonvention beraten.[40] Der eigentliche Zweck der Reise bestand jedoch darin, das Gespräch zwischen den europäischen Gästen und dem amerikanischen Expertenkomitee zu organisieren, das in Person seines Vorsitzenden, des uruguayischen Senators José Antuña anwesend war.[41]

37 Zum Verhältnis zwischen Brasilien und dem Pariser Institut: *Dumont.*

38 Raymond Weiss an E.F. de Montarroyos, staatlicher Beigeordneter Brasiliens beim Pariser Institut, am 25. Juni 1933 (Unesco IICI: E.IV.28_1).

39 Französischer Botschafter in Uruguay an das französische Außenministerium am 15. Dezember 1933 (ArchDip Paris: Société des Nations/IN – Coopération Intellectuelle/1879); L'Année 1934 de la coopération intellectuelle 1934, Dijon 1934, S. 153; Dankesschreiben von Raymond Weiss an den brasilianischen Außenminister de Mello Franco am 28. Dezember 1933 (Unesco IICI: E.IV.28_1).

40 Einladungstelegramm von E.F. de Montarroyos an Massimo Pilotti, stellvertretender Generalsekretär des Völkerbunds und Leiter der Abteilung für internationale Büros und geistige Zusammenarbeit im Genfer Generalsekretariat, am 2. August 1935 (Unesco IICI: E.IV.28_2).

41 *Azevedo*, S. 7; *Antuña*, S. 429.

Das Treffen brachte endlich das von europäischer Seite lange gewünschte Gespräch. Diskutiert wurden drei Varianten der Rechtsharmonisierung: ein Beitritt der amerikanischen Staaten zur Berner Konvention, die Aufhebung beider Rechtssysteme in einem umfassenden Vertrag oder eine Konvention, die sich auf die Kodifikation der Gemeinsamkeiten des europäischen und amerikanischen Urheberrechts beschränkte. Wegen diverser rechtlicher Unterschiede und der skeptischen Zurückhaltung einzelner amerikanischer Staaten kamen die Anwesenden schnell zum Schluss, dass eine Fusion der Abkommen voreilig und zudem unwahrscheinlich sei und man deswegen gemeinsam den dritten Weg einschlage.[42]

Ein so konzertiertes Vorgehen brauchte gemeinsame Inhalte und einen organisatorischen Rahmen, der tragfähig genug war, zunächst die europäischen und amerikanischen Experten und daran anschließend die Staaten der Panamerikanischen und der Berner Union zu versammeln. Diesen Rahmen schien die Revisionskonferenz der Berner Konvention zu bieten, die aufgrund der noch nicht weit genug gediehenen Vorbereitungen und wegen zu weniger Ratifikationen der Ergebnisse von Rom bereits von 1935 auf 1936 verschoben worden war.[43] Entsprechend entwickelte Raymond Weiss gemeinsam mit der belgischen Regierungskommission im Herbst 1935 den Plan, zwei Konferenzen in Brüssel einzuberufen, eine für die Revision der Berner Konvention und eine zweite für die Weltkonvention.[44] Offen blieb dabei die Form der zweiten Konferenz. Anfänglich war sie als Expertenkomitee geplant, das aus Vertretern der Berner und der Panamerikanischen Union bestehen und den Verhandlungsauftakt markieren sollte. Nachdem Raymond Weiss diesen Plan in Absprache mit der belgischen Regierungskommission in Rio de Janeiro vorgetragen und von der brasilianischen Regierung sowie von José Antuña großen Zuspruch geerntet hatte, geriet das Vorhaben jedoch in Bedrängnis. Denn der Vorsitzende der brasilianischen Kommission, Philadelfio Azevedo, hatte nach dem Treffen in Rio de Janeiro die Haltungen der diversen lateinamerikanischen Staaten zu diesem Thema sondiert und dabei festgestellt, das amerikanische Expertenkomitee sei nur eine diplomatische Geste und keine Regierung außerhalb Brasiliens besäße derzeit ein ernsthaftes Interesse, eine Rechtseinheit mit der Berner Konvention zu forcieren.[45]

Das Pariser Institut reagierte auf diesen Rückschlag mit einem alternativen Vorschlag. Die Weltkonvention sollte auf gleiche Weise zustande kommen, wie die Berner Konvention Ende des 19. Jahrhunderts und zwar durch die Ein-

42 Bericht über die Reise an das Exekutivkomitee der OGZ auf seiner 17. Sitzung im Dezember 1935 (UNOG LoN: R 4005: 5B/22148/22051); Commission internationale de coopération intellectuellle, Rapport de la commission sur les travaux de sa seizième session plénière, C.339.M.156.1934.XII, S. 69 f.

43 Brief der belgischen Botschaft in Berlin an das Auswärtige Amt in Berlin am 28. August 1934, in dem die Verschiebung der Konferenz von 1935 auf 1936 mitgeteilt wird (PolArch: R 43746).

44 Glesener an Raymond Weiss am 27. November 1935 (Unesco IICI: E.IV.45_1).

45 Philadelfio Azevedo an Raymond Weiss am 28. Januar 1936 (Unesco IICI: E.IV.28_4).

berufung einer Reihe diplomatischer Konferenzen, die in der Unterzeichnung der Weltkonvention mündeten. Die Verhandlungen sollten nicht länger nur im Rahmen von Expertenkomitees ablaufen. Sie waren inhaltlich zwar im hohen Maße kompetent, aber es fehlte ihnen an politischer Schlagkraft, weil die Rechtsexperten, nichtstaatliche Interessenvertreter und die Mitarbeiter der internationalen Organisationen nur etwas ausrichten konnten, solange die beteiligten Staaten ihre Bereitschaft signalisierten, eine internationale Konvention zu unterzeichnen und zu ratifizieren. Stattdessen besann sich das Institut auf das zweite Standbein der OGZ, eine zwischenstaatlich legitimierte Organisation zu sein, die für ihre Zwecke auf diplomatische Instrumente wie die Einberufung internationaler Konferenzen zurückgreifen durfte. Das Institut beabsichtigte jedoch nicht, die Idee eines europäisch-amerikanisch besetzten Expertenkomitees gänzlich aufzugeben, weil sich gerade der kleine Kreis sowie die teilweise kurzen Dienstwege bewährt hatten und das Projekt bei jedem Treffen formal und inhaltlich deutlich an Kontur gewonnen hatte. Vielmehr sollten multilaterale Verhandlungen eingeleitet und parallel dazu ein solches Komitee einberufen werden. Es sollte seine Autorität aus seiner Zusammensetzung gewinnen – die drei zentralen Akteure Berner Büro, Panamerikanische Union und Völkerbund – und die kompletten inhaltlichen Vorarbeiten leisten, so dass die europäischen und amerikanischen Staaten auf der Konferenz in Brüssel nur noch über verschiedene Entwürfe entscheiden müssten.[46]

Um diesen Plan in die Tat umzusetzen, musste noch vor der für Herbst 1936 geplanten Revisionskonferenz der Berner Konvention ein Expertenkomitee versammelt werden, damit auf beiden Kontinenten ausreichend Zeit blieb, die beteiligten Staaten über die Arbeitsergebnisse und die Einberufung dieser zweiten diplomatischen Konferenz zu informieren. Trotz der geographischen Distanz nach Südamerika, die Zweifel aufkommen ließ, ob ein so kurzfristig anberaumtes Treffen unter Beteiligung von José Antuña machbar sei, kam dieses Expertenkomitee im April 1936 in Paris zusammen.[47] Mit diesem Treffen rückte das Institut seinem Ziel einer Weltkonvention zum Schutz des literarischen und künstlerischen Eigentums deutlich näher, war es doch die erste offizielle Zusammenkunft, an der alle wesentlichen Parteien teilnahmen: Fritz Ostertag für das Berner Büro, zwei Mitglieder der belgischen Kommission für die Vorbereitung der Berner Revisionskonferenz, der Präsident des amerikanischen Expertenkomitees José Antuña, die Präsidenten und Generalsekretäre der ALAI sowie der *Confédération internationale des sociétés d'auteurs et compositeurs*, zwei Mitarbeiter der Abteilung geistige Zusam-

46 Glesener an Raymond Weiss am 14. Januar 1936 und Antwort von Weiss am 21. Januar 1936 (Unesco IICI: E.IV.45_2); Brief von Raymond Weiss an Folie, Mitarbeiter im belgischen Bildungsministerium und ab 1936 verantwortlich für die Revisionskonferenz der Berner Konvention sowie für die Konferenz zur Verabschiedung der Weltkonvention, am 6. Februar 1936 (Unesco IICI: E.IV.28_4).

47 Einladung von Raymond Weiss an José Antuña am 7. Februar 1936 (Unesco IICI: E.IV.45_2).

menarbeit und internationale Büros des Genfer Generalsekretariats, zwei Vertreter des Instituts für die Vereinheitlichung des Privatrechts in Rom, der Direktor Julien Luchaire sowie der Leiter der Rechtsabteilung des Pariser Instituts Raymond Weiss und als Rechtsexperten der Generalsekretär der *International Federation of Journalists*, die staatlichen Beigeordneten Brasiliens und Chiles beim Pariser Institut und ein Mitglied der nationalen Kommission für geistige Zusammenarbeit in Nordamerika.[48]

Das Pariser Expertenkomitee setzte den bereits mehrfach favorisierten Weg fort, eine Weltkonvention zu verabschieden, die nur die wesentlichsten Gemeinsamkeiten beider Rechtssysteme kodifizierte. Damit wollte man vermeiden, dass die unterschiedlichen Interessen in Europa und Amerika das Vorhaben letztlich vollständig blockierten. Stattdessen strebte das Expertenkomitee eine Konvention in Form einer Prinzipienerklärung der beteiligten Staaten an, in der sie sich zu der grundsätzlichen Anerkennung einheitlicher Autorenrechte mit globaler Reichweite bekannten. War dieses normative Bekenntnis erst einmal international etabliert, so die Hoffnung, würde eine im Detail ausgearbeitete Annäherung des europäischen und amerikanischen Urheberschutzes sukzessive folgen.[49] Dementsprechend nutzten die Anwesenden das Treffen für die Ausarbeitung eines Entwurfs, der das Etikett interkontinental trug, weil er ein gemeinschaftliches Werk der Panamerikanischen Union und des Völkerbunds unter Mitwirkung des Berner Büros und der belgischen Regierung war.[50] Nach der Einigung auf die Inhalte traf sich ein aus Raymond Weiss, José Antuña und E.F. de Montarroyos bestehendes Redaktionskomitee, das Ende April den so genannten Pariser Entwurf für eine Weltkonvention zum Schutz des literarischen und künstlerischen Eigentums vorlegte.[51]

48 Sitzungsprotokoll des Expertenkomitees vom 1. und 2. April 1936 in Paris (UNOG LoN: R 4032: 5B/23171/8174).

49 Rapport présenté au comité d'experts pour l'étude d'un statut universel du droit d'auteur, par le Sénateur Antuña, président de la commission interaméricaine du droit d'auteur (avril 1936), in: *Administration belge* u. *Institut international de coopération intellectuelle*, S. 28–32; Mémoire de l'Institut international de coopération intellectuelle, soumis au comité d'experts pour l'étude d'un statut universel du droit d'auteur, réuni à Paris, les 1er, 2 et 25 avril 1936, in: *ebd.*, S. 34–40.

50 Avant-projet de convention universelle pour la protection du droit d'auteur, élaboré par le comité d'experts pour l'étude d'un statut universel du droit d'auteur, réuni à Paris les 1er, 2 et 25 avril 1936, in: *ebd.*, S. 48–52.

51 Raymond Weiss an J.D. de Montenach am 23. April 1936 (UNOG LoN: R 4032: 5B/23171/8174).

13. Die Rezeption der Weltkonvention

Mit dem Treffen des europäisch-amerikanisch besetzten Expertenkomitees im April 1936 war die Weltkonvention zum Schutz des literarischen und künstlerischen Eigentums nicht mehr nur ein Projekt der Organisation für geistige Zusammenarbeit, das sie der Panamerikanischen Union im Namen des Völkerbunds antrug, sondern die OGZ hatte die erste Hürde genommen und zumindest die Rechtsexperten der Panamerikanischen Union in die Vorarbeiten des Völkerbunds eingebunden. Die eigentliche Aufgabe stand aber noch bevor, nämlich die Staaten der Berner und der Panamerikanischen Union offiziell über die Weltkonvention in Kenntnis zu setzen, ihnen die Konventionsentwürfe vorzulegen und um ihre Zustimmung zu werben.

Dieses Kapitel problematisiert die Rezeption der Weltkonvention in den betroffenen Lagern. Ein exemplarischer Vergleich von Frankreich und Deutschland zeigt das hohe und beinahe uneingeschränkte Zustimmungspotential, das die Berner Signatarstaaten im Ganzen einte, und das vergleichbar zum Ersten Weltkrieg unberührt blieb von gleichzeitigen politischen Spannungen, die besonders das nationalsozialistische Deutschland und das republikanische Frankreich zu erbitterten Gegnern machten. Die Haltung der Panamerikanischen Union wird anhand der Konferenzen der amerikanischen Staaten 1933 in Montevideo und 1938 in Lima analysiert. Dabei liegt das Augenmerk nicht auf den inneramerikanischen Diskussionen für oder gegen den Schutz nicht-amerikanischer Autoren und auch nicht auf der Motivation einzelner Staaten, die Weltkonvention entweder vehement abzulehnen oder sie tatkräftig zu unterstützen. Vielmehr wird die Panamerikanische Union aus der Perspektive der OGZ betrachtet, und es werden die rechtspolitischen Signale analysiert, die die Panamerikanische Union Richtung Völkerbund und Berner Union sandte. Der Vergleich der rechtspolitischen Ansichten wird schließlich durch einen Vergleich der Konventionsentwürfe ergänzt, die die Panamerikanische Union, das Berner Büro und der Völkerbund ab 1936 vorlegten.

a) Zustimmung: Das Beispiel Frankreich und Deutschland

Das europäisch-amerikanische Expertenkomitee hatte der belgischen Regierung empfohlen, den von ihr ausgearbeiteten Konventionsentwurf zur Grundlage für die offiziellen Verhandlungen der Weltkonvention zu machen und diese gleichzeitig zur Revision der Berner Konvention stattfinden zu lassen.[1] Damit geriet jedoch der Plan in zeitliche Bedrängnis, die Revisions-

1 Circulaire adressée, le 6 juin 1936, par le gouvernement belge à ses représentants diplomatiques auprès des gouvernements des pays membres de l'union de Berne, in: *Administration belge* u. *Institut international de coopération intellectuelle*, S. 53 f.

konferenz bereits im September 1936 auszurichten. Die belgische Regierung konnte die Einladung zu beiden Konferenzen frühestens im Sommer 1936 verschicken, so dass auf beiden Kontinenten nur wenig Zeit geblieben wäre, die Konferenzen so vorzubereiten, dass die nationalen Delegationen beschlussfähig gewesen wären.[2] Da die belgische Regierung Probleme hatte, den Ende 1935 verstorbenen Jules Destrée zu ersetzen[3] und sie zudem beide Konferenzen so nah wie möglich aufeinander folgen lassen wollte, damit die Weltkonvention von einer vorherigen Revision der Berner Konvention profitierte,[4] fiel mit Zustimmung von Fritz Ostertag die Entscheidung, auch die Revisionskonferenz auf ein noch unbestimmtes Datum zu verschieben.[5]

Diese Verschiebung war für die beiden Institute in Paris und Rom, für das Berner Büro und für die belgische Regierung ein wichtiger Prüfstein. Nun wurde die bis dahin nur kleine Verhandlungsrunde geöffnet, indem die Berner Signatarstaaten erstmals offiziell Mitteilung über die Weltkonvention bekamen und gebeten wurden, sich mit der Befürwortung oder Ablehnung der Terminverschiebung zugleich für oder gegen das Projekt auszusprechen.[6] Es zeigte sich bald, dass innerhalb der Berner Union die Bereitschaft herrschte, eine solche Konvention zu verabschieden und das nicht mittel- oder langfristig, sondern so bald wie möglich. Denn mit Ausnahme Japans, das der Weltkonvention zwar prinzipiell zustimmte, aber vollständige Rechtsfreiheit bei Übersetzungen in andere Sprachfamilien forderte,[7] hießen alle Signatarstaaten die Verschiebung gut und formulierten trotz der bis dahin nur im Rahmen des Völkerbunds organisierten Vorverhandlungen keine Einwände.[8] Dieses durchweg positive Votum bestätigte sich ein zweites Mal 1938/ 1939. Zur Vorbereitung der Weltkonvention hatten die belgische Regierung und das Pariser Institut die bis dahin erarbeiteten Konventionsentwürfe in einer Broschüre publiziert, die sie im Mai 1938 an die Staaten beider Unionen verschickten mit der Bitte, ihre Konferenzteilnahme zu bestätigen.[9] Von den bis Juni 1939 eingetroffenen 34 Antworten gehörte die Mehrheit der 27 Staaten, die ihre Teilnahme zusagten, der Berner Union an und mit Deutschland, Frankreich, Großbritannien, Japan (mit der genannten Forderung nach Übersetzungsfreiheit), der Schweiz, Spanien, Italien und den Nie-

2 Raymond Weiss an J.D. de Montenach am 16. März 1936 (Unesco IICI E.IV.45_2).

3 Ebd.

4 Glesener an Raymond Weiss am 27. November 1935 (Unesco IICI: E.IV.28_4).

5 Fritz Ostertag an Raymond Weiss am 19. März 1936 (Unesco IICI: E.IV.28_4).

6 Folie an Raymond Weiss am 4. Juni 1936 (Unesco IICI: E.IV.45_2).

7 Freedom of Translation as Between Occidental and Oriental Countries. Statement Made by Professor Kenzo Takayanagi at the Second Meeting of the Committee of Experts for the Preparation of a Universal Copyright Convention, Held at Brussels, October 19–21, 1938, in: *Committee for the Study of Copyright* u. *Subcommittee of the American National Committee of International Intellectual Cooperation*, S. 73–77.

8 Glesener an Raymond Weiss am 7. Oktober 1936 (Unesco IICI: E.IV.45_2).

9 Einladung der deutschen Regierung zur Teilnahme an der Konferenz durch die belgische Botschaft in Berlin am 25. Mai 1938 (PolArch: R 43747).

derlanden waren die Staaten dabei, die den Handel mit kulturellen Gütern weltweit anführten.[10]

Was bewegte die Berner Unionsstaaten, ab 1936 und damit zeitgleich zu dem sich anbahnenden Zweiten Weltkrieg ein gemeinsames rechtspolitisches Anliegen so geschlossen nach Außen zu vertreten? Ein Blick auf die beiden großen europäischen Buchhandelsnationen Deutschland und Frankreich zeigt exemplarisch die Gemeinsamkeit, die die Mehrheit der Berner Unionsstaaten teilten: Sie hatten eine umfangreiche kulturelle Produktion und waren dementsprechend daran interessiert, die Werke ihrer nationalen Autoren nicht nur auf heimischen Boden, sondern auch im Ausland vor unerlaubter Verwertung zu schützen, möglichst weltweit und mit einem hohen Schutzniveau.

Großen Zuspruch fand die Weltkonvention bei der französischen Regierung, was insofern nahe lag, weil Frankreich einer der verantwortlichen Autoren der entsprechenden Resolution 1928 in Rom gewesen war. Das französische Interesse an einem globalen Urheberschutz blieb bis Ende der dreißiger Jahre dasselbe: Man hoffte, die Weltkonvention würde das seit dem Ende des 19. Jahrhunderts andauernde Problem französischer Autoren lösen, in den amerikanischen Staaten zwar rezipiert zu werden, aber keinen hinreichenden Rechtsschutz zu genießen.[11] Nachdem die französische Regierung sich aus diesem Grund 1928 für die geographische Ausweitung der Berner Konvention in Richtung Amerika eingesetzt hatte, setzte sie dieses Engagement in den dreißiger Jahren konsequent fort, indem sie sich durchweg für die Weltkonvention aussprach und den Vorarbeiten den Weg zu ebnen versuchte. Das geschah zum ersten Mal während der Konferenz der amerikanischen Staaten 1933 in Montevideo. Vor der Konferenz kamen die zuständigen Ministerien überein darauf hinwirken zu müssen, dass die Panamerikanische Union sich für eine Annäherung der Konventionen von Bern und Havanna ausspräche. Dabei zielte das französische Engagement nicht nur auf die spanisch- und portugiesischsprachigen Länder Lateinamerikas, sondern zugleich auf die USA. Da ihr Beitritt zur Berner Konvention in naher Zukunft unwahrscheinlich schien, die USA aber die Konvention von Havanna unterschrieben und die von Buenos Aires ratifiziert hatte, hoffte man, mit einer Rechtsannäherung die schon lange ersehnte Rechtsvereinheitlichung mit den USA zumindest indirekt realisieren zu können.[12] Um diesen Plan in die Tat umzusetzen, sollte der französische Botschafter in Uruguay die brasilianische Delegation in Zusammenarbeit mit dem anwesenden Vertreter des Völker-

10 Résumé des réponses des gouvernements étrangers à l'invitation du gouvernement belge en date du 23 mai 1938, vorgelegt auf der Versammlung der mit geistigem Eigentum beschäftigten internationalen Organisationen am 9. Juni 1939 in Paris (UNOG LoN: R 4023: 5B/38114/4181).

11 Réné Massigli an das französische Außenministerium am 3. Dezember 1928 (ArchDip Paris: Société des Nations/IN – Coopération intellectuelle/1878); vgl. Kapitel 7a.

12 Das französische Bildungsministerium an den französischen Außenminister Joseph Paul-Boncour am 15. November 1933 (ArchDip Nantes: Ministère des Affaires Etrangères/Sous-direction des unions internationales/2ème tranche/C/18).

bunds zu dem von ihr schließlich auch eingebrachten Vorschlag ermuntern, die Panamerikanische Union solle die OGZ beauftragen, eine Kommission mit europäischen und amerikanischen Rechtsexperten zu gründen, um die Weltkonvention vorzubereiten.[13] Auch wenn dieser Plan letztlich zu Gunsten des argentinischen Vorschlags scheiterte, ein rein amerikanisch besetztes Expertenkomitee einzusetzen, gab die französische Regierung sich dennoch zufrieden mit dem Konferenzergebnis. Denn prinzipiell hatten die amerikanischen Staaten die Idee eines Urheberschutzes mit globaler Reichweite bejaht und man hoffte nun, die Doppelrolle Brasiliens als Mitglied der Berner und der Panamerikanischen Union nutzen zu können, um Einfluss auf die Arbeit dieses Expertenkomitees im Sinne der Berner Unionsstaaten ausüben zu können.[14]

Bis 1936 beobachte das französische Außenministerium die Fortschritte der OGZ und hieß sie durchweg gut, weil der erwünschte Autorenschutz mit globaler Reichweite sich schrittweise zu realisieren schien. Zuerst erfüllte Brasilien mit seiner Einladung der europäischen Abordnung 1935 nach Rio de Janeiro genau die 1933 von der französischen Regierung gehegte Hoffnung, dass die brasilianische Regierung die amerikanische Diskussion lenken und innerhalb des amerikanischen Expertenkomitees auf einen Konventionsentwurf hinarbeitete, der für eine Rechtsvereinheitlichung im Sinne der Berner Unionsstaaten plädierte. Die darauf folgende Einberufung des Pariser Expertenkomitees im April 1936 unter Leitung der OGZ fand ebenso Zustimmung. Dieses Treffen bedeutete nämlich die Realisierung des von Frankreich 1933 in Montevideo gewünschten, damals jedoch am Votum der amerikanischen Staaten gescheiterten Verhandlungsverlaufs, die Vorarbeiten in den Händen der OGZ zu konzentrieren.[15]

Auch in deutschen Regierungskreisen fand das Völkerbundsprojekt großen Anklang. Erstmals diskutierte man das Thema im Auswärtigen Amt in Berlin Ende 1928, als es auf der Tagesordnung des Völkerbundrats stand und das Reichsjustizministerium um eine Empfehlung für das Votum des deutschen Vertreters im Rat gebeten wurde.[16] Das Ministerium empfahl die uneingeschränkte Annahme des Vorschlags mit der Begründung, die deutsche Dele-

13 Denkschrift von Paul Grunebaum-Ballin, Rechtsberater der französischen Regierung, an den französischen Botschafter in Montevideo am 15. November 1933; Brief des französischen Außenministers Joseph Paul-Boncour an den französischen Bildungsminister Anatole de Monzie am 30. November 1933 (ArchDip Nantes: Ministère des Affaires Etrangères/Sous-direction des unions internationales/2ème tranche/C/18).

14 Denkschrift der Unterdirektion für die internationalen Verwaltungsunionen im französischen Außenministerium am 1. Dezember 1933 (ArchDip Paris: Société des Nations/IN – Coopération intellectuelle/1879).

15 Brief des französischen Bildungsministers Henri Guernut an den französischen Außenminister Pierre-Étienne Flandin am 29. April 1936 (ArchDip Nantes: Ministère des Affaires Etrangères/Sous-direction des unions internationales/2ème tranche/C/21).

16 Das Auswärtige Amt an das Reichsjustizministerium am 9. November 1928 (PolArch: R 3001/6423/1).

gation habe bereits auf der Revisionskonferenz in Rom die Verabschiedung der entsprechenden Resolution unterstützt und rechtlich sei es nicht illusorisch, die Konventionen von Bern und Havanna in einem gemeinsamen Vertragswerk zu verknüpfen.[17] Besonders unterstützte die deutsche Regierung die Idee, den Völkerbund und nicht das Berner Büro mit der Annäherung zu beauftragen, sofern gewährleistet sei, dass Fritz Ostertag als Direktor des Büros an den Vorarbeiten aktiv beteiligt sei.[18] Dahinter standen strategische Überlegungen, die auf den bisherigen Erfahrungen Deutschlands und anderer europäischer Länder mit Lateinamerika beruhten. Da die lateinamerikanischen Staaten in der Vergangenheit die Versuche der Berner Unionsstaaten überwiegend abgewehrt hatten, Rechtsschutz für ihre Autoren auf amerikanischem Territorium zu bekommen,[19] befürchtete man im Auswärtigen Amt, dass eine Beauftragung des Berner Büros eine sofortige und prinzipielle Abwehrreaktion auf amerikanischer Seite auslöste. Dagegen traute man dem Völkerbund zu, dass seine Unparteilichkeit und der Umstand, dass die Mehrheit der betroffenen Staaten Völkerbundsmitglieder waren, diesen bereits traditionsreichen Vorbehalt der amerikanischen Staaten gegenüber europäischen Rechtsvorstellungen zumindest abschwächte.[20]

Ähnlich wie in Frankreich behielt die deutsche Regierung diese Haltung bis zum Beginn des Zweiten Weltkriegs bei und auch die nationalsozialistische Machtergreifung 1933 brachte trotz der sofortigen Abkehr vom Völkerbund und den politischen Spannungen mit den europäischen Nachbarn keinen grundsätzlichen Strategiewechsel. Diese ganz auf die Interessen der Autoren ausgerichtete Politik lässt sich gut an der Diskussion über die Ratifikation der revidierten Fassung der Berner Konvention von 1928 ablesen. Die beiden wesentlichen Neuerungen der Konferenz, die Anerkennung der Sendung geschützter Inhalte über Rundfunk als Recht des Autors und die Einführung des *droit moral*,[21] lösten in deutschen Regierungs- und Fachkreisen die Diskussion um eine prinzipielle Reform des deutschen Urheberrechtsgesetzes aus. Während das *droit moral* ohne größere Schwierigkeiten mit den deutschen Urheberrechtsgesetzen von 1901 und 1907 vereinbar schien, warf der Paragraph zur Rundfunksendung die Frage nach dem Status der neuen Medien Schallplatte, Rundfunk und Tonfilm auf, deren Handhabe die bestehenden

17 Das Reichsjustizministerium an das Auswärtige Amt am 28. November 1928 (PolArch: R 3001/6423/1).

18 Das Auswärtige Amt an das Reichsjustizministerium am 7. März 1932 (PolArch: R 43742).

19 Vgl. Kapitel 7a.

20 Protokoll einer Beratung am 3. Dezember 1928 im Auswärtigen Amt über die anstehende 53. Sitzung des Völkerbundrats (PolArch: R 43742): „Bei der verhältnismäßig ablehnenden Haltung, die die südamerikanischen Staaten in Angelegenheit einer Zusammenarbeit auf dem Gebiete des Urheberschutzes bisher jedoch gegenüber allen nichtamerikanischen Ländern eingenommen haben, dürften die Förderung des Gedankens einer Schaffung eines einheitlichen Welt-Urheberschutzes ohne ausdrückliche Beteiligung des Berner Büros aber wohl empfehlenswert sein."

21 Vgl. Kapitel 6a.

Gesetze nicht hinreichend regelten.[22] Obwohl das Auswärtige Amt 1931 in Absprache mit dem Berner Büro entschied, der Novellierung des deutschen Rechts Vorrang vor der Ratifikation einzuräumen,[23] ratifizierte das Deutsche Reich die revidierte Fassung bereits im Oktober 1933, ohne vorher seine eigene Gesetzgebung reformiert zu haben.[24] Diesen Strategiewechsel läutete der zwar parteilose, aber der nationalsozialistischen Regierung angehörende Justizminister Franz Gürtner im Mai 1933 mit dem Argument ein, eine Urheberrechtsreform sei in einer absehbaren Frist nicht realisierbar, man wolle aber „den deutschen Urhebern nicht länger die Vorteile vorenthalten [...], die für sie mit dem Beitritt des Reichs zur revidierten Übereinkunft verknüpft sind".[25] Damit setzten die Nationalsozialisten nahtlos die Politik fort, die vor ihnen schon das Kaiserreich und die Weimarer Republik betrieben hatten, nämlich die Ausrichtung der nationalen Schutzrechte an den internationalen Rechtsstandards der Berner Konvention, die Fokussierung auf die wirtschaftlichen und kulturpolitischen Vorteile, die eine geographische und rechtliche Ausdehnung des internationalen Rechts für die nationalen Autoren bereithielt, und die Entkoppelung der Konvention von politischen Konflikten mit einzelnen Unionsstaaten in anderen Politikbereichen.

Ein einziges Mal formulierte die nationalsozialistische Regierung Einwände gegen die Arbeiten der OGZ. Ende 1936 wandte sie sich an die belgische Regierung mit dem Hinweis, man habe von dem Pariser Expertenkomitee im April 1936 erfahren und frage sich, warum Deutschland nicht aufgefordert worden sei, Vertreter zu diesem Treffen zu schicken. Das Auswärtige Amt deutete die Situation so, dass Japan und Deutschland als einzige Staaten von den bisherigen Vorarbeiten ausgeschlossen worden seien, was jedoch wieder behoben werden könne, sobald die belgische Regierung das Auswärtige Amt über den aktuellen Stand der Dinge informiere und ab sofort deutsche, von Regierungsseite nominierte Rechtsexperten in die Beratungen einbeziehe.[26] In Absprache mit dem Pariser Institut bemühte die belgische Regierung sich zu versichern, das Expertenkomitee der OGZ habe keinen diplomatischen Status, sondern beruhe auf einer Resolution der Generalversammlung des Völkerbunds, die mit der OGZ eine ihrer technischen Organisationen beauftragt

22 *Vogt*, S. 28–41.

23 Der Reichsminister der Justiz, Franz Gürtner, an das Auswärtige Amt am 2. September 1931 (PolArch: R 43743).

24 Le Droit d'Auteur, Jg. 46, 1933, S. 109.

25 Der Reichsminister der Justiz an das Auswärtige Amt am 12. Mai 1933 und Denkschrift im Anhang einer Kabinettsvorlage, die die Reichsminister für Justiz und Auswärtiges, Franz Gürtner und Konstantin Freiherr von Neurath, dem Kabinett am 23. Juni 1933 zwecks Ratifikation der Ergebnisse von Rom vorlegten (PolARch: R 43744).

26 Das Auswärtige Amt an die Königlich Belgische Gesandtschaft am 7. Juli und am 30. November 1936 (PolArch: R 43747).

habe, ein Komitee aus Vertretern internationaler Organisationen zu gründen und die Möglichkeiten einer Weltkonvention auszuloten.[27]

Als das Pariser Institut und die belgische Regierung einwilligten, deutsche Rechtsexperten hinzuziehen, sollte das Pariser Expertenkomitee noch einmal tagen, war die Unstimmigkeit behoben.[28] Ausschlaggebend für diese schnelle und unaufgeregte Beilegung war der Nutzen, den eine Weltkonvention in den Augen der Regierungsbeamten für deutsche Autoren bereithielte. Denn, so das Argument, „gerade für Deutschland bestehe das bei weitem größte Interesse vor den anderen Völkern an einem Zustandekommen eines die Welt umfassenden allgemeinen Urheberschutzes".[29] Damit setzte sich erneut der die Berner Union seit 1886 tragende und bereits kriegserprobte Gedanke durch, das Sachinteresse an einem belastbaren und möglichst globalen Urheberschutz sei höher anzusiedeln, als „Fragen[n] der äußerlichen Rücksicht und des Ansehens".[30] Schließlich wirkten auch die Hinweise beschwichtigend, dass deutsche Fachkreise über die internationalen Verbände der ALAI und der *Confédération internationale des sociétés d'auteurs et compositeurs* bereits indirekt an den Vorarbeiten beteiligt gewesen seien und dass man auch von panamerikanischer Seite keine missgünstigen Stimmungen zu fürchten habe, weil der Vorsitzende des amerikanischen Expertenkomitees, José Antuña, ein politischer Gesinnungsgenosse der Nationalsozialisten sei.[31]

Als das Pariser Expertenkomitee im Oktober 1938 ein zweites Mal tagte, nahm neben einem japanischen auch ein deutscher Vertreter teil.[32] Da man sich innerhalb der Außen- und Justizministerien im Voraus darüber einig geworden war, dass die Konventionsentwürfe tragfähig erschienen und alle Interessen Deutschlands berücksichtigten, äußerte der deutsche Vertreter nur

27 Die belgische Botschaft an das Auswärtige Amt in Berlin am 24. August 1936 (PolArch: R 43747); Raymond Weiss an Glesener am 7. Januar 1937 (Unesco IICI: E.IV.45_2); in dem Brief nennt Weiss die folgenden Organisationen: la Commission internationale américaine de droit d'auteur, la Commission préparatoire à la conférence de Bruxelles, le Bureau international pour la protection des œuvres littéraires et artistiques, l'Association littéraire et artistique internationale, la Confédération internationale des sociétés d'auteurs et compositeurs, le Secrétariat de la SDN, l'Institut internationale de Rome pour l'unification du droit privé, l'Institut international de coopération intellectuelle.

28 Belgische Botschaft in Berlin an das Auswärtige Amt am 24. August 1936 (PolArch: R 43747).

29 Protokoll einer Referentenbesprechung am 14. Juni 1938 im Auswärtigen Amt zur Frage einer deutschen Beteiligung an den für 1939 angekündigten diplomatischen Konferenzen in Brüssel; Einladung der belgischen Botschaft in Berlin an das Auswärtige Amt zur Revisionskonferenz der Berner Konvention und zu einer internationalen Konferenz für die Verabschiedung einer Weltkonvention zum Schutz des literarischen und künstlerischen Eigentums am 25. Mai 1938 (PolArch: R 43747).

30 Der Reichsminister der Justiz Franz Gürtner an das Auswärtige Amt am 23. September 1936 (PolArch: R 43747).

31 Bericht der deutschen Gesandtschaft in Uruguay am 18. Juni 1938 über die anstehende Reise von José Antuña nach Europa im Sommer 1938 (PolArch: R 43747).

32 Einladungsbrief der belgischen Botschaft in Berlin an das Auswärtige Amt am 9. August 1938 (PolArch: R 43747).

wenige Monate vor Beginn des Zweiten Weltkriegs unmissverständliche Zustimmung zu der vom Völkerbund betriebenen Urheberrechtspolitik. Darüber hinaus setzte er sich für eine sorgfältige Vorbereitung der beiden diplomatischen Konferenzen in Brüssel ein, „damit im entscheidenden Augenblick der Konferenz nicht etwa gegensätzliche Erörterungen über Nebenpunkte das große Werk in Frage stellen".[33]

Diese durchweg auf eine globale Rechtsvereinheitlichung zu Gunsten der nationalen Autoren ausgerichtete Urheberrechtspolitik behielten Deutschland und Frankreich bis 1939 bei, als der Beginn des Zweiten Weltkriegs zu einem abrupten Ende der Weltkonvention führte. Beide Staaten bestätigten der belgischen Regierung 1938 ihre Teilnahme an der Brüsseler Konferenz. Auch inhaltlich stellten sich beide hinter die Konventionsentwürfe und nur Frankreich formulierte einen Vorbehalt gegenüber der Option, das Berner Büro könne die internationale Registrierung von Werken für die Länder übernehmen, deren nationale Gesetze eine formale Anmeldung noch erforderten. Es waren jedoch nicht nur Frankreich und Deutschland, die eine große Einmütigkeit an den Tag legten, sondern mit Italien, Japan und Großbritannien begrüßten auch andere spätere Kriegsgegner die Weltkonvention und bestätigten der belgischen Regierung ihre Konferenzteilnahme.[34]

b) Vorbehalte: Die Panamerikanische Union

Weitaus undurchsichtiger gestaltete sich dagegen die Situation in Amerika. Nachdem die Panamerikanische Union 1933 in Montevideo beschlossen hatte, ein Expertenkomitee mit der Annäherung der Konventionen von Bern und Havanna zu beauftragen, breitete sich im Völkerbund Erleichterung über die wohlwollende Aufnahme des Themas aus und es schien in den Augen der Mitarbeiter der OGZ einer Weltkonvention nun nichts Grundsätzliches mehr im Weg zu stehen. Ein Blick auf die Diskussionen innerhalb der Panamerikanischen Union zeigt jedoch, dass das Meinungsbild dort weitaus komplexer und weniger eindeutig war, als in Paris vermutet.[35]

Der Kommission, die während der Konferenz in Montevideo Mittel und Wege einer Rechtsvereinheitlichung mit der Berner Konvention prüfte, lagen fünf Stellungnahmen zum Thema Rechtsvereinheitlichung mit der Berner

33 Kammergerichtsrat Kühnemann, Referent im Reichsjustizministerium und Teilnehmer an der Sitzung des Expertenkomitees im Oktober 1938 in Brüssel, an Raymond Weiss am 17. April 1939 (Unesco IICI: E.IV.28_7).

34 Statut universel du droit d'auteur. Résumé des réponses des gouvernements étrangers à l'invitation du gouvernement belge en date du 23 mai 1939, vorgelegt auf der Sitzung der mit geistigem Eigentum beschäftigten internationalen Organisationen am 9. Juni 1939 in Genf (ArchDip Nantes: Ministère des Affaires Etrangères/Sous-directions des unions internationales/2ème tranche/C/21).

35 L'Année 1934 de la coopération intellectuelle, Dijon 1934, S. 153.

Konvention vor.[36] Das erste war ein Bericht des uruguayischen Senators José Antuña, der ab 1934 das von der Konferenz eingesetzte Expertenkomitee leiten und in dieser Funktion zur zentralen Verbindungsperson des Pariser Instituts avancieren sollte. Er schloss sich dem Bericht des *American Institut of International Law* an, die amerikanischen Staaten sollten eine Zusatzakte zur Konvention von Havanna verabschieden, die den Berner Unionsstaaten Rechtsschutz in Amerika gewährte, und deren Schutzprinzipien soweit an der Berner Konvention orientiert seien, dass ein Beitritt für die Berner Signatarstaaten attraktiv erschiene. Der zweite Vorschlag trat einen ganzen Schritt zurück. Sein Autor, die Delegation der USA, verwies auf die Heterogenität der panamerikanischen Urheberrechtsabkommen, denen ein gemeinsamer rechtlicher Nenner fehle, ohne den man jedoch nur schwerlich eine Rechtsvereinheitlichung mit der Berner Konvention anstreben könne. Entsprechend schlugen die USA vor, die Annäherung der Konventionen nicht aufzugeben, sie aber zurückzustellen und sich zuerst der kontinentalen Rechtsentwicklung zu widmen. Der dritte, von Chile eingebrachte Vorschlag wies eine vergleichbare Tendenz auf. Im Unterschied zu den USA hob die chilenische Delegation noch viel stärker die Unübersichtlichkeit der panamerikanischen Abkommen hervor und brachte den ablehnenden Einwand, eine Rechtsvereinheitlichung hielte primär Vorteile für die Berner Konventionsstaaten bereit, helfe aber nicht, die inneramerikanischen Rechtsdifferenzen zu lösen. Deswegen drängte Chile, eine Rechtsvereinheitlichung nicht zu forcieren, sondern nur eine Grundsatzerklärung über die Rechtsprinzipien zu verabschieden, die aus panamerikanischer Perspektive jedem bi- oder multilateralen Urheberschutz zugrunde liegen sollten. Der wohl europafreundlichste Vorschlag kam vom Initiator der Rechtsvereinheitlichung, Brasilien, das ausschließlich die Erwünschtheit einer Rechtsharmonisierung herausstellte und vorschlug, die OGZ mit der Erarbeitung einer Urheberechtskonvention zu beauftragen, die anstelle der existierenden Konventionen treten und alle wesentlichen Bestimmungen beinhalten sollte.[37] Angenommen wurde schließlich der fünfte, von Argentinien eingebrachte Vorschlag, in Montevideo noch keine definitive Entscheidung zu treffen, sondern ein Expertenkomitee einzuberufen. Es sollte die rechtlichen Möglichkeiten prüfen und unter Berücksichtigung der nationalen Urheberrechtsgesetze und internationalen Abkommen einen Konventionsentwurf ausarbeiten, der auf der nächsten Konferenz der amerikanischen Staaten beraten würde.[38]

36 Für das folgende vgl. Telegramm des französischen Botschafters in Uruguay an das französische Außenministerium am 9. Dezember 1933 (ArchDip Paris: Société des Nations/IN – Coopération Intellectuelle/1879); Journal de la septième conférence internationale américaine, Montevideo 15 décembre 1933: Rapport de la 1ère sous-commission à la 6ème commission (Unesco IICI: E.IV.53_1).

37 *Weiss*, Les premières étapes, S. 51.

38 Résolution de la VIIe conférence internationale des Etats américains (Montevideo, 16 décembre 1933), in: *Administration belge* u. *Institut international de coopération intellectuelle*, S. 9 f.

Die Panamerikanische Union hatte das Thema mit dem argentinischen Vorschlag prinzipiell angenommen. Aber die Vertagung einer definitiven Entscheidung, die stark voneinander abweichenden Positionen einzelner Staaten und die teilweise sehr offen ausgesprochene Skepsis gegenüber einer Rechtsvereinheitlichung mit der Berner Union zeigten jedoch deren Umstrittenheit. Die geringste Aussicht auf Erfolg hatte die brasilianische Idee, den Völkerbund als einen neutralen Akteur mit einem Konventionsentwurf zu betrauen, der tatsächlich global war, weil er alle wesentlichen Schutzprinzipien beinhaltete und die parallele Existenz verschiedener internationaler Abkommen beendete. Stattdessen setzte sich der US-amerikanische Einwand durch, eine Rechtsvereinheitlichung mit der Berner Konvention könne zwar prinzipiell ins Auge gefasst werden, Vorrang besäße jedoch die Konsolidierung der panamerikanischen Abkommen, der alle anderen Maßnahmen nachzuordnen seien.

Nun war das Expertenkomitee am Zug, den amerikanischen Staaten eine Strategie im Hinblick auf die Berner Konvention zu empfehlen. Das Komitee bestand aus fünf Vertretern der Staaten, unter deren Schirmherrschaft die bisherigen Abkommen geschlossen worden waren: Mexiko (Konvention von Mexiko 1902), Brasilien (Konvention von Rio de Janeiro 1906), Argentinien (Konvention von Buenos Aires 1910) und Kuba (Konvention von Havanna 1928).[39] Die fünfte Person und zugleich Vorsitzender des Komitees war José Antuña, Senator und Rechtsexperte aus Uruguay, dem als Delegierter der Gastgeberregierung der Vorsitz angetragen worden war.[40]

Die Resolution der Konferenz von Montevideo sah vor, dass das Expertenkomitee im Laufe des Jahres 1934 seine Arbeit erledigte und den amerikanischen Staaten Bericht erstattete. Es zeigte sich jedoch bald, dass die vergeblichen Versuche des Pariser Instituts, Kontakt zu dem Expertenkomitee herzustellen und Genaueres über seinen Arbeitsplan in Erfahrung zu bringen, nicht nur den instabilen Kontakten der OGZ nach Südamerika geschuldet waren. Vielmehr existierte das Expertenkomitee bis Ende 1934 nur auf dem Papier. Der bereits auf August 1934 verschobene Arbeitsauftakt verzögerte sich noch einmal um einige wenige Monate, nachdem Kuba und Argentinien es versäumt hatten, ihre Delegierten zu benennen. So tagte das Komitee erstmals Ende Dezember 1934 und damit erst ein Jahr nach dem Beschluss der Konferenz von Montevideo.[41] Da Ergebnisse oder Zwischenstände deswegen

39 *Ladas*, S. 635–648.

40 Der französische Botschafter in Uruguay an das französische Außenministerium am 16. Dezember 1933 (ArchDip Paris: Société des Nations/IN – Coopération Intellectuelle/1879).

41 Das französische Außenministerium an das französische Bildungsministerium am 10. September 1934 (ArchDip Nantes: Ministère des Affaires Etrangères/Sous-direction des unions internationales/2ème tranche/C/18); Huitième réunion du comité des institutions s'occupant des droits intellectuels (Paris, 22 juin 1938). Mémorandum sur l'état de la protection internationale du droit d'auteur présenté au comité du droit d'auteur de la commission nationale

frühestens 1935 zu erwarten waren, besaß der brasilianische Vorstoß, Vertreter der Berner Union sowie der Institute in Rom und Paris nach Rio de Janeiro einzuladen und sie dort mit José Antuña bekannt zu machen, große strategische Bedeutung: So gelang es der brasilianischen Regierung letztlich doch, die von ihr favorisierte OGZ ins Spiel zu bringen und den inhaltlichen Leitfaden für das weitere Vorgehen maßgeblich mit zu gestalten.[42]

Inhaltlich kreiste die Diskussion in Rio de Janeiro dementsprechend nicht um die grundsätzliche Frage, ob eine Rechtsvereinheitlichung erstrebenswert sei oder nicht, sondern nur darum, wie sie realisiert werden könne. Gemeinsam mit Fritz Ostertag brachte Raymond Weiss einen Vorschlag ein, der bereits 1932 in dem Netzwerk der mit geistigem Eigentum beschäftigten internationalen Organisationen als gangbare Variante diskutiert worden war. Auf die wesentliche Unterschiede zwischen den amerikanischen Abkommen und der Berner Konvention verweisend, plädierten sie dafür, die bestehenden Rechtssysteme unberührt zu lassen und sie stattdessen mit Hilfe einer dritten Konvention zu verbinden, die nur die Aspekte kodifizierte, die tragfähig genug waren, alle Interessen zu vereinen.[43] Zu dieser Kompromissformel, die weit hinter der 1928 in Rom formulierten Idee lag, einen einheitlichen, kontinental übergreifenden Autorenschutz zu etablieren, hatte die Delegation des Völkerbunds sich nach der Konferenz in Montevideo durchgerungen, als die Konferenz zu Tage förderte, dass die Meinungen zwischen den amerikanischen Staaten alles andere als einmütig waren, europäische Interessen für die amerikanische Diskussion nur eine geringe Rolle spielten und eine vorbehaltlose Zustimmung der amerikanischen Staaten zu einer Weltkonvention, die sich am Schutzstandard der Berner Konvention orientierte, in weiter Ferne lag.[44] Nach dieser Konferenz hob besonders Raymond Weiss in seinen Berichten über den Stand der Dinge immer wieder hervor, die skeptische Zurückhaltung der amerikanischen Staaten sei weniger dem offiziellen Argument über die Uneinheitlichkeit des kontinentalen Urheberschutzes geschuldet, als vielmehr handfesten wirtschaftlichen und kulturpolitischen Interessen.[45] Mit Ausnahme der USA weise die Mehrzahl der amerikanischen Staaten eine vergleichsweise schmale Produktion von literarischen, künstlerischen

américaine de coopération intellectuelle, par le Professeur Francis Deak, de la Faculté de Droit de l'Université Columbia, S. 6 (UNOG LoN: R 4032: 5B/23171/8174).

42 Institut international de coopération intellectuelle, Rapport général du directeur à la commission internationale de coopération intellectuelle et au conseil d'administration de l'institut 1936, C.A.52.1936, S. 142 f.

43 Ebd., S. 144 – 149.

44 Institut international de coopération intellectuelle, Rapport général du directeur à la commission internationale de coopération intellectuelle et au conseil d'administration de l'institut 1935, C.A.47.1935, S. 173 – 176. Weitaus optimistischer hatte sich Raymond Weiss noch 1931 geäußert, bevor der Kontakt mit dem *American Institute of International Law* erstmals zeigte, dass innerhalb der Panamerikanischen Union Skepsis gegenüber dem Engagement des Völkerbunds herrschte: *Weiss*, Vers.

45 *Weiss*, Les premières étapes, S. 52 f.

und wissenschaftlichen Werken auf, so dass dort zumeist auf kulturelle Güter europäischer Herkunft zurückgegriffen werde, deren Nutzung jedoch außerhalb des Einflussbereichs europäischer Rechteinhaber lag. Stimmten die amerikanischen Staaten nun einer Konvention nach Maßgabe des 1928 in Rom formulierten Wunsch mit einem hohen Schutzniveau zu, kämen die Kulturschaffenden in Europa zwar in den vollen Besitz ihrer Rechte auf Veröffentlichung, Vervielfältigung, Übersetzung und andere Formen der Drittverwertung in Amerika. Die amerikanischen Nutzer und Verwerter könnten dagegen nicht länger frei über diese Güter verfügen, sondern müssten sie durch Zahlung von Honoraren und Tantiemen erwerben.[46] Diese Konstellation führe zu einer eindeutigen Rollenverteilung, in der die europäischen Staaten die Position des „Bittstellers" einnähmen, während die Staaten der Panamerikanischen Union zu Gebern würden, die mit einem global gültigen Autorenrecht erst einmal ein „Opfer" brächten,[47] das in wirtschaftlichen und kulturpolitischen Nachteilen bestehe, die sich erst mit der Zeit einebneten, sobald die amerikanischen Staaten selber begännen, kulturelle Güter im größeren Umfang nach Europa zu exportieren.[48]

In diesen kultur-, wirtschafts- und rechtspolitisch asymmetrischen Interessenlagen schien es den Mitarbeitern des Pariser Instituts empfehlenswert, eine Konvention zu erarbeiten, die die bestehenden Texte unangetastet ließ und sich nur auf Grundprinzipien eines internationalen Autorenschutzes konzentrierte. Auf diese Weise sollte die eindeutige geographische Verteilung von Vor- und Nachteilen gemildert und die Staaten der Panamerikanischen Union besänftigt werden, indem in kritischen Situationen der Grundsatzcharakter der Konvention herausgestrichen würde, die vorerst nur die Einigung auf gemeinsame rechtspolitische Anschauungen beabsichtige. Neben dem kurzfristigen Effekt, aktuelle Urheberrechtsprobleme auf globaler Ebene zumindest anzugehen, setzten der Völkerbund und das Berner Büro vor allem auf einen langfristigen Effekt, nämlich die allmähliche Verbreitung und Akzeptanz europäischer Rechtsvorstellungen in Amerika. Die neue Konvention sollte der europäischen Vorstellung innerhalb der (süd-)amerikanischen Staaten sukzessive den Boden bereiten, dass jeder Autor unabhängig von Ort und Zeit ein Recht auf die persönlichkeitsrechtlich begründete Anerkennung seiner Autorschaft, die Unversehrtheit des Werks und auf Einkommen aus seiner Verbreitung und Verwertung habe.[49] Anlass zu dieser Hoffnung gaben

46 *Weiss*, Le mouvement, S. 232; *Azevedo*, S. 6. Azevedo leitete 1935 das Treffen in Rio de Janeiro.

47 Im Original (Übersetzung I.L.): „demandeur" und „sacrifice", in: Bericht über die Reise nach Rio de Janeiro an die Kommission für geistige Zusammenarbeit, in: Commission internationale de coopération intellectuelle, Rapport de la commission sur les travaux de sa seizième session plénière. Appendice 8: Extraits du rapport général du directeur de l'Institut international de coopération intellectuelle à la commission internationale, C.339.M.156.1934.XII, S. 70.

48 *Weiss*, Le mouvement, S. 233.

49 Commission internationale de coopération intellectuelle, Rapport de la commission sur les travaux de sa dix-neuvième session plénière. Appendice 5: Extraits du rapport général du

rechtspolitische Maßnahmen einflussreicher lateinamerikanischer Staaten wie Brasilien und Argentinien. Sie erkannten die Berechtigung eines über die nationalen und kontinentalen Grenzen hinausreichenden Autorenschutzes durchaus an und hatten ihn bereits in Form bilateraler Abkommen oder Novellierungen nationaler Urheberrechtsgesetze realisiert.[50] Eine auf Prinzipien fokussierte Weltkonvention sollte die rechtspolitischen Ansichten Argentiniens und Brasiliens stärken und sie in ein Vertragswerk einbetten, das Akzeptanz für das europäische Rechtsverständnis in Amerika schuf und das den Weg für einen globalen Urheberschutz ebnete, der nicht mehr regional argumentierte, sondern die Autoren ins Zentrum rückte.[51]

Dessen ungeachtet erarbeitete die Arbeitsgruppe in Rio de Janeiro unter Anleitung der brasilianischen Regierungsbeamten einen Konventionsentwurf, der die europäischen Überlegungen hintanstellte und stattdessen die von Brasilien bereits 1933 in Montevideo gemachte Anregung aufgriff, die existierenden Abkommen durch eine dritte, übergreifende Konvention zu ersetzen. Dieser breit angelegte Konventionsentwurf wurde für die ab Mitte 1936 einsetzenden multilateralen Beratungen entscheidend, nachdem José Antuña ihn dem amerikanischen Expertenkomitee als Arbeitsgrundlage vorgelegt hatte. Dieses fügte einige Änderungen ein, taufte den Text ‚Entwurf von Montevideo' und verschickte ihn im August 1936 gemeinsam mit dem Pariser Entwurf als offizielles Arbeitsergebnis an alle amerikanischen Staaten mit der Bitte um Stellungnahme.[52]

Damit hatte die OGZ ihren Auftrag vorerst erfüllt, und nun mussten multilaterale Verhandlungen die bis dahin vorrangig non-gouvernemental organisierten Vorstudien ablösen, in deren Verlauf die Weltkonvention erst beschlossen und danach ratifiziert werden konnte. Um multilaterale Verhandlungen einzuleiten, verschickte die belgische Regierung im Juni 1936 zwei Rundschreiben an die Staaten der beiden Unionen, in denen sie über die Verschiebung der Brüsseler Revisionskonferenz und den Plan informierte, die Revisionskonferenz in Kombination mit einer zweiten Konferenz zur Verab-

directeur de l'Institut international de coopération intellectuelle à la commission, C.327.M.220.1937.XII, S. 63 f.

50 Brasilien hatte mit mehreren europäischen Staaten bilaterale Verträge abgeschlossen und reformierte sein nationales Urheberrechtsgesetz 1917 so, dass es alle Werke rechtlich schützte, egal ob von in- oder ausländischen Autoren. Argentinien erlaubte ausländischen Rechteinhabern seit September 1933, die Abwesenheit von Formalitäten in ihren Heimatländern nachzuweisen und sich auf diesem Weg für Rechtsschutz in Argentinien zu qualifizieren: *Azevedo*, S. 6 ff.

51 Protokoll der Sitzung des Netzwerks der mit geistigem Eigentum beschäftigten internationalen Organisationen im Mai 1935 in Brüssel (UNOG LoN: R 4022: 5B/17320/4181); *Heymann*, S. 42 f.

52 José Antuña an Raymond Weiss am 9. Juni 1936 (Unesco IICI: E.IV.28_3) und Raymond Weiss an Glesener am 15. Oktober 1936 (Unesco IICI: E.IV.45_2); *Committee for the Study of Copyright* u. *Subcommittee of the American National Committee of International Intellectual Cooperation*, S. 5.

schiedung der Weltkonvention stattfinden zu lassen.[53] Danach hieß es abwarten, wie die amerikanischen Staaten auf diese Ankündigung reagierten und wie sie die den Rundbriefen beigefügten Entwürfe von Montevideo und Paris kommentierten. Einerseits stimmten die positiven Erfahrungen von Rio de Janeiro die Verantwortlichen in Genf, Paris, Rom, Bern und Brüssel optimistisch, dass eine Weltkonvention in naher Zukunft realisierbar sei. Andererseits hinterließen die reservierten Äußerungen der amerikanischen Staaten während der Konferenz in Montevideo eine gewisse Besorgnis. Diese wurde noch dadurch genährt, dass es weiterhin unklar blieb, welche Bedeutung das amerikanische Expertenkomitee wirklich habe, ob es nur eine formale Willensbekundung war, dem keine ernsthaften Taten folgten, oder ob seine Empfehlungen tatsächlich Autorität besaßen.[54]

Im Verlauf des Jahres 1938 stellte sich heraus, dass die Mehrheit der amerikanischen Staaten beabsichtigte, sich strikt an die Resolution von Montevideo zu halten, die Entscheidung für oder gegen ein Welturheberrecht der Konferenz der panamerikanischen Staaten im Dezember 1938 in Lima zu überlassen.[55] Ende Mai 1938 hatte die belgische Regierung allen betroffenen Staaten eine Sammlung der einzelnen Konventionsentwürfe mit der Bitte geschickt, die Teilnahme an der noch nicht weiter terminierten Konferenz zu bestätigen und die Entwürfe zu prüfen.[56] Bis Oktober 1938 waren 23 Stellungnahmen eingetroffen, von denen 19 aus den Reihen der Berner Union kamen, die alle ihre Teilnahme zusagten. Von den amerikanischen Staaten hatten dagegen nur vier geantwortet, darunter die USA und Peru, die erst nach Lima entscheiden wollten, ob sie nach Brüssel kämen; die beiden anderen Staaten, Brasilien und Chile, sagten ihre Teilnahme zwar zu, schlossen sich aber der Haltung ihrer kontinentalen Nachbarn an, die Konventionsentwürfe vorerst nicht zu kommentieren.[57]

Wie verlief die Konferenz der amerikanischen Staaten im Dezember 1938 in Lima? Das von europäischer Seite erhoffte Votum für einen Konventionsent-

53 *Administration belge* u. *Institut international de coopération intellectuelle.*

54 Protokoll der Jahressitzung der mit geistigen Eigentum beschäftigten internationalen Organisationen im Mai 1936 in Genf (UNOG LoN: R 4023: 5B/23703/4181); Sitzungsprotokoll des Exekutivkomitees des Pariser Instituts im Dezember 1936 (UNOG LoN: R 4005: 5B/27316/2051).

55 José Antuña an Raymond Weiss am 27. April 1937 und E.F. de Montaroyos an Raymond Weiss am 28. April 1937 (Unesco IICI: E.IV.28_3). Eine nochmalige Bestätigung dieser Haltung sandte die brasilianische Regierung Mitte 1938: das brasilianische Außenministerium an die belgische Botschaft in Brasilien am 8. August 1938 (Unesco IICI: E.IV.28_6).

56 *Bogsch*, La convention universelle, S. 33.

57 Institut international de coopération intellectuelle et Institut international pour l'unification du droit privé, Comité d'experts pour le statut universel du droit d'auteur. Relève des réponses à la circulaire du 23 mai 1938 du gouvernement belge parvenues à la date du 5 octobre 1938; eine Auswertung der Antworten: Institut international de coopération intellectuelle et Institut international pour l'unification du droit privé, Comité d'experts pour le statut universel du droit d'auteur. Aperçu sur le dernier état des travaux préparatoires à la conférence universelle du droit d'auteur (UNOG LoN: R 4032: 5B/23171/8174).

wurf blieb aus mit dem Argument, die Zeit habe für eine hinreichende Analyse der Texte nicht gereicht. Stattdessen verschoben die amerikanischen Staaten die Entscheidung erneut. Sie sollte nun gleichzeitig mit der Reform des amerikanischen Rechtsschutzes getroffen werden, den die Panamerikanische Union entweder für ihre nächste Konferenz oder aber im Rahmen einer Spezialkonferenz plante. Unabhängig davon stellte die Panamerikanische Union ihren Mitgliedern jedoch frei, eine Einladung der belgischen Regierung nach Brüssel anzunehmen und sich dort für den Entwurf von Montevideo einzusetzen.[58]

c) Drei Entwürfe im Vergleich

Nach dem Treffen des Pariser Expertenkomitees lagen drei Konventionsentwürfe vor, die die inhaltliche Diskussion bis 1939 maßgeblich bestimmten: Der Entwurf des amerikanischen Expertenkomitees von 1935 (Entwurf von Montevideo), der Entwurf der OGZ (Pariser Entwurf) von April 1936 und der Entwurf einer so genannten ‚Brückenkonvention', den der Direktor des Berner Büros, Fritz Ostertag, ausgearbeitet und erstmals 1935 in Rio de Janeiro zur Diskussion gestellt hatte. Dieser Entwurf fand zwar keinen Eingang in die offiziellen Konferenzdokumente, aber spätestens als das Berner Büro ihn 1937 in seiner Zeitschrift *Le Droit d'Auteur* veröffentlichte, wurde er auch für die Diskussionen auf nationaler Ebene relevant.[59] Alle drei Texte mussten einen Weg finden, die Rechtsunterschiede der Konventionen von Bern und Havanna soweit zu versöhnen, dass ein tragfähiger Kompromiss entstünde, der das weit aufgespannte Spektrum europäischer und amerikanischer Interessen vereinte. Das betraf erstens die Formalitäten, die das Kernstück der amerikanischen Gesetzgebungen waren, während die Berner Union sie 1908 definitiv abgeschafft hatte, und zweitens die konkurrierenden Prinzipien der Inländerbehandlung und des Herkunftslands. Wie balancierten die drei Entwürfe diese verschiedenen Rechtspositionen aus und in welchem Verhältnis standen die beiden Entwürfe, die das Berner Büro und das Pariser Institut verantworteten?

Der Entwurf von Montevideo war mit 66 Artikeln am umfangreichsten. Er orientierte sich an zwölf Gesichtspunkten, die die amerikanischen Staaten 1933 als wesentliche Eckdaten für ein globales Autorenrecht festgelegt hatten.[60] Die neue Konvention sollte eine internationale Union mit einem per-

58 Les résolutions de la conférence de Lima, décembre 1938. Universalisation de la propriété intellectuelle, in: Geistiges Eigentum. Copyright. La Propriété Intellectuelle. Internationale Zeitschrift für Theorie und Praxis des Urheberrechts und seiner Nebengebiete, Jg. 4, 1938, S. 239–240; *Royer*, S. 190 f.

59 Le rapprochement des conventions de Berne et de La Havane, in: Le Droit d'Auteur, Jg. 50, 1937, S. 67–71.

60 Der Entwurf von Montevideo: Avant-projet de convention universelle pour la protection des droits d'auteur, établi par la commission interaméricaine créée par la conférence de Montevideo,

manenten Büro (*Bureau de l'union internationale pour la protection des œuvres littéraires, scientifiques et artistiques*) begründen, das, wie das Berner Büro, seinen Sitz in der Schweiz haben und unter Aufsicht der Schweizer Regierung stehen sollte (Artikel 45). Vor die Wahl gestellt, sich zwischen den Prinzipien der Inländerbehandlung und des Herkunftslands entscheiden zu müssen, orientierte der Entwurf sich am Prinzip der Inländerbehandlung und damit am zentralen Paradigma der Berner Union (Artikel 9). Handlungsleitend sollte auch das zweite Standbein der Berner Union werden, jedes Werk urheberrechtlich zu schützen, ohne den Rechtsschutz anmelden zu müssen (Artikel 18). Um den amerikanischen Staaten, deren Rechtsschutz in der Mehrzahl jedoch die Erfüllung von Formalitäten erforderte, eine Hintertür zu öffnen, konnten sie gegenüber diesem Paragraphen einen Vorbehalt formulieren, der die Beibehaltung der Anmeldepflicht erlaubte, die im permanenten Büro zentralisiert werden sollte (Artikel 60). Das Übersetzungsrecht geriet ganz im Sinne der übersetzten Autoren. Rechtsschutz genoss eine Übersetzung nur, wenn der Originalautor sie autorisierte (Artikel 4), ein Recht, das dem Autor während der gesamten Schutzdauer zustand (Artikel 27). In Übereinstimmung mit den Konventionen von Bern und Havanna betrug sie lebenslang plus 50 Jahre *post mortem auctoris* oder, sollte ein Land eine kürzere Schutzfrist haben, mindestens so lange, wie es die nationale Gesetzgebung des Lands vorsah, das den Rechtschutz gewährte (Artikel 20 und 21). In Anlehnung an die Konvention von Havanna nannte der amerikanische Entwurf das moralische Recht der Autoren, Eingriffe jeglicher Art verbieten zu können, als ein unveräußerliches Recht (Artikel 19). Damit ging dieser Artikel weiter als die Berner Konvention, die zwar das moralische Recht des Autors an seinem Werk anerkannte, unbefugte Eingriffe in das Werk jedoch nur verbot, sofern sie Ruf oder Ansehen des Autors schadeten. Um schließlich den wirtschafts- und kulturpolitischen Bedürfnissen der amerikanischen Staaten Rechnung zu tragen, sollte es jedem Land nach eigenem Ermessen frei stehen, urheberrechtlich geschützte Werke für Unterricht, Erziehung oder Wissenschaft in Auszügen frei reproduzieren (Artikel 29), Zensurmaßnahmen ergreifen und die Verbreitung bestimmter Werke verbieten zu können (Artikel 38).

Der Pariser Entwurf beschränkte sich auf 23 Artikel in der Absicht, die Konvention grundsätzlich zu halten und eine Annäherung im Detail in Form von Revisionskonferenzen folgen zu lassen.[61] Auch der Pariser Entwurf entschied sich für das Prinzip der Inländerbehandlung (Artikel 5) und schlug

in: *Administration belge* u. *Institut international de coopération intellectuelle*, S. 41–47; die zwölf Punkte von Montevideo sind abgedruckt in: Le Droit d'Auteur, Jg. 49, 1936, S. 14.

61 Der Pariser Entwurf: Avant-projet de convention universelle pour la protection du droit d'auteur, élaboré par le comité d'experts pour l'étude d'un statut universel du droit d'auteur, réuni à Paris les 1er, 2 et 25 avril 1936, in: *Administration belge* u. *Institut international de coopération intellectuelle*, S. 48–52.

bezüglich der Formalitäten denselben Weg wie der Text von Montevideo ein: Jedes Werk genoss Urheberschutz, aber das Berner Büro, das die neue Konvention verwalten sollte (Artikel 17), durfte ein zentrales Register für die Länder führen, deren Gesetzgebungen eine formale Anmeldung erforderten (Artikel 6). Dem Autor wurde die unveräußerliche Werkhoheit eingeräumt, die Eingriffe in das Werk ohne seine Zustimmung verbot, sofern ein solcher Eingriff seinem Ansehen und Ruf schadete (Artikel 9). Mit diesem Nachsatz schwächte der Entwurf die Rechte des Autors im Vergleich zum Text von Montevideo deutlich ab. Dafür ging der Gedanke einer Unveräußerlichkeit des moralischen Rechts weiter als die Berner Konvention, in die das *droit moral* 1928 zwar eingefügt worden war, ohne jedoch ein Wort zur Übertragbarkeit dieses Rechts zu verlieren. Da jedoch aus den Reihen der Verwertungsindustrien in den Bereichen Film und Musik Widerstand gegen diese Klausel zu erwarten war, wurde das Wort ‚unveräußerlich' bei einem erneuten Treffen des Pariser Expertenkomitees im Oktober 1938 vorsorglich aus dem Entwurfstext gestrichen.[62] Das Übersetzungsrecht konzipierte der Entwurf im Sinne der europäischen Staaten, weil es – genauso wie alle anderen Rechte der Verbreitung und Verwertung – bei den Autoren lag, die alleine das Recht besaßen, die Übersetzung ihrer Texte zu erlauben (Artikel 7). Im Unterschied zum Entwurf von Montevideo war das Übersetzungsrecht im Pariser Entwurf jedoch weitaus defensiver formuliert, weil es unautorisierte Übersetzungen durchaus als eigenständige Werke anerkannte und rechtlich schützte (Artikel 8). Bei der Schutzfrist, über die auch innerhalb der Berner Union keine Einigkeit herrschte, übernahm der Entwurf die Regelung der Berner Konvention von 1886. Demnach richtete die Schutzfrist sich nach dem Land, in dem der Rechtsschutz beantragt wurde, ohne dass er jedoch länger als im Herkunftsland des Autors dauern durfte (Artikel 10). Schließlich enthielt auch der Pariser Entwurf die Bestimmung, dass es jedem Staat frei stünde, die Verbreitung von kulturellen Gütern zu kontrollieren oder zu verbieten (Artikel 16). Eine grundsätzliche Neuerung hätte dagegen der Artikel 18 bedeutet, der den internationalen Gerichtshof autorisieren sollte, Streitigkeiten zwischen den Vertragsstaaten zu lösen, sollten sie zu keiner Einigung kommen. Dieser Artikel griff die von Kritikern der Union schon lang gehegte Forderung auf, die Union gegenüber den Mitgliedsstaaten zu stärken und Sanktionsmaßnahmen in Form von judikativen Kompetenzen in den Vertragstext einzuführen.[63]

Der dritte Entwurf verfolgte am konsequentesten den Weg, die Weltkon-

62 Ein ausführlicher Bericht des Treffens, das am 19. und 20. Oktober 1938 in Brüssel stattfand: Executive Committee of the International Committee on Intellectual Cooperation, 26th Session Paris, December 1938 (UNOG LoN: R 4006: 5B/37330/2051).

63 Institut international de coopération intellectuelle, Annexe au rapport du comité d'experts pour le statut universel du droit d'auteur. Insertion d'une clause juridictionnelle dans les conventions d'union relatives à la propriété industrielle et la propriété artistique et littéraire (UNOG LoN: R 4032: 5B/23171/8174); *Gidel*.

vention vorerst nur auf gemeinsame Grundprinzipien zu beschränken. Das Berner Büro bzw. sein Direktor Fritz Ostertag argumentierte dabei weniger rechtspolitisch, wie das Pariser Institut, sondern rechtlich. Ostertag betonte immer wieder, der Wunsch von Rom, eine Rechtsharmonisierung zwischen den Konventionen von Bern und Havanna zu erreichen, sei missverständlich formuliert worden. Denn, so sein Argument, ein globaler Urheberschutz sei unrealistisch, weil die europäischen und amerikanischen Autorenrechte zu verschieden seien. Deswegen könne es nur darum gehen, eine dritte Konvention zu schaffen, die Brücken zwischen den multilateralen Verträgen schlage, den Status quo jedoch in keiner Weise antaste.[64]

Ostertags zentrale Kritik betraf das Verhältnis der neuen zu den alten Konventionen.[65] Während der Text von Montevideo die Gründung einer neuen Staatenunion vorsah, sich aber nicht weiter zu dem Verhältnis zwischen der neuen und den alten Unionen äußerte, plante der Pariser Entwurf, die aktuellen Konventionen aufrechtzuerhalten und sie nur dann zur Anwendung zu bringen, sobald sie für die Autoren vorteilhaftere Bedingungen bereithielten als die Weltkonvention (Artikel 19). Damit zog der Pariser Entwurf zwar nicht die Gründung einer Staatenunion in Erwägung, aber er hob die strikte Trennung zwischen der Berner Konvention und den panamerikanischen Abkommen auf. Das Berner Büro monierte daran zwei Dinge. Erstens erforderte das von den nationalen Gerichten eine hohe Sachkompetenz, die nicht selbstverständlich sei. Der zweite und viel grundsätzlichere Einwand betraf den Verbandscharakter der Berner Union, den der Artikel 19 des Pariser Entwurfs auflöste. Das Recht der Berner Konvention hätte nämlich keine zwangsläufige Priorität mehr besessen, sondern wäre ein optionales Recht geworden, das in einem gemeinsamen europäisch-amerikanischen Rechtsraum immer nur dann gegolten hätte, wenn es die urheberfreundlichste Regelung bereitgehalten hätte. Eine solche Regelung, so Ostertag, schieße weit über das ursprüngliche Ziel hinaus, die Autoren der Berner Union auf dem amerikanischen Kontinent rechtlich zu schützen. Deswegen forderte er eine Brückenkonvention, die die existierenden Konventionen uneingeschränkt belasse und nur den Autoren der einen Union Rechtsschutz in den Ländern der anderen Union gewähre und umgekehrt.

Dementsprechend spiegelten die elf Paragraphen in Ostertags Entwurf am deutlichsten den Grundsatz, nur die nötigsten Prinzipien zu kodifizieren. Sinn und Zweck der Konvention wurde gleich im ersten Artikel genannt, dass nämlich die amerikanischen Staaten den Autoren nicht-amerikanischer Staaten Rechtsschutz böten und vice versa. Die zentralen Streitpunkte löste der Entwurf analog zum Pariser Text auf, indem das Prinzip der Inländerbe-

64 Unification des conventions de Berne et de La Havane, in: Le Droit d'Auteur, Jg. 47, 1934, S. 50–54, S. 61–64, S. 74–77.

65 Der von Fritz Ostertag redigierte und kommentierte Entwurf: Le rapprochement des conventions de Berne et de La Havane, in: Le Droit d'Auteur, Jg. 50, 1937, S. 67–71.

handlung galt (Artikel 3) und das Berner Büro ein zentrales Register für die Eintragung des Urheberschutzes führte (Artikel 4). Auch bei der Schutzdauer schloss sich der Entwurf dem Pariser Text an (Artikel 5). Dagegen äußerte der Entwurf sich nicht zu der Frage, wer Übersetzungen autorisierte, sondern widmete sich nur den fertigen Übersetzungen, die als Originalwerke vollen Rechtsschutz genossen (Artikel 2).

Blickt man auf die inhaltliche Spannweite der Entwürfe, bilden sie erstaunlicherweise nicht die Zurückhaltung der amerikanischen Staaten und auch nicht die durchweg befürwortende Haltung der Berner Unionsstaaten ab. Ganz im Gegenteil ging das amerikanische Expertenkomitee mit einem Programm in die Verhandlungen, das die bestehenden internationalen Urheberrechtskonventionen am grundsätzlichsten reformiert und ein Rechtsregime geschaffen hätte, in dem die Trennung zwischen europäischem und amerikanischem Recht zwar nicht aufgehoben, aber weitestgehend fließend geworden wäre. Dagegen legten die europäischen Akteure, die von einer Rechtsvereinheitlichung mit einem hohen Schutzniveau am meisten profitiert hätten, ein inhaltlich bewusst reduziertes Programm vor. Verfolgte das Pariser Institut die Absicht, die Zustimmung der amerikanischen Staaten nicht aufs Spiel zu setzen, agierte das Berner Büro ausschließlich im eigenen Interesse, nämlich das Schutzniveau der Berner Union in keinem Fall zu schwächen oder rechtspolitischen Destabilisierungseffekten auszusetzen.

Wie kam es dazu, dass die Beratungen in Rio de Janeiro zu einem Konventionstext führten, dessen inhaltliche Breite ihn von den beiden anderen Entwürfen deutlich abhob und der rechtlich an der Berner Union orientiert war und damit genau das Gegenteil dessen ausführte, was die Mehrheit der amerikanischen Staaten wünschte? Ausschlaggebend für diesen Ausgang des Treffens war die Einflussnahme der brasilianischen Gastgeber, die seit 1928 stetig und als einzige Partei darauf drängten, die Resolution der Revisionskonferenz in Rom wörtlich zu nehmen und die Konventionen von Bern und Havanna durch ein großes Vertragswerk vollständig zu ersetzen. Diese Ansicht floss auf direktem Weg in die Redaktion des Entwurfs ein, an dem mit Joâo da Fonseca Hermes und E.F. de Montarroyos die brasilianischen Regierungsbeamten beteiligt waren, die die Weltkonvention bereits 1928 in Rom vertreten und das Pariser Institut seit 1930 tatkräftig unterstützt hatten.[66]

Unterstützung erhielten sie dabei von José Antuña, der dem amerikanischen Expertenkomitee die Arbeitsergebnisse von Rio de Janeiro vorlegte, das diese dann adaptierte und als Entwurf von Montevideo an alle Staaten der

66 Huitième réunion du comité des institutions s'occupant des droits intellectuels (Paris, 22 juin 1938), Mémorandum sur l'état de la protection internationale du droit d'auteur présenté au comité du droit d'auteur de la commission nationale américaine de coopération intellectuelle, par le Professeur Francis Deak, de la Faculté de Droit de l'Université Columbia, S. 11 f (UNOG LoN: R 4032: 5B/23171/8174).

Panamerikanischen Union verschickte.[67] Dabei hatte Antuña seine anfängliche Zurückhaltung gegenüber einer umfassenden Weltkonvention, die er während der Konferenz der amerikanischen Staaten 1933 noch formuliert hatte, nicht grundsätzlich aufgegeben. Vielmehr unterschied er zwischen moralischen, rechtspraktischen und rechtspolitischen Gesichtspunkten. Aus persönlicher Überzeugung, unerlaubte Vervielfältigung sei Piraterie und daher verwerflich, trat er generell für die Weltkonvention ein und begrüßte alle drei Entwürfe, weil sie Schlupflöcher stopften. Rechtspraktisch schien ihm der ambitionierte Entwurf von Montevideo nur schwer realisierbar, weil er zu viele Einzelbestimmungen enthalte und zu viele Parteien beteiligt seien, als dass die notwendige Einstimmigkeit erzielt werden könne. Trotzdem unterstützte er den amerikanischen Entwurf und zwar aus rechtspolitischen Gründen. Denn, so Antuña, die amerikanischen Staaten misstrauten den Texten europäischer Provenienz und votierten aus „psychologischen" Gründen eher für den Entwurf aus ihren eigenen Reihen, selbst wenn er für sie nachteiligere Bestimmungen vorsähe – eine Vorhersage, die sich auf der Konferenz der amerikanischen Staaten in Lima 1938 bewahrheitete.[68]

Damit hatte die 1933 in Montevideo noch unterlegene brasilianische Haltung, eine Weltkonvention mit hohem Schutzstandard, sich letztlich doch durchgesetzt und zwar über eine organisatorische Maßnahme, die es der brasilianischen Regierung erlaubt hatte, ihre rechtspolitischen Ziele mit Hilfe des Völkerbunds und des Berner Büros in den amtlichen Entwurf der Panamerikanischen Union einfließen zu lassen. Auch wenn die Konferenz der amerikanischen Staaten in Lima weit hinter den Hoffnungen der europäischen Akteure zurückblieb, die ein eindeutiges Votum für die Weltkonvention gewünscht hatten, verbuchten die Mitarbeiter des Pariser Instituts die Konferenzergebnisse zumindest als einen Punktsieg. Denn, so das Argument, die Konferenz habe sich nicht gegen eine Weltkonvention ausgesprochen, die Teilnahme in Brüssel sei zur freien Wahl gestellt worden und man habe sich mit dem Entwurf von Montevideo für den Entwurf mit dem höchsten Schutzniveau ausgesprochen. Damit, so Raymond Weiss, werde „der Grundsatz eines Weltschutzes [...] in keinem Lande ernstlich mehr bekämpft. Dieser Gedanke hat jetzt auch bei den Völkern Anklang gefunden, die zunächst, weil ihre eigene geistige Produktion nicht sehr bedeutend ist, versucht waren, die Wünsche der fremden Urheber als einen Eingriff in ihre eigenen Rechte anzusehen."[69]

Trotz des heraufziehenden Zweiten Weltkriegs hielten die beiden Institute in Paris und Rom, das Genfer Generalsekretariat, das Berner Büro und die belgische Regierungskommmission auch nach Dezember 1938 an dem Plan

67 *Committee for the Study of Copyright* u. *Subcommittee of the American National Committee of International Intellectual Cooperation*, S. 5.

68 *Antuña*, S. 430.

69 *Weiss*, Eine Welturheberrechtskonvention, S. 183.

fest, beide Konferenzen sobald wie möglich auszurichten. Bestärkt durch die Einschätzung innerhalb der nationalen Kommission für geistige Zusammenarbeit in Nordamerika, die Ergebnisse von Lima stünden dem Erfolg der Brüsseler Konferenz nicht im Weg,[70] begannen das Pariser Institut und die belgische Regierung mit den technischen Vorbereitungen. Erst fassten sie Dezember 1939 und dann, wegen der nur zögerlich eintreffenden Teilnahmezusagen der amerikanischen Staaten, Anfang 1940 als Konferenztermin ins Auge, bis der Beginn des Zweiten Weltkriegs die Vorbereitungen schlagartig beendete.[71]

70 Francis Deak an Raymond Weiss am 9. Januar 1939 (Unesco IICI: E.IV.28_7).

71 Raymond Weiss an Bénigme Mentha, seit Januar 1938 Direktor des Berner Büros, am 16. Februar 1939 und Antwort von Mentha am 20. Februar; Raymond Weiss an Marcel Plaisant am 23. Juni 1939 (Unesco IICI: E.IV.28_7); Sitzungsprotokoll des Exekutivkomitees des Pariser Instituts von April 1939 (UNOG LoN: R 4006: 5B/37724/2051).

Epilog: Von der Organisation für geistige Zusammenarbeit zur UNESCO

Mit der Kommission für geistige Zusammenarbeit trat 1922 ein neuer internationaler Akteur auf, der die Institutionalisierung des Flusses von Kultur- und Informationsmedien als eine strikt internationale Aufgabe betrachtete, die wegen der Verfügbarkeit und Allgegenwärtigkeit von Büchern, Kompositionen und Bildern nicht an Staatengrenzen halt mache, sondern eine gemeinsame Aufgabe aller Staaten der Welt sein müsse. Um den Transfer kultureller Güter in rechtlich sichere Bahnen zu lenken, baute das Institut für geistige Zusammenarbeit ab Mitte der zwanziger Jahre ein Netzwerk auf, das aus internationalen Organisationen, Rechtsexperten und international organisierten Berufsverbänden bestand. Diese zielten gemeinsam auf eine Reorganisation der internationalen Rechte für die Produktion, Verbreitung und Rezeption von Kultur, indem sie die existierenden multilateralen Urheberrechtsabkommen in einer Konvention mit globaler Reichweite verbinden wollten.

Das Neuartige an dieser Weltkonvention war weniger der Gedanke, den Umgang mit kulturellen Gütern flächendeckend und rechtsförmig zu regeln. Diesen Weg hatten die europäischen Staaten bereits 1886 mit der Berner Konvention und die amerikanischen Staaten mit der Konvention von Montevideo 1889 eingeschlagen. Die neue Qualität, die der Völkerbund diesen Internationalisierungsbestrebungen hinzufügte, war erstens die globale Reichweite und zweitens seine Vorgehensweise, die mit dem Begriff der *global governance* analysiert wurde. Dieses aus der Politikwissenschaft stammende Konzept wurde aus der Beobachtung aktueller Globalisierungsprozesse heraus für die Analyse von Regierungsformen jenseits nationalstaatlicher Hoheitsrechte entworfen, die multinationale Konzerne, internationale NGOs und Multilateralisierungsprozesse beispielsweise im Rahmen der Europäischen Union oder der Vereinten Nationen einschließen.[1] Der Neuheitswert dieses Konzepts wird mit der Beobachtung einer in den letzten Jahrzehnten vermehrt stattfindenden Einbettung nationalstaatlichen Regierens sowohl in übergeordnete – suprastaatliche – als auch in gesellschaftliche – transnationale – Organisationsstrukturen begründet.[2] Hinter dieser Begründung steht die Ansicht, dass internationale Politik bis vor wenigen Jahrzehnten primär eine machtpolitisch gelenkte Außenpolitik gewesen sei und internationale Orga-

1 *Desai*; eine Übersicht verschiedener Formen staatlichen, zwischenstaatlichen und außerstaatlichen Rechts gibt: *Gessner.*

2 *Messner*, S. 21 f.

nisationen bestenfalls als Vermittler, im schlechtesten Fall jedoch nur als Austragungsort nationalstaatlicher Interessenkonflikte bedeutsam gewesen seien – eine Periodisierung, die bereits im Rahmen des politischen Engagements des Berner Büros im Ersten Weltkrieg kritisch hinterfragt wurde.[3]

Die vorangehenden Kapitel haben dagegen gezeigt, dass die Art und Weise, wie die OGZ auf die Ausdehnung und Vertiefung des geistigen Eigentums hinarbeitete, die Rede von einer *global governance* im Sinne mehrdimensionaler globaler Steuerungsinstrumente für die Verrechtlichung von Kultur auch schon für die erste Hälfte des 20. Jahrhunderts rechtfertigt. Die OGZ dezentrierte das nationalstaatliche Rechts- und Kulturmonopol, indem sie die Nationalstaaten in der Akteurshierarchie nicht nach ganz oben setzte. Vielmehr betonte sie die Kontextabhängigkeit der Staaten einerseits von übergeordneten suprastaatlichen Strukturen und andererseits von transnationalen gesellschaftlichen Netzwerken. Neu an der OGZ war die Bündelung der drei Handlungsebenen staatlich, zwischenstaatlich und nichtstaatlich im Hinblick auf ein Thema – Globalisierung von Urheberrechten – innerhalb einer Organisation. Das Handlungspotential der OGZ beruhte dabei auf zwei Säulen. Das war erstens ihr weiträumiges Mandat als technische Organisation des Völkerbunds. Es erlaubte der OGZ die Globalisierung geistiger Eigentumsrechte in Kooperation mit zwischenstaatlichen Kollektivakteuren (Völkerbund, Berner Union und Panamerikanische Union) und anderen internationalen Organisationen (das Berner Büro, die Internationale Arbeitsorganisation und das Internationale Institut für die Vereinheitlichung des Privatrechts in Rom) unter Berücksichtigung staatlicher Rechts- und Kulturpolitik (das Beispiel Deutschland und Frankreich) und der intensiven Einbindung professioneller Akteure (Rechtsexperten und international organisierte Berufsverbände wie die ALAI, die *Confédération internationale des sociétés d'auteurs et compositeurs* und die *International Federation of Journalists*). Das von der OGZ strategisch gesteuerte Ineinandergreifen dieser verschiedenen Akteursgruppen, bei dem sie die Stärken der einzelnen Gruppen gezielt nutzte, um politische Widerstände gegen die Weltkonvention zumindest abzuschwächen, öffnete ihr den Weg, die schwierige Kommunikation zwischen der Berner Union, dem Völkerbund und der Panamerikanischen Union auf feste Füße zu stellen, tragfähige Konventionsentwürfe vorzulegen und multilaterale Verhandlungen einzuleiten. Zweitens verfügte insbesondere das Pariser Institut über internationale Beamte, die wegen ihrer Sachkenntnis in Fachkreisen ein hohes Ansehen genossen und die sich über mehrere Jahre auf dieses Projekt konzentrierten. So war es ihnen möglich, das neue Abkommen vorzustrukturieren und zwischen nationalen Gesetzgebungen, den Interessen der Autoren und Verleger, bereits existierenden multilateralen Abkommen, den dazu gehörigen internationalen Institutionen und grundsätzlichen

3 Vgl. Kapitel 5.

rechts- sowie kulturpolitischen Vorbehalten innerhalb der beiden kontinental verankerten Rechtssysteme zu vermitteln.

In welcher Traditionslinie stand die OGZ zum Berner Büro, das bereits seit dem Ende des 19. Jahrhunderts die Ausgestaltung dieses internationalen Felds betreute? Wie die Ausführungen zum Ersten Weltkrieg gezeigt haben, konnte das Berner Büro in einem gewissen Rahmen Richtlinien für die zwischenstaatliche Zusammenarbeit formulieren, bewegte sich dabei aber in einer Grauzone zwischen satzungsgemäßer Pflichterfüllung und eigenmächtigem Vorgehen, die seine Durchschlagkraft deutlich beschränkte. Die OGZ avancierte dagegen wegen der in ihren Organisationsstrukturen fest institutionalisierten transnationalen (die internationale Kommission, die nationalen Kommissionen und Expertenkomitees), gouvernementalen (staatliche Beigeordnete) und intergouvernementalen Netzwerke (Rat und Generalversammlung des Völkerbunds) zu einer zentralen Schaltstelle. Sie stand nicht im ausschließlichen Dienst einer dieser drei Ebenen, sondern bewegte sich auf allen Ebenen und besaß die Möglichkeit, programmatisch in die Ausgestaltung des geistigen Eigentums einzugreifen, ohne dabei diplomatische Regeln zu verletzen. Damit trat die OGZ viel vehementer als das Berner Büro in der von Barnett und Finnemore klassifizierten Eigenschaft als „constructor of the social world" auf.[4] Es würde also die zentrale Bedeutung der OGZ verfehlen, sie nur als Bestandteil eines sich entfaltenden Regimes für die globale Verrechtlichung kultureller Beziehungen zu beschreiben. Vielmehr war sie ab 1922 der treibende Motor, der dieses Mehrebenensystem in seinen Organisationsstrukturen abbildete, ihm einen institutionellen Ort gab, es koordinierte und programmatische Richtungsentscheidungen traf. Das heißt, *global governance* im Sinne einer komplexen Einbettung nationalstaatlicher Entscheidungs- und Handlungskompetenzen in zwischenstaatliche, nichtstaatliche und transnationale Netzwerke ist kein neues Phänomen, sondern seine Anfänge lassen sich für spezifische Politikbereiche wie das geistige Eigentum bis in die erste Hälfte des 20. Jahrhunderts zurückverfolgen.

Diese gestaltende Rolle der OGZ für die Globalisierung geistiger Eigentumsrechte blieb nicht einmalig, wie ein Blick auf die weitere Entwicklung nach 1939 zeigt. Erstens wirkten die Netzwerke der OGZ trotz Beginn des Zweiten Weltkriegs und der Schließung des Pariser Instituts fort. Die Kampagnen für die Weltkonvention kamen nämlich nicht zum Erliegen. Vielmehr hatte das stetige Werben der OGZ für die globale Anerkennung von Autorenrechten in Amerika Früchte getragen, wo sich ab 1939 eine Bewegung für die Weltkonvention formierte, die während des gesamten Kriegs aktiv blieb. Zweitens setzte die OGZ Maßstäbe für die ab 1946 an die Vorarbeiten des Völkerbunds anknüpfende UNESCO, die das Projekt der Weltkonvention aufnahm und es 1952 mit dem Welturheberrechtsabkommen zum Abschluss brachte.

4 *Barnett* u. *Finnemore*, Political Approaches, S. 48 ff.

Nach dem deutschen Einmarsch in Paris im Juni 1940 trat ein Großteil der Mitarbeiter des Instituts für geistige Zusammenarbeit die Flucht ins Ausland an und das Institut schloss endgültig seine Pforten,[5] nachdem Personal und Archiv auf Anweisung des französischen Außenministeriums bereits Anfang Juni nach Südfrankreich evakuiert worden waren.[6] Obwohl der Direktor des Instituts, Henri Bonnet, ab 1940 von den USA aus versuchte, das Institut mit Unterstützung der Rockefeller Foundation aufrecht zu erhalten, gelang dies nur für einen kurzen Zeitraum. 1941 trug Bonnet noch maßgeblich dazu bei, dass die Konferenz der nationalen Kommissionen für geistige Zusammenarbeit in Amerika im November desselben Jahrs in Havanna tagte. Danach trat er allerdings nicht länger als Institutsdirektor in Erscheinung und mit ihm verschwand die Exil-Existenz des Instituts[7] sowie das Unterfangen, die Weltkonvention möglichst zügig zu verwirklichen.[8]

Ausschlaggebend für die Fortführung der Weltkonvention in Amerika waren deswegen weniger die Organe des Völkerbunds als vielmehr einzelne Interessengruppen, die die Initiative der OGZ im Verlauf der dreißiger Jahre positiv aufgenommen hatten und sich nach Kriegsbeginn innerhalb der amerikanischen Staaten für ein globales Autorenrecht stark machten. Den Anfang dieser Entwicklung markierte die Resolution der Konferenz der amerikanischen Staaten 1938 in Lima. Trotz des Vorbehalts, vor dem Abschluss einer Weltkonvention erst die Unausgewogenheiten innerhalb der panamerikanischen Urheberrechtsabkommen zu beheben, eröffnete sie den Mitgliedsstaaten die Option, an der damals noch für 1939 oder 1940 vorgesehenen Konferenz in Brüssel teilzunehmen, ohne die Weltkonvention jedoch zwingend unterzeichnen zu müssen.[9] Zur Realisierung dieses Beschlusses formierte sich nach 1939 in Amerika eine Bewegung für die Annäherung der europäischen und amerikanischen Autorenrechte, die nicht von einzelnen Staaten oder der Panamerikanischen Union ausging, sondern von Rechtsexperten und Berufsverbänden. Erstmals trat diese Bewegung auf der ersten Konferenz der nationalen Kommissionen für geistige Zusammenarbeit in Amerika in Erscheinung, die im Januar 1939 in Santiago de Chile tagte. Die nationalen Kommissionen sprachen sich uneingeschränkt für die Weltkonvention aus, nachdem José Antuña, Vorsitzender des panamerikanischen Expertenkomitees für Urheberrechte und Verbindungsperson der OGZ zur Panamerikanischen Union, die von der belgischen Regierung veröffentlichten Konventionsentwürfe vorgestellt und explizit für den Entwurf der OGZ ge-

5 Bericht von Arnold Raestad vom 25. Februar 1942 über die Konferenz der amerikanischen Staaten vom 12. bis 16. November 1941 in Havanna (UNOG LoN: R 3977: 5B/41160/318).

6 *Renoliet*, S. 151.

7 Peter Anker, Mitarbeiter im Genfer Generalsekretariat, an einen Mitarbeiter des Institute for Advanced Study in Princeton am 23. Juni 1942 (UNOG LoN: R 3977: 5B/41160/318).

8 International Copyright Protection in the New World, in: Le Droit d'Auteur, Jg. 54, 1941, S. 130.

9 Les résolutions de la conférence de Lima 1938.

worben hatte.[10] Nach Kriegsbeginn setzten die nationalen Kommissionen in Amerika ihr Engagement fort. Auf ihrer zweiten Konferenz im November 1941 in Havanna traten sie erneut für einen globalen Urheberschutz ein, betonten allerdings viel deutlicher als noch 1939 ihre eigenen Interessen. So banden sie ihre Zustimmung zur Weltkonvention an die Revision der interamerikanischen Urheberrechtsabkommen[11] und gründeten zu diesem Zweck die *Inter-American Federation of Authors' and Composers' Societies* (FISAC). Analog zu der 1926 in Paris gegründeten *Confédération internationale des sociétés d'auteurs et compositeurs*[12] sollte diese als internationaler Dachverband nationaler Autorengesellschaften konzipierte Organisation die Bemühungen der nationalen Interessenverbände in Amerika bündeln und konzentriert für die internationale Angleichung des Urheberschutzes eintreten.[13]

Es waren vorwiegend nichtstaatliche und professionelle Gruppen wie die FISAC, die *Inter-American Bar Association*, der *American Scientific Congress* und die *Inter-American Academy of Comparative and International Law*, die das Thema Weltkonvention während des Kriegs aktuell hielten und für eine Rechtsvereinheitlichung warben. So sprach sich der 1940 in Washington tagende *American Scientific Congress* dafür aus, die Weltkonvention sofort nach Friedensschluss wieder zu beleben.[14] Ähnliches forderte die *Inter-American Bar Association* auf ihrer Konferenz im März 1941. Aber wie schon die nationalen Kommissionen für geistige Zusammenarbeit in Amerika knüpfte die Vereinigung die Weltkonvention an die Bedingung, die interamerikanischen Abkommen nicht aus den Augen zu verlieren. Deswegen schlug sie vor, die Konvention von Buenos Aires so zu modifizieren, dass die Unebenheiten der interamerikanischen Abkommen in der revidierten Konvention aufgelöst würden, alle amerikanischen Staaten den neuen Vertragstext ratifizierten und ihn dann zur Grundlage machten für die weiteren Verhandlungen über eine globale Rechtsvereinheitlichung. Allerdings blieb die Anwaltsvereinigung nicht lange dieser Ansicht, sondern schwenkte bald auf eine europa-freundlichere Strategie. Zwei Jahre nach dieser Konferenz legte der Urheberrechtsausschuss der *Inter-American Bar Association* einen vergleichenden Bericht über Gesetzgebung und Rechtsprechung im Bereich des Urheberrechts vor, der 1943 in der Empfehlung mündete, die einfachste Lösung für ein globales Urheberrechtsabkommen bestehe in einem Beitritt aller amerikanischer Staaten zur Berner Konvention.[15] Einigkeit herrschte unter diesen Verbänden

10 Institut international de coopération intellectuelle, Rapport général du directeur à la commission internationale de coopération intellectuelle et au conseil d'administration de l'institut 1939, C.A.63.1939, S. 156–158.

11 *Canyes u.* a., S. 15.

12 Zur Gründung der *Confédération* vgl. das erste Heft der Verbandszeitschrift: Inter-Auteurs. Organe de la Confédération internationale des sociétés d'auteurs et compositeurs, Jg. 1, 1930.

13 *Chediak*, S. 799.

14 Proceedings of Eighth American Scientific Congress, Washington 1940, S. 259.

15 *Chediak*, S. 798.

jedoch in einem Punkt: Eine Rechtsvereinheitlichung sei zwar wünschenswert, aber wegen der Unterschiedlichkeit der kontinentaleuropäischen und angloamerikanischen Rechtsauffassungen schwierig zu bewerkstelligen, so dass die Gründung einer internationalen Organisation sinnvoll sei, die ausreichend Autorität besäße zu moderieren und die Diskrepanzen zwischen den beiden Rechtssystemen miteinander zu versöhnen.[16]

Diese Organisation trat im November 1945 mit der Gründung der UNESCO auf den Plan. Die UNESCO wurde als Sonderorganisation der Vereinten Nationen gegründet mit der Aufgabe, die in der UN-Satzung genannten Ziele der weltweiten Verbreitung und Förderung von Bildung, Wissenschaft und Kultur zu realisieren.[17] Mit diesem Programm und als explizite Nachfolgerin der Organisation für geistige Zusammenarbeit des Völkerbunds stand die UNESCO von Beginn an in einer ideellen und inhaltlichen Kontinuität zur OGZ. Das betraf auch das geistige Eigentum. Die Vereinheitlichung der Regeln für den globalen Transfer kultureller Güter gehörte notwendig in das Programm der UNESCO, sobald sie sich den freien Fluss von Informationen und Wissen auf die Fahnen schrieb.[18] Im direkten Rückgriff auf die Vorarbeiten der OGZ setzte die zur Gründung der UNESCO im November 1945 eingerichtete Vorbereitungskommission das geistige Eigentum auf die Agenda und schlug die baldige Veranstaltung einer internationalen Konferenz vor, die Probleme beim Handel mit geschützten Werken analysieren und Lösungen im Sinne einer globalen Konvention erarbeiten sollte.[19]

Auf der ein Jahr später tagenden ersten Generalkonferenz der UNESCO im Dezember 1946 nahm die für das Urheberrecht zuständige Unterkommission für Informationen und Massenmedien[20] das Thema geistiges Eigentum auf und stellte die Weichen für das 1952 in Genf abgeschlossen Welturheberrechtsabkommen.[21] Formal knüpfte die Unterkommission an die OGZ an, während sie sich inhaltlich in zwei wesentlichen Aspekten von ihr absetzte. Zuerst entschied die Unterkommission sich gegen die Kombination von Weltkonvention und Berner Revisionskonferenz und beschloss, die Revision der Berner Konvention dem Berner Büro zu überlassen und statt dessen nur Beobachter zur Revisionskonferenz zu senden, die 1948 in Brüssel statt finden sollte.[22] Damit zielte die UNESCO von Beginn an viel strikter auf Universalität

16 Aus dem Bericht der Konferenz der *Inter-American Academy of Comparative and International Law* 1945 in Havanna, zitiert in: *ebd.*, S. 799.

17 *UNESCO*, 60 ans d'histoire; zum fehlgeschlagenen Versuch, das Pariser Institut neu zu gründen: *Renoliet*, S. 161–178.

18 *Saporta*, S. 11.

19 Preparatory Commission – London Paris 1945/1946 – Vol. IV Programme Committees: Media of Mass Communication Committee, 13th June 1946 (Unesco: Prep.Com/Mass Media Com./2: Outline of Proposed Programme of Work).

20 Im Original: Sous-commission de l'information de masse.

21 *Union internationale pour la protection des œuvres littéraires et artistiques*, Actes de la Conférence intergouvernementale du Droit d'Auteur.

22 *UNESCO*, Conférence générale, S. 285; *Saporta*, S. 14 f.

und Unparteilichkeit, als die OGZ es getan hatte, indem sie auf die Angleichung von zwei überregionalen Schutzsystemen hinarbeitete, ohne sich jedoch in ihre jeweilige Fortentwicklung einzumischen. Auf diese Weise hielt die UNESCO sich die Option offen, mit einem eigenständigen und unabhängigen programmatischen Beitrag zur Ausgestaltung des internationalen Rechts in Erscheinung zu treten.

Im zweiten Schritt weigerte die Unterkommission sich, auf der Stelle Pläne für eine internationale Konferenz zu entwerfen, wie es der US-amerikanische Repräsentant insbesondere mit Blick auf Radio und Film und unter dem Einfluss immer lauter werdender Stimmen in Nord- und Südamerika gefordert hatte,[23] die eine globale Annäherung der existierenden Urheberrechtsabkommen wünschten.[24] Stattdessen schlug die Unterkommission den UNESCO-Mitgliedsstaaten vor, das Sekretariat der UNESCO mit der Einrichtung einer aus Experten bestehenden Spezialkommission zu beauftragen, die in Zusammenarbeit mit dem Berner Büro klären sollte, welche Maßnahmen für die Verbesserung des internationalen Urheberschutzes anstünden, wie diese sich in das Arbeitsprogramm der UNESCO einfügten und welche Rolle der UNESCO bei ihrer Realisierung zukäme.[25] Interessanterweise folgte die Kommission damit einem Vorschlag der FISAC. Diese hatte auf ihrer Jahreskonferenz im Oktober 1946 in Washington eine Resolution verabschiedet und dem Gründungsdirektor der UNESCO, Julian Huxley, übermittelt. In diesem Dokument schlug die FISAC vor, die UNESCO solle auf der Grundlage der Berner Konvention und der neuen, im selben Jahr von den amerikanischen Staaten verabschiedeten Konvention von Washington die Möglichkeit eines Welturheberrechts prüfen und dafür eine überwiegend aus Experten bestehende Spezialkommission zusammenstellen.[26]

Der Entscheidung gegen eine schnelle Ausarbeitung einer internationalen Konvention, wie sie auf der Generalkonferenz Ende 1946 fiel, lagen eine verfahrenspraktische und eine programmatische Überlegung zugrunde. Um den politisch und wirtschaftlich veränderten Rahmenbedingungen nach Ende des Zweiten Weltkriegs hinreichend gerecht zu werden, entschied das im September 1947 auf Beschluss der Mitgliederversammlung von 1946 eingesetzte Expertenkomitee,[27] vor dem Beginn inhaltlicher Arbeiten zuerst den Stand der Gesetzgebung und Rechtsprechung in den einzelnen Ländern zu erheben, um

23 Preparatory Commission – London Paris 1945/1946 – Vol. IV Programme Committees: Media of Mass Communication Committee, June 20th 1946 (Unesco: Prep.Com./Mass Media/7: Proposals for Discussion by the Committee Submitted by the Representative of the United States).

24 *Saporta*, S. 11.

25 *UNESCO*, Conférence générale, S. 237.

26 *Chediak*, S. 801.

27 Activities of UNESCO Prior to the General Conference in Mexico (1947), in: Copyright Bulletin/ Bulletin du Droit d'Auteur, Jg. 1, 1948, S. 62 u. 70 f.

die Konvention nicht am tatsächlichen Bedarf vorbei zu entwerfen.[28] Hinzu kam die programmatische bzw. strategische Überlegung, inwieweit die UNESCO nahtlos an das Vorgehen der OGZ anknüpfen oder aber einen wesentlich anderen Weg einschlagen sollte. Im Generalsekretariat entschied man sich für die zweite Variante. Dementsprechend strich François Hepp, seit 1947 Mitarbeiter im Generalsekretariat der UNESCO und zuständig für Urheberechte, während der Sitzung des Expertenkomitees im September 1947 zwar die Kontinuität zwischen UNESCO und OGZ heraus, betonte aber im selben Moment, dass die UNESCO dieses Erbe nicht einfach nur fortführe, sondern sich in zentralen Hinsichten von der OGZ unterscheide. Im Unterschied zur OGZ, so Hepp, betrachte die UNESCO Urheberrechte nämlich erst einmal als Barriere für den freien Fluss von Ideen, Informationen und Kultur, sofern diese Rechte nur als eine juristische Herausforderung betrachtet und nicht in einen kultur- und bildungspolitischen Kontext mit globalem Horizont eingebettet würden. Folglich könne ein Welturheberrechtsabkommen seine Wirkung erst voll entfalten, sobald die UNESCO das Vorhaben in ein umfassendes Programm zur Verbreitung von Informationen, Massenmedien und Bildung einbinde und sich nicht auf die Rolle beschränke, das internationale Recht um eine neue Konvention zu bereichern.[29]

Fragt man nach Kontinuitäten zwischen der OGZ und der UNESCO, lohnt ein Blick auf die Arbeitsweise, die beteiligten Personen und die Inhalte. Das Sekretariat der UNESCO verließ sich nicht nur auf die zwischenstaatlichen Strukturen in Form der regelmäßig tagenden Generalversammlungen der UNESCO-Mitglieder. Vielmehr suchte es von Beginn an den Kontakt zum Berner Büro, zu betroffenen Interessengruppen und Berufsverbänden außerhalb staatlicher Institutionen und übergab den wesentlichen Teil der Vorarbeiten einem Kreis von Fachleuten. Den Weg für diese Vorgehensweise hatten die Mitgliedsstaaten der UNESCO auf ihrer Generalkonferenz 1947 in Mexiko geöffnet, auf der sie sich für eine Weltkonvention zum Schutz von Urheberrechten ausgesprochen und das Generalsekretariat so mit Vollmachten ausgestattet hatten, dass alle rechtspolitischen und inhaltlichen Fäden in Paris zusammenliefen und das Generalsekretariat wie zuvor schon die OGZ als zentrale Koordinationsstelle eines komplexen Netzwerks bestehend aus Experten, Interessengruppen und staatlichen Delegierten funktionierte. Zum einen verpflichteten sich die Mitgliedsstaaten, möglichst eng mit dem Generalsekretariat zusammenzuarbeiten, das 1948 eine Abteilung für Urheberrechte und mit dem *Copyright Bulletin/ Bulletin du droit d'auteur* die dazu-

28 Organisation des Nations Unies Pour l'Education, La Science et La Culture, Le comité provisoire d'experts en droit d'auteur, 15 septembre 1947 (Unesco: DA D.406).

29 François Hepp (Expert-Conseil), Rapport introductif aux travaux de la Commission Provisoire d'Experts en Droit d'Auteur convoquée à Paris du 15 au 20 septembre 1947 au siège de l'UNESCO, in: *UNESCO*, Documents de travail, S. 7 f; *Chediak*, S. 803.

gehörige Zeitschrift erhielt.[30] Zum anderen forderten sie das Generalsekretariat auf, möglichst alle beteiligten Interessengruppen unabhängig ihrer institutionellen Anbindung aktiv in die Vorarbeiten einzubeziehen, „to keep in touch with the current activities and accomplishments of the non-governmental and inter-governmental organizations dealing with Copyright - including the work of conferences" und „to ensure that, in making these studies, the rights and needs of authors, publishers, and workers in the public, in the widest meaning of the term, are carefully considered, and that Unesco invites representatives of these groups to take part in all committees, commissions or meeting of experts".[31]

Diese weitreichenden Handlungsbefugnisse des Generalsekretariats gingen vollständig auf das während der Generalkonferenz Ende 1946 beschlossene und im September 1947 in Paris erstmals tagende Expertenkomitee für Urheberrechte zurück,[32] dessen Mitglieder vorrangig Fachleute waren, die primär als nichtstaatliche Akteure ohne diplomatischen Status agierten.[33] Da das Expertenkomitee und das UNESCO-Generalsekretariat die Ansicht teilten, ein Urheberrechtsabkommen mit globaler Reichweite sei trotz aller verfahrenspraktischen Rücksichten dringlich und sollte sobald wie möglich verabschiedet werden, schlug das Expertenkomitee während der Generalkonferenz 1947 in Mexiko vor, die Vorbereitung insgesamt auf drei verschiedene Organe mit jeweils unterschiedlichem Aufgabenspektrum zu verteilen. Die zuständige Abteilung im Generalsekretariat der UNESCO sollte Materialien sammeln, rechtsvergleichende Studien auf der Grundlage ausführlicher Befragungen der beteiligten Staaten über ihre laufende Gesetzgebung und Rechtsprechung anstellen, die Kongresse der betroffenen Berufs- und Interessenverbände besuchen, die dort geäußerten Stellungnahmen systematisch zusammentragen und schließlich den gleichmäßigen Informationsfluss zwischen der UNESCO, den Mitgliedsstaaten, dem Expertenkomitee und den Berufsverbänden gewährleisten. Ein Blick auf die Vorgehensweise des Generalsekretariats offenbart, dass es diese Aufgabe erfüllte, indem es vergleichbar zur OGZ die enge Zusammenarbeit mit dem Berner Büro pflegte und immer wieder den Rat von Experten suchte. So entwarf François Hepp die im selben Jahr an die nationalen Regierungen verschickten Fragebögen über den Stand der urhe-

30 UNESCO, Conférence générale. 2ème session, Mexico 1947 (Unesco: Conférence générale, 2ème session, Groupe de travail E (Droit d'auteur), 2ème séance, 19 novembre 1947, 2C/E/8).

31 Resolutions Adopted by the General Conference, in: Copyright Bulletin/ Bulletin du droit d'auteur, Jg. 1, 1948, S. 2.

32 Activities of UNESCO Prior to the General Conference in Mexico (1947), in: Copyright Bulletin/ Bulletin du droit d'auteur, Jg. 2, 1948, S. 62; Organisation des Nation Unies Pour l'Education, La Science et la Culture (Unesco: Conférence Générale, 2ème session, Groupe de Travail E (Droit d'Auteur), 2ème séance, 19 novembre 1947, 10 h.30, 2C/E/8).

33 Bericht von Jean Thomas, Untergeneralsekretär der UNESCO, über das erste Expertentreffen am 29. Mai 1947 (Unesco: UNESCO, Bureau of general services, registry and mail division. Index of inactive correspondance files, series 1946/1956: 347.78 A 102/064(44)"47").

berrechtlichen Gesetzgebung und Rechtsprechung in enger Kooperation mit Bénigme Mentha, dem Direktor des Berner Büros, den Mitgliedern des Expertenkomitees und mit einer Reihe weiterer Rechtsexperten mit dem erklärten Ziel, den Fragebogen so zu gestalten, dass er die größtmögliche Zustimmung der beteiligten Regierungen erhielte und politische Komplikationen vermieden würden.[34]

Im zweiten Schritt empfahl das Expertenkomitee seine eigene Fortsetzung mit dem Ziel, die inhaltlichen Vorarbeiten vollständig in seinen Reihen zu konzentrieren, um möglichst zügig einen Entwurf für das Welturheberrechtsabkommen vorzulegen, der dann von einer internationalen Staatenkonferenz, dem dritten Organ, diskutiert und idealerweise verabschiedet werden sollte.[35] Nachdem die Generalversammlung der UNESCO-Mitglieder diese Vorschläge bewilligt hatte,[36] avancierte das Expertenkomitee zur zentralen inhaltlichen Instanz, die das Welturheberrechtsabkommen auf seinen Sitzungen 1947, 1949 und 1951 in Paris sowie 1950 in Washington gemeinsam mit der zuständigen Abteilung des Generalsekretariats soweit formte, dass es 1952 auf einer Staatenkonferenz verabschiedet werden konnte.[37] Damit stellte die UNESCO sich explizit in die Traditionslinie der Organisation für geistige Zusammenarbeit, die Ausarbeitung globaler Autorenrechte nicht nur als ein zwischenstaatliches Problem zu behandeln, sondern die inhaltlichen Arbeiten Experten anzuvertrauen, die ihre Autorisierung durch die institutionelle Anbindung an eine internationale Organisation erhielten, in deren Namen und Auftrag sie dem Welturheberrechtsabkommen den Weg bereiteten.

Darüber hinaus gab es eine starke personelle Kontinuität zwischen dem 1947 tagenden Expertenkomitee der UNESCO und der OGZ des Völkerbunds. Von den zehn Anwesenden gehörten fünf zu dem Personenkreis, der bereits vor 1939 an der Weltkonvention mitgearbeitet hatte: Bénigme Mentha, seit 1938 Direktor des Berner Büros; José Antuña, zwischen 1933 und 1939 Präsident des Expertenkomitees der Panamerikanischen Union; Valerio de Sanctis, Herausgeber der italienischen Fachzeitschrift *Il Diritto di Autore*, die vor 1939 ausführlich über die Weltkonvention berichtet hatte; Marcel Boutet, französischer Rechtsexperte und Mitglied der ALAI (nach 1945 ihr Präsident); und Albert Guislan, der vor dem Zweiten Weltkrieg innerhalb der belgischen Regierung mit der Vorbereitung der Brüsseler Revisionskonferenz und der

34 Brief von François Hepp an Bénigme Mentha am 17. März 1947 und Rundschreiben an eine Expertengruppe am 23. März 1947 (Unesco: Unesco Bureau of General Services, Registry and Mail Division. Index of Inactive Correspondance Files, Series 1946/1956: 347.78 A 55).

35 Rapport du directeur général sur le problème du copyright, in: Copyright Bulletin/ Bulletin du droit d'auteur, Jg. 2, 1948, S. 86.

36 Extract from the Recommendations Adopted by the Programme and Budget Commission at the General Conference of Mexico, in: Copyright Bulletin/ Bulletin du droit d'auteur, Jg. 2, 1948, S. 92.

37 *UNESCO*, Documents de travail.

Weltkonvention betraut gewesen war.[38] Guislan war es auch, der neben dem U.S.-amerikanischen Vertreter, der während der ersten Generalkonferenz der UNESCO im Dezember 1946 in der zuständigen Unterkommission für Informationen und Massenmedien darauf drängte, sich zügig an die Erarbeitung eines Rechtsschutzes mit globaler Reichweite zu machen, das Thema Weltkonvention auf die Tagesordnung der Unterkommission setzte und ausführlich über die Vorarbeiten des Völkerbunds und den bereits erreichten Stand der Dinge berichtete.[39] Zu diesem Kreis stießen während der Konferenz 1952 in Genf noch weitere Personen hinzu, die die Rechtsannäherung bereits vor 1939 unterstützt hatten: Marcel Plaisant, französischer Parlamentsabgeordneter, Rechtsexperte und bis 1930 beigeordnetes Mitglied der Unterkommission für geistiges Eigentum; Julio Dantas, der 1952 zur portugiesischen Delegation gehörte und von 1934 bis 1939 Mitglied der Kommission für geistige Zusammenarbeit gewesen war; Julián Nogueira, der sich vor 1939 als staatlicher Beigeordneter Uruguays beim Institut für geistige Zusammenarbeit für die Weltkonvention eingesetzt hatte; und schließlich Raymond Weiss, der als Leiter der Rechtsabteilung des Instituts für geistige Zusammenarbeit die Vereinheitlichung des europäischen und amerikanischen Urheberrechts bis 1939 maßgeblich geleitet hatte, und der 1951 an der Sitzung des Expertenkomitees in Paris als Abgesandter der *Confédération internationale des sociétés d'auteurs et compositeurs* und 1952 an der diplomatischen Konferenz in Genf als Mitglied der ALAI teilnahm.[40] Über die personellen Kontinuitäten hinaus gab es auch Kontinuitäten institutioneller Netzwerke, wie die Teilnehmerliste der Genfer Konferenz von 1952 zeigt. Mit der *Confédération internationale des sociétés d'auteurs et compositeurs, der International Law Association* und der *Association littéraire et arististique internationale* nahmen drei wichtige Berufsverbände als Beobachter an der Konferenz teil, die schon vor 1939 im engen Kontakt mit der OGZ des Völkerbunds gestanden hatten.[41]

Das Welturheberrechtsabkommen wurde im September 1952 von vierzig Staaten unterzeichnet (darunter die USA und zwölf lateinamerikanische Staaten) und trat drei Jahre später, im September 1955 in Kraft.[42] Es zeigte sich bald, dass der Zweite Weltkrieg die internationalen Beziehungen machtpoli-

38 Liste des experts convoqués à Paris du 15 au 20 septembre 1947 pour les travaux de la commission provisoire du droit d'auteur (Unesco: UNESCO, Bureau of general services, registry and mail division. Index of inactive correspondance files, series 1946/1956: 347.78 A 102/064(44)"47").

39 *Unesco*, Conférence générale, S. 170.

40 *UNESCO*, Documents de travail; *Union internationale pour la protection des œuvres littéraires et artistiques*, Actes de la Conférence intergouvernementale du Droit d'Auteur.

41 Universal Copyright Convention – Intergovernmental Conference Geneva 1952 – Part II from I/III/1952 to 30/V/1952 (Unesco: Bureau of General Services, Registry and Mail Division, Index of Inactive Correspondance Files, Series 1946/1954: 347.78 A 102/06(494) „52").

42 *Püschel*, Internationales Urheberrecht, S. 34.

tisch zwar grundsätzlich verändert hatte, nicht aber die Rahmenbedingungen für den Handel, Transfer und die Verbreitung kultureller Güter. Hier sah die UNESCO sich mit den gleichen Problemen konfrontiert wie vor ihr die OGZ: das autorzentrierte Recht der Berner Konvention gegenüber der werkzentrierten Rechtsauffassung der amerikanischen Staaten; ein naturrechtlich begründetes Eigentumsrecht gegenüber einem vom Privilegiendenken inspiriertem Gesetzesrecht; ein starkes individuelles Ausschlussrecht gegenüber einem auf das öffentliche Interesse konzentriertem Recht und schließlich der besonders auf der Konferenz heftig umstrittene Antagonismus Kultur exportierender und vorrangig Kultur importierender Staaten.[43]

Wie löste das Welturheberrechtsabkommen diese in grundsätzlichen Hinsichten widerstreitenden Interessen auf? Die UNESCO verlegte sich letztlich auf die Strategie, die der damalige Direktor des Berner Büros, Fritz Ostertag, in den dreißiger Jahren bereits als den einzig gangbaren Weg mit viel Nachdruck gefordert hatte, nämlich ein Abkommen, das mit einem auf das Wesentliche reduzierten Konventionstext aufwartete, der allen Staaten der Welt den Beitritt erlauben und eine Ausgangsbasis bieten sollte, um die regional diversifizierten Schutzprinzipien schrittweise international anzugleichen.[44] Das Abkommen beruhte auf zwei wesentlichen Kompromissen. Um die Anwendung des ‚europäischen' Prinzips der Inländerbehandlung mit der in einigen amerikanischen Gesetzgebungen erforderlichen Erfüllung von Formalitäten zu versöhnen, führte das Abkommen das bis heute international gängige Schutzzeichen © ein. Sein Abdruck signalisierte, dass alle im jeweiligen Land geforderten Formalitäten erfüllt waren und das Werk unter dem Schutz des Welturheberrechtsabkommens stand. Auf einen zweiten Kompromiss einigten die Staaten sich bei dem schwierigen Thema Übersetzungen. Prinzipiell lag das Übersetzungsrecht beim Autor und zwar für die gesamte Schutzdauer, mindestens 25 Jahre *post mortem auctoris*, jedoch nicht länger als im Herkunftsland des Rechteinhabers. Um jedoch die Dominanz europäischer Staaten im Handel mit kulturellen Gütern aufzufangen und dem öffentlichen Stellenwert von Kultur als Bildungsfaktor und Ressource für gesellschaftliches Wachstum Rechnung zu tragen, durften alle Länder, die nach der Definition der Vereinten Nationen als Entwicklungsland galten, Zwangslizenzen erlassen. Die Zwangslizenzen erlaubten unter Einhaltung bestimmter Auflagen eine Übersetzung und Verbreitung geschützter Werke auch ohne Einwilligung des Autors – eine Klausel, die für spätere Revisionen der Berner Konvention Modell stehen sollte.

Das Welturheberrechtsabkommen war bereits kurz nach seiner Verab-

43 Eine ausführliche Gegenüberstellung der widerstreitenden Interessen gibt François Hepp, der innerhalb der UNESCO für die Verabschiedung des Welturheberrechtsabkommens zuständig war: *Hepp*, Les perspectives actuelles, S. 6 ff; *Saporta*, S. 25 f.

44 Zu den folgenden Ausführungen vgl. die Kommentare von: *Bappert* u. *Wagner*, S. 187–293; *Bogsch*, Universal Copyright Convention; *Püschel*, Internationales Urheberrecht, S. 78–95; *Saporta*; *Ulmer*, Urheber- und Verlagsrecht, S. 95–105.

schiedung heftig umstritten, weil besonders die Staaten der Berner Union ihre Interessen wegen des geringen Schutzniveaus nur bedingt gewahrt sahen. Dieser Kritik entgegneten bereits zeitgenössische Kommentatoren, dass sie den Kern des Abkommens verkenne, überhaupt erst einmal Grundprinzipien eines globalen Urheberschutzes festzulegen und Mindeststandards einzuführen, die gar nicht beabsichtigten, umfangreicher zu sein als die zu diesem Zeitpunkt bereits sieben Jahrzehnte existierenden Abkommen der Panamerikanischen und der Berner Union.[45] Richtet man den Blick nicht ausschließlich auf die Rechtsinhalte, wie es die Kritiker taten, sondern reflektiert den zeithistorischen Kontext und die bedeutende Schwierigkeit, dass die neue Konvention kulturelle Differenzen sowie anders gelagerte kultur- und wirtschaftspolitische Interessen überwinden musste, entdeckt man zudem bemerkenswerte Kontinuitäten zwischen der OGZ und der UNESCO. Inhaltlich hatte der Zweite Weltkrieg keine Auswirkungen auf die Verhandlungspositionen. Die UNESCO reagierte darauf, indem sie die Linie der OGZ fortsetzte, nicht die Berner Union zum globalen Maßstab zu erheben, sondern die rechts- und kulturpolitischen Differenzen zwischen den europäischen und amerikanischen Staaten realistisch einzuschätzen und nur einen Mindeststandard zu kodifizieren, der die vorhandene Kompromissbereitschaft nicht überstrapazierte. Rechtspolitisch hatte spätestens die programmatische Entscheidung, Urheberrechte von Beginn an als Betätigungsfeld der UNESCO auszuschreiben, die Entwicklung der Zwischenkriegszeit bestätigt, dass die globale Einführung und Vertiefung geistiger Eigentumsrechte nicht ohne internationale Organisationen funktionierte. Die Vielzahl und Heterogenität der beteiligten Interessen sowie die beinahe permanente Revisionsbedürftigkeit aufgrund technischer Entwicklungen erforderte einen zentralen Akteur, der das Akteursfeld koordinierte und hinreichend Autorität besaß, Kompromisse ausarbeiten zu können. In diesem Sinne stellte die OGZ die Weichen für die Nachkriegszeit. Die UNESCO griff die vom Berner Büro begründete und von der OGZ professionalisierte Verfahrensweise auf, die globale Ausgestaltung geistiger Eigentumsrechte in internationalen Organisationen zu zentralisieren, deren wesentliche Funktion es war, diese Rechte auf mehreren Ebenen und zwar an der Schnittstelle von staatlich, zwischenstaatlich und transnational und damit in, mit und jenseits des Nationalstaats zu institutionalisieren und fortzuentwickeln.

45 *Bappert* u. *Wagner*, S. 189.

Schluss

Die Geschichte der globalen Ausdehnung geistiger Eigentumsrechte von der Erklärung der Berner Konvention 1886 bis zur Verabschiedung des Welturheberrechtsabkommens 1952 hat verschiedene Themenfelder berührt, deren gemeinsamer Nenner der Aufstieg von Wissen, Bildung und Informationen zu einer zentralen kulturellen, sozialen und wirtschaftlichen Ressource moderner Gesellschaften ist: die Entstehung eines globalen Markts für kulturelle Güter, die Kodifikation nationaler Urheberrechtsgesetze, die Verankerung des Autorenschutzes in internationalen Organisationen und die Herausbildung einer *global governance* kultureller Güter.

Bis zum Anfang des 19. Jahrhunderts waren die Ausarbeitung von Normen für den Autorenschutz und ihre Kodifikation in Form von Gesetzesrechten primär eine nationale Angelegenheit. Zu einer Aufgabe der zwischenstaatlichen Diplomatie wurden die Rechte am geistigen Eigentum in dem Moment, als kulturelle Güter im größeren Umfang zwischen verschiedenen Staatsgebieten, Rechts- und Sprachräumen gehandelt wurden und der Rückfluss von Autorenhonoraren aus dem Land, in dem ein Buch verkauft wurde, in das Land, in dem es geschrieben wurde, nicht mehr sichergestellt war. Mit der Berner Konvention ergänzten zuerst europäische Staaten die nationalen Schutzgesetze um ein multilaterales Urheberrechtsabkommen, das den Transfer kultureller Güter mit einem höheren Grad an Durchsichtigkeit und Berechenbarkeit versehen sollte. Das Wesentliche an der Berner Konvention war das geordnete Ineinandergehen von nationalem und internationalem Recht. Sie beschränkte sich nicht darauf, internationale Kooperation anzuregen oder nur zu fordern. Vielmehr koordinierte sie grenzüberschreitende Interaktionen mit Hilfe regulativer Normen. Das innovative Moment der Berner Konvention war ihre Institutionalisierung und Verstetigung in Form einer internationalen Organisation. Mit der Entscheidung, anstelle eines einmaligen Abkommens ein offenes Regelwerk zu setzen, das aktuellen technischen und rechtlichen Entwicklungen laufend angepasst wurde und zudem offen für neue Mitgliedsstaaten war, begründeten die Vertragsstaaten ein spezifisches Merkmal der Internationalisierung geistiger Eigentumsrechte, die nämlich bis heute in, durch und mit internationalen Organisationen bewerkstelligt wird. Zur Berner Union stieß 1922 die Organisation für geistige Zusammenarbeit des Völkerbunds, der 1946 die UNESCO folgte. 1970 wurde die Berner Union in die *World Intellectual Property Organization* (WIPO) überführt, neben die 1994 schließlich die *World Trade Organization* mit dem von ihr verwalteten Abkommen über die handelsbezogenen Aspekte des geistigen Eigentums (TRIPS-Agreement) trat.

Fragt man nach dem politischen und rechtlichen Mehrwert einer internationalen Organisation wie der Berner Union im Vergleich zu einem zwar multilateralen, dafür aber einmaligen Abkommen, sind drei Aspekte wichtig. Das ist erstens die spezifische Organisationsstruktur, die sich in der Gründung eines internationalen Büros niederschlug, und zweitens der zentrale Mechanismus, das nationale und internationale Autorenrecht und die sich dahinter verbergende Interdependenz von nationalem Verlagswesen und transnationalem Publikum zu institutionalisieren und auf diese Weise zu befestigen. Wie auch die anderen im 19. Jahrhundert gegründeten internationalen Organisationen war die Berner Union eine Reaktion auf die seit der Mitte des Jahrhunderts wachsende wirtschaftliche, soziale und kulturelle Verflechtung der westlichen Industriegesellschaften. Sie verrechtlichte den Strom von kulturellen Gütern, Informationen und Wissen über nationale Grenzen hinweg. Die dafür formulierten Rechtsnormen waren für alle Mitgliedsstaaten verbindlich, unabhängig von ihrer politischen, kulturellen oder wirtschaftlichen Bedeutung. Die Wirkungskraft der Berner Union beruhte auf ihrer Fähigkeit, Verflechtung zu koordinieren und mit dem Transfer von Informationen und Wissen von einem nationalen Territorium ins andere ein wesentliches Merkmal der sich entfaltenden modernen Welt zu institutionalisieren. Dafür hob sie das Nebeneinander nationaler Rechtsordnungen und bilateraler Verträge in einem umfassenden Vertragswerk auf. So verrechtlichte die Berner Union die transnationalen Beziehungen der europäischen Kulturschaffenden auf eine Art und Weise, die außerhalb der Möglichkeiten eines einzelnen Staats lag.

Das dritte richtungsweisende Merkmal der Berner Union war die Gründung eines permanenten Büros – das Kernstück der neuen Organisation. Auf den ersten Blick hatte seine Einrichtung pragmatische Gründe. Mit den Mitarbeitern des Berner Büros entstand eine Personengruppe, deren ausschließlicher Auftrag es war, die Mitgliedsstaaten an die Einhaltung ihrer Vertragspflichten zu erinnern, das Thema Urheberrechte über die Sammlung und Veröffentlichung von Informationen wach zu halten und inhaltliche Vorarbeiten für die unregelmäßig stattfindenden Revisionskonferenzen zu leisten. Die Einrichtung des Büros setzte jedoch eine institutionelle Dynamik frei, die die Art und Weise der Globalisierung von Autorenrechten grundlegend prägte. Denn mit den Mitarbeitern entstand eine neue Akteursgruppe, die die institutionellen Handlungsspielräume zu nutzen wusste, um sich zumindest partiell aus der nebengeordneten Rolle zu emanzipieren, ausführendes Organ einer intergouvernementalen Organisation zu sein.

Diese Selbständigkeit des Büros gegenüber den Signatarstaaten offenbarte sich im Ersten Weltkrieg. Bereits im Herbst 1914 meldete es sich zu Wort und trat der anfänglichen Unsicherheit über die Geltung der Konvention unter Kriegsbedingungen mit einer eindeutigen Interpretation für ihre Fortdauer entgegen. Diese zielsichere Stellungnahme schöpfte das Büro aus dem Konventionsrecht und damit aus der rechtspolitischen Prämisse, die Konvention solle die kulturelle und wirtschaftliche Verflechtung moderner Gesellschaften auf der Basis von Konsens und Kooperation organisieren und das dazu gehörige Regelwerk bewahren. Das Büro setzte damit das Konventionsrecht und die nationalen Gesetzgebungen in eine klare Hierarchie und schuf von zentraler Stelle aus Orientierung und Rechtseindeutigkeit, die die staatlichen und nichtstaatlichen Akteure aufgrund ihrer Verwicklung in das Kriegsgeschehen nicht bieten konnten. Die Oberhand gewann diese Interpretation jedoch nur aufgrund der Organisationsstruktur des Berner Büros. Seit seiner Gründung hatte es die Zusammenarbeit mit national und international organisierten Berufsverbänden gesucht, die sich von einer direkten Kooperation mit dem Büro eine Stärkung ihrer Interessen auf internationaler Ebene erhofften. Bei Kriegsbeginn griff das Büro auf diese Kontakte zurück, gewann die Berufsverbände für seine Sicht der Dinge und stellte die institutionellen sowie kommunikativen Strukturen für eine transnationale Kooperation von Büro und Berufsverbänden bereit. Mit diesem Engagement für die Konvention und gestützt durch die nationalen Berufsverbände entfaltete das Büro eine normative Bindungskraft, die maßregelnd auf die nationalen Administrationen einwirkte, so dass die Verbandsstaaten die Konvention trotz gegenseitiger Kriegserklärungen einhielten.

Die Akteursqualitäten des Büros ruhten also auf zwei Fundamenten: Erstens beharrte es darauf, sein Programm in Kriegs- und in Friedenszeiten umzusetzen, wofür es sich auf seine Neutralität und auf den moralischen Wert der Konvention als Instrument der friedlichen Kooperation berief. Zweitens verfügte das Büro mit den Mitarbeitern, einer eigenen Zeitschrift und der Möglichkeit, den direkten Kontakt zu gesellschaftlichen Akteuren aufzunehmen, über die notwendigen Ressourcen, sein Anliegen nach außen zu kommunizieren und Allianzen für seine Zwecke zu schmieden. Mit dem Büro war also ein internationaler Akteur entstanden, der sich in Krisensituationen aus Interessenkonflikten zwischen nationalen und internationalen Agenden heraushalten konnte und von den Mitgliedsstaaten die Einhaltung sachgebundener Normen aktiv und relativ unbeeindruckt vom politischen Geschehen einfordern konnte.

Die Eigenständigkeit des Berner Büros im Ersten Weltkrieg und seine auch schon zuvor erprobte Strategie, die Berner Konvention zu stabilisieren, indem es sich gemeinsam mit Regierungsvertretern, Berufsverbänden und Interessengruppen für den internationalen Autorenschutz einsetzte, stellten die Weichen für die Zwischenkriegszeit. 1922 trat mit der Organisation für geistige Zusammenarbeit des Völkerbunds ein neuer internationaler Akteur auf die Bühne. Der Auftrag der OGZ war es, die in Rat und Generalversammlung des Völkerbunds behandelten Themen Abrüstung, Sicherheit und Frieden in eine möglichst dichte Kooperation der Mitgliedsstaaten in den Bereichen Wissenschaft, Bildung und Kultur einzubetten. Die OGZ sollte das nationalstaatliche Kulturmonopol um eine globale Koordinationsinstanz erweitern, indem sie den kulturellen Austausch in den Mittelpunkt rückte und dafür sensibilisierte, dass der transnationale Fluss von Kultur- und Informationsmedien alle Staaten der Welt gleichermaßen betraf und nur in einer gemeinsamen Anstrengung strukturiert werden konnte.

Wie schon die Berner Union, agierte die OGZ an der Schnittstelle von zwischenstaatlichen, staatlichen und transnationalen Interessen und Handlungsspielräumen. Ihr Vorhaben, in den dreißiger Jahren eine Weltkonvention zum Schutz des literarischen und künstlerischen Eigentums zu verabschieden, führte sie mithilfe eines komplexen Organisations- und Akteursgefüge aus, das gleichermaßen aus nationalstaatlichen Delegationen, international organisierten Berufsverbänden, Rechtsexperten und anderen internationalen Organisationen wie der Internationalen Arbeitsorganisation oder dem Internationalen Institut für die Vereinheitlichung des Privatrechts in Rom bestand. Das Neue der OGZ lag darin, dass diese mehrseitige Kooperation ein bewusster und fester Bestandteil ihrer Organisationsstrukturen war. Im Kern bestand die OGZ aus einer internationalen, mit renommierten Intellektuellen besetzten Kommission. Ihr zur Seite stand das Internationale Institut für geistige Zusammenarbeit in Paris. Das Institut war die Schaltstelle, in der einerseits alle Projekte der Kommission und andererseits die Kontakte der OGZ zu staatlichen und gesellschaftlichen Akteuren außerhalb von Rat und Generalversammlung zusammenliefen. Die Institutsmitarbeiter verfügten über ein mehrdimensionales Instrumentarium, um unterschiedliche Akteursgruppen aktiv in ihre Arbeit zu integrieren bzw. für ihre Projekte zu werben: Die nationalen Kommissionen für geistige Zusammenarbeit; Expertenkomitees, die überwiegend aus Personen bestanden, die Institut und Kommission aufgrund von Sachkompetenz als nichtstaatliche Delegierte nominierten, wobei es durchaus vorkommen konnte, dass diese Sachverständigen Mehrfachfunktionen als Experten, Regierungsberater oder Interessenvertreter ausübten und so für die OGZ wichtige Kontakte in Regierungs-, Berufs- oder Parlamentskreise öffneten; und schließlich die staatlichen Beigeordneten des Instituts, die sich zumeist aus dem in Paris ansässigen diplomatischen Corps eines Lands rekrutierten. Über sie bekam das Institut die Möglichkeit, auf direktem Weg bei den nationalen Regierungsvertretern vorstellig zu werden, deren Unterstützung für die Realisierung eines Vorhabens wichtig war.

Diese mehrdimensionale Organisationsstruktur wurde mit dem politikwissenschaftlichen Modell der *global governance* analysiert. Das Konzept, das in Anlehnung an Michael Zürn und Bernhard Zangl als *governance by, with and without government* definiert wurde, markierte die qualitative Veränderung, die im Übergang vom Berner Büro zur OGZ stattfand. Das Berner Büro hatte für die Ausdehnung des internationalen Autorenschutzes zwar schon die Zusammenarbeit mit nationalen und internationalen Berufsverbänden gesucht. Aber das Büro litt unter seiner nur administrativen Funktion, die ihm eine offizielle und eigenständig organisierte Intervention für die Konvention nicht erlaubte. Die OGZ hatte dagegen dieses mehrdimensionale Akteursgefüge in ihrem Organigramm fest institutionalisiert und verfügte über das

Mandat, die Globalisierung der Autorenrechte in eigener Verantwortung und relativ losgelöst von Rat und Generalversammlung des Völkerbunds zu betreiben. Das tat die OGZ ab 1928, nachdem sie von Rat und Generalversammlung den Auftrag erhalten hatte, die Berner Konvention mit den Urheberrechtsabkommen zu harmonisieren, die seit 1889 unter dem Dach der Panamerikanischen Union abgeschlossen worden waren. Die Art und Weise, wie das Pariser Institut die Verhandlungen führte, zeigte ihr Geschick, Netzwerke zu bilden und verschiedene Handlungsebenen für sich zu nutzen, indem es zwischen ihnen wechselte, sobald die Verhandlungen – besonders mit der Panamerikanischen Union – ins Stocken gerieten.

Es zeigte sich bald, dass die Staaten der Berner Union mehrheitlich hinter der OGZ und ihrem Anliegen standen, eine Weltkonvention zum Schutz des literarischen und künstlerischen Eigentums zu erarbeiten, wie die vergleichende Untersuchung der deutschen und französischen Regierungspolitik zeigte. Dagegen stieß das Pariser Institut auf größere Schwierigkeiten bei den Staaten der Panamerikanischen Union. Offiziell wurden diese Vorbehalte mit der unterschiedlichen rechtlichen Verfasstheit der Autorenrechte im angloamerikanischen *copyright* und der Berner Konvention begründet. In den Augen des Pariser Instituts verbargen sich hinter dieser skeptischen Haltung jedoch handfeste wirtschaftliche und kulturpolitische Interessen. Denn mit Ausnahme der USA wies die Mehrzahl der amerikanischen Staaten zu dieser Zeit eine vergleichsweise schmale Produktion von literarischen, künstlerischen und wissenschaftlichen Werken auf, so dass dort zumeist auf kulturelle Güter europäischer Herkunft zurückgegriffen wurde. Damit hätte eine Weltkonvention, die den europäischen Rechteinhabern Schutz auf dem amerikanischen Kontinent gewährte, den (latein-)amerikanischen Staaten primär kulturpolitische Nachteile eingebracht, die sich erst einebneten, sobald sie begonnen hätten, kulturelle Güter im größeren Umfang nach Europa zu exportieren.

Trotz dieser vehementen rechts- und kulturpolitischen Vorbehalte der amerikanischen Staaten gelang es dem Pariser Institut, 1936 drei Entwürfe für eine Weltkonvention vorzulegen und erste Schritte für die Ausrichtung einer diplomatischen Konferenz einzuleiten. Diesen Teilerfolg verdankte das Institut seiner mehrdimensionalen Organisationsstruktur. Als die Konferenz der amerikanischen Staaten 1933 die dortigen Widerstände gegen die Weltkonvention offen zu Tage förderte, besann das Institut sich auf seine Möglichkeiten, die Konventionsentwürfe unter Umgehung intergouvernementaler Instanzen wie der Panamerikanischen Union auszuarbeiten. Das Institut verlegte sich darauf, Befürworter der Weltkonvention in Amerika zu suchen und mit ihnen eine Allianz für einen weltweiten Autorenschutz einzugehen. Dafür griff es zuerst auf die nationalen Kommissionen für geistige Zusammenarbeit zurück. Besonders unterstützt wurde es von der nordamerikanischen Kommission, die dafür sorgte, dass die amerikanischen Staaten das Thema auf ihrer Konferenz 1933 überhaupt diskutierten. Zweitens gewann das

Pariser Institut die ihm zugeordneten staatlichen Beigeordneten aus Brasilien, die sich als vehemente Unterstützer erwiesen und ihre Regierung davon überzeugten, ein erstes, inoffizielles Treffen zwischen Vertretern der OGZ und den innerhalb der Panamerikanischen Union zuständigen Rechtsexperten 1935 in Rio de Janeiro zu organisieren. Drittens nutzte das Pariser Institut das Instrument, eigene Expertenkomitees einzuberufen. Diese bestanden durchweg aus Juristen, Delegierten international organisierter Berufsverbände der Autoren und Verleger sowie aus Vertretern anderer internationaler Organisationen, die alle die Weltkonvention unterstützten und Verhandlungsbedarf nur im Detail sahen. Den Durchbruch brachte das im April 1936 in Paris einberufene Expertenkomitee. Dort einigten sich Vertreter des Berner Büros, des von der Panamerikanischen Union eingesetzten Expertenkomitees und der OGZ auf einen Konventionsentwurf, der zum Ausgangspunkt für die Ende der dreißiger Jahre in Brüssel geplante Konferenz zur Verabschiedung der Weltkonvention werden sollte und dessen offizielle Versendung Ende 1936 an alle europäischen und amerikanischen Staaten den Auftakt der diplomatischen Verhandlungen markierte.

Die inhaltliche Analyse der drei für den politischen Prozess relevanten Konventionsentwürfe – die Entwürfe des amerikanischen Expertenkomitees, des Berner Büros und des unter Leitung der OGZ 1936 in Paris versammelten Expertenkomitees – spiegelte interessanterweise nicht die rechtspolitischen Haltungen der betroffenen Parteien. Im Gegenteil legte das amerikanische Expertenkomitee ein Programm vor, das die existierenden Konventionen am grundsätzlichsten reformiert und ein Rechtsregime geschaffen hätte, in dem die Trennung zwischen europäischem und amerikanischem Recht zwar nicht aufgehoben, aber weitestgehend fließend geworden wäre. Die europäischen Akteure, die von einer Rechtsvereinheitlichung mit einem hohen Schutzniveau am meisten profitiert hätten, schlugen dagegen ein inhaltlich bewusst reduziertes Programm vor. Hegte das Pariser Institut die Absicht, die Zustimmung der amerikanischen Staaten nicht aufs Spiel zu setzen, plädierte das Berner Büro für eine rechtlich eng gefasste Weltkonvention, weil es das Schutzniveau der Berner Union in keinem Fall schwächen oder rechtspolitischen Destabilisierungseffekten aussetzen wollte. Der Grund für die im Hinblick auf die Rechtsinhalte verkehrte Rollenverteilung lag in den spezifischen organisatorischen Gegebenheiten. Auf dem ersten Treffen zwischen den Vertretern der OGZ, des Berner Büros und des amerikanischen Expertenkomitees 1935 in Rio de Janeiro hatte die brasilianische Regierung massiven Einfluss auf die Redaktion eines Konventionsentwurfs genommen. Der hauptverantwortliche Rechtsexperte der Panamerikanischen Union, José Antuña, leitete diesen Entwurf an das Expertenkomitee für Urheberrechte der Panamerikanischen Union weiter, das ihn leicht modifizierte und den amerikanischen Staaten als offiziellen Entwurf vorlegte. So war es eine organisatorische Maßnahme, die es der brasilianischen Regierung ermöglicht hatte, ihre rechtspolitischen Ziele unter Umgehung der Konferenz der amerikanischen Staaten in den Entwurf der Panamerikanischen Union einfließen zu lassen.

Die Beschäftigung mit der UNESCO und des unter ihrer Leitung 1952 in Genf abgeschlossenen Welturheberrechtsabkommens zeigte schließlich, dass die gestaltende Rolle der OGZ bei der Globalisierung geistiger Eigentumsrechte keine einmalige Sache blieb. Die UNESCO führte die durch den Zweiten Weltkrieg unterbrochenen Vorarbeiten der OGZ ab 1946 fort und berief bereits 1947 ein erstes Expertenkomitee ein, das Vorstudien über die Möglichkeit eines entsprechenden Abkommens anstellen sollte. Trotz der komplexer gewordenen inhaltlichen Anforderungen, die das Welturheberrechtsabkommen letztlich zu meistern hatte, zeigten sich bemerkenswerte formale und inhaltliche Kontinuitäten im Übergang von der OGZ zur UNESCO. Rechtspolitisch bestätigte die programmatische Entscheidung, Urheberrechte als ein Aufgabenfeld der UNESCO zu definieren, die Entwicklung der Zwischenkriegszeit, den globalen Autorenschutz in die Hände internationaler Organisationen zu legen. Die Heterogenität der beteiligten Interessen sowie die beinahe permanente Revisionsbedürftigkeit wegen technischer und medialer Neuerungen erforderten einen zentralen Akteur, der die verschiedenen Interessen koordinierte und hinreichend Autorität besaß, Kompromisse ausarbeiten zu können. Hinzu kam, dass die UNESCO das Verfahren der OGZ aufgriff, den Kontakt zum Berner Büro zu suchen und den wesentlichen Teil der Vorarbeiten einem Kreis von Fachleuten zu überantworten, anstatt die neue Konvention nur in einem intergouvernementalen Forum wie den Generalversammlungen der UNESCO-Mitglieder auszuarbeiten. Aber auch inhaltlich führte die UNESCO die Positionen der OGZ fort. Die UNESCO vermied es, die Rechtsstandards der Berner Konvention als Maßstab zu setzen. Stattdessen schätzte sie die rechts- und kulturpolitischen Differenzen zwischen den europäischen und amerikanischen Staaten realistisch ein und kodifizierte nur einen Mindeststandard, der die vorhandene Kompromissbereitschaft nicht überstrapazierte. Damit stellte die UNESCO sich in die vom Berner Büro begründete und von der OGZ professionalisierte Tradition, die globale Ausgestaltung geistiger Eigentumsrechte in internationalen Organisationen zu bündeln. Wie auch schon bei der OGZ bestand die zentrale Funktion der UNESCO darin, die Ausdehnung dieser Rechte an der Schnittstelle staatlicher, gesellschaftlicher und internationaler Interessen zu realisieren und die Verrechtlichung dieses Felds damit in globale Steuerungsstrukturen in, mit und jenseits des Nationalstaats einzubetten.

Diese Interpretation der Berner Union, der OGZ und der UNESCO als Knotenpunkte globaler Institutionalisierungs- und Verrechtlichungsprozesse knüpft an neuere Forschungen zu internationalen Organisationen, zum Konzept der *global governance* und an aktuelle geschichtswissenschaftliche Diskussionen über Globalgeschichte und transnationale Geschichte an. In Anlehnung an jüngere Entwicklungen in der angloamerikanischen Politikwissenschaft wurde argumentiert, dass internationale Organisationen einen gewissen Grad an institutioneller Autonomie besitzen, der es ihnen erlaubt, sich von einzelstaatlichen Interessen zu emanzipieren und Einfluss auf die Fortentwicklung des von ihnen betreuten Gegenstandsbereichs zu nehmen. Wie die internationalen Vertragswerke zum Schutz von Autoren gezeigt haben, lösten die internationalen Organisationen die Nationalstaaten jedoch keinesfalls ab, sondern banden vielmehr ihr Handlungsmonopol in multilaterale Entscheidungsprozesse ein und relativierten damit ein absolut gesetztes Souveränitätsverständnis. Diese konzeptuelle Herangehensweise ermöglichte es, den Beitrag internationaler Organisationen und die Bedeutung der gesellschaftlichen Akteure in internationalen Rechtssetzungsprozessen zu reflektieren. Für das geistige Eigentum zeigten sich hier zwei eindeutig voneinander unterscheidbare Phasen. Das Berner Büro bemühte sich von Beginn an, die zwischenstaatliche Dimension der Berner Konvention zu erweitern und dem Vertragswerk einen gesellschaftspolitischen Rückhalt durch die Integration der betroffenen Berufsgruppen zu verschaffen. Aber erst die OGZ befreite diese Zusammenarbeit aus der institutionellen Grauzone, in der das Berner Büro sich bewegt hatte, weil sein Statut solche Kooperationen offiziell nicht vorsah. Mit der OGZ institutionalisierten die Völkerbundsstaaten diese Zusammenarbeit, und die Mitarbeiter der OGZ praktizierten sie soweit, dass die wichtigen Entwürfe für die Weltkonvention zum Schutz des literarischen und künstlerischen Eigentums beinahe ausschließlich von den Mitarbeitern des Pariser Instituts, den Mitgliedern der internationalen Kommission, Rechtsexperten und Repräsentanten der internationalen Berufsverbände ausgearbeitet wurden.

Welche Konsequenzen haben diese Ergebnisse für die Erforschung globaler Rechtsetzungsprozesse? Erstens lässt sich schlussfolgern, dass *global governance* kein historisch neues Phänomen ist, das erst in den letzten zwanzig Jahren mit der wachsenden Zahl von NGOs oder der Bedeutungszunahme von suprastaatlichen Organisationen wie der Europäischen Union aufgetreten wäre. Die Auseinandersetzung mit der Globalisierung geistiger Eigentumsrechte hat vielmehr gezeigt, dass *global governance* ein historisch erprobtes Konzept ist.[1] Voll entfaltete es sich in der Zwischenkriegszeit in der OGZ des Völkerbunds, und frühe Formen sind mit der Berner Union bereits in der zweiten Hälfte des 19. Jahrhunderts zu beobachten. Die in dem *global governance*-Ansätzen implizierte Annahme ist somit revisionsbedürftig, dass „traditionelles internationales Regieren"[2] bis vor wenigen Jahrzehnten ausschließlich eine multilaterale Angelegenheit gewesen sei, bei der allein nationale Regierungen die heimischen Interessen nach Außen vertreten hätten. Diese Erkenntnis bestärkt zugleich die jüngst in der internationalen Geschichte geführte Diskussion, die bisher eher staats-, macht- und diplomatiezentrierte Forschung zu öffnen. Die hier ins Feld geführten Stichworte

1 Siehe auch: *Herren*, Internationale Organisationen, S. 12.
2 *Zangl* u. *Zürn*, Make Law, S. 12 ff.

‚cultural diplomacy' oder ‚internationale Gesellschaftsgeschichte' drängen auf ein Umdenken: Internationale Beziehungen sind „eben nicht länger nur durch Inter-Nationalität charakterisiert [...] und [finden] zwischen mehr oder weniger autonom gesetzten Nationalstaaten, Nationalgesellschaften, Nationalökonomien oder Nationalkulturen statt".[3] Anhand der Globalisierung des geistigen Eigentums wurde genau diese Forderung einer Pluralisierung der internationalen Geschichte aufgegriffen. Ausgehend von der Annahme, dass es die Eigenart von Wissens-, Informations- und Kulturmedien ist, orts- und zeitunabhängig reproduziert werden zu können und nicht an ein staatliches Territorium gebunden zu sein, wurde die Verrechtlichung des Autorenschutzes als ein Problem mit globaler Reichweite konzeptualisiert. Für seine Lösung entwickelte eine Vielzahl von Akteuren jenseits des Nationalstaats globale Steuerungsstrukturen mit der Konsequenz, dass die Ausschließlichkeit staatlichen Regelungsanspruchs gelockert und nationale kultur- und rechtspolitische Strategien in transnationale Handlungskontexte eingebettet wurden.

Hinsichtlich der Akteure bleiben zwei Fragen offen, die in dieser Arbeit nur angedeutet, jedoch nicht weiter ausgeführt werden konnten. Der erste Punkt betrifft das geistige Eigentum in den USA und den südamerikanischen Staaten. Die für diese Arbeit gewählte Perspektive, die Staaten der Berner Union, europäische Rechtsexperten, Verleger und Autoren und schließlich die an diesen Gruppen orientierte OGZ in den Mittelpunkt zu rücken, hatte zur Konsequenz, dass die Diskussionen innerhalb der amerikanischen Staaten sowie die wortführenden Akteursgruppen nur am Rande zur Sprache kamen. Die Ausführungen über die dreißiger Jahre legen den Schluss nahe, dass die europäischen Akteure bis dahin die treibenden Kräfte bei der globalen Einführung von Autorenrechten waren, während die amerikanischen Staaten sich aus den genannten rechts-, kultur- und wirtschaftspolitischen Gründen eher reserviert gegenüber einem globalen Mindestschutz gaben. Bei dem Übergang von der OGZ zur UNESCO deutete sich jedoch ein Politikwechsel auf amerikanischer Seite an. Indizien dafür waren die Gründung von Autoren- und Verlegerverbänden in Südamerika während des Zweiten Weltkriegs und die treibende Rolle der USA 1946 bei der Wiederaufnahme der Weltkonvention durch die UNESCO. Verlängert man die Perspektive und nimmt die unter dem Stichwort kulturelle Amerikanisierung diskutierte Bedeutung der US-amerikanischen Massenkultur nach 1945, die heftigen Diskussionen um den späten Beitritt der USA zur Berner Konvention sowie ihre tragende Rolle bei der Verabschiedung des TRIPS-Agreements 1994 hinzu, stellen sich eine ganze Reihe von Fragen. Welche Politik betrieben die USA im Bereich des geistigen Eigentums im Verlauf des 20. Jahrhunderts und welchen Konjunkturen war sie unterworfen? Was waren die innenpolitischen Streitpunkte und wer waren Befürworter und Gegner einer internationalen Rechtsangleichung? Welchen

3 *Conze* u.a., Einleitung, S. 7.

Einfluss übten die USA im Verlauf des 20. Jahrhunderts auf die internationale Rechtspolitik aus und welche Rolle spielten sie bei der regionalen Kodifikation des geistigen Eigentums auf dem amerikanischen Kontinent? Aber auch für die südamerikanischen Staaten bleiben Fragen offen. Welche sozialen und professionellen Gruppen verbargen sich hinter den Befürwortern und Gegnern der Weltkonvention in den dreißiger Jahren und welche Positionen nahmen die einzelnen Staaten ein? In welchem Ausmaß war das Bildungs- und Erziehungswesen in den südamerikanischen Staaten tatsächlich von dem Import kultureller Güter aus europäischen Staaten abhängig? Warum gab die Mehrzahl der amerikanischen Staaten ihren Widerstand gegen einen Autorenschutz mit globaler Reichweite 1952 mit der Unterzeichnung des Welturheberrechtsabkommens auf? Schließlich stellt sich die für Forschungen über die globale Diffusion und Implementierung von Normen spannende Frage, wie und auf welchem Weg die originär europäische Norm, die Rechte von Autoren ideell und finanziell anzuerkennen, sich trotz vehementer Widerstände in den südamerikanischen Staaten letztlich durchsetzte, wie sie dabei modifiziert wurde und wie sie sich in die rechtliche, soziale und kulturelle Praxis der einzelnen Gesellschaften einfügte.

Die zweite nur am Rande behandelte Akteursgruppe sind die von den Urheberrechten direkt betroffenen Berufsgruppen, die Verleger, Autoren und die Juristen. Wegen der gewählten Perspektive, die Verrechtlichung des geistigen Eigentums auf globaler Ebene in den Blick zu nehmen und von dort aus das Engagement, die Interessen und Argumente dieser Akteure zu analysieren, sind die nationalen und internationalen Berufsverbände in dieser Arbeit nur dann aufgetreten, sobald sie mit der OGZ oder dem Berner Büro kooperierten. Die Verbände bieten mehrere Anknüpfungspunkte für weitere Forschungen. Insgesamt wissen wir wenig über sie. Zu den meisten Verbänden in Deutschland und Frankreich liegen Jubiläumsschriften vor, die in der Regel in enger institutioneller Anbindung an die Verbände selbst entstanden sind. Dagegen fehlen sozialgeschichtliche Untersuchungen, die Auskunft über die sozialen und beruflichen Profile und Karrieren der Mitglieder, die Stellung der Verbände im juristischen, literarischen und verlegerischen Feld, ihre politischen Einflussmöglichkeiten und die Bedeutung internationaler Dachverbände für die Durchsetzung nationaler Politikziele analysieren. Ein weiterer Anknüpfungspunkt betrifft die Autoren. Im Anschluss an neuere Forschungen zur sozialen Stellung der französischen Schriftsteller in der ersten Hälfte des 20. Jahrhunderts und ihren Schwierigkeiten, sich als Berufsgruppe zu organisieren,[4] wäre eine europäisch vergleichende Analyse der Schriftsteller wünschenswert, die eine Antwort auf die offene Frage geben könnte, warum die Autoren auf nationaler und internationaler Ebene die Gruppe sind, die sich im Vergleich zu Juristen und Verlegern am wenigsten für die Ausweitung der Autorenrechte einsetzte.

4 *Sapiro*, Entre individualisme; *dies.*, Propriétaires.

Im Hinblick auf die Geschichte der internationalen Organisationen bestärkten die Ausführungen über die Berner Union und den Völkerbund die innerhalb der letzten Jahre immer öfter zu lesende Forderung, internationale Organisationen als historische Akteure und damit als einen Gegenstand geschichtswissenschaftlicher Forschung zu entdecken. Dieses Feld hat die Geschichtswissenschaft bisher weitestgehend den Politikwissenschaften überlassen. Aber gerade das Beispiel des geistigen Eigentums hat gezeigt, dass internationale Organisationen zentrale Akteure sind, wenn man nach den Mechanismen und Institutionen fragt, mit denen und durch die staatliche und gesellschaftliche Akteure versuchten, Globalisierungsprozesse zumindest partiell zu steuern. Angesichts eines über eineinhalb Jahrhunderte andauernden und beinahe alle Bereiche des gesellschaftlichen Lebens betreffenden Phänomens eröffnet sich den Historikern mit den internationalen Organisationen ein großes Forschungsfeld. Aussichtsreich sind hier weniger Geschichten einzelner Institutionen, als vielmehr ihre Rolle bei der Ausformulierung, Einführung und Weiterentwicklung von Politikfeldern wie Menschenrechte, Umwelt oder Entwicklung, beim Setzen und Verteidigen von internationalen Normen und in Prozessen der Standardisierung in den Bereichen Recht, Technik und Kommunikation. Für globalhistorische Arbeiten oder für Beiträge zur Geschichte der Globalisierung können internationale Organisationen fruchtbare Ansatzpunkte bieten, wenn man sie als globale Koordinationspunkte begreift, an denen sich staatliche, gesellschaftliche und transnational agierende Akteure treffen, globale Regeln für spezifische Gegenstandsbereiche ausarbeiten, diese Regelwerke institutionalisieren und sie in den nationalen Raum tragen.

Die Ausführungen zum Völkerbund haben den Trend der letzten Jahre bestätigt, den Völkerbund als eine komplexe und vielschichtige Organisation zu begreifen, die im sozialen und kulturellen Bereich grundsätzlich zur internationalen Verständigung über globale, viele Staaten betreffende Probleme beitrug. Die Reduktion des Völkerbunds auf die Themen Abrüstung, Sicherheit, Streitschlichtung und Minderheitenschutz, wie es in der Forschung seit 1945 überwiegend geschehen ist, ignoriert einen wichtigen Teil seines Tätigkeitsfelds und seiner Wirkung mit der Konsequenz, dass teilweise sehr einseitige sowie vorschnell generalisierende Urteile abgegeben werden und die Tendenz dahin geht, das Wirken des Völkerbunds in der internationalen Politik eher zu disqualifizieren. Hier haben die Ausführungen zum geistigen Eigentum gezeigt, dass die OGZ des Völkerbunds ein komplexes und im hohen Maße innovatives Gebilde war, das in einer direkten Tradition zur Globalisierung geistiger Eigentumsrechte vor 1914 stand. Die OGZ verlieh diesem Verrechtlichungsprozess durch eine Reinstitutionalisierung in neuen Organisationsstrukturen eine inhaltliche Dynamik, die die Weichen für die zweite Hälfte des 20. Jahrhunderts stellte. Über Erfolg oder Misserfolg des Völkerbunds kann es also kein eindeutiges und für alle Teilbereiche gültiges Urteil geben. Vielmehr muss ein differenziertes, auf die Tätigkeitsbereiche zugeschnittenes Bild entworfen werden; und es ist sicherlich eine lohnende Aufgabe, die Arbeit der einzelnen Unterorganisationen und Kommissionen des Völkerbunds in einer langen Perspektive im Hinblick auf die Frage zu analysieren, welche Rolle sie bei der Formierung internationaler Politikfelder und Agenden gespielt haben.

In einer langen Perspektive ist die Geschichte der Globalisierung der Autorenrechte, wie sie in dieser Arbeit vorgeschlagen wurde, eine Geschichte der sukzessiven Ausweitung einer westlichen Eigentumsvorstellung. In souveränen Staaten wurde sie bis 1945 mithilfe internationaler Abkommen und der schrittweisen Implementierung der dazugehörigen Wertvorstellungen, in den Kolonien, Mandatsgebieten und Protektoraten über politische Abhängigkeiten eingeführt. Heute hat das geistige Eigentum mit dem TRIPS-Agreement eine Reichweite bekommen, die beinahe alle Staaten der Welt und alle Bereiche des geistigen Lebens in irgendeiner Form betrifft. In diesem Sinne steht die Geschichte des geistigen Eigentums im 20. Jahrhundert unter dem Stern eines sich entgrenzenden Eigentumsregimes, das neue künstlerische Bereiche teilweise rapide durchdrang, wie ein Blick auf die Musik offenbart, die in Folge des technischen und medialen Wandels (die Erfindung der Aufnahmetechnik und der Schallplatte) mit konkurrierenden Eigentumsansprüchen belegt wurde, die es national und international zu regeln galt.[5] Das wirft jedoch die grundsätzliche Frage auf, wie sich das in dieser Arbeit vorgeschlagene Narrativ, die globale Verrechtlichung des geistigen Eigentums in der ersten Hälfte des 20. Jahrhunderts als eine Geschichte der Kooperation zu lesen, in alternative und gegenläufige Interpretationen desselben Zeitraums einfügt. Zu nennen sind hier die These von der wirtschaftlichen De-Globalisierung nach 1914,[6] das Versagen des modernen Verfassungsstaats in der Zwischenkriegszeit[7] und die auf den Ersten und Zweiten Weltkrieg verweisende Rede vom „Katastrophenzeitalter".[8]

Sebastian Conrad und Andreas Eckert haben darauf hingewiesen, dass „eine Geschichte der Globalisierung […] keine lineare Erzählung von der immer größeren Verflechtung der Welt [ist]" und dass „grenzüberschreitende Austauschprozesse […] nicht nur zur Homogenisierung der Welt und zur Herstellung von Uniformität beitragen, sondern stets auch Fragmentierungen und neue Differenzen hervorgebracht [haben]".[9] In einer ähnlichen Weise argumentiert Ian Clark, dass eine zentrale Dynamik des 20. Jahrhunderts in der zustimmenden oder ablehnenden Haltung von Nationalstaaten liegt, Globalisierungsprozesse entweder durch gezielte Maßnahmen zu unterstützen oder aber sie zu boykottieren und damit Prozesse der Fragmentierung

5 *Siegrist*, Propertisierung; *Dommann*.

6 *Borchardt*; *Boyce*; *Spree*.

7 *Bernecker*, S. 379 ff; *Charle*, La crise; *Reinhard*, S. 467–479.

8 *Hobsbawm*, Das Zeitalter, S. 20; *Sheehan*.

9 *Conrad* u. *Eckert*, Globalgeschichte, S. 21.

einzuleiten.[10] In dieser Perspektive ist die Geschichte der Globalisierung geistiger Eigentumsrechte die Geschichte eines Teilsegments moderner Gesellschaften, die alternative historische Narrative über denselben Zeitraum nicht ablösen kann und will, sondern nur einen Aspekt hinzufügt und damit zu einer Pluralisierung von Geschichtsbildern im Zeichen einer Geschichte globaler Zusammenhänge beiträgt. Zudem ist die langfristige und globale Ausdehnung des geistigen Eigentums keine reine Erfolgsgeschichte, sondern von politischen, sozialen und wirtschaftlichen Konflikten gekennzeichnet, die innerhalb und außerhalb dieser Eigentumsordnung auftraten. Der Erste Weltkrieg und die Beschäftigung mit der Zwischenkriegszeit haben gezeigt, dass zwischen den Staaten der Berner Union ein hoher Grad an Konsens herrschte und 1918 zumindest für das geistige Eigentum keinen Bruch bedeutet, sondern vielmehr die nahtlose Fortsetzung einer zuvor schon stabilen, gemeinsamen Interessenpolitik. Die Konfliktlinie verlief dagegen vorrangig zwischen den Unionsstaaten und den Nicht-Unionsstaaten, wie die Auseinandersetzungen um das Fernbleiben der USA von der Berner Konvention und die zähen Versuche der OGZ offenbarten, einen globalen Mindeststandard für den Schutz von Autorenrechten einzuführen. Die Konflikte zwischen protektionistischen und liberalen Positionen sowie zwischen den Staaten, die mit kulturellen Gütern handeln und den Staaten, deren öffentliche Bildung stark vom Import dieser Güter abhängig ist, prägen das geistige Eigentums seit dem Ende des 19. Jahrhunderts und kennzeichnen auch die Diskussionen um das Für und Wider eines globalen Rechts in der zweiten Hälfte des 20. Jahrhunderts. In diesem Sinne kann man die Globalisierung geistiger Eigentumsrechte in einer langen Perspektive und auf einer allgemeinen Ebene durchaus als einen Prozess der Ausweitung und globalen Standardisierung von Urheberrechtsnormen beschreiben. Aber der genaue Blick fördert ein großes Konfliktpotential zu Tage, das, wie die inhaltlichen Analysen der Berner Konvention und der Entwürfe für die Weltkonvention gezeigt haben, oftmals in einer Stagnation auf der Ebene der Rechtsinhalte und der massiven Reduktion von Erwartungshaltungen zu Gunsten von Minimalkompromissen resultierte.

Das geistige Eigentum blieb jedoch nicht von den großen politischen Konflikten unberührt. Auch wenn der Erste Weltkrieg keinen Einschnitt markierte, folgte dieser definitiv mit dem Zweiten Weltkrieg. Neben der offensichtlichen Konsequenz, dass der Kriegsbeginn die für Anfang 1940 geplante Verabschiedung der Weltkonvention verhinderte, standen die UNESCO sowie die Berner Unionsstaaten nach 1945 vor veränderten politischen Rahmenbedingungen, die sich direkt in den Rechtsinhalten niederschlugen. Die inhaltlichen Differenzen zwischen Berner Union, Völkerbund und Panamerikanischer Union in den dreißiger Jahren deuteten bereits den großen Konflikt an, der mit dem Welturheberrechtsabkommen in voller Tragweite durchbrach und der die politischen Diskussionen um das geistige Eigentum

10 *Clark*, S. 16–33.

bis heute dominiert: Mit der Dekolonialisierung setzte der Konflikt zwischen Industrie- und Entwicklungsländern ein um Wissen, Informationen und Bildungsgüter als zentrale Ressourcen im globalen Wettbewerb. Das Welturheberrechtsabkommen stand mit dem Paragraphen, dass Entwicklungsländer Zwangslizenzen für Nachdruck oder Übersetzung für die Werke erlauben dürfen, die für die öffentliche Bildung wichtig sind, bereits eindeutig im Zeichen dieses Konflikts. Der heftige Streit um das Entwicklungsländerprotokoll, das auf der Revisionskonferenz der Berner Konvention 1967 in Stockholm verabschiedet wurde, verschärfte diesen Konflikt, und der im selben Jahr verabschiedete Gründungsvertrag der WIPO bedeutete seine Institutionalisierung in Form einer internationalen Organisation, deren Aufgabe bis heute im permanenten Austarieren genau dieser widerstreitenden Interessen besteht.[11]

Mit der nach 1945 grundsätzlich veränderten Konstellation der Akteure, Interessen und der Schärfe der Konflikte stellt sich die Frage nach der Rolle und Bedeutung der für das geistige Eigentum zuständigen internationalen Organisationen. Behielten sie diesen relativ großen Handlungsspielraum, den die OGZ besaß, oder bedeutete die Gründung der Vereinten Nationen und die damit einhergehende explizite Trennung zwischen IGOs und NGOs einen Bruch, der die gouvernementalen Interessen stärkte, die Selbständigkeit der UNESCO und der WIPO im Vergleich zur OGZ reduzierte und den nichtstaatlichen Akteuren einen nebengeordneten Platz in der Weltorganisation anwies? Beim Übergang von der OGZ zur UNESCO wurde die formale Kontinuität zwischen beiden Organisationen betont, die Ausarbeitung internationaler Urheberrechtsabkommen in Expertenkomitees zu verlagern, die den größten Teil der Vorarbeiten leisteten. Diese Aussage bezieht sich allerdings auf eine kurz gewählte Periode, nämlich von 1945 bis 1952. Martha Finnemore hat jedoch anhand der Wissenschaftspolitik der UNESCO gezeigt, dass diese frühe Offenheit der Organisation gegenüber sachbezogenen Argumenten und der daraus resultierenden Bereitschaft, Experten und NGOs eine wichtige Funktion innerhalb der Organisation einzuräumen, Mitte der fünfziger Jahre endete. Während die ersten Jahre von dem Ziel geprägt waren, „to serve science and scientists rather than states",[12] setzte in den fünfziger Jahren ein von den USA initiierter Wechsel zu einer stärker gouvernemental geprägten Politik ein. Danach standen in der Wissenschaftspolitik die Interessen der Nationalstaaten auf Kosten der programmatischen Selbständigkeit der UNESCO und der Konsultation von Experten und NGOs im Vordergrund.[13] Ob eine vergleichbare Entwicklung auch im Bereich des geistigen Eigentums stattfand, ist eine offene und wichtige Frage für weitere Forschungen.

11 Zu aktuellen rechtspolitischen Streitpunkten und Entwicklungen innerhalb der WIPO: *May*; *Shadlen.*

12 *Finnemore,* International Organization, S. 577.

13 *Ebd.*

Inwieweit ist die hier vorgelegte Geschichte der globalen Ausdehnung des geistigen Eigentums vergleichbar mit anderen Politikfeldern wie Kommunikation, Transport, Gesundheit, Umwelt oder soziale Rechte, und inwieweit repräsentiert sie keinen Einzelfall, sondern ein allgemeines Phänomen innerhalb der Geschichte der Globalisierung? Um diese Frage hinreichend zu beantworten, sind Vergleichsstudien nötig, die die Rolle internationaler Organisationen bei der Bildung globaler Netzwerke für andere Themenbereiche untersuchen. Erst dann ist ein komparativer und stärker abstrahierender Zugriff möglich, der es über die Beschreibung einer Vielzahl transnationaler Netzwerke und der Ausbildung unterschiedlicher Modelle von *global governance* erlaubt, die politische, soziale, wirtschaftliche und kulturelle Bedeutung dieser Vorgänge im 20. Jahrhundert zu bemessen. Eine Besonderheit der Autorenrechte und des geistigen Eigentums liegt sicherlich in der Eigenart der Schutzgegenstände, die in letzter Instanz nämlich nicht kontrollierbar sind, weil ein einziges Buchexemplar ausreicht, um es in einem anderen Land oder in einer anderen Weltregion in großen Auflagen nachzudrucken. Diese Besonderheit kultureller Güter ist einer der zentralen Gründe für die hohe Zustimmungsrate zwischen den von Nachdruck betroffenen Staaten. Politisch sensible Themen wie beispielsweise Menschenrechte sind dagegen einer viel stärkeren Blockadepolitik unterworfen und dementsprechend verkomplizieren sich auch die Bildung globaler Netzwerke und die Implementierung universaler Rechtsnormen. In jeden Fall kann man aber für eine Pluralisierung globaler Meistererzählungen plädieren: Konfliktbereitschaft war in der ersten Hälfte des 20. Jahrhunderts eine globale Größe, die aber neben Kooperation existieren konnte, sobald raumübergreifende Interaktionen im kulturellen, sozialen und wirtschaftlichen Bereich alltäglich waren und nicht mehr rückgängig gemacht werden konnten – so wie bei kulturellen Gütern.

Anhang

Anhang 1: Internationale Buchproduktion im Vergleich 1890 – 1950

a) Buchproduktion in Europa, USA, Russland und Japan im internationalen Vergleich[1]

	Deutschland[a]	Frankreich[b]	GB[c]	Italien[d]	Spanien[e]	Japan[f]	Russland	USA
1890	18.875	11.414	5.735	10.339	–	–	14.849	4.559
1895	23.607	12.495	6.516	9.437	–	24.150	17.895[g]	5.469
1900	24.792	13.362[h]	7.149	9.975[i]	1.458[j]	18.100	10.318[k]	6.356
1905	28.886	12.416	8.252	1.206[l]	1.978[m]	36.046	9.607[n]	8.112
1910	31.281	12.615	10.804	6.422	2.507	41.620	29.057	13.470
1913	35.078	11.460	12.379	11.100	2.463	44.566	–	12.230
1915	23.558	4.274	10.665	11.431	1.585	49.180	–	9.734
1918	14.743	4.484	7.716	5.401	1.301	36.903	7.522[o]	9.237
1920	32.345	6.315	11.004	6.230	1.577	9.848[p]	3.326[q]	8.422
1925	37.721	15.054	13.202	5.804	3.031	18.029	42.735	9.574
1930	34.264	9.176	15.393	11.949	2.478	22.476	34.195	10.027
1935	23.212	16.201	16.100	11.502	3.251	39.050	32.061	8.766
1940	20.706	9.935	10.732	10.293	2.587	–	–	11.328
1945	–[r]	7.291	6.747	4.191	4.263	–	–	6.548

1 Diese vergleichende Statistik der nationalen Buchproduktionen von 1890 – 1950 basiert auf den statistischen Jahresübersichten, die das Berner Büro in seiner Zeitschrift *Le Droit d'Auteur* zwischen 1888 und 1953 regelmäßig veröffentlichte: Le Droit d'Auteur. Organe mensuel du bureau international de l'union pour la protection des œuvres littéraires et artistiques, Statistique intellectuelle, Berne 1890 – 1953. Um die Auswirkungen des Ersten Weltkriegs auf die weltweite Buchproduktion herauszuarbeiten, wurden die in Fünf-Jahresschritten erhobenen Daten um die Jahre 1913 und 1918 ergänzt.

(Fortsetzung)

	Deutschland[a]	Frankreich[b]	GB[c]	Italien[d]	Spanien[e]	Japan[f]	Russland	USA
1950	22.338[s] / 14.049[t]	11.489	17.072	–	–	–	–	11.022

a Die Angaben für Deutschland lieferte der *Börsenverein des Deutschen Buchhandels*, der größte deutsche Berufsverband der Verleger und Buchhändler. Die Angaben schließen Neuauflagen und Übersetzungen ein, nicht jedoch Zeitschriften und Musikalien, die der Börsenverein in einer separaten Statistik führte.

b Die Angaben für die französische Buchproduktion stützen sich auf die *Bibliographie de la France*, die der französische Berufsverband *Cercle de la Librairie* auf der Grundlage der Publikationen herausgab, die die französischen Verlage jährlich in der *Bibliothèque Nationale* ablieferten. Da Musikalien separat erfasst wurden, weisen die vorliegenden Zahlen ausschließlich die Buchproduktion einschließlich Neuerscheinungen und Periodika aus.

c Für Großbritannien schickte die *Publisher's Association of Great Britain and Ireland* Statistiken über die jährliche Buchproduktion nach Bern. Diese Zahlen beinhalteten auch die jährlich erscheinenden Zeitschriften.

d Die Zahlen über die italienische Buchproduktion schließen Neuauflagen und Musikalien ein.

e Für Spanien sind statistische Angaben über die jährliche Buchproduktion erst ab der Jahrhundertwende verfügbar. Dem ging ein königliches Dekret voraus, das im Dezember 1896 alle spanischen Verlage verpflichtete, monatlich ein Exemplar jeder Publikation aus ihrem Betrieb (eingeschlossen Broschüren, Lithographien, Karten, Briefmarken) an die Nationalbibliothek zu liefern. Für die Zeit vor 1897 schätzte die Redaktion des *Le Droit d'Auteur* die durchschnittliche Buchproduktion in Spanien auf 1.176 Exemplare pro Jahr: Le Droit d'Auteur, Jg. 16, 1903, S. 126.

f Die Statistiken über die japanische Buchproduktion erhielt das Berner Büro vom japanischen Innenministerium. Neben Büchern, Kaligraphien, Malereien und Musikalien enthielt die Statistik die Kategorie „Diverses", die in den meisten Jahresübersichten ein knappes Viertel ausmachte, ohne dass ihre Zusammensetzung jedoch erläutert worden wäre.

g Die Buchstatistiken für 1890 und 1895 erstellte die *Bibliothèque impériale* in St. Petersburg, bei der seit 1810 je zwei Exemplare jeder in Russland veröffentlichten Publikation abgegeben werden mussten. Den offiziellen russischen Angaben stellte die Redaktion des *Le Droit d'Auteur* eine Statistik aus dem *Messager d'histoire* entgegen. Diese Zeitschrift zeichnete ein ganz anderes Bild des russischen Verlagswesens (10.823 Publikationen für 1890 und 11.548 Publikationen für 1895), das die Redaktion allerdings als weniger glaubwürdig einschätzte als die offiziellen Angaben: Le Droit d'Auteur, Jg. 14, 1901, S. 119.

h Die Zahl entspricht den Angaben der *Bibliographie de la France*, die auf Grundlage der in der *Bibliothèque Nationale* jährlich eingegangenen Druckerzeugnisse erstellt wurde. Die Statistik des französischen Berufsverbands *Le Cercle de la Librairie* verzeichnete für 1900 dagegen einen Rückgang der Publikationen auf 10.004: Le Droit d'Auteur, Jg. 14, 1901, S. 116.

i Mit Beginn des Jahres 1901 wurde die *Bibliografia Italiana* nicht mehr von der italienischen Regierung, sondern vom nationalen Buchhändlerverband *Associazione tipografico-libraria italiana* veröffentlicht. Die Redaktion des *Le Droit d'Auteur* erwartete von da an eine ausführlichere Liste, die auch Broschüren und Publikationen listete, die nicht für den Buchmarkt bestimmt waren: Le Droit d'Auteur, Jg. 14, 1901, S. 117.

j Angabe für 1901.

k Angabe für 1901. Die Redaktion des *Le Droit d'Auteur* führte eine grundsätzliche Beschwerde über die statistischen Angaben aus Russland, weil sie je nach Quelle stark voneinander abwichen und kein einheitliches Bild der russischen Buchproduktion lieferten: „Les renseignements statistiques concernant la production littéraire de ce vaste Empire sont des plus inégaux et incomplets; nous avons été vivement frappés de ce fait en inscrivant sur un tableau toutes les informations fournies jusqu'ici par notre organe d'après les sources russes; un seul exemple suffira, à coté des chiffres différents indiqués déjà pour les années 1890 à 1895. Ainsi, en 1891 auraient paru en Russie, selon une source, 4.358 ouvrages, selon une autre, 6.588 (ouvrages russes), selon une troisième, 11.236, selon une quatrième, 11.518 [...]. Les divergences proviennent du fait que tantôt on ne compte que les seules œuvres en langues russes, tantôt seuls les ouvrages complets, tantôt tous les volumes sans distinction; ce qui a lieu d'étonner, c'est la précision des chiffres fournis." Vgl. Le Droit d'Auteur, Jg. 16, 1903, S. 138.

l Diese Zahl umfasst nur die Bücher, die formal registriert wurden, um Urheberschutz zu erhalten. Die Redaktion ging jedoch davon aus, dass zwischen der tatsächlichen Buchproduktion und der Zahl registrierter Bücher eine erhebliche Kluft herrschte. Das Fehlen einer Gesamtstatistik der italienischen Buchproduktion führte die Redaktion auf grundsätzliche Organisationsprobleme des italienischen Buchhandels zurück: Le Droit d'Auteur, Jg. 19, 1906, S. 156. Ab 1906 kam die Datenübermittlung an das Berner Büro wieder in Gang und für 1906 wurden 6.822 Publikationen (davon 446 Neuauflagen) gemeldet.

m Nachdem die *Bibliografía Española* (B.E.) 1912 erstmals Zahlen über die Buchproduktion von 1911 veröffentlichte, folgte 1913 eine Statistik über die Buchproduktion zwischen 1903 und 1912, die von der Redaktion des *Le Droit d'Auteur* kommentiert und veröffentlicht wurde, und aus der die vorliegenden Zahlen stammen. Die Statistik berücksichtigte nur die Publikationen, die im kontinentalen Spanien erschienen: Le Droit d'Auteur, Jg. 26, 1913, S. 169. Die Redaktion des *Le Droit d'Auteur* veröffentlichte 1918 eine vergleichende Statistik, die die Angaben der B.E. den Angaben der spanischen Nationalbibliothek gegenüberstellte, die zwischen 1910 und 1918 im Vergleich zur B.E. die siebenfache Menge an Jahrespublikationen verzeichnete: Für 1910 listete die B.E. 2.507 Publikationen gegenüber 7.087 der Nationalbibliothek; 1915 nannte die B.E. 1.585 gegenüber 9.042 Publikationen der Nationalbibliothek; 1918 waren es 1.301 Druckerzeugnisse der B.E. und 7.677 der Bibliothek und 1920 führte die B.E. 1.577 und die Nationalbibliothek 6.288 Publikationen auf. Diese weitaus größere Zahl an Publikationen der Nationalbibliothek lag im Sammelauftrag der Nationalbibliothek begründet, die alle Druckerzeugnisse und damit auch Karten, Briefmarken und Broschüren sammelte. Besonders die Broschüren gingen zwar nicht in den freien Verkauf, waren aber genauso umfangreich wie die Buchpublikationen und erklären so die deutlich umfangreicheren Angaben der Nationalbibliothek. Da die spanische Buchproduktion nur für diesen kurzen Zeitraum doppelt ausgewiesen wurde und für unsere Zwecke nur die zum Verkauf produzierten Bücher relevant sind, sind die Angaben der B.E. in die Statistik eingeflossen: Le Droit d'Auteur, Jg. 31, 1918, S. 138.

n Angabe für 1907.

o Nach 1917 erhielt die Redaktion des *Le Droit d'Auteur* keine amtlichen Daten mehr aus Russland, bis 1922 erstmals wieder Zahlen über die sowjetische Buchproduktion kamen. Diese Statistik veröffentlichte das niederländische Buchhändlerblatt *Nieuwsblad voor den*

Boekhandel für den Zeitraum von 1916 bis 1920, der die Angabe für 1918 entspringt: Le Droit d'Auteur, Jg. 35, 1922, S. 151.

p Über den massiven Einbruch der japanischen Buchproduktion im Zuge der Wirtschaftskrise Anfang der zwanziger Jahre wunderte sich auch die Redaktion des *Le Droit d'Auteur:* Le Droit d'Auteur, Jg. 36, 1923, S. 142.

q 1926 veröffentlichten das *Börsenblatt des Deutschen Buchhandels* und das US-amerikanische Fachblatt *The Publisher's Weekly* sehr nahe beieinander liegende Zahlen über die sowjetische Buchproduktion zwischen 1918 und 1926. Die Angabe für 1920 entspricht der US-amerikanischen Zählung. Ab 1928 kamen die Statistiken über die sowjetische Buchproduktion erstmals wieder direkt aus der UdSSR, übermittelt von der bibliographischen Zentralstelle *Chambre centrale du livre d'État* in Moskau, die bis 1935 regelmäßig Daten nach Bern sandte. Periodika wurden separat geführt und sind in den vorliegenden Zahlen nicht eingeschlossen.

r Im Dezember 1945 gab das Berner Büro an, die letzten detaillierten Angaben über die deutsche Buchproduktion für das Jahr 1938 veröffentlicht zu haben. Nach 1939 sei jeder Kontakt mit dem *Börsenverein* abgebrochen. Im Dezember 1945 vermeldete die Redaktion, dass es über die ersten Monate nach Kriegsende keine verlässlichen Angaben über die langsam wieder erstarkende Buchproduktion in den alliierten Besatzungszonen gebe: Le Droit d'Auteur, Jg. 58, 1945, S. 133 f.

s Diese Zahl stellte der *Börsenverein* dem Berner Büro auf Grundlage der in der Deutschen Bibliothek in Frankfurt am Main gesammelten Exemplare zur Verfügung. In die Angaben flossen auch Publikationen ein, die auf DDR-Territorium hergestellt wurden, sofern sie den Weg nach Frankfurt fanden. Ihr Anteil wurde jedoch nicht ausgewiesen: Le Droit d'Auteur, Jg. 64, 1951, S. 134.

t Die zweite Zahl weist die Buchproduktion in der BRD für 1951 aus, die das Berner Büro auf Grundlage der Publikation des Börsenvereins von 1951 „Buch und Buchhandel in Zahlen" veröffentlichte. Dabei merkte die Redaktion an, dass die Statistik des Börsenvereins von 1951 erstmals einen Überblick der Buchproduktion von 1945 bis 1950 lieferte, die allerdings erheblich von den ein Jahr zuvor im *Le Droit d'Auteur* über denselben Zeitraum veröffentlichten Angaben abwich. Da Redaktion und Börsenverein jedoch die Angaben des Börsenvereins als verlässlicher einschätzten, sind in der vergleichenden Übersicht die Angaben des *Börsenvereins* von 1951 verarbeitet: Le Droit d'Auteur, Jg. 65, 1952, S. 141.

b) Buchproduktion in Lateinamerika im internationalen Vergleich 1900–1934[2]

	Argentinien	Brasilien	Chile	Kolumbien	Kuba	Mexiko[a]	Peru	Uruguay[b]
1900	–	–	–	–	–	–	–	107

2 Le Droit d'Auteur. Organe mensuel du bureau international de l'union pour la protection des œuvres littéraires et artistiques, Statistique intellectuelle, Berne 1900–1935. Diese Angaben enthalten Bücher, Broschüren und teilweise auch Flugblätter, die allerdings nicht einzeln aufgeschlüsselt sind, genauso wenig wie die Verteilung von Übersetzungen, Neuauflagen und Erstveröffentlichungen.

(Fortsetzung)

	Argentinien	Brasilien	Chile	Kolumbien	Kuba	Mexiko[a]	Peru	Uruguay[b]
1902	–	–	–	–	–	–	–	107
1903	–	–	–	–	–	–	–	81
1904	–	–	–	–	–	–	–	54
1905	–	–	–	–	–	–	–	176
1906	–	–	–	–	–	–	–	240
1908	–	–	–	–	–	–	–	209
1909	472[c]	–	–	–	–	–	–	213
1910	–	–	–	–	40[d]	–	–	231
1913	–	–	–	–	–	–	–	184
1914	–	–	–	–	–	–	–	197
1915	–	–	–	–	–	–	–	205
1916	–	–	–	–	–	–	–	305
1917	–	–	–	–	–	–	–	328
1918	–	–	–	–	–	–	458[e]	319
1919	–	–	–	–	–	–	413	355
1920	–	–	174[f]	–	–	–	–	351
1921	–	–	–	–	–	299	–	383
1922	–	–	–	–	–	–	–	379
1923	–	–	–	–	–	–	–	376
1924	–	–	–	–	–	–	–	368
1925	–	–	1.702[g]	–	–	–	–	383
1926	–	–	–	–	338	–	–	350
1927	–	–	–	–	–	–	–	384
1928	957[h]	–	–	–	997	–	–	451
1929	683	1.292	–	–	1.120	–	–	–
1930	749	–	–	–	–	–	–	–

(Fortsetzung)

	Argentinien	Brasilien	Chile	Kolumbien	Kuba	Mexiko[a]	Peru	Uruguay[b]
1931	809	–	–	–	–	–	–	461
1932	1.258	–	–	114[i]	–	–	–	418
1933	1.762	–	–	530[j]	–	–	–	423
1934	–	–	–	695[k]	–	–	–	–

a 1931 schätzte *Le Droit d'Auteur*, dass in Mexiko jährlich um die 500 Bücher erschienen: Le Droit d'Auteur, Jg. 44, 1931, S. 11.

b Diese Zahlen, die auf dem statistischen Jahrbuch Uruguays beruhen, beinhalten alle Arten von Publikationen einschließlich Musikalien.

c Von den 472 Publikationen sind 412 auf Spanisch.

d Die Zahl nennt die Bücher, für die Urheberschutz angemeldet wurde, wodurch sie dreizehn Bücher einschließt, die nicht in Kuba veröffentlicht, sondern dort nur vertrieben wurden. Die Bücher der Folgejahre stammten den Angaben der Redaktion zufolge alle aus der Feder kubanischer Autoren.

e Den Zahlen für 1918 und 1919 liegen die Bücher zugrunde, die in der peruanischen Nationalbibliothek hinterlegt wurden.

f Die Angabe lieferte die chilenische Nationalbibliothek.

g Davon 31 Übersetzungen, 43 nicht spanischsprachige Bücher und 38 Musikalien.

h Die Angaben beruhen auf den in der argentinischen Nationalbibliothek laut *dépot légal* abgelieferten Exemplaren.

i Davon 50 Bücher.

j Davon 97 Bücher.

k Davon 225 Bücher.

Anhang 2: Die Mitglieder der Kommission für geistige Zusammenarbeit des Völkerbunds 1922 – 1939[3]

Name	Land	Mitgliedszeit
D.N. Banerjee	Indien	1922 – 1924
Henri Bergson	Frankreich	1922 – 1925
Kristine Bonnevie	Norwegen	1922 – 1931

3 Die Reihenfolge der Kommissionsmitglieder folgt dem Datum der Nominierung durch den Rat des Völkerbunds: Annuaire de la Société des Nations 1927 – 1938. Troisième partie. Historique des événements principaux. K: Coopération intellectuelle, Genève 1927 – 1938; *Pham-Thi-Tu*, S. 258 ff.

(Fortsetzung)

Name	Land	Mitgliedszeit
Aloysio de Castro	Brasilien	1922 – 1931
Marie Curie-Sklodowska	Polen	1922 – 1934
Jules Destrée	Belgien	1922 – 1936
Albert Einstein	Deutschland	1922 – 1923, 1924 – 1932
George E. Hale	USA	1922 – 1922
Gilbert A. Murray	Großbritannien	1922 – 1939
Gonzague de Reynold	Schweiz	1922 – 1939
Francesco Ruffini	Italien	1922 – 1925
Leonardo de Torres Quevedo	Spanien	1922 – 1926
Robert A. Milikan	USA	1922 – 1931
Hendrik A. Lorentz	Niederlande	1923 – 1928
Sir Jagadis C. Bose	Indien	1924 – 1931
Léopoldo Lugones	Argentinien	1924 – 1928
Paul Painlevé	Frankreich	1925 – 1933
Alfredo Rocco	Italien	1925 – 1935
Julio Casarès	Spanien	1926 – 1931
Aikitu Tanakadate	Japan	1926 – 1934
Josef Susta	Tschechoslowakei	1928 – 1939
Mariano H. Cornejo	Peru	1929 – 1931
Wu Shi Fee	China	1930 – 1939
Nicolas Titulesco	Rumänien	1930 – 1939
Gösta S. Forsell	Schweden	1931 – 1936
Sir Sarvapalli Radhakrisnan	Indien	1931 – 1939
Sanin Cano	Kolumbien	1931 – 1936

(Fortsetzung)

Name	Land	Mitgliedszeit
José Castillejo	Spanien	1931 – 1939
Heinrich von Srbik	Österreich	1931 – 1936
Bernhard C.J. Loder	Niederlande	1932 – 1935
James T. Shotwell	USA	1932 – 1939
Hugo A. Krüss	Deutschland	1932 – 1933
M. Anesaki	Japan	1934 – 1939
Julio Dantas	Portugal	1934 – 1939
Edouard Herriot	Frankreich	1934 – 1939
Johann Huizinga	Niederlande	1935 – 1939
Czeslaw Bialobrzeski	Polen	1935 – 1939
Valeryan Obolenski-Ossinky	Sowjetunion	1935 – 1939
Cécile de Tormay	Ungarn	1935 – 1937
Comte Ferdinand Degenfeld-Schönburg	Österreich	1936 – 1937
Francisco Garciá Calderón	Peru	1936 – 1939
Niels E. Norlund	Dänemark	1936 – 1939
Balbino Giuliano	Italien	1936 – 1937
Paul Teleki	Ungarn	1937 – 1939
Ellen Gleditsch	Norwegen	1939
Martin Primanis	Lettland	1939
Abdul Qadir	Indien	1939
Miguel Ozorio de Almeida	Brasilien	1939
Victoria Ocampo	Argentinien	1939
Taha Hussein	Ägypten	1939

Abkürzungen

AGB	Archiv für Geschichte des Buchwesens
AHR	American Historical Review
AIIL	American Institut of International Law
ALAI	Association littéraire et artistique internationale
ArchDip	Les Archives Diplomatiques Paris/ Nantes
ArchNat	Archives Nationales Paris
BAR	Schweizer Bundesarchiv
BArch	Bundesarchiv Berlin
GG	Geschichte und Gesellschaft
GRUR	Gewerblicher Rechtsschutz und Urheberrecht
HZ	Historische Zeitschrift
IGO	International Governmental Organization
IAO	Internationale Arbeitsorganisation (International Labour Organisation)
FISAC	Inter-American Federation of Authors' and Composers' Societies
NGO	Non-Governmental Organization
OGZ	Organisation für geistige Zusammenarbeit des Völkerbunds (Organisation Internationale de Coopération Intelllectuelle)
pma	post mortem auctoris
PolArch	Politisches Archiv des Auswärtigen Amtes Berlin
StAL	Sächsisches Staatsarchiv Leipzig
TRIPS-Agreement	Übereinkommen über handelsbezogene Aspekte der Rechte des geistigen Eigentums
UFITA	Archiv für Urheber- und Medienrecht
UNESCO	Organisation der Vereinten Nationen für Erziehung, Wissenschaft und Kultur
Unesco IICI	UNESCO Archives of the International Institute of Intellectual Cooperation
UNO	Vereinte Nationen (United Nations Organization)
UNOG LoN	United Nations Organization Geneva, League of Nations Archives
WIPO	World Intellectual Property Organization
WTO	World Trade Organization
ZfG	Zeitschrift für Geschichtswissenschaft
ZUM	Zeitschrift für Urheber- und Medienrecht

Quellen- und Literaturverzeichnis

1. Ungedruckte Quellen

Bundesarchiv Berlin

Vorläufiger Reichswirtschaftsrat
R 401/53976-477: Stellung Deutschlands zur internationalen Übereinkunft zum Schutz von Werken der Literatur und Kunst (1926-1932)
Reichsjustizministerium
R 3001/6360-6364: Urheberrecht (1913-1934) - R 3001/6388-91: Verlängerung der Schutzfrist (1924-1934) - R 3001/6406: Internationale Vereinbarungen (1912-1931) - R 3001/6415-16: Berner Büro. Geschäftsberichte und Kosten des Büros des internationalen literarischen Verbandes zu Bern (1889-1934) - R 3001/6417: Die Kosten für das DR an das in Bern errichtete internationale Büro (1921-1924) - R 3001/6420-6424: Internationale Urheberrechtskonferenz in Rom (1925-1934) - R 3001/6425-26: Sitzungsberichte des Urheberrechtsausschusses zur Vorbereitung von Rom 1928, 2 Bde. (Oktober 1926- April 1928) - R 3001/6427-28: Kongresse für Urheberrechtsschutz, ALAI (1925-1934) - R 3001/6429: Internationale Urheberrechtskonferenz in Brüssel (1933-1934)

Politisches Archiv des Auswärtigen Amtes Berlin

R 43733: Versuch der Verlängerung der Schutzfrist nach dem Ersten Weltkrieg - R 43734-35: Die revidierte Berner Übereinkunft zum Schutze von Werken der Literatur und Kunst vom 13.11.1908 und das Zusatzprotokoll vom 20.3.1914 zu dieser Übereinkunft - R 43736-42: Vorbereitung der Revisionskonferenz und Schutzfristenfrage (1925-1928) - R 43743-45: Die in Rom am 2.6.1928 revidierte Berner Übereinkunft zum Schutze von Werken der Literatur und Kunst - R 43746-48: Die in Brüssel ... revidierte Berner Übereinkunft zum Schutze von Werken der Literatur und Kunst (1934-1939) - R 43749-50: Drucksachen zur Konferenz in Rom - R 43760: Das Büro des internationalen Verbandes zum Schutz von Werken der Literatur und Kunst (1920-1943) - R 43761: Deutscher Beitritt zur Übereinkunft von Montevideo (1923-1933) - R 43762: Interamerikanische Konventionen (1933-1939) - R 43763: Der Friedensvertrag von Versailles im Hinblick auf den Schutz des Urheberrechts (1920-1937) - R 43876: Rechtsangleichung mit Österreich auf dem Gebiete des Urheberrechts - R 43879: Maßnahmen auf dem Gebiet des Urheberrechts im Krieg (1939) - R 43880-81: Association littéraire et artistique internationale, 1920 – 1937 – R 43882 – 83: Völkerbundinstitut für geistige Zusammenarbeit (1923 – 1929)

Les archives diplomatiques Paris

Société des Nations/IN/Coopération intellectuelle

1848: Commission de coopération intellectuelle (1928 – 1929) – 1859: Institut international de coopération intellectuelle, dossier général (1930 – 1939) – 1878: Sous-commission des droits intellectuels (1930), droit d'auteur universel (1929 – 1936) – 1879: Propriété littéraire et artistique (1930 – 1939) – Société des Nations/IV A à H/Bureaux internationaux. Questions internationales/2433: Documents SDN, notes, rapports concernant l'application de l'article 24 du pacte

Les archives diplomatiques Nantes

Ministère des Affaires Etrangères/Unions internationales

1er versement/C/119: Brésil-Législation-Convention littéraire, scientifique et artistique entre la France et le Brésil en 1913 – 1er versement/139: Propriété industrielle et littéraire après la guerre de 1918

2ème tranche/C/18: Protection du droit d'auteur en Amérique/Conférence de Montevideo du 3 décembre 1933; Prorogation de la durée des droits d'auteur pour une durée égale à celle de la guerre (1920); Protection de la propriété littéraire et artistique. Révision de la Convention de Berne – 2ème tranche/C/20: Conférence de Rome pour la révision de la conférence de Berne (1928 – 1933) – 2ème tranche/C/21: Conférences de Bruxelles (1936) pour la révision de la convention d'union de Berne et sur le projet du statut universel du droit d'auteur (1933 – 1944)

Archives nationales Paris

F/17/13491/6: Conventions internationales concernant la propriété intellectuelle (1855 – 1926)

Schweizerisches Bundesarchiv Bern

E22 Justizwesen

1000/1347/2354 – 2357: Reorganisation der Berner Büros und Organisationsreglement (1913 – 1914); Vorschlag der britischen Regierung betr. Unterstellung der internationalen Bureaux für gewerbliches, literarisches und künstlerisches Eigentum unter den Völkerbund – 1000/134/2361: Geschäftsberichte des Büros für literarisches und künstlerisches Eigentum (1902 – 1916) – 1000/134/2430: Abkommen zur Erhaltung oder Wiederherstellung durch den Weltkrieg geschädigter gewerblicher Eigentumsrechte vom 20. Juni 1920

E 4110 (A) Justiz- und Polizeiwesen

12/17/8: Gutachten an das Politische Departement: Bestrebungen des Völkerbundes zur Vereinheitlichung des Völkerrechts und des Privatrechts – 16/21: Verzeichnis der unter den Auspizien des Völkerbundes abgeschlossenen Verträge – 26/19 h: Internationales Institut für die Vereinheitlichung des Privatrechts in Rom (1929–1939)

La Société des Gens de Lettres de France

Registre des procès-verbaux du comité de la Société des Gens de Lettres

Propriété littéraire – Convention de Berne. Correspondance 1934–1936, 14/1935

Sächsisches Staatsarchiv Leipzig

Bestand des Börsenvereins des Deutschen Buchhandels I (21765)

87–91: Internationales Urheberrecht (1911–1933) – 135–49: Verlängerung der Schutzfrist für das deutsche Urheberrecht (1928–1932) – 199–200: Internationales Urheberrecht (1919–1925) – 249–51: Internationale Schiedsgerichte (1914–1933) – 294–96: Internationale Verlegerkongresse (1927–1932) – 312–13: Internationale Verlegerkongresse (1909–1926) – 317–18: Internationale Verlegerkongresse (1931–1933) – 530–31: Deutscher Verlegerverein (1914–1922) – 760: Auslandsbeziehungen – 787: Internationale Schiedsgerichte (1912–1934)

League of Nations Archive/ United Nations Office at Geneva

Proces-verbaux de la sous-commission de la propriété intellectuelle 1922–1930, CICI/PI/1ère à 10eme Ses/PV, Série 893

Rapports et résolutions de la sous-commission (1923–30), CICI/PI/1–28

C 1747 Princeton: Intellectual Co-operation (1940 ff) – R 1008: Relations Between Articles 23 and 24 of the Convention (1920) – R 1009: Liaison Between International Bureaux and the League Economic and Financial Committee (1921) – R 1009: Bureaux internationaux Berne (1921) – R 1025: Pan-American Union (1927) – R 1029–38: Committee on Intellectual Co-operation (1921) – R 1044–46: Intellectual Property and Rights (1922) – R 1063–64: National Committees on Intellectual Cooperation (1923) – R 1066: Preparation of a Convention on Copyright/ Conventions de Berne relative au droit d'auteur (1923) – R 1070–74: Institut international de coopération intellectuelle Paris (1924) – R 1075–76: Institut international pour l'unification du droit privé Rome (1924) – R 1083: Committee of Experts on International Literary Cooperation (1926) – R 1086: Author's Copyright (1927) – R 1229: Convention de Berne pour la protection des œuvres littéraires et artistiques (1920) – R 1250: Correspondance avec les bureaux internationaux réunis (1926) – R 2180: Bureau Berne littéraire/ Académie de droit internatonal La Haye (1928 – 1932) – R 2217: CICI. Intellectual Property, General (1928 – 1932) – R 2219: Committee on Intellectual Cooperation. Composition (1928 – 1936) – R 2200: Author's Copyright (1928 – 1932) – R 2206 – 7: Sub-Committee on Intellectual Rights (1928 – 1934) – R 2233: Pan-American Institute of Intellectual Cooperation (1928 – 1930) – R 2244 – 45: Reorganisation of the Work of the Committee and the IICI (1929 – 1932) – R 2250 – 51: CICI-Executive Committee (1930 – 1932) – R 3977 – 80: CICI General (1933 – 1937) – R 4001 – 4: CICI Sessions (1933 – 1945) – R 4004 – 6: Executive Committee Sessions (1933 – 1940) – R 4025 – 26: CICI personnel (1933 – 1945) – R 4031 – 32: Author's Copyright/ Rome Convention (1928 – 1934) – R 4034: CICI Composition (1934 – 1939); 7th Pan-American Conference, Montevideo (1933 – 1934) – R 4044: Liaisons Between the Intellectual Cooperation Organisation and Latin America (1936 – 1937) – R 4048: Continuation of Work on Intellectual Cooperation During the War (1942 – 1945)

UNESCO Archives Paris

Institut international de coopération intellectuelle

B Relations entre pays, associations et institutions internationales, instructions publiques, rapprochement international, études cinématographiques, statistiques intellectuelles

B.IV.13: Académie Internationale au Droit comparé (1925 – 1927) – B.IV.17: Confédération internationale des travailleurs intellectuels (1925 – 1938) – B.X.1: Statistique intellectuelle – Bureau de l'union internationale littéraire et artistique (1926 – 1930)

E Service Juridique

E.I.2: Correspondance avec les membres de la CICI et le secrétariat (1928 – 1940) – E.I.13: Relations avec les jurisconsultes allemands (1926 – 1939) – E.I.18: Relations avec les sociétés d'auteurs et compositeurs – E.VII.1: Relations avec le BIT (1934 – 1939) – E. VII.14: Contrat d'édition (1928 – 1938)

E.III Propriété intellectuelle en général

E. III.2: Bureaux internationaux de la propriété industrielle, littéraire et artistique Berne (1923 – 1940) – E. III.8: Action des pouvoirs publics français en matière de droits intellectuels (1927 – 1929) – E. III.9: Questions juridiques. Coordination des travaux des institutions s'occupant de droits intellectuels (1931 – 1939) – E. III.10: Maintien en vigueur des conventions d'union (1939 – 1940)

E.IV. Propriété littéraire et artistique

E.IV.2: Propriété littéraire et artistique. Correspondance générale (1925 – 1932) – E.IV.6: Association littéraire et artistique internationale (1932 – 1939) – E.IV.8: Durée du droit d'auteur – E.IV.9: Droit au respect (1926 – 1935) – E. IV.18: Domaine public payante (1927 – 1938) – E.IV.19: Droit de suite (1926 – 1939) –

E.IV.39: Droit d'auteur. Correspondance générale - E.IV.22: Conférence de Rome. Révision de la convention de Berne (1927-1928) - E.IV.28_1-2: Conventions internationales en matière de propriété littéraire et artistique. Unification mondiale du droit d'auteur (1928-1935) - E.IV.28_3-7: Statut universel du droit d'auteur. Collaboration avec l'union panaméricaine (1928-1939) - E.IV.32: Continuation des travaux relatifs à la conférence de Rome (1928-1935) - E. IV.35: Droit d'auteur. Traduction (1928-1938) - E. IV.37: Droit d'auteur Allemagne (1929-1932) - E.IV.38: Droit d'auteur. Correspondance générale - E.IV.43: Sanction internationale des conventions relatives au droit d'auteur (1931-1937) - E.IV.45_1-2: Conférence de Bruxelles pour la révision de la convention de Berne (1932-1937) - E. IV.51: Collaboration avec l'union interparlementaire (1938-1939) - E.IV.53_1-2: Matériel en vue d'élaboration d'une nouvelle convention pour la protection des œuvres littéraires et artistiques

F Questions littéraires et artistiques

F. IV.1: Droit d'auteur et traduction (1927-1931) - F. IV.11: Contrat d'édition - F.V.1: Généralités. Congrès et associations littéraires (1926-1932) - F.V.2: Enquête documentaire sur les associations littéraires (1928-1929) - F.V.4: Congrès des éditeurs (1928-1937) - F.V.6: Confédération internationale des sociétés d'auteurs et compositeurs (1930-1931)

Unesco: World Copyright Convention

Unesco, Bureau of General Services, Registry and Mail Division. Index of Inactive Correspondance Files, Series 1946/1956

347.78 A 55: Copyright Questionnaire. Part I up to 31/XII/48 - 347.78 A 102/064(44) „47": Universal Convention on Copyright. Expert Meeting Paris 1947 - 347.78 A 102/06(494) „52": Universal Copyright Convention. Intergovernmental Conference Geneva 1952, Part I up to 28 February 1952 - 347.78 A 102/06(494) „52": Universal Copyright Convention. Intergovernmental Conference Geneva 1952. Part II From I/III/1952 to 30/V/1952

Preparatory Commission. London Paris 1945/1946, Vol. IV Programme Committees

Unesco, Conférence générale, 1ère session Paris 1946/Commission administrative et financière/Documents

Unesco, Conférence générale, 2ème session, Mexico 1947/Groupes de travail/E: Droit d'auteur

2. Zeitschriften und periodische Publikationen

Annuaire de la Société des Nations

Association littéraire et artistique internationale. Congrès (1925 Paris, 1926 Varsovie, 1927 Lugano, 1928 Belgrade, 1929 Le Caire, 1930 Budapest, 1935 Montreux, 1937 Paris)

Bibliographie de la France. Journal général de l'imprimerie et de la librairie
Börsenblatt für den deutschen Buchhandel
Bulletin de l'Association littéraire et artistique internationale
Chronique de la Société des Gens de Lettres de France
Commission internationale de coopération intellectuelle: Sessions, procès-verbaux et rapports de la Commission internationale de coopération intellectuelle à l'Asssemblée et au Conseil (1922 – 1939)
Copyright Bulletin/ Bulletin du droit d'auteur (UNESCO)
Geistiges Eigentum, Copyright. La Propriété Intellectuelle. Internationale Zeitschrift für Theorie und Praxis des Urheberrechts und seiner Nebengebiete
Institut international de coopération intellectuelle: Rapport général du directeur à la Commission internationale de coopération intellectuelle et au conseil d'administration de l'institut (1930 – 1939)
Inter-Auteurs. Organe de la Confédération Internationale des Sociétés d'Auteurs et Compositeurs
L'Année de la coopération intellectuelle
La Coopération Intellectuelle. Revue mensuelle (Société des Nations/ Institut international de coopération intellectuelle)
Le Droit d'Auteur. Organe officiel du bureau de l'union internationale pour la protection des œuvres littéraires et artistiques
League of Nations. Official Journal/ Société des Nations. Journal officiel
League of Nations' Intellectual Co-operation Organisation. Information Bulletin

3. Literatur

Abelshauser, W., Umbruch und Persistenz. Das deutsche Produktionsregime in historischer Perspektive, in: GG, Jg. 27, 2001, S. 503 – 523.
Abrams, H.B., The Historic Foundation of American Copyright Law: Exploding the Myth of Common Law Copyright, in: Wayne Law Review, Jg. 29, 1983, S. 1119 – 1187.
Administration belge u. Institut international de coopération intellectuelle, Conférence diplomatique pour la préparation d'une convention universelle sur le droit d'auteur. Bd. 1: Documents préliminaires, Bruxelles 1938.
Ahvenainen, J., Telegraphs, Trade and Policy. The Role of the International Telegraphs in the Years 1870 – 1914, in: W. Fischer u. a. (Hg.), The Emergence of a World Economy, 1500 – 1914, Wiesbaden 1986, S. 508 – 518.
Albert, M. u. a., Introduction: The Communicative Construction of Transnational Political Spaces, in: dies. (Hg.), Transnational Political Spaces. Agents, Structures, Encounters, Frankfurt am Main 2009, S. 7 – 31.
Albert, M. u. R. Stichweh (Hg.), Weltstaat und Weltstaatlichkeit. Beobachtungen globaler politischer Strukturbildung, Wiesbaden 2007.
Aldcroft, D.H., The European Economy 1914 – 1990, London 1994.

Alvarez, A., Le panaméricanisme et la sixième conférence panaméricaine, tenue à la Havane en 1928, Paris 1928.
Alvarez, J.E., Legal Perspectives, in: T.G. Weiss u. S. Daws (Hg.), The Oxford Handbook on the United Nations, Oxford 2007, S. 58–81.
Ambrosius, G., Regulativer Wettbewerb und koordinative Standardisierung zwischen Staaten. Theoretische Annahmen und historische Beispiele, Stuttgart 2005.
–, Globalisierung und multilaterale Konvergenz nationaler Regulierung vor dem Ersten Weltkrieg, in: Jahrbuch für Wirtschaftsgeschichte, 2003, S. 99–120.
Andersen, U. (Hg.), Handwörterbuch Internationale Organisationen, Opladen 1985.
André, C., L'Organisation de la coopération intellectuelle, Rennes 1938.
Antuña, J., Comité d'experts pour l'étude d'un statut universel du droit d'auteur, organisé en commun par les Instituts de Rome et de Paris, 1ère réunion (Paris 1er et 2 avril 1936), in: Nouvelle Revue de Droit International Privé, Jg. 3, 1936, S. 424–441.
Archer, C., International Organizations, New York 2001.
Ariel, A. u. N.A. Berger, Plotting the Globe. Stories of Meridians, and the International Date Line, Westport 2006.
Armbruster, C., Film und Literatur in Lateinamerika, in: M. Kaller-Dietrich u. a. (Hg.), Lateinamerika im 19. und 20. Jahrhundert, Wien 2004, S. 209–223.
Armengaud, A., Die Bevölkerung Europas von 1700–1914, in: C.M. Cipolla (Hg.), Europäische Wirtschaftsgeschichte. Bd. 3: Die Industrielle Revolution, Stuttgart 1976, S. 11–46.
Arup, C., The New World Trade Organization Knowlwedge Agreement, Cambridge 2008.
Aufricht, H., Guide to the League of Nations Publications. A Bibliographical Survey of the Work of the League, 1920–1947, New York 1951.
Avant-projet de convention universelle pour la protection des droits d'auteur, établi par la commission interaméricaine créée par la conférence de Montevideo, in: Administration belge u. Institut international de coopération intellectuelle (Hg.), Conférence diplomatique pour la préparation d'une convention universelle sur le droit d'auteur. Bd. 1: Documents préliminaires, Bruxelles 1938, S. 41–47.
Avant-projet de convention universelle pour la protection du droit d'auteur, élaboré par le comité d'experts pour l'étude d'un statut universel du droit d'auteur, réuni à Paris les 1er, 2 et 25 avril 1936, in: Administration belge u. Institut international de coopération intellectuelle, Conférence diplomatique pour la préparation d'une convention universelle sur le droit d'auteur. Bd. 1: Documents préliminaires, Bruxelles 1938, S. 48–52.
Azevedo, P., L'Amérique et la Convention de Berne, in: Geistiges Eigentum. Copyright. La Propriété Intellectuelle. Internationale Zeitschrift für Theorie und Praxis des Urheberrechts und seiner Nebengebiete, Jg. 4, 1938, S. 4–15.
Bachleitner, N., Produktion, Tausch und Übersetzung im österreichischen Buchhandel im 19. Jahrhundert, in: F. Barbier (Hg.), Est-ouest. Transferts et réceptions dans le monde du livre en Europe (XVII-XX siècles), Leipzig 2005, S. 109–123.

Baer, G.W. (Hg.), International Organizations 1918–1945. A Guide to Research and Research Materials, Wilmington 1981.
Bandilla, K., Urheberrecht im Kaiserreich. Der Weg zum Gesetz betreffend das Urheberrecht an Werken der Literatur und Tonkunst vom 19. Juni 1901, Frankfurt am Main 2005.
Bappert, W., Wege zum Urheberrecht. Die geschichtliche Entwicklung des Urheberrechtsgedankens, Frankfurt am Main 1962.
Bappert, W. u. E. Wagner, Internationales Urheberrecht. Kommentar zur Revidierten Berner Übereinkunft (Brüsseler Text), zum Welturheberrechtsabkommen, zu den weiteren urheberrechtlichen Abkommen zwischen Deutschland und anderen Staaten sowie zum Gesetz Nr. 8 der Allliierten Hohen Kommission mit einer Übersicht über den Urheberschutz in den einzelnen Ländern der Erde, München 1956.
Barandon, P., Völkerbund, in: H.-J. Schlochauer (Hg.), Wörterbuch des Völkerrechts, Berlin 1962, S. 597–611.
–, Die Vereinten Nationen und der Völkerbund in ihrem rechtsgeschichtlichen Zusammenhang, Hamburg 1948.
Barbier, F. (Hg.), Est-ouest. Transferts et réceptions dans le monde du livre en Europe (XVIIe-XXe siècles), Leipzig 2005.
–, Histoire du livre, Paris 2000.
–, L'industrialisation des techniques, in: R. Chartier u. H.-J. Martin (Hg.), Histoire de l'édition française. Bd. 3: Le temps des éditeurs. Du romantisme à la belle époque, Paris 1985, S. 56–60.
–, Une production mutipliée, in: R. Chartier u. H.-J.Martin (Hg.), Histoire de l'édition française. Bd. 3: Le temps des éditeurs. Du romantisme à la belle époque, Paris 1985, S. 102–124.
–, Les marchés étrangers de la librairie française, in: R. Chartier u. H.-J.Martin (Hg.), Histoire de l'édition française. Bd. 3: Le temps des éditeurs. Du romantisme à la belle époque, Paris 1985, S. 269–281.
Barbier, F. u. I. Monok (Hg.), Les bibliothèques centrales et la construction des identités collectives, Leipzig 2005.
Barbier, F. u. C. Bertho Lavenir, Histoire des médias de Diderot à internet, Paris 2003.
Barbier, F. u. a. (Hg.), L'Europe et le livre. Réseaux et pratiques du négoce de librairie, XVIe-XIXe siècles, Paris 1996.
Barnett, M. u. M. Finnemore, Political Approaches, in: T.G. Weiss u. S. Daws (Hg.), The Oxford Handbook on the United Nations, Oxford 2007, S. 41–57.
–, Rules for the World. International Organizations in Global Politics, Ithaca 2004.
–, The Politics, Power, and Pathologies of International Organizations, in: International Organization, Jg. 53, 1999, S. 699–732.
Bauer, A., Rural Spanish America, 1870–1930, in: L. Bethell (Hg.), The Cambridge History of Latin America, 1870–1930, Cambridge 1986, S. 153–186.
Baum, A., Berner Konvention und Landesgesetze, in: GRUR, Jg. 34, 1929, S. 186–197.
–, Die revidierte Berner Übereinkunft und die günstigeren Landesgesetze. Diskus-

sion des Verhältnisses des Mindestschutzes im Unionsvertrages zu günstigeren Bestimmungen der Landesgesetze, in: UFITA, Jg. 3, 1930, S. 400–433.
–, Berner Konvention, Landesgesetz und internationales Privatrecht, in: GRUR, Jg. 37, 1932, S. 921–940 u. S. 1012–1023.
Baumgart, W., Vom europäischen Konzert zum Völkerbund. Friedensschlüsse und Friedenssicherung von Wien bis Versailles, Darmstadt 1987.
Baumgarten, J.A. u. C.A. Meyer, Die Bedeutung des Beitritts der USA zur Berner Übereinkunft, in: GRUR Int., Jg. 1989, S. 620–627.
Bayly, C.A., Die Geburt der modernen Welt. Eine Globalgeschichte 1780–1914, Frankfurt am Main 2006.
Beaumarchais, P.A. Caron de, Théâtre. Lettres relatives à son théâtre, Paris 1957.
Beaven Remnek, M., Books in Russia and the Soviet Union. Past and Present, Wiesbaden 1991.
Beier, F.-K. u. a. (Hg.), Gewerblicher Rechtsschutz und Urheberrecht in Deutschland. Festschrift zum hundertjährigen Bestehen der Deutschen Vereinigung für gewerblichen Rechtsschutz und Urheberrecht und ihrer Zeitschrift, Weinheim 1991.
Beier, N., Die urheberrechtliche Schutzfrist. Eine historische, rechtsvergleichende und dogmatische Untersuchung der zeitlichen Begrenzung, ihrer Länge und ihrer Harmonisierung in der europäischen Gemeinschaft, München 2001.
Bekri, C., L'UNESCO. Une "entreprise erronée"?, Paris 1991.
Bentley, J.H., World History and Grand Narrative, in: B. Stuchtey u. E. Fuchs (Hg.), Writing World History 1800–2000, London 2003, S. 47–65.
Bently, L., Copyright, Translations, and Relations Between Britain and India in the Nineteenth and Early Twentieth Centuries, in: Chicago-Kent Law Review, Jg. 82, 2007, S. 1181–1240.
–, Copyright and the Victorian Internet: Telegraphic Property Laws in Colonial Australia, in: Loyola Los Angeles Law Review, Jg. 38, 2004, S. 71–176.
Benz, A. (Hg.), Handbuch Governance. Theoretische Grundlagen und empirische Anwendungsfelder, Wiesbaden 2007.
Berghahn, V., Europa im Zeitalter der Weltkriege. Die Entfesselung und Entgrenzung der Gewalt, Frankfurt am Main 2002.
Bernecker, W.L., Europa zwischen den Weltkriegen 1914–1945, Stuttgart 2002.
Bertho, C., Les concurrences, in: H.-J. Martin u. a. (Hg.), Histoire de l'édition française. Bd. 4: Le livre concurrencé 1900–1950, Paris 1986, S. 22–35.
Beyrau, D., Der organisierte Autor. Institutionen, Kontrolle, Fürsorge, in: G. Gorzka (Hg.), Kultur im Stalinismus. Sowjetische Kultur und Kunst der 1930er bis 1950er Jahre, Bremen 1994, S. 60–76.
Blaise, C., Die Zähmung der Zeit. Sir Sandford Fleming und die Erfindung der Weltzeit, Frankfurt am Main 2001.
Blänkner, R., Historizität, Institutionalität, Symbolizität. Grundbegriffliche Aspekte einer Kulturgeschichte des Politischen, in: B. Stollberg-Rillinger (Hg.), Was heißt Kulturgeschichte des Politischen?, Berlin 2005, S. 71–96.
Blaustein, R.-V., L'Association littéraire et artistique internationale, in: Le Droit d'Auteur, Jg. 91, 1978, S. 71–72.

Bloch, M., Für eine vergleichende Geschichtsbetrachtung der europäischen Gesellschaften, in: M. Middell u. S. Sammler (Hg.), Alles Gewordene hat Geschichte. Die Schule der Annales in ihren Texten, Leipzig 1994, S. 121 – 167.
Bogsch, A., The Law of Copyright Under the Universal Convention, Leyden 1968.
–, Universal Copyright Convention. An Analysis and Commentary, New York 1958.
–, La convention universelle sur le droit d'auteur. Exégèse, Paris 1953.
Boguslawski, M.M., Urheberrecht in den internationalen Beziehungen, Berlin 1977.
Boisson, H., La Société des Nations et les bureaux internationaux des unions universelles postale et télégraphique, Paris 1932.
Boli, J. u. G.M. Thomas (Hg.), Constructing World Culture. International Nongovernmental Organizations Since 1875, Stanford 1999.
–, INGOs and the Organization of World Culture, in: dies. (Hg.), Constructing World Culture. International Nongovernmental Organizations Since 1875, Stanford 1999, S. 13 – 49.
–, World Culture in the World Polity: A Century of International Non-Governmental Organization, in: American Sociological Review, Jg. 62, 1997, S. 171 – 190.
Bonassies, J., Les auteurs dramatiques et la Comédie française à Paris aux XVIIe et XVIIIe siècles, Paris 1874.
Bonnet, H., L'Œuvre de l'Institut international de coopération intellectuelle, Paris 1938.
Borchardt, K., Globalisierung in historischer Perspektive, München 2001.
Bordo, M.D. u. a. (Hg.), Globalization in Historical Perspective, Chicago 2003.
Borowy, I., Die internationale Gesundheitspolitik des Völkerbundes zwischen globalem Denken und europäischem Führungsanspruch, in: E. Fuchs u. M. Schulz (Hg.), Globalisierung und transnationale Zivilgesellschaft in der Ära des Völkerbundes (= ZfG, Jg. 54, 2006, H.10), Berlin 2006, S. 864 – 875.
–, Wissenschaft, Gesundheit, Politik. Das Verhältnis der Weimarer Republik zur Hygieneorganisation des Völkerbundes, in: Sozial.Geschichte, Jg. 20, 2005, S. 30 – 56.
–, Die Gesundheitsorganisation des Völkerbundes 1929 – 1939, in: S. Schirmann (Hg.), Organisations internationales et architecture européennes 1929 – 1939, Metz 2003, S. 181 – 197.
Bosse, H., Autorschaft ist Werkherrschaft. Über die Entstehung des Urheberrechts aus dem Geist der Goethezeit, Paderborn 1981.
Bots, H. u. F. Waquet, La république des lettres, Paris 1997.
Bouche, N., Le principe de la territorialité de la propriété intellectuelle, Paris 2002.
Boutet, M. u. R. Plaisant, Le régime international du droit d'auteur. La Convention de Berne, revisée à Bruxelles, Paris 1959.
Boyce, R., The Collapse of Globalisation in the Inter-War Period: Some Implications for Twentieth-Century History, in: G. Clemens (Hg.), Nation und Europa. Studien zum Internationalen Staatensystem im 19. und 20. Jahrhundert, Stuttgart 2001, S. 121 – 132.
Boyle, J., A Politics of Intellectual Property: Environmentalism for the Net, in: Duke Law Journal, Jg. 47, 1997, S. 87 – 116.

Boytha, G., Der schillernde Schutz von Urheberpersönlichkeitsrechten in der Berner Übereinkunft, in: J. Becker (Hg.), Recht im Wandel seines sozialen und technologischen Umfeldes. Festschrift für Manfred Rehbinder, München 2002, S. 199–214.

–, Die historischen Wurzeln der Vielfältigkeit des Schutzes von Rechten an Urheberwerken, in: R. Dittrich (Hg.), Die Notwendigkeit des Urheberschutzes im Lichte seiner Geschichte, Wien 1991, S. 69–90.

–, Fragen der Entstehung des internationalen Urheberrechts, in: R. Dittrich (Hg.), Woher kommt das Urheberrecht und wohin geht es? Wurzeln, geschichtlicher Ursprung, geistesgeschichtlicher Hintergrund und Zukunft des Urheberrechts, Wien 1988, S. 181–199.

–, Urheber- und Verlegerinteressen im Entstehungsprozess des internationalen Urheberrechts, in: UFITA, Jg. 85, 1979, S. 1–35.

Brem, E., Das Verhältnis der Berner Übereinkunft zu anderen völkerrechtlichen Verträgen, in: Schweizerische Vereinigung für Urheberrecht (Hg.), Die Berner Übereinkunft und die Schweiz. Schweizerische Festschrift zum einhundertjährigen Bestehen der Berner Übereinkunft zum Schutze von Werken der Literatur und Kunst, Bern 1986, S. 99–114.

Briesemeister, D., Kultur, in: H.W. Tobler u. W.L. Bernecker (Hg.), Lateinamerika im 20. Jahrhundert, Stuttgart 1996, S. 229–255.

Bright, C. u. M. Geyer, Regimes of World Order, in: J.H. Bentley u.a. (Hg.), Interactions. Transregional Perspectives on World History, Honolulu 2005, S. 202–238.

–, Globalgeschichte und die Einheit der Welt im 20. Jahrhundert, in: Comparativ, Jg. 4, 1994, S. 13–45.

Brohm, B., Das Buch in der Krise. Studien zur Buchhandelsgeschichte der Weimarer Republik, in: AGB, Jg. 51, 1999, S. 189–329.

Buck, P., Geistiges Eigentum und Völkerrecht. Beiträge des Völkerrechts zur Fortentwicklung des Schutzes von geistigem Eigentum, Berlin 1994.

Budde, G. u.a. (Hg.), Transnationale Geschichte. Themen, Tendenzen, Theorien, Göttingen 2006.

Bugbee, B.W., The Early American Law of Intellectual Property. The Historical Foundations of the United States Patent and Copyright Systems, Michigan 1960.

Bülck, H., Verwaltungsgemeinschaften, internationale, in: H.-J. Schlochauer (Hg.), Wörterbuch des Völkerrechts, Berlin 1962, S. 564–577.

Bureau international de la propriété intellectuelle, La Convention de Berne pour la protection des œuvres littéraires et artistiques de 1886 à 1986. Centenaire de la Convention de Berne, Genève 1986.

Bureaux internationaux réunis pour la protection de la propriété intellectuelle, Les unions internationales pour la protection de la propriété industrielle, littéraire et artistique, 1883–1963, Genève 1962.

Bureau de l'union de Berne, L'union internationale pour la protection des œuvres littéraires et artistiques. Sa fondation et son développement. Mémoire publié par le bureau de l'union, Berne 1936.

Burke, P., Papier und Marktgeschrei. Die Geburt der Wissensgesellschaft, Berlin 2001.
–, Erasmus and the Republic of Letters, in: European Review, Jg. 7, 1999, S. 5–17.
Burkman, T.W., Japan and the League of Nations. Empire and World Order 1914–1938, Honolulu 2008.
–, Nationalist Actors in the International Arena. Nitobe Inazō and Ishii Kikujirō and the League of Nations, in: D. Stegewerns (Hg.), Nationalism and Internationalism in Imperial Japan. Autonomy, Asian Brotherhood, or World Citizenship?, London 2003, S. 89–113.
Bussière, E., L'Organisation économique de la Société des Nations et la naissance du régionalisme économique en Europe, in: Relations Internationales, Jg. 75, 1993, S. 301–313.
Calvo, H., Latin America, in: S. Eliot u. J. Rose (Hg.), A Companion to the History of the Book, Malden 2007, S. 138–151.
Canyes, M. u.a., Copyright Protection in the Americas. Under National Legislation and Inter-American Treaties, Washington D.C. 1950.
Cavalli, J., La genèse de la Convention de Berne pour la protection des œuvres littéraires et artistiques du 9 septembre 1886, Lausanne 1986.
Cavallo, G. u. R. Chartier (Hg.), Histoire de la lecture dans le monde occidental, Paris 1997.
Cazden, R.E., Der Nachdruck deutschsprachiger Literatur in den Vereinigten Staaten 1850–1918, in: AGB, Jg. 31, 1988, S. 193–202.
Chabaud, G., La propriété industrielle, littéraire et artistique et les traités de paix, Nancy u.a. 1921.
Charle, C., Le siècle de la presse (1830–1939), Paris 2004.
–, La crise des sociétés impériales. Allemagne, France, Grande-Bretagne 1900–1940, Paris 2001.
–, Vordenker der Moderne. Die Intellektuellen im 19. Jahrhundert, Frankfurt am Main 2001.
–, Les intellectuels en Europe au XIXe siècle. Essai d'histoire comparée, Paris 1996.
–, La naissance des „intellectuels" 1880–1900, Paris 1990.
Chartier, R., Culture écrite et société. L'ordre des livres (XIVe-XVIIIe siècle), Paris 1996.
–, L'Ordre des livres. Lecteurs, auteurs, bibliothèques en Europe entre XIVe et XVIIIe siècles, Aix-en-Provence 1992.
Chediak, N., The Progressive Development of World Copyright Law, in: The American Journal of International Law, Jg. 42, 1948, S. 797–810.
Chickering, R., Karl Lamprechts Konzeption einer Weltgeschichte, in: J. Osterhammel (Hg.), Weltgeschichte, Stuttgart 2009, S. 35–47.
Cipolla, C.M., Literacy and Development in the West, London 1969.
Circulaire adressée, le 6 juin 1936, par le gouvernement belge à ses représentants diplomatiques auprès des gouvernements des pays membres de l'union de Berne, in: Administration belge u. Institut international de coopération intellectuelle

(Hg.), Conférence diplomatique pour la préparation d'une convention universelle sur le droit d'auteur. Bd. 1: Documents préliminaires, Bruxelles 1938, S. 53–54.
Clair, C., A History of Printing in Britain, London 1965.
Clark, I., Globalization and Fragmentation. International Relations in the Twentieth Century, Oxford 1997.
Claude, I.L., Swords into Plowshares. The Problems and Progress of International Organization, New York 1971.
Clavin, P., Defining Transnationalism, in: Contemporary European History, Jg. 14, 2005, S. 421–439.
Clavin, P. u. J.-W. Wessels, Transnationalism and the League of Nations: Understanding the Work of Its Economic and Financial Organisation, in: Contemporary European History, Jg. 14, 2005, S. 465–492.
Colombet, C., Propriété littéraire et artistique et droits voisins, Paris 1999.
Comité d'experts pour le statut universel du droit d'auteur, Réunion du comité d'experts, octobre 1938 Bruxelles. Documents, Paris 1938.
Compagnon, O. u. M. Droulers, Introduction: Le Brésil et la France au XXe siècle, in: Cahier des Amériques Latines, Bd. 48/49, 2006, S. 1–23.
Committee for the Study of Copyright u. Subcommittee of the American National Committee of International Intellectual Cooperation, Report on the Status of International Copyright Protection and on the Brussels Meeting of the Committee of Experts, New York 1938.
Conihout, I. de, La conjoncture de l'édition, in: R. Chartier u. H.-J. Martin (Hg.), Histoire de l'édition française. Bd. 4: Le livre concurrencé 1900–1950, Paris 1986, S. 75–89.
Conrad, S. u. A. Eckert, Globalgeschichte, Globalisierung, multiple Modernen: Zur Geschichtsschreibung der modernen Welt, in: S. Conrad u.a. (Hg.), Globalgeschichte. Theorien, Ansätze, Themen, Frankfurt am Main 2007, S. 7–49.
Conrad, S., Doppelte Marginalisierung. Plädoyer für eine transnationale Perspektive auf die deutsche Geschichte, in: GG, Jg. 28, 2002, S. 145–169.
Conze, E., Abschied von Staat und Politik? Überlegungen zur Geschichte der internationalen Politik, in: E. Conze u.a. (Hg.), Geschichte der internationalen Beziehungen. Erneuerung und Erweiterung einer historischen Disziplin, Köln 2004, S. 15–44.
–, Zwischen Staatenwelt und Gesellschaftswelt. Die gesellschaftliche Dimension internationaler Geschichte, in: W. Loth u. J. Osterhammel (Hg.), Internationale Geschichte. Themen, Ergebnisse, Aussichten, München 2000, S. 117–140.
Conze, E. u.a., Einleitung, in: dies. (Hg.), Geschichte der internationalen Beziehungen. Erneuerung und Erweiterung einer historischen Disziplin, Köln 2004, S. 1–14.
Coombe, R.J., The Cultural Life of Intellectual Properties. Authorship, Appropriation, and the Law, London 1998.
Cornish, W.R., Intellectual Property. Patents, Copyright, Trade Marks and Allied Rights, London 1981.
Cross, G., Time and Money. The Making of Consumer Culture, London 1993.

Curtin, P.D., Cross-Cultural Trade in World History, Cambridge 1984.
Dahm, G., Völkerrecht, Stuttgart 1961.
Darnton, R., Die Wissenschaft des Raubdrucks. Ein zentrales Element im Verlagswesen des 18. Jahrhunderts, München 2002.
–, Glänzende Geschäfte. Die Verbreitung von Diderots Encyclopedie oder: Wie verkauft man Wissen mit Gewinn?, Berlin 1993.
–, Historie du livre. Geschichte des Buchwesens. An Agenda for Comparative History, in: Publishing History, Jg. 22, 1987, S. 33–41.
Darnton, R. u. D. Roche (Hg.), Revolution in Print. The Press in France 1775–1800, Berkeley 1989.
Daston, L., Classification of Knowledge in the Age of Louis XIV, in: D.L. Rubin (Hg.), Sun King. The Ascendancy of French Culture During The Reign of Louis XIV, Washington 1992, S. 206–220.
Davies, G., Copyright and the Public Interest, Weinheim 1994.
Deazley, R., Copyright's Public Domain, in: Intellectual Property, 2007, S. 21–34.
–, On the Origin of the Right to Copy. Charting the Movement of Copyright Law in Eighteenth Century Britain, 1695–1775, Oxford 2004.
Defoe, D., An Essay on the Regulation of the Press, London 1704.
Depkat, V., Cultural Approaches to International Relations – A Challenge?, in: J. Gienow-Hecht u. F. Schumacher (Hg.), Culture and International History, New York 2004, S. 175–97.
Desai, M., Global Governance, in: D. Messner (Hg.), Die Zukunft des Staates und der Politik. Möglichkeiten und Grenzen politischer Steuerung in der Weltgesellschaft, Bonn 1998, S. 323–343.
Desbois, H., Le droit d'auteur. Droit français, Convention de Berne revisée, Paris 1950.
Desbois, H. u.a., Les conventions internationales du droit d'auteur et les droits voisins, Paris 1976.
Diehl, P.F. (Hg.), The Politics of Global Governance. International Organizations in an Interdependent World, Boulder 1997.
Dietz, A., Das droit moral des Urhebers im neuen französischen und deutschen Urheberrecht. Eine rechtsvergleichende Untersuchung, München 1968.
Dietze, E., Völkerbund und Urheberrecht, in: GRUR, 1929, S. 193–197.
Dillenz, W., Warum Österreich-Ungarn nie der Berner Übereinkunft beitrat, in: E. Wadle (Hg.), Historische Studien zum Urheberrecht in Europa. Entwicklungslinien und Grundfragen, Berlin 1993, S. 167–189.
–, Materialien zur Geschichte des österreichischen Urheberrechts 1895–1936, Wien 1989.
Dipper, C., Stationen der Verrechtlichung und Professionalisierung in Deutschland und in Italien, in: ders. (Hg.), Rechtskultur, Rechtswissenschaft, Rechtsberufe im 19. Jahrhundert. Professionalisierung und Verrechtlichung in Deutschland und Italien, Berlin 2000, S. 13–28.
Dittrich, R. (Hg.), Woher kommt das Urheberrecht und wohin geht es? Wurzeln,

geschichtlicher Ursprung, geistesgeschichtlicher Hintergrund und Zukunft des Urheberrechts, Wien 1988.
Dock, M.-C., Contribution historique à l'étude des droits d'auteurs, Paris 1962.
Doering-Manteuffel, A., Internationale Geschichte als Systemgeschichte. Strukturen und Handlungsmuster im europäischen Staatensystem des 19. und 20. Jahrhunderts, in: W. Loth u. J. Osterhammel (Hg), Internationale Geschichte. Themen, Ergebnisse, Aussichten, München 2000, S. 93–115.
Dölemeyer, B., „Geistiges Eigentum" zwischen „Commerzien" und „Informationsgesellschaft". Einzelstaatliche Gesetzgebung und internationaler Standard, in: L. Pahlow u. J. Eisfeld (Hg.), Grundlagen und Grundfragen des Geistigen Eigentums, Tübingen 2008, S. 107–130.
–, Das Urheberrecht ist ein Weltrecht – Rechtsvergleichung und Immaterialgüterrecht bei Josef Kohler, in: E. Wadle (Hg.), Historische Studien zum Urhebberrecht in Europa. Entwicklungslinien und Grundfragen, Berlin 1993, S. 139–150.
–, Urheber- und Verlagsrecht, in: H. Coing (Hg.), Handbuch der Quellen und Literatur der neueren europäischen Privatrechtsgeschichte. Bd. 3: Das 19. Jahrhundert, München 1986, S. 3955–4065.
–, Wege der Rechtsvereinheitlichung. Zur Auswirkung internationaler Verträge auf europäische Patent- und Urheberrechtsgesetze, in: C. Bergfeld (Hg.), Aspekte europäischer Rechtsgeschichte. Festgabe für Helmut Coing zum 70. Geburtstag, Frankfurt am Main 1982, S. 65–85.
Dommann, M., Notieren, Aufzeichnen, Vervielfältigen. Medientechnische Umbrüche von Musik im Urheberrecht, in: R. Adelmann u. a. (Hg.), Ökonomien des Medialen. Tausch, Wert und Zirkulation in den Medien- und Kulturwissenschaften, Bielefeld 2006, S. 149–165.
Döring, J. u. T. Thielmann (Hg.), Spatial Turn. Das Raumparadigma in den Kultur- und Sozialwissenschaften, Bielefeld 2008.
Dreier, T. u. G. Nolte, Einführung in das Urheberrecht, in: J. Hofmann (Hg.), Wissen und Eigentum. Geschichte, Recht und Ökonomie stoffloser Güter, Bonn 2006, S. 41–63.
Druckenmüller, A. (Hg), Der Buchhandel der Welt. Aufbau, Verkehrswesen, Anschriften des Buchhandels in Europa und den USA. In Selbstdarstellungen aus 25 Ländern, Stuttgart 1935.
Dubin, M., The League of Nations Health Organisation, in: P. Weindling (Hg.), International Health Organisations and Movements, 1918–1939, Cambridge 1995, S. 56–62.
Dülffer, J., Völkerbund, in: H. Vogler (Hg.), Lexikon der Vereinten Nationen, München 2000, S. 609–611.
–, Imperialismus und Weltkrieg (1878–1918), Paderborn 1998.
–, Regeln gegen den Krieg? Die Haager Friedenskonferenzen von 1899 und 1907 in der internationalen Politik, Berlin 1981.
Dumont, J., L'Institut international de coopération intellectuelle et le Brésil, 1924–1946, Paris 2008.

Earle, E., The Effect of Romanticism on the 19th Century Development of Copyright Law, in: Intellectual Property Journal, 1991, S. 269 – 290.
Edelmayer, F. u. a. (Hg.), Die vielen Amerikas. Die neue Welt zwischen 1800 und 1930, Wien 2000.
Eisenstein, E., The Printing Revolution in Early Modern Europe, Cambridge 1983.
Ekedi-Samnik, J., L'Organisation Mondiale de la Propriété Intellectuellle, Bruxelles 1975.
Elster, A., Notwendige Vorfragen für eine wirkliche internationale Angleichung des Urheberrechts, sowie über die Reform einzelstaatlicher Urheberrechtsgesetze, in: GRUR, 1929, S. 71 – 81.
Estermann, M. u. G. Jäger, Geschichtliche Grundlagen und Entwicklung des Buchhandels im Deutschen Reich bis 1871, in: G. Jäger (Hg.), Geschichte des deutschen Buchhandels im 19. und 20. Jahrhundert. Bd. 1: Das Kaiserreich 1870 – 1918, Frankfurt am Main 2001, S. 17 – 41.
Feather, J., A History of British Publishing, London 2006.
–, Publishing, Piracy and Politics. A Historical Study of Copyright in Britain, London 1994.
–, From Rights in Copies to Copyright. The Recognition of Author's Rights in English Law and Practice in the Sixteenth and Seventeenth Century, in: Carodozo Arts & Entertainment Law Journal, Jg. 10, 1992, S. 455 – 473.
Fellner, F., Die Friedensordnung von Paris 1919/20 – Machtdiktat oder Rechtsfriede?, in: ders., Vom Dreibund zum Völkerbund. Studien zur Geschichte der internationalen Beziehungen 1882 – 1919, München 1994, S. 305 – 319.
Feltes, N.N., International Copyright. Structuring "the Condition of Modernity" in British Publishing, in: Cardozo Arts & Entertainments Law Journal, Jg. 10, 1992, S. 535 – 544.
Fichte, J.G., Beweis der Unrechtmäßigkeit des Büchernachdrucks, in: Berliner Monatsschrift, Jg. 21, 1793, S. 443 – 483.
Finkelstein, D. u. A. McCleery, The Book History Reader, London 2002.
Finnemore, M., Rules of War and Wars of Rules. The International Red Cross and the Restraint of State Violence, in: J. Boli u. G.M. Thomas (Hg.), Constructing World Culture. International Nongovernmental Organizations Since 1875, Stanford 1999, S. 149 – 165.
–, Norms, Culture, and World Politics: Insights from Sociology's Institutionalism, in: International Organization, Jg. 50, 1996, S. 325 – 347.
–, International Organization as Teachers of Norms: The United Nations Educational, Scientific, and Cultural Organization and Science Policy, in: International Organization, Jg. 47, 1993, S. 565 – 597.
Finnemore, M. u. K. Sikkink, International Norm Dynamics and Political Change, in: International Organization, Jg. 52, 1998, S. 887 – 917.
Finney, P. (Hg.), International History, New York 2005.
Fisch, J., Europa zwischen Wachstum und Gleichheit 1850 – 1914, Stuttgart 2002.
–, Die europäische Expansion und das Völkerrecht, Stuttgart 1984.

Fischer, E., Der "Schutzverband Deutscher Schriftsteller" 1909 - 1933, Frankfurt am Main 1989.
Fischer, T., Frauenhandel und Prostitution. Zur Institutionalisierung eines transnationalen Diskurses im Völkerbund, in: E. Fuchs u. M. Schulz (Hg.), Globalisierung und transnationale Zivilgesellschaft in der Ära des Völkerbundes (= ZfG, Jg. 54, 2006, H.10), Berlin 2006, S. 876 - 887.
Fischer, W., Expansion, Integration, Globalisierung. Studien zur Geschichte der Weltwirtschaft, Göttingen 1998.
–, Die Ausbreitung des europäischen Rechts als Voraussetzung für die Entstehung einer europazentrischen Weltwirtschaft, in: ders. (Hg.), Expansion - Integration - Globalisierung. Studien zur Geschichte der Weltwirtschaft, Göttingen 1998, S. 49 - 59.
–, Wirtschaft und Gesellschaft Europas 1850 - 1914, in: ders. (Hg.), Handbuch der europäischen Wirtschafts- und Sozialgeschichte. Bd. 5: Von der Mitte des 19. Jahrhunderts bis zum Ersten Weltkrieg, Stuttgart 1985, S. 1 - 207.
–, Die Weltwirtschaft im 20. Jahrhundert, Göttingen 1979.
–, Die Ordnung der Weltwirtschaft vor dem Ersten Weltkrieg. Die Funktion von europäischem Recht, zwischenstaatlichen Verträgen und Goldstandard beim Ausbau des internationalen Wirtschaftsverkehrs, in: Zeitschrift für Wirtschafts- und Sozialwissenschaften, Jg. 1, 1975, S. 289 - 304.
Fisher III, W.W., Geistiges Eigentum - ein ausufernder Rechtsbereich. Die Geschichte des Ideenschutzes in den Vereinigten Staaten, in: H. Siegrist u. D. Sugarman (Hg.), Eigentum im internationalen Vergleich (18.–20. Jahrhundert), Göttingen 1999, S. 262 - 289.
Fleury, A., The League of Nations: Toward a New Appreciation of Its History, in: M.F. Boemeke u.a. (Hg.), The Treaty of Versailles. A Reassessment after 75 Years, Cambridge 1998, S. 507 - 522.
Foreman-Peck, J., The Emergence and Growth of International Organizations, in: R. Tilly u. P.J.J. Welfens (Hg.), Economic Globalization, International Organizations and Crisis Management. Contemporary and Historical Perspectives on Growth, Impact and Evolution of Major Organizations in an Interdependent World, Berlin 2000, S. 73 - 102.
Forsythe, D., The Red Cross as a Transnational Movement: Conserving and Changing the Nation-State System, in: International Organization, Jg. 30, 1976, S. 607 - 630.
Foucault, M., Was ist ein Autor?, in: ders., Schriften zur Literatur, Frankfurt am Main 1979, S. 7 - 31.
Franke, S., Introduction: Border Research in a Global Perspective, in: dies. u. J.W. Scott (Hg.), Border Research in a Global Perspective, Leipzig 2007, S. 7 - 15.
Frantz, C. u. K. Martens, Nichtregierungsorganisationen (NGOs), Wiesbaden 2006.
Freedom of Translation as Between Occidental and Oriental Countries. Statement Made by Professor Kenzo Takayanagi at the Second Meeting of the Committee of Experts for the Preparation of a Universal Copyright Convention, Held at Brussels, October 19 - 21, 1938, in: Committee for the Study of Copyright u. Subcommittee of the American National Committee of International Intellectual Cooperation,

Report on the Status of International Copyright Protection and on the Brussels Meeting of the Committee of Experts, New York 1938, S. 73–77.
Frein, M., Die Globalisierung von Rechten am geistigen Eigentum und der Nord-Süd-Konflikt, in: Prokla, Jg. 32, 2002, S. 103–125.
Frevert, U., Neue Politikgeschichte: Konzepte und Herausforderungen, in: dies. u. H.-G. Haupt (Hg.), Neue Politikgeschichte. Perspektiven einer historischen Politikforschung, Frankfurt am Main 2005, S. 7–26.
Fried, A.H., Annuaire de la vie internationale, Monaco 1905–1907.
Friedemann, P. u. L. Hölscher, Internationale, International, Internationalismus, in: O. Brunner u. a. (Hg.), Geschichtliche Grundbegriffe, Stuttgart 1995, S. 367–397.
Fuchs, E., Internationale Nichtregierungsorganisationen als Global Players. Zur Herausbildung der transnationalen Zivilgesellschaft am Beispiel der Kinderrechtsbewegung, in: ders. u. J. Schriewer (Hg.), Internationale Organisationen als Global Players in Bildungspolitik und Pädagogik = Zeitschrift für Pädagogik, Jg. 52, 2007, H. 2, S. 149–165.
–, Der Völkerbund und die Institutionalisierung transnationaler Bildungsbeziehungen, in: ders. u. M. Schulz (Hg.), Globalisierung und transnationale Zivilgesellschaft in der Ära des Völkerbundes (= ZfG, Jg. 54, 2006, H.10), Berlin 2006, S. 888–899.
–, Kinderschutz und Völkerbund. Zur Formierung des edukativen Multilateralismus in der Zwischenkriegszeit, in: ders. (Hg.), Bildung International: Historische Perspektiven und aktuelle Entwicklungen, Würzburg 2006, S. 163–180.
–, The International Catalogie of Scientific Literature as a Mode of Intellectual Transfer: Promises and Pitfalls of International Scientific Co-operation before 1914, in: C. Charle u. a. (Hg.), Transnational Intellectual Networks. Forms of Academic Knowledge and the Search for Cultural Identitites, Frankfurt am Main 2004, S. 165–193.
–, Schriftenaustausch, Copyright und Dokumentation: Das Buch als Medium der internationalen Wissenschaftskommunikation vor dem Ersten Weltkrieg unter besonderer Berücksichtung Deutschlands und der Vereinigten Staaten von Amerika, in: Leipziger Jahrbuch zur Buchgeschichte, Jg. 7, 1997, S. 125–168.
Fuchs, E. u. M. Schulz, Globalisierung und transnationale Zivilgesellschaft in der Ära des Völkerbundes, in: dies. (Hg.), Globalisierung und transnationale Zivilgesellschaft in der Ära des Völkerbundes (= ZfG, Jg. 54, 2006, H.10), Berlin 2006, S. 837–839.
Fuchs, E. u. B. Stuchtey (Hg.), Across Cultural Borders. Historiography in Global Perspective, Lanham 2002.
Füssel, S., Das Buch in der Medienkonkurrenz der zwanziger Jahre, in: Gutenberg-Jahrbuch, Jg. 71, 1996, S. 322–340.
Füssel, S. u. a. (Hg.), Der Börsenverein des Deutschen Buchhandels 1825–2000. Ein geschichtlicher Aufriss, Frankfurt am Main 2000.
Galabert, H., La Commission de coopération intellectuelle de la Société des Nations, Toulouse 1931.

Garber, K. u. H. Wismann (Hg.), Europäische Sozietätsbewegung und demokratische Tradition. Die europäischen Akademien der Frühen Neuzeit, Tübingen 1996.
Geller, P.E., Copyright History and the Future: What's Culture Got to Do With It?, in: Journal of the Copyright Society of the USA, Jg. 47, 2000, S. 209 - 264.
Gerbet, P. u. a., Société des Nations et Organisations des Nations Unies, Paris 1973.
Gergen, T., Die Nachdruckprivilegienpraxis Württembergs im 19. Jahrhundert und ihre Bedeutung für das Urheberrecht im Deutschen Bund, Berlin 2007.
Gessner, V., Rechtspluralismus und globale soziale Bewegungen, in: Zeitschrift für Rechtssoziologie, Jg. 23, 2002, S. 277 - 305.
Geyer, M.H., One Language for the World. The Metric System, International Coinage, Gold Standard, and the Rise of Internationalism, in: ders. u. J. Paulmann (Hg.), The Mechanics of Internationalism. Culture, Society, and Politics From the 1840s to the First World War, Oxford 2001, S. 55 - 92.
Geyer, M.H. u. J. Paulmann, Introduction. The Mechanics of Internationalism, in: dies. (Hg.), The Mechanics of Internationalism. Culture, Society, and Politics From the 1840s to the First World War, Oxford 2001, S. 1 - 25.
Geyer, M. u. C. Bright, World History in a Global Age, in: AHR, Jg. 97, 1995, S. 1034 - 1060.
Gispen, K., Hintergrund, Bedeutung und Entwicklung der Patentgesetzgebung in Deutschland 1877 bis heute, in: R. Boch (Hg.), Patentschutz und Innovation in Geschichte und Gegenwart, Frankfurt am Main 1999, S. 7 - 14.
Ghébali, V.-Y., Bibliographical Handbook of the League of Nations, Geneva 1980.
–, Aux origines de l'ECOSOC. L'évolution des commissions et organisations techniques de la Société des Nations, in: Annuaire Français de Droit International, Jg. 18, 1972, S. 469 - 511.
Ghébali, V.-Y. u. C. Ghébali, A Repertoire of League of Nations Serial Documents, 1919 - 1947, New York 1973.
Gidel, G. (rapporteur), La clause juridictionnelle dans les conventions d'union, notamment celles relatives à la propriété intellectuelle. Texte définitif de la résolution adoptée dans la séance du vendredi 23 avril 1936 par l'Institut de droit international, in: Nouvelle Revue de Droit International Privé, Jg. 3, 1936, S. 441 - 444.
Gienow-Hecht, J., On the Division of Knowledge and the Community of Thought: Culture and International History, in: dies. u. F. Schumacher (Hg.), Culture and International History, New York 2004, S. 3 - 26.
Gienow-Hecht, J. u. F. Schumacher (Hg.), Culture and International History, New York 2003.
Giesecke, M., Der Buchdruck in der frühen Neuzeit. Eine historische Fallstudie über die Durchsetzung neuer Informations- und Kommunikationstechnologien, Frankfurt am Main 1991.
Gieseke, L., Vom Privileg zum Urheberrecht. Die Entwicklung des Urheberrechts in Deutschland bis 1845, Göttingen 1995.
Goldbaum, W., Welturheberrechtsabkommen. Kommentar, Berlin 1956.
Goldhammer, K., Wissensgesellschaft und Informationsgüter aus ökonomischer

Sicht, in: J. Hofmann (Hg.), Wissen und Eigentum. Geschichte, Recht und Ökonomie stoffloser Güter, Bonn 2006, S. 81 – 106.
Goldstein, P., Copyright's Highway. From Gutenberg to the Celestial Jukebox, Stanford 2003.
Goodman, D., The Republic of Letters. A Cultural History of the French Enlightenment, Ithaca 1994.
Göpfert, H.G., Vom Autor zum Leser. Beiträge zur Geschichte des Buchwesens, München 1978.
–, Die „Bücherkrise" 1927 bis 1929. Probleme der Literaturvermittlung am Ende der zwanziger Jahre, in: P. Raabe (Hg.), Das Buch in den zwanziger Jahren. Vorträge des zweiten Jahrestreffens des Wolfenbütteler Arbeitskreises für Geschichte des Buchwesens 16. bis 18. Mai 1977, Hamburg 1978, S. 33 – 45.
Gosewinkel, D. (Hg.), Zivilgesellschaft – national und transnational, Berlin 2004.
Götz von Olenhusen, A., Balzac und das Urheber- und Verlagsrecht, in: UFITA, 2008, S. 441 – 463.
–, „Ewiges geistiges Eigentum" und „Sozialbindung" des Urheberrechts in der Rechtsentwicklung und Diskussion im 19. Jahrhundert in Frankreich und Deutschland, in: W. Henschel u. a. (Hg.), Festschrift für Georg Roeber zum 10. Dezember 1981, Freiburg 1982, S. 83 – 111.
Grandner, M. u. a. (Hg.), Globalisierung und Globalgeschichte, Wien 2005.
Grazia, V. de, Amerikanisierung und wechselnde Leitbilder der Konsum-Moderne (consumer-modernity) in Europa, in: H. Siegrist u. a. (Hg.), Europäische Konsumgeschichte. Zur Gesellschafts- und Kulturgeschichte des Konsums (18. bis 20. Jahrhundert), Frankfurt am Main 1997, S. 109 – 137.
Grewe, W.G. (Hg.), Fontes historiae iuris gentium. Quellen zur Geschichte des Völkerrechts, 1815 – 1945, Berlin 1992.
Grieser, T., Buchhandel und Verlag in der Inflation. Studien zu wirtschaftlichen Entwicklungstendenzen des deutschen Buchhandels nach dem Ersten Weltkrieg, in: AGB, Jg. 51, 1999, S. 1 – 187.
Grimm, D., Gemeinsame Werte – Globales Recht?, in: H. Däubler-Gmelin u. I. Mohr (Hg.), Recht schafft Zukunft. Perspektiven der Rechtspolitik in einer globalisierten Welt, Bonn 2003, S. 14 – 29.
Grunebaum-Ballin, P., Le droit moral des auteurs et artistes. Commentaire d'un projet de textes sur le droit moral à insérer dans la Convention de Berner revisée, Paris 1928.
Gruner, W.D., Europäischer Völkerbund, weltweiter Völkerbund und die Frage der Neuordnung des internationalen Systems 1880 – 1930, in: G. Clemens (Hg.), Nation und Europa. Studien zum internationalen Staatensystem im 19. und 20. Jahrhundert. Festschrift für Peter Krüger zum 65. Geburtstag, Stuttgart 2001, S. 307 – 329.
Gruppe Originalverleger des Aktionsausschusses der 50jährigen Schutzfrist, Aufrufe und Eingaben zur Einführung der 50 jährigen Schutzfrist für Werke der Literatur und Tonkunst, Leipzig 1927.
Grunzinski, S., La pensée métissage, Paris 1999.

Guerrero, J.G., L'Union pamaméricaine et la Société des Nations, in: K. Strupp (Hg.), Problèmes actuels de l'organisation du monde, Leyden 1937.
Gunn, S., The Spatial Turn. Changing Histories and Places, in: ders. u. R.J. Morris (Hg.), Identities in Space. Contested Terrains in the Western City Since 1850, London 2001, S. 1 - 14.
Gunzenhäuser, M., Der Genfer Völkerbund 1920 - 1946, in: Jahresbibliographie. Bibliographie für Zeitgeschichte, Jg. 41, 1969, S. 425 - 536.
Hachette, L., Modifications apportées à la Convention de Berne de 1913 à 1931. Rapport présenté à la IXe session du congrès des éditeurs à Paris, Paris 1931.
Haferkorn, H., Zu Entstehung der bürgerlich-literarischen Intelligenz des Schriftstellers in Deutschland zwischen 1750 und 1800, in: B. Lutz (Hg.), Deutsches Bürgertum und literarische Intelligenz 1750 - 1800, Stuttgart 1974, S. 113 - 276.
–, Der freie Schriftsteller, in: AGB, Jg. 13, 1965, S. 125 - 219.
Halbert, D.J., Intellectual Property in the Information Age. The Politics of Expanding Ownership Rights, Westport 1999.
Hall, D.D. (Hg.), A History of the Book in America, Cambridge 2000.
Hall, M.M., The Urban Working Class and Early Latin American Labour Movements, 1880 - 1930, in: L. Bethell (Hg.), The Cambridge History of Latin America, 1870 - 1930, Cambridge 1986, S. 325 - 365.
Hartwell, R.M., Die Dienstleistungsrevolution. Die Expansion des Dienstleistungssektors in der modernen Volkswirtschaft, in: C.M. Cipolla (Hg.), Europäische Wirtschaftsgeschichte. Bd. 3: Die Industrielle Revolution, Stuttgart 1976, S. 233 - 260.
Hartwig, W. (Hg.), Politische Kulturgeschichte der Zwischenkriegszeit 1918 - 1939, Göttingen 2005.
Haupt, H.-G., Historische Komparatistik in der internationalen Geschichtsschreibung, in: G. Budde u. a. (Hg.), Transnationale Geschichte. Themen, Tendenzen, Theorien, Göttingen 2006, S. 137 - 149.
Haupt, H.-G., Historische Politikforschung. Praxis und Probleme, in: U. Frevert u. H.-G. Haupt (Hg.), Neue Politikgeschichte. Perspektiven einer historischen Politikforschung, Frankfurt am Main 2005, S. 304 - 313.
Haupt, H.-G. u. J. Kocka, Historischer Vergleich. Methoden, Aufgaben, Probleme. Eine Einleitung, in: dies. (Hg.), Geschichte und Vergleich. Ansätze und Ergebnisse international vergleichender Geschichtsschreibung, Frankfurt am Main 1996, S. 9 - 45.
Headrick, D.R., The Invisible Weapon: Telecommunications and International Politics 1851 - 1945, New York 1991.
Heideking, J., Völkerbund und Vereinte Nationen in der internationalen Politik, in: Aus Politik und Zeitgeschichte. Beilage zur Wochenzeitung Das Parlament, Jg. 83, 1983, H.36, S. 3 - 16.
Heideking, J., Oberster Rat - Botschafterkonferenz - Völkerbund. Drei Formen multilateraler Diplomatie nach dem Ersten Weltkrieg, in: HZ, Bd. 231, 1980, S. 589 - 630.

Heins, V., Nongovernmental Organizations in International Society. Struggles Over Recognition, New York 2008.
Hell, S., Siam und der Völkerbund 1920 – 1946. Südostasien Working Papers Bd. 14, Berlin 1998.
Henig, R.B., The League of Nations, Edinburgh 1973.
Hepp, F., Les perspectives actuelles de l'universalisatiion du droit d'auteur, Paris 1952.
–, Le projet de convention universelle sur le droit d'auteur de l'UNESCO, in: GRUR, Jg. 54, 1952, S. 8 – 16.
–, Introduction aux travaux du comité d'experts en matière de droit d'auteur, in: Copyright Bulletin. Bulletin du droit d'auteur, Jg. 2, 1950, S. 4 – 9.
–, Les bases possibles d'un projet de convention universelle sur le droit d'auteur, in: Copyright Bulletin. Bulletin du droit d'auteur, Jg. 1, 1948, S. 2 – 9.
Herren, M., Internationale Organisationen seit 1865. Eine Globalgeschichte der internationalen Ordnung, Darmstadt 2009.
–, Sozialpolitik und die Historisierung des Transnationalen, in: GG, Jg. 32, 2006, S. 542 – 559.
–, Netzwerke der Zivilgesellschaft im ausgehenden 19. und beginnenden 20. Jahrhundert, in: Historische Mitteilungen, Jg. 17, 2004, S. 48 – 61.
–, Governmental Internationalism and the Beginning of a New World Order in the Late Nineteenth Century, in: M.H. Geyer u. J. Paulmann (Hg.), The Mechanics of Internationalism. Culture, Society, and Politics From the 1840s to the First World War, Oxford 2001, S. 121 – 144.
–, Hintertüren zur Macht. Internationalisierung und modernisierungsorientierte Außenpolitik in Belgien, der Schweiz und den USA 1865 – 1914, München 2000.
–, Modernisierung, Außenpolitik und Integration im Jahrhundert des Internationalismus, in: Historische Mitteilungen, Jg. 7, 1994, S. 1 – 43.
Herren, M. u. S. Zala, Netzwerk Außenpolitik. Internationale Kongresse und Organisationen als Instrumente der schweizerischen Aussenpolitik 1914 – 1950, Zürich 2002.
Hesse, C., Publishing and Cultural Politics in Revolutionary Paris 1789 – 1810, Berkeley 1991.
–, Enlightment Epistemology and the Laws of Authorship in Revolutionary France 1777 – 1793, in: Representations, 1990, S. 109 – 137.
Heymann, E., Das panamerikanische Urheberrecht und die Versuche seiner Einbeziehung in die Berner Übereinkunft, in: Zeitschrift für ausländisches und internationales Privatrecht, Jg. 14, 1942, S. 18 – 60.
Hilmer, B. (Hg.), Zur Philosophie des Geistigen Eigentums (= Deutsche Zeitschrift für Philosophie, 2004, H.5), Berlin 2004.
Hilty, R.M. u. A. Peukert (Hg.), Interessensausgleich im Urheberrecht, Baden-Baden 2004.
Hirschfeld, G. u. a. (Hg.), Enzyklopädie Erster Weltkrieg, Paderborn 2003.
Hobsbawm, E., Das imperiale Zeitalter 1875 – 1914, Frankfurt am Main 2004.

–, Das Zeitalter der Extreme. Weltgeschichte des 20. Jahrhunderts, Frankfurt am Main 1998.
Hoffmann, Willy, Gedanken über eine urheberrechtliche Weltkonvention, in: UFITA, 1938, S. 131 – 141.
–, Die Vereinigung der Berner Übereinkunft und der Panamerikanischen Union, in: UFITA, 1936, S. 465 – 489.
–, Die Berner Übereinkunft zum Schutze von Werken der Literatur und Kunst vom 9. September 1886, revidiert in Berlin am 13. November 1908 und in Rom am 2. Juni 1928, Berlin 1935.
–, Berner Übereinkunft und Landesgesetz, in: GRUR, Jg. 33, 1928, S. 897 – 903.
–, Verlagsverträge im Friedensvertrag, in: GRUR, Jg. 25, 1920, S. 108 – 109.
Holton, R.J., Making Globalization, New York 2005.
Höpel, T., Von der Kunst- zur Kulturpolitik. Städtische Kulturpolitik in Deutschland und Frankreich 1918 – 1939, Stuttgart 2007.
Huber, M., Soziologische Grundlagen des Völkerrechts, Berlin 1928.
Hubmann, H., Hundert Jahre Berner Übereinkunft. Rückblick und Ausblick, in: UFITA, 1986, S. 5 – 30.
Hughes-Warrington, Marnie (Hg.), Palgrave Advances in World Histories, Basingstoke 2004.
Hutchinson, J.F., Champions of Charity. War and the Rise of the Red Cross, Boulder 1996.
–, Rethinking the Origins of the Red Cross, in: Bulletin of the History of Medicine, Jg. 63, 1989, S. 557 – 578.
Hutter, M., On the Construction of Property Rights in Aesthetic Ideas, in: Journal of Cultural Economies, Jg. 19, 1995, S. 177 – 185.
Institut international de coopération intellectuelle, L'Institut international de coopération intellectuelle 1925 – 1946, Paris 1946.
–, Conférence internationale pour la conclusion d'un acte international concernant la coopération intellectuelle. Procès-verbaux des séances plenières, Paris 1938.
–, La protection internationale du droit d'auteur. Contribution aux travaux préparatoires de la conférence diplomatique de Rome pour la révision de la Convention de Berne, Paris 1928.
–, Travaux de l'Institut international de coopération intellectuelle pendant l'année 1926, Paris 1926.
Institut international pour l'unification du droit privé de Rome, Avant-projets de conventions connexes à la Convention de Berne pour la protection des œuvres littéraires et artistiques, Rome 1941.
Iriye, A., Global Community. The Role of International Organization in the Making of the Contemporary World, Berkeley 2004.
–, The International Order, in: R.W. Bulliet (Hg.), The Columbia History of the 20th Century, New York 1998, S. 229 – 247.
Jackson, P. u.a., Introduction. The Spaces of Transnationality, in: dies. (Hg.), Transnational Spaces, London 2004.

Jacobson, H., Networks of Interdependence: International Organizations and the Global Political System, New York 1979.
Jäger, G., Medien, in: C. Berg (Hg.), Handbuch der deutschen Bildungsgeschichte. Bd. 4: Von der Reichsgründung bis zum Ende des Ersten Weltkrieges 1870 – 1918, München 1991, S. 474 – 499.
James, H., Das Ende der Globalisierung, München 2000.
–, The End of Globalization. Lessons from the Great Depression, Cambridge 2000.
Jarausch, K.H., Die Krise der nationalen Meistererzählungen. Ein Plädoyer für plurale, interdependente Narrative, in: ders. u. M. Sabrow (Hg.), Die historische Meistererzählung. Deutungslinien der deutschen Nationalgeschichte nach 1945, Göttingen 2002, S. 140 – 162.
Jarausch, K.H. u. M. Sabrow, „Meistererzählung" – Zur Karriere eines Begriffs, in: dies. (Hg.), Die historische Meistererzählung. Deutungslinien der deutschen Nationalgeschichte nach 1945, Göttingen 2002, S. 9 – 32.
Jaszi, P., On the Author Effect. Copyright and Collective Creativity, in: Cardozo Arts & Entertainment Law Journal, Jg. 10, 1992, S. 293 – 320.
–, Toward a Theory of Copyright. The Metamorphoses of "Authorship", in: Duke Law Journal, 1991, S. 455 – 502.
Junghann, O., Die deutsche Liga für Völkerbund, Berlin 1925.
Kaelble, H., Europäische Geschichte aus westeuropäischer Sicht?, in: G. Budde u. a. (Hg.), Transnationale Geschichte. Themen, Tendenzen und Theorien, Göttingen 2006, S. 105 – 116.
–, Die Debatte über Vergleich und Transfer und was jetzt?, in: geschichte.transnational (08. 02. 2005), URL: http://geschichte-transnational.clio-online.net/forum/id=878&type=diskussionen.
–, Transnationalität aus der Sicht eines Sozialhistorikers, in: E. Conze u. a. (Hg.), Geschichte der Internationalen Beziehungen. Erneuerung und Erweiterung einer historischen Disziplin, Köln 2004, S. 277 – 292.
–, Auf dem Weg zu einer europäischen Gesellschaft. Eine Sozialgeschichte Westeuropas 1880 – 1980, München 1997.
Kaelble, H. u. J. Schriewer (Hg.), Vergleich und Transfer. Komparatistik in den Sozial-, Geschichts- und Kulturwissenschaften, Frankfurt am Main 2003.
Kaiser, K., Transnationale Politik. Zu einer Theorie der multinationalen Politik, in: E.O. Czempiel (Hg.), Die anachronistische Souveränität. Zum Verhältnis von Innen- und Außenpolitik, Köln 1969, S. 80 – 109.
Kampelmann, M., The United States and International Copyright, in: The American Journal of International Law, Jg. 41, 1947, S. 406 – 429.
Kant, I., Von der Unrechtmäßigkeit des Büchernachdrucks, in: Berlinische Monatsschrift, Bd. 5, Berlin 1785, Neuabdruck in: UFITA, 1987, S. 137 – 144.
Kaschuba, W., Die Überwindung der Distanz. Zeit und Raum in der europäischen Moderne, Frankfurt am Main 2004.
Kastner, B., Der Buchverlag der Weimarer Republik 1918 – 1933. Eine statistische Analyse, München 2005. Online-Ressource, Archivserver der Deutschen Nationalbibliothek, URL: http://deposit.d-nb.de/cgi-bin/dokserv?idn=976964406.

Kawohl, F., Originalität, Charakteristik und Eigentümlichkeit. Zur Begriffsbildung in Ästhetik und Urheberrecht des frühen 19. Jahrhunderts, in: O. Schwab-Felisch u. a. (Hg.), Individualität in der Musik, Stuttgart 2002, S. 295 – 306.

Keck, M.E. u. K. Sikkink, Transnational Advocacy Networks in International and Regional Politics, in: International Social Science Journal, Bd. 159, 1999, S. 89 – 101.

– (Hg.), Activits Beyond Borders. Advocacy Networks in International Politics, Ithaca 1998.

Kelley, D.R. u. R.H. Popkin (Hg.), The Shapes of Knowledge From the Renaissance to the Enlightenment, Dordrecht 1991.

Kennedy, P., Aufstieg und Fall der großen Mächte. Ökonomischer Wandel und militärische Konflikte von 1500 – 2000, Frankfurt am Main 2003.

Keohane, R.O., After Hegemony: Cooperation and Discord in the World Political Economy, Princeton 1984.

Kern, K., Globale Governance durch transnationale Netzwerkorganisationen. Möglichkeiten und Grenzen zivilgesellschaftlicher Selbstorganisation, in: D. Gosewinkel u. a. (Hg.), Zivilgesellschaft – National und transnational, Berlin 2003, S. 285 – 307.

Kéry, L., Pierre Dubois und der Völkerbund. Ein 'Weltfriedensplan' um 1300, in: HZ, 2006, S. 1 – 30.

Khan, Z., The Democratization of Invention: Patents and Copyrights in American Economic Development, 1790 – 1920, Cambridge 2005.

Kimmich, C.M., Germany and the League of Nations, in: The League of Nations in Retrospect. Proceedings of the Symposium Organized by the United Nations Library and the Graduate Institute of International Relations, Geneva, 6 – 9 November 1980, Berlin 1983, S. 118 – 127.

Kingsford, R.J.L., The Publisher's Association 1896 – 1946. With an Epilogue, Cambridge 1970.

Kirchner, J. (Hg.), Lexikon des Buchwesens, Stuttgart 1952.

Kirstein, G., Zur Frage „30 oder 50 Jahre“. Betreffend Schutzfrist für Werke der Literatur, Leipzig 1930.

Kleinschmidt, H., Das europäische Völkerrecht und die ungleichen Verträge um die Mitte des 19. Jahrhunderts, o.O. 2007.

–, Geschichte der internationalen Beziehungen. Ein systemgeschichtlicher Abriß, Stuttgart 1998.

Klippel, D. (Hg.), Geschichte des deutsche Patentrechts, Tübingen 2010 (i.E.).

–, Die Idee des geistigen Eigentums in Naturrecht und Rechtsphilosophie des 19. Jahrhunderts, in: E. Wadle (Hg.), Historische Studien zum Urheberrecht in Europa. Entwicklungslinien und Grundfragen, Berlin 1993, S. 121 – 138.

–, Historische Wurzeln und Funktionen von Immaterailgüter- und Persönlichkeitsrechten im 19. Jahrhundert, in: Zeitschrift für Neuere Rechtsgeschichte, Jg. 4, 1982, S. 132 – 155.

Knab, C. u. M. Herren, Die zweite Haager Friedenskonferenz und die Liberalisierung

des politischen Informationsmarktes, in: Die Friedens-Warte. Journal of International Peace and Organization, Jg. 82, 2007, S. 51–64.
Knipping, F. (Hg.), Das System der Vereinten Nationen und seine Vorläufer. Bd. 2: Vorläufer der Vereinten Nationen. 19. Jahrhundert und Völkerbundszeit, Bern 1996.
Koch, M., Verselbständigungsprozesse internationaler Organisationen, Wiesbaden 2008.
Köck, H. u. P. Fischer, Das Recht der internationalen Organisationen. Das Recht der Weltfriedensorganisationen (VB und UNO), der UN-Spezialorganisationen und der wichtigsten regionalen Organisationen im Dienste von kollektiver Sicherheit und Zusammenarbeit, Wien 1997.
Kocka, J., Sozialgeschichte im Zeitalter der Globalisierung, in: Merkur, 2006, S. 305–316.
–, Zivilgesellschaft als historisches Problem und Versprechen, in: M. Hildermeier u. a. (Hg.), Europäische Zivilgesellschaft in Ost und West. Begriffe, Geschichte, Chancen, Frankfurt am Main 2000, S. 13–37.
Kolasa, J., International Intellectual Cooperation. The League Experience and the Beginnings of UNESCO, Wroclaw 1962.
Kolb, R., Les cours généraux de droit international public de l'Académie de La Haye, Bruxelles 2003.
König, H.-J., Kleine Geschichte Lateinamerikas, Stuttgart 2006.
Kopsch, J., Die internationale Organisation des Urheberrechts. Ausführliche Abhandlung über die diversen nationalen und internationalen Autorenverbände, deren Gründung, Hauptanliegen, Entwicklungen, in: UFITA, 1938, S. 196–209.
Kraft, J.P., Musicians in Hollywood: Work and Technological Change in Entertainment, 1926–1940, in: Technology and Culture, Jg. 35, 1994, S. 289–314.
Krasner, S.D. (Hg.), International Regimes, Ithaca 1983.
Krieg, W., Materialien zu einer Entwicklungsgeschichte der Bücherpreise und Autorenhonorare vom 15.–20. Jahrhundert, Wien 1953.
Krieger, A., 100 Jahre Revidierte Berner Übereinkunft. Eine rechtspolitische Zwischenbilanz, in: ZUM, Jg. 10, 1986, S. 508–517.
Krieger, U. u. J. Bühling, 100 Jahre Grüner Verein. Seine Bedeutung für die Rechtsentwicklung. Teil I: 1891 bis 1945, in: F.-K. Beier u. a. (Hg.), Gewerblicher Rechtsschutz und Urheberrecht in Deutschland. Festschrift zum hundertjährigem Bestehen der Deutschen Vereinigung für gewerblichen Rechtsschutz und Urheberrecht und ihrer Zeitschrift, Weinheim 1991, S. 3–42.
Kron, F., Schriftsteller und Schriftstellerverbände. Schriftstellerberuf und Interessenpolitik 1842–1973, Stuttgart 1976.
Krüss, H.A., Der Völkerbund und die internationale geistige Zusammenarbeit, in: Inter-Nationes, Jg. 1, 1931, S. 3–8.
Kuhn, A., Die internationalen Verlegerkongresse von 1896 bis 1938. Arbeitsweise, Diskussionsschwerpunkte, Beschlüsse, in: Leipziger Jahrbuch zur Buchgeschichte, Jg. 12, 2003, S. 285–325.
Kunze, R.-U., Rechtsvergleichung als Instrument in den internationalen Beziehungen

der Zwischenkriegszeit. Ernst Rabel und das Kaiser-Wilhelm-Institut für ausländisches und internationales Privatrecht 1926 bis 1945, in: W. Elz u. S. Neitzel (Hg.), Internationale Beziehungen im 19. und 20. Jahrhundert. Festschrift für Winfried Baumgart zum 65. Geburtstag, Paderborn 2003, S. 295–318.

La protection interaméricaine de la propriété intellectuelle et le rapprochement des conventions de la Havane et de Rome (Rapport présenté à la VIIe conférence internationale des Etats américains par le conseil de direction de l'Institut américain de droit international), in: Administration belge u. Institut international de coopération intellectuelle (Hg.), Conférence diplomatique pour la préparation d'une convention universelle sur le droit d'auteur. Bd. 1: Documents préliminaires, Bruxelles 1938, S. 17–27.

Ladas, S.P., The International Copyright Protection of Literary and Artistic Property in Two Volumes, New York 1938.

Laing, D., Copyright and the International Music Industry, in: S. Fritz (Hg.), Music and Copyright, Edinburgh 1993, S. 22–39.

Lange, B., Medienpolitik des Völkerbundes, Konstanz 1991.

League of Nations, National committees on intellectual cooperation, Geneva 1937.

–, The Aims, Methods and Activity of the League of Nations, Geneva 1935.

Lechner, F.J. u. J. Boli (Hg.), World Culture. Origins and Consequences, Oxford 2005.

Lehmkuhl, U., Diplomatiegeschichte als internationale Kulturgeschichte. Theoretische Ansätze und empirische Forschung zwischen Historischer Kulturwissenschaft und Soziologischem Internationalismus, in: GG, Jg. 27, 2001, S. 394–423.

–, Transnationale Politik, in: dies (Hg.), Theorien internationaler Politik. Einführung und Texte, München, S. 223–254.

Lemoine, J.-J., La Société des auteurs, compositeurs et éditeurs de musique (Sacem) 1850–1950, Paris 1950.

Lenk, S., "Ich schrieb ein Stück für den Rollfilm." Das Urheberrecht vor dem Ersten Weltkrieg in Deutschland und Frankreich, in: KINtop. Jahrbuch zur Erforschung des frühen Films, Jg. 13, 2005, S. 45–79.

Lenthall, B., Radio's America. The Great Depression and the Rise of Modern Mass Culture, Chicago 2007.

Lepenies, W. (Hg.), Entangled Histories and Negotiated Universals. Centers and Peripheries in a Changing World, Frankfurt am Main 2003.

Les résolutions de la conférence de Lima, décembre 1938. Universalisation de la propriété intellectuelle, in: Geistiges Eigentum. Copyright. La Propriété Intellectuelle. Internationale Zeitschrift für Theorie und Praxis des Urheberrechts und seiner Nebengebiete, Jg. 4, 1938, S. 239–240.

Lessing, G.E., Über Bücherverlag und Nachdruck, in: Deutsches Museum, 1783, S. 197 f.

Levitsky, S.L., Grundzüge des sowjetischen Urheberrechts, in: ders. u. W.B. Simmons (Hg.), Urheberrecht Russlands und der UDSSR, Wien 1985, S. 29–61.

–, Introduction to Soviet Copyright Law, Leyden 1964.

Lewinski, S. von, International Copyright Law and Policy, Oxford 2008.

Lewis, C.M., Industry in Latin America Before 1930, in: L. Bethell (Hg.), The Cambridge History of Latin America, 1870 – 1930, Cambridge 1986, S. 267 – 323.
Liszt, F. von, Das Völkerrecht, zwölfte Auflage bearbeitet von Max Fleischmann, Berlin 1925.
Loheide, B., Beef Around the World – Die Globalisierung des Rindfleischhandels bis 1914, in: M. Möhring u. A. Nützenadel (Hg.), Ernährung im Zeitalter der Globalisierung, Leipzig 2007, S. 46 – 67.
Löhr, I., „Zum Schutze der Geistesschöpfungen auf der ganzen Welt": Die Geschichte der internationalen Verrechtlichung des Autorenschutzes 1850 – 1952, in: Zeitschrift für Geistiges Eigentum, Jg. 1, 2009, S. 292 – 323.
–, Intellectual Cooperation in Transnational Networks: The League of Nations and the Globalization of Intellectual Property Rights, in: M. Albert u.a. (Hg.), The Communicative Construction of Transnational Political Spaces, Frankfurt am Main 2009, S. 58 – 88.
–, Transnationale Geschichte und internationale Rechtsregime, in: geschichte.transnational, (10.06.2005), URL: http://geschichte-transnational.clio-online.net/forum/id=878&type=diskussionen.
Löhr, I. u. H. Siegrist, Kulturelle Handlungsrechte in der Moderne. Die Geschichte des geistigen Eigentums und der Urheberrechte, in: M. Middell (Hg.), Dimensionen der Kultur- und Gesellschaftsgeschichte. Festschrift für Hannes Siegrist zum 60. Geburtstag, Leipzig 2007, S. 223 – 234.
Loth, W. u. J. Osterhammel (Hg.), Internationale Geschichte. Themen – Ergebnisse – Aussichten, München 2000.
Loya, T.A. u. J. Boli, Standardization in the World Polity. Technical Rationality Over Power, in: J. Boli u. G.M. Thomas (Hg.), Constructing World Culture. International Nongovernmental Organizations since 1875, Stanford 1999, 169 – 197.
Luard, E., A History of the United Nations. Bd. 1: The Years of the Western Domination, 1945 – 1955, London 1982.
–, International Agencies. The Emerging Framework of Interdependence, London 1977.
Luchaire, J., Principes de la coopération intellectuelle internationale, in: Recueil des cours de l'Académie de Droit International de La Haye, Paris 1925, S. 307 – 406.
Lyons, M., Les nouveaux lecteurs au XIXe siècle. Femmes, enfants, ouvriers, in: G. Cavallo u. R. Chartier (Hg.), Histoire de la lecture dans le monde occidental, Paris 1997, S. 365 – 400.
Maase, K., Grenzenloses Vergnügen. Der Aufstieg der Massenkultur 1850 – 1970, Frankfurt am Main 2001.
Macaulay, C., A Modest Plea for the Property of Copy Right, London 1774.
Mächtel, F., Das Patentrecht im Krieg, Tübingen 2009.
Maczak, A., Travel in Early Modern Europe, Cambridge 1995.
Mai, G., Europa 1918 – 1939. Mentalitäten, Lebensweisen, Politik zwischen den Weltkriegen, Stuttgart 2001.
Maier, C.S., Transformation of Territoriality, 1600 – 2000, in: G. Budde u.a. (Hg.),

Transnationale Geschichte. Themen, Tendenzen und Theorien, Göttingen 2006, S. 32–55.
–, Consigning the Twentieth Century to History. Alternative Narratives for the Modern Era, in: AHR, Jg. 105, 2003, S. 807–831.
Malaplate, L., Le droit d'auteur dans les rapports franco-étrangers, Paris 1931.
Manigard, C., Les Français au service de la Société des Nations, Berne 2003.
Martens, K., Examing the (Non-)Status of NGOs in Intenational Law, in: Indiana Journal of Global Legal Studies, Jg. 10, 2003, S. 1–24.
Martin, G., The Literature, Music and Art of Latin America, 1870–1930, in: L. Bethell (Hg.), The Cambridge History of Latin America, 1870–1930, Cambridge 1986, S. 443–526.
Martin, L. u. B. Simons, Theory and Empirical Studies of International Organizations, in: International Organization, Jg. 52, 1998, S. 729–758.
Mascus, K.E. (Hg.), The WTO. Intellectual Property Rights and the Knowledge Economy, Cheltenham 2004.
Masouyé, C., Kommentar zur Berner Übereinkunft zum Schutze von Werken der Literatur und Kunst (Pariser Fassung vom 24. Juli 1971), München 1981.
–, Le rôle de l'ALAI dans l'évolution du droit d'auteur, in: Le Droit d'Auteur, Jg. 91, 1978, S. 122–128.
Masseau, D., L'invention de l'intellectuel dans l'Europe du XVIIIe siècle, Paris 1994.
Matthews, D., Globalising Intellectual Property Rights: The TRIPS-Agreement, London 2002.
Mayeur, J.-M., La vie politique sous la Troisième République, Paris 1984.
Maul, D., Menschenrechte, Sozialpolitik und Dekolonisation. Die Internationale Arbeitsorganisation (IAO) 1940–1970, Essen 2007.
May, C., The World Intellectual Property Organization: Resurgence and the Development Agenda, London 2007.
May, C. u. S.K. Sell, Intellectual Property Rights. A Critical History, Boulder 2006.
Mayntz, R. u. a., Globale Strukturen und deren Steuerung. Auswertung und Ergebnisse eines Förderprogrammes der VolkswagenStiftung, Köln 2005.
Meiner, A., Der deutsche Verlegerverein 1886–1935, Leipzig 1936.
Melis, U. van, Die Buchgemeinschaften in der Weimarer Republik, Stuttgart 2002.
Mendilaharzu, E.F., Les bases d'une convention universelle du droit d'auteur, in: Copyright Bulletin. Bulletin du droit d'auteur, Jg. 3, 1950, S. 40–44.
Mentha, B., Berne Convention, in: H.L. Pinner (Hg.), World Copyright. An Encclopedia, Leyden 1953, S. 1029–1070.
–, La guerre et les unions internationales pour la protection de la propriété industrielle et des œuvres littéraires et artistiques, Zürich 1943.
Menz, G., Der europäische Buchhandel seit dem Wiener Kongreß, Würzburg 1941.
Mergel, T., Überlegungen zu einer Kulturgeschichte der Politik, in: GG, Jg. 28, 2002, S. 574–606.
Messner, D., Die Transformation von Staat und Politik im Globalisierungsprozess, in: ders. (Hg.), Die Zukunft des Staates und der Politik. Möglichkeiten und Grenzen politischer Steuerung in der Weltgesellschaft, Bonn 1998, S. 14–43.

Messner, D. u. F. Nuscheler, Das Konzept der Global Governance. Stand und Perspektiven, Duisburg 2003.

Meyer, J.W., Weltkultur. Wie die westlichen Prinzipien die Welt durchdringen, Frankfurt am Main 2005.

Middell, M., Kulturtransfer und transnationale Geschichte, in: ders. (Hg.), Dimensionen der Kultur- und Gesellschaftsgeschichte. Festschrift für Hannes Siegrist zum 60. Geburtstag, Leipzig 2007, S. 49–69.

–, Transnationalisierung und Globalgeschichte, in: Traverse, 2005, S. 19–48.

–, Universalgeschichte, Weltgeschichte, Globalgeschichte, Geschichte der Globalisierung – ein Streit um Worte?, in: M. Grandner u. a. (Hg.), Globalisierung und Globalgeschichte, Wien 2005, S. 60–82.

–, Europäische Geschichte oder Global History – Master Narratives oder Fragmentierung? Fragen an die Leittext der Zukunft, in: K. Jarausch u. M. Sabrow (Hg.), Die historische Meistererzählung. Deutungslinien der deutschen Nationalgeschichte nach 1945, Göttingen 2002, S. 214–252.

Middell, M. u. K. Naumann, Global History and the Spatial Turn: From the Impact of Area Studies to the Study of Critical Junctures of Globalization, in: Journal of Global History, 2010, S. 149–170.

Miers, S., Slavery and Slave Trade as International Issues 1890–1939, in: Slavery & Abolition, Jg. 19, 1998, S. 16–37.

Miller, D.P., Intellectual Property and Narratives of Discovery/ Invention: The League of Nations' Draft Convention on Scientific Property and Its Fate, in: History of Science, 2008, S. 299–342.

Minchinton, W., Die Veränderung der Nachfragestruktur von 1750 bis 1914, in: C.M. Cipolla u. K. Borchardt (Hg.), Europäische Wirtschaftsgeschichte. Bd. 3: Die Industrielle Revolution, Stuttgart 1976, S. 47–118.

Mintz, M. (Hg.), Zur Reform des Urheberrechts in Deutschland. Die vorliegenden Entwürfe von Elster, Goldbaum, Hoffmann, Marwitz nebst dem Text der geltenden deutschen und österreichischen Gesetze, vergleichend zusammengestellt (= GRUR Sonderheft 2, 1929), Berlin 1929.

Mohnhaupt, H., Zur Entstehung der Rechtsdisziplin „Urheberrecht" im 19. Jahrhundert, in: L. Pahlow u. J. Eisfeld (Hg.), Grundlagen und Grundfragen des Geistigen Eigentums, Tübingen 2008, S. 131–154.

Mollier, J.-Y. (Hg.), Histoires de lecture: XIXe-XXe siècles, Bernay 2005.

–, Les mutations de l'espace éditorial français du XVIIIe au XXe siècle. Actes de la recherche en sciences sociales, Bd. 126/127, 1999, S. 29–38.

Mollier, J.-Y. u. P. Sorel, L'histoire de l'édition, du livre et de la lecture en France aux XIXe et XXe siècles. Approche bibliographique, in: Actes de la recherche en sciences sociales, Bd. 126/127, 1999, S. 39–59.

Mommsen, W.J., Der Erste Weltkrieg. Anfang vom Ende des bürgerlichen Zeitalters, Frankfurt am Main 2004.

Montagne, E., Histoire de la Société des Gens de Lettres, Paris 1889.

Moser, R. von, 50 Jahre Berner Uebereinkunft zum Schutze von Werken der Literatur und Kunst 1886–1936, in: GRUR, Jg. 41, 1936, S. 183–185.

Müller, G., France and Germany after the Great War: Businessmen, Intellectuals and Artists in Nongovernmental European Networks, in: J. Gienow Hecht u. F. Schumacher (Hg.), Culture and International History, New York 2004, S. 97 - 113.
–, Internationale Gesellschaftsgeschichte und internationale Gesellschaftsbeziehungen aus Sicht der deutschen Geschichtswissenschaft, in: E. Conze u. a. (Hg.), Geschichte der internationalen Beziehungen. Erneuerung und Erweiterung einer historischen Disziplin, Köln 2004, S. 231 - 258.
Murphy, C.N., International Organization and Industrial Change. Global Governance Since 1850, Cambridge 1994.
Navari, C., Internationalism and the State in the Twentieth Century, London 2000.
Neutsch, C., Erste „Nervenstränge des Erdballs". Interkontinentale Seekabelverbindungen vor dem Ersten Weltkrieg, in: H.-J.Teuteberg u. C. Neutsch (Hg.), Vom Flügeltelegraphen zum Internet. Geschichte der modernen Telekommunikation, Stuttgart 1998, S. 47 - 66.
Niedhardt, G., Staatenwelt und Gesellschaftswelt: Zur Rolle des neuzeitlichen Territorialstaats in der internationalen Politik des 19. und 20. Jahrhunderts, in: R.H. Hasse (Hg.), Nationalstaat im Spagat. Zwischen Suprastaatlichkeit und Subsidiarität, Stuttgart 1997, S. 39 - 51.
Nolte, H.-H., Weltgeschichte. Imperien, Religionen, Systeme, 15.–19. Jahrhundert, Wien 2005.
Northedge, F.S., The League of Nations. Its Life and Times, 1920 - 1946, Leicester 1986.
o.A., Raymond Weiss – Nécrologie, in: Le Droit d'Auteur, Jg. 69, 1956, S. 26.
O'Keohane, R., After Hegemony: Cooperation and Discord in the World Political Economy, Princeton 1984.
O'Rourke, K.H. u. J.G. Williamson, Globalization and History. The Evolution of a Nineteenth-Century Atlantic Economy, Cambridge 1999.
Oberndörfer, P., Die philosophischen Grundlagen des Urheberrechts, Baden-Baden 2005.
Office central des institutions internationales, Annuaire de la vie internationale. Unions, associations, institutions, commissions, bureaux, offices, conférences, congrès, expositions, publications, Bruxelles 1909 - 1911.
Ohly, A., Geistiges Eigentum?, in: Juristenzeitschrift, Jg. 58, 2003, S. 545 - 554.
Ortland, E., Urheberrecht und ästhetische Autonomie, in: Deutsche Zeitschrift für Philosophie, Jg. 52, 2004, S. 773 - 792.
Osterhammel, J., Die Verwandlung der Welt. Eine Geschichte des 19. Jahrhunderts, München 2009.
–, Alte und neue Zugänge zur Weltgeschichte, in: ders. (Hg.), Weltgeschichte, Stuttgart 2009, S. 9 - 32.
–, Auf der Suche nach einem 19. Jahrhundert, in: S. Conrad u. a. (Hg.), Globalgeschichte. Theorien, Ansätze, Themen, Frankfurt am Main 2007, S. 109 - 130.
–, Weltgeschichte. Ein Propädeutikum, in: Geschichte in Wissenschaft und Unterricht, Jg. 56, 2005, S. 452 - 479.
–, Transferanalyse und Vergleich im Fernverhältnis, in: H. Kaelble u. J. Schriewer

(Hg.), Vergleich und Transfer. Komparatistik in den Sozial-, Geschichts- und Kulturwissenschaften, Frankfurt am Main 2003, S. 439–466.

–, Geschichtswissenschaft jenseits des Nationalstaats. Studien zu Beziehungsgeschichte und Zivilisationsvergleich, Göttingen 2001.

–, Transnationale Gesellschaftsgeschichte: Erweiterung oder Alternative?, in: GG, Jg. 27, 2001, S. 464–479.

Osterhammel, J. u. N.P. Petersson, Geschichte der Globalisierung. Dimensionen, Prozesse, Epochen, München 2003.

Osterrieth, A., Betrachtungen zur Revision der Berner Übereinkunft zum Schutze der Werke des Schrifttums und der Kunst, in: GRUR, Jg. 28, 1923, S. 25–29.

–, Der gewerbliche Rechtsschutz und der Krieg, in: GRUR, Jg. 19, 1914, S. 289–299.

Ostertag, F., Internationale Bureaux in der Schweiz, in: Handbuch der Schweizerischen Volkswirtschaft, Bern 1939, S. 619–621.

–, Gedanken über eine urheberrechtliche Weltkonvention, in: UFITA, 1938, S. 349–352.

–, Die Haager Konferenz zur Revision der Pariser Übereinkunft für gewerblichen Rechtsschutz, Zürich 1928.

Pahlow, L., „Intellectual Property", „Propriété intellectuelle" und kein „Geistiges Eigentum"? Historisch-kritische Anmerkungen zu einem umstrittenen Rechtsbegriff, in: UFITA, 2006, S. 705–726.

Palmer, A.W., Negotiation and Resistance in Global Networks. The 1884 International Meridian Conference, in: Mass Communication & Society, Jg. 5, 2002, S. 7–24.

Pan American Union, Inter-American Conference of Experts on Copyright. Proceedings (June 1–22, 1946), Washington D.C. 1946.

–, Report on the Activities of the Pan American Union 1923–1927. Submitted to the Governments, Members of the Pan American Union by the Director General in Accordance with a Resolution of the Fifth International Conference of American States, Washington 1928.

Patel, K.K., Nach der Nationalfixiertheit. Perspektiven einer transnationalen Geschichte, Berlin 2004.

–, Überlegungen zu einer transnationalen Geschichte, in: ZfG, Jg. 52, 2004, S. 626–645.

–, Transatlantische Perspektiven transnationaler Geschichte, in: GG, Jg. 29, 2003, S. 625–647.

Patterson, L.R. u. S.W. Lindberg, The Nature of Copyright: A Law of User's Rights, Athens, Georgia 1991.

Patterson, L.R., Copyright in Historical Perspective, Nashville 1968.

–, Copyright and Author's Rights. A Look at History, in: Harvard Library Bulletin, Jg. 16, 1968, S. 370–384.

Paulmann, J., Grenzüberschreitungen und Grenzräume. Überlegungen zur Geschichte transnationaler Beziehungen von der Mitte des 19. Jahrhunderts bis in die Zeitgeschichte, in: E. Conze u.a. (Hg.), Geschichte der internationalen Beziehungen. Erneuerung und Erweiterung einer historischen Disziplin, Köln 2004, S. 169–196.

Pedersen, Susan, Back to the League of Nations, in: AHR, Jg. 112, 2007, S. 1091–1117.
–, The Meaning of the Mandates System: An Argument, in: GG, Jg. 32, 2006, S. 560–582.
Peifer, K.N., Moral Rights in den USA, in: ZUM, 1993, S. 325–352.
Perez-Guerrero, M., Les relations des états de l'Amérique Latine avec la Société des Nations, Paris 1936.
Petersson, N.P., Anarchie und Weltrecht. Das Deutsche Reich und die Institutionen der Weltwirtschaft 1890–1930, Göttingen 2009.
–, Eine Welt des (Un)Rechts: Globalisierung und das Problem der Verrechtlichung internationaler Wirtschaftsbeziehungen vor dem Ersten Weltkrieg, in: E. Conze u. a. (Hg.), Geschichte der internationalen Beziehungen. Erneuerung und Erweiterung einer historischen Disziplin, Köln 2004, S. 93–112.
Petri, R. u. H. Siegrist, Probleme und Perspektiven der Europa-Historiographie, Leipzig 2004.
Pfeil, A., Der Völkerbund. Literaturbericht und kritische Darstellung seiner Geschichte, Darmstadt 1976.
Pham-Thi-Tu, La Coopération intellectuelle sous la Société des Nations, Genève 1962.
Pinner, H.L. (Hg.), World Copyright. An Encyclopedia, Leyden 1953.
Plaisant, M. u. O. Pichot, La conférence de Rome. Commentaire pratique de la nouvelle convention pour la protection internationale de la propriété littéraire et artistique, Paris 1934.
Plaisant, M., De la protection internationale de la propriété industrielle, in: Recueil des cours de l'Académie de Droit International de La Haye, Paris 1932.
–, La création artistique et littéraire et le droit, Paris 1920.
Plaisant, R., L'évolution des conventions de la propriété intellectuelle, in: Bureaux internationaux réunis pour la protection de la propriété intellectuelle (Hg.), Les unions internationales pour la protection de la propriété industrielle, littéraire et artistique, 1883–1963, Genève 1962, S. 47–114.
Plaisant, R. u. M. Saporta, La convention universelle du droit d'auteur (de l'UNESCO), in: GRUR, Jg, 56, 1954, S. 49–61.
Plumpe, G., Autor und Publikum, in: H. Brackert u. J. Stückrath (Hg.), Literaturwissenschaft. Ein Grundkurs, Reinbek bei Hamburg 1992, S. 377–391.
–, Eigentum – Eigentümlichkeit. Über den Zusammenhang ästhetischer und juristischer Begriffe im 18. Jahrhundert, in: Archiv für Begriffsgeschichte, Jg. 23, 1979, S. 175–196.
Pollard, S., Free Trade, Protectionism, and the World Economy, in: M.H. Geyer u. J. Paulmann (Hg.), The Mechanics of Internationalism. Culture, Society, and Politics From the 1840 s to the First World War, Oxford 2001, S. 27–53.
Pope, A., A Narrative of the Method by Which Mr. Pope's Private Letters Were Procured and Published by Mr. Edmund Curll, Bookseller (1735), in: R. Cowler (Hg.), The Prose Works of Alexander Pope, Oxford 1986, S. 327–356.
Potthast, B., Urbanisierung und sozialer Wandel, in: M. Kaller-Dietrich u. a. (Hg.), Lateinamerika im 19. und 20. Jahrhundert, Wien 2004, S. 99–114.

Püschel, H., 100 Jahre Berner Union. Gedanken, Dokumente, Erinnerungen, Leipzig 1986.
–, Internationales Urheberrecht, Berlin 1982.
Pütter, J.S., Der Büchernachdruck nach ächten Grundsätzen des Rechts, Göttingen 1794.
Quack, S., Zum Werden und Vergehen von Institutionen – Vorschläge für eine dynamische Governanceanalyse, in: G.F. Schuppert (Hg.), Governance-Forschung – Vergewisserung über Stand und Entwicklungslinien, Baden-Baden 2005, S. 346–370.
Raabe, P., Das Buch in den zwanziger Jahren. Aspekte einer Forschungsaufgabe, in: ders. (Hg.), Das Buch in den zwanziger Jahren. Vorträge des zweiten Jahrestreffens des Wolfenbütteler Arbeitskreises für Geschichte des Buchwesens 16. bis 18. Mai 1977, Hamburg 1978, S. 9–32.
Raestad, A., La Convention de Berne révisée à Rome 1928, Paris 1931.
Raphael, L., Rechtskultur, Verrechtlichung und Professionalisierung. Anmerkungen zum 19. Jahrhundert aus kulturanthropologischer Sicht, in: C. Dipper (Hg.), Rechtskultur, Rechtswissenschaft, Rechtsberufe im 19. Jahrhundert. Professionalisierung und Verrechtlichung in Deutschland und Italien, Berlin 2000, S. 29–48.
Rapport présenté au comité d'experts pour l'étude d'un statut universel du droit d'auteur, réuni à Paris, les 1er, 2 et 25 avril 1936, par l'Institut international de coopération intellectuelle et l'Institut international de Rome pour l'unification du droit privé, par le Sénateur Antuña, président de la commission interaméricaine du droit d'auteur, in: Administration belge u. Institut international de coopération intellectuelle (Hg.), Conférence diplomatique pour la préparation d'une convention universelle sur le droit d'auteur. Bd. 1: Documents préliminaires, Bruxelles 1938, S. 28–32.
Rechenberg, H.H.-K., Non-Governmental Organizations, in: R. Bernhardt (Hg.), Encyclopedia of Public International Law, Amsterdam 1997, S. 612–619.
Rehbinder, M., Urheberrecht, München 2008.
–, Kein Urheberrecht ohne Gesetzesrecht. Zum Urheberschutz um die Mitte des 19. Jahrhunderts, in: R. Dittrich (Hg.), Woher kommt das Urheberrecht und wohin geht es? Wurzeln, geschichtlicher Ursprung, geistesgeschichtlicher Hintergrund und Zukunft des Urheberrechts, Wien 1988, S. 99–116.
Reinhard, W., Geschichte der Staatsgewalt. Eine vergleichende Verfassungsgeschichte Europas von den Anfängen bis zur Gegenwart, München 2000.
Reisinger, N., Das Zeitalter des Hochimperialismus. Europas Aufbruch zur Weltwirtschaft, in: F. Edelmayer u.a. (Hg.), Die Geschichte des europäischen Welthandels und der wirtschaftliche Globalisierungsprozeß, München 2001, S. 207–218.
Relations Internationales, Bd. 75/76, 1993. Themenheft: Les Organisations internationales au XXe siècle.
Renoliet, J.-J., L'UNESCO oublié. La Société des Nations et la coopération intellectuelle (1919–1946), Paris 1999.

Résolution de la VIIe conférence internationale des Etats américains (Montevideo, 16 décembre 1933), in: Administration belge u. Institut international de coopération intellectuelle (Hg.), Conférence diplomatique pour la préparation d'une convention universelle sur le droit d'auteur. Bd. 1: Documents préliminaires, Bruxelles 1938, S. 9–10.

Revel, J., Jeux d'échelles. La micro-analyse à l'expérience, Paris 1996.

Ribi, A., Humanitarian Imperialism. The Politics of Anti-Slavery Activism in the Interwar Years, University of Oxford 2008.

Ricketson, S., International Copyright and Neighbouring Rights. The Berne Convention and Beyond, Oxford 2006.

–, The Berne Convention for the Protection of Literary and Artistic Works: 1886–1986, London 1987.

Riesenberger, D., Für Humanität in Krieg und Frieden. Das Internationale Rote Kreuz 1863–1977, Göttingen 1992.

Risse-Kappen, T., Bringing Transnational Relations Back In: Introduction, in: ders. (Hg.), Bringing Transnational Relations Back In. Non-State Actors, Domestic Structures and International Institutions, Cambridge 1995, S. 3–33.

–, Structures of Governance and Transnational Relations: What Have We Learned?, in: ders. (Hg.), Bringing Transnational Relations Back In. Non-State Actors, Domestic Structures and International Institutions, Cambridge 1995, S. 280–313.

Rittberger, V. u. B. Zangl, Internationale Organisationen. Politik und Geschichte, Opladen 2003.

Röder, T.J., Rechtsbildung im wirtschaftlichen „Weltverkehr". Das Erdbeben von San Francisco und die internationale Standarisierung von Vertragsbedingungen (1871–1914), Frankfurt am Main 2006.

Rodolphe-Rousseau, J. (Hg.), Le Cerlce de la Librairie 1847–1947. Centenaire, Paris 1947.

Roon, G. van, Völkerbund und Weltwirtschaft, in: C. Buchheim u. a. (Hg.), Zerrissene Zwischenkriegszeit. Wirtschaftshistorische Beiträge. Knut Borchardt zum 65. Geburtstag, Baden-Baden 1994, S. 221–240.

Rose, M., Authors and Owners. The Invention of Copyright, Cambridge 1993.

–, The Author in Court. Pope v. Curll (1741), in: Cardozo Arts & Entertainment Law Journal, Jg. 10, 1992, S. 475–493.

–, The Author as Proprietor. Donaldson v. Beckett and the Genealogy of Modern Authorship, in: Representations, 1988, S. 51–85.

Rothbarth, M., Internationale geistige Zusammenarbeit, Berlin 1928.

Rothermund, D., Globalgeschichte und Geschichte der Globalisierung, in: M. Grandner u. a. (Hg.), Globalisierung und Globalgeschichte, Wien 2005, S. 12–35.

Röthlisberger, E., Der interne und der internationale Schutz des Urheberrechts in den Ländern des Erdballs, Leipzig 1931.

–, Der interne und der internationale Schutz des Urheberrechts in den Ländern des Erdballs, Leipzig 1914.

–, Urheberrechts-Gesetze und -Verträge in allen Ländern nebst Bestimmungen über das Verlagsrecht, Leipzig 1914.

–, Das Schicksal der Literarverträge und Literar- sowie anderer Rechtsschutzunionen im Kriege, in: Schweizerische Juristen-Zeitung, Jg. 11, 1914, S. 74–78.
–, Du droit des auteurs et des artistes dans les rapports crées par les unions internationales et notamment par l'union prototype de Berne de 1886, Berne 1912.
–, Die Berner Übereinkunft zum Schutz der Werke der Literatur und Kunst und die Zusatzabkommen. Geschichtlich und rechtlich beleuchtet und kommentiert, Bern 1906.
–, Geistige Produktion, in: N. Reichesberg (Hg.), Handwörterbuch der schweizerischen Volkswirtschaft, Sozialpolitik und Verwaltung, Bern 1903–1911, S. 203–211.
–, Les unions internationales et leurs bureaux. La Suisse au XIX siècle, Lausanne 1894.
Royer, C., La protection internationale du droit d'auteur en Amérique et les tentatives de rapprochement des conventions panaméricaines et de la Convention de Berne, Toulouse 1942.
Rucht, D., Zivilgesellschaftliche Akteure und transnationale Politik, in: A. Bauerkämper (Hg.), Die Praxis der Zivilgesellschaft. Akteure, Handeln und Strukturen im internationalen Vergleich, Frankfurt am Main 2003, S. 371–389.
Rüegg, W. (Hg.), Geschichte der Universität in Europa. Bd. 2: Von der Reformation zur Französischen Revolution, München 1996; Bd. 3: Vom 19. Jahrhundert zum Zweiten Weltkrieg (1800–1945), München 2004.
Ruffini, F., De la protection internationale des droits sur les œuvres littéraires et artistiques, in: Recueil des cours de l'Académie de Droit International de La Haye, Paris 1926, S. 386–571.
Ruffini, F. u. League of Nations Committee on Intellectual Co-operation, Report on Scientific Property Submitted by Francesco Ruffini and Approved by the Committee, Geneva 1923.
Runge, K., Die Revidierte Berner Übereinkunft zum Schutze von Werken der Literatur und Kunst in Kriegs- und Nachkriegszeit, in: GRUR, Jg. 50, 1948, S. 31–35.
Rupp, L.J., Worlds of Women. The Making of an International Women's Movement, Princeton 1997.
Ruppert, W., Der moderne Künstler. Zur Sozial- und Kulturgeschichte der kreativen Individualität in der Moderne im 19. und frühen 20. Jahrhundert, Frankfurt am Main 1998.
Samuels, E.B., The Illustrated Story of Copyright, New York 2000.
Sánchez-Albornoz, N., The Population of Latin America, 1850–1930, in: L. Bethell (Hg.), The Cambridge History of Latin America, 1870–1930, Cambridge 1989, S. 121–152.
Sanctis, V. de, Convention universelle et minimum de protection, in: Copyright Bulletin. Bulletin du droit d'auteur, Jg. 3, 1950, S. 76–80.
Santoro, M., Geschichte des Buchhandels in Italien, Wiesbaden 2003.
Sapiro, G., Propriétaires ou travailleurs intellectuels? Les écrivains français en quête de statut, in: Le Mouvement Social, Bd. 214, 2006, S. 119–145.
–, Entre individualisme et corporatisme: les écrivains dans la première moitié du

XXe siècle, in: S. Kaplan u. P. Minard (Hg.), La France malade du corporatisme?, Paris 2004, S. 279 - 314.
-, La guerre des écrivains 1940 - 1953, Paris 1999.
Saporta, M., La conférence intergouvernementale de Genève (18 août - 6 septembre 1952) et la convention universelle du droit d'auteur de l'UNESCO (6 septembre 1952), Paris 1952.
Sassen, S., Globalization and Its Discontents. Essays on the New Mobility of People and Money, New York 1998.
Satter, K., Die Berner Urheberrechts-Konvention und das internationale Privatrecht, in: Geistiges Eigentum. Copyright. La propriété intellectuelle. Internationale Zeitschrift für Theorie und Praxis des Urheberrechts und seiner Nebengebiete, 1935, S. 241 - 256.
Saunders, D., Authorship and Copyright, London 1992.
Scafidi, S., Who Owns Culture? Appropriation and Authenticity in American Law, New Brunswick 2005.
-, Digital Property/ Analog History, in: Loyola Los Angeles Law Review, Jg. 38, 2004, S. 245 - 265.
Scheideler, B., Werbung für das Buch, in: S. Füssel u. a. (Hg.), Der Börsenverein des Deutschen Buchhandels 1825 - 2000, Frankfurt am Main 2000, S. 226 - 233.
Scheideler, J., Zwischen Beruf und Berufung. Zur Sozialgeschichte der deutschen Schriftsteller von 1880 - 1933, Frankfurt am Main 1997.
Schlögel, K., Im Raume lesen wir die Zeit. Über Zivilisationsgeschichte und Geopolitik, München 2003.
Schmidt-Szalewski, J., Evolution du droit d'auteur en France, in: E. Wadle (Hg.), Historische Studien zum Urheberrecht in Europa. Entwicklungslinien und Grundfragen, Berlin 1993, S. 151 - 166.
Schmitt, C., Die Kernfrage des Völkerbundes, Berlin 1926.
Schneider, P., Haager Friedenskonferenzen von 1899 und 1907, in: H.-J. Schlochauer (Hg.), Wörterbuch des Völkerrechts, Berlin 1960, S. 739 - 745.
Schneider, U., Lektürebudgets in Privathaushalten der zwanziger Jahre, in: Gutenberg-Jahrbuch, Jg. 71, 1996, S. 341 - 351.
Schöndorf, J., Simon-Nicolas-Henri Linguet und der Zweibrücker Nachdruck der Annales politiques, civiles et littéraires. Eine Dokumentation zur Geschichte des Nachdruckwesens im 18. Jahrhundert, in: Philobiblon, Jg. 38, 1994, S. 33 - 46.
Schricker, G., Hundert Jahre Urheberrechtsentwicklung, in: F.-K. Beier u. a. (Hg.), Gewerblicher Rechtsschutz und Urheberrecht in Deutschland. Festschrift zum hundertjährigem Bestehen der Deutschen Vereinigung für gewerblichen Rechtsschutz und Urheberrecht und ihrer Zeitschrift, Weinheim 1991, S. 1096 - 1124.
Schroer, M., Räume, Orte, Grenzen. Auf dem Weg zu einer Soziologie des Raums, Frankfurt am Main 2006.
Schücking, W., Die Organisation der Welt, Leipzig 1909.
Schücking, W. u. H. Wehberg. Die Satzung des Völkerbundes, Berlin 1921.
Schulin, E., Universalgeschichte und abendländische Entwürfe, in: J. Osterhammel (Hg.), Weltgeschichte, Stuttgart 2009, S. 49 - 63.

Schulz, M., Normen und Praxis. Das Europäische Konzert der Großmächte als Sicherheitsrat, 1815–1860, München 2009.

–, Globalisierung, regionale Integration oder Desintegration? Der Völkerbund und die Weltwirtschaft, in: E. Fuchs u. M. Schulz (Hg.), Globalisierung und transnationale Zivilgesellschaft in der Ära des Völkerbundes (= ZfG, Jg. 54, 2006, H.10), Berlin 2006, S. 837–851.

–, Netzwerke und Normen in der internationalen Geschichte. Überlegungen zur Einführung, in: Historische Mitteilungen, Jg. 17, 2004, S. 1–14.

Schuppert, G.F., Governance im Spiegel der Wissenschaftsdisziplinen, in: ders. (Hg.), Governance-Forschung – Vergewisserung über Stand und Entwicklungslinien, Baden-Baden 2005, S. 371–469.

Schütz, E., Medien, in: D. Langewiesche u. H.-E. Tenorth (Hg.), Handbuch der deutschen Bildungsgeschichte. Bd. 5: Die Weimarer Republik und die nationalsozialistische Diktatur 1918–1945, München 1989, S. 371–406.

Schweizerische Vereinigung für Urheberrecht (Hg.), Die Berner Übereinkunft und die Schweiz. Schweizerische Festschrift zum einhundertjährigem Bestehen der Berner Übereinkunft zum Schutze von Werken der Literatur und der Kunst, Bern 1986.

Schwentker, W., Globalisierung und Geschichtswissenschaft. Themen, Methoden und Kritik der Globalgeschichte, in: M. Grandner u.a.(Hg.), Globalisierung und Globalgeschichte, Wien 2005, S. 36–59.

Scobie, J.B., The Growth of Latin American Cities, 1870–1930, in: L. Bethell (Hg.), The Cambridge History of Latin America, 1870–1930, Cambridge 1986, S. 233–265.

Scott, R.W., Organization: Overview, in: N.J. Smelser u. P.B. Baltes (Hg.), International Encyclopedia of the Social and Behavioral Sciences, Oxford 2001, S. 10910–10917.

–, Contemporary Institutional Theory, in: ders. (Hg.), Institutions and Organizations, Thousands Oaks 1995, S. 33–62.

Seckelmann, M., Keine Alternative zur Staatlichkeit – Das Konzept der "Global Governance", in: Verwaltungsarchiv. Zeitschrift für Verwaltungslehre, Verwaltungsrecht und Verwaltungspolitik, Jg. 98, 2007, S. 30–53.

–, Industrialisierung, Internationalisierung und Patentrecht im Deutschen Reich, Frankfurt am Main 2006.

–, Schutz oder Monopolisierung von Ideen? Die Anfänge der deutschen Diskussion um das ‚geistige Eigentum', in: R. Adelmann u. a. (Hg.), Ökonomien des Medialen. Tausch, Wert und Zirkulation in den Medien- und Kulturwissenschaften, Bielefeld 2006, S. 127–148.

Secretan, J., L'évolution structurelle des unions internationales pour la protection de la propriété intellectuelle, in: Bureaux internationaux réunis pour la protection de la propriété intellectuelle, Les unions internationales pour la protection de la propriété industrielle, littéraire et artistique, 1883–1963, Genève 1962, S. 11–45.

Seligsohn, M., Die Bestimmungen des Friedensvertrages über den Schutz der Werke der Literatur und Kunst, in: GRUR, Jg. 24, 1919, S. 229–234.

Sell, Susan, Intellectual Property and Public Policy in Historical Perspective: Contestation and Settlement, in: Loyola Los Angeles Law Review, Jg. 38, 2004, S. 267–321.
Seville, C., The Internationalisation of Copyright Law. Books, Buccaneers and the Black Flag in the Nineteenth Century, Cambridge 2006.
–, Literary Copyright Reform in Early Victorian England. The Framing of the 1842 Copyright Act, Cambridge 1999.
Shadlen, K.C., Intellectual Property, Trade, and Development: Can Foes be Friends?, in: Global Governance, Jg. 13, 2007, S. 171–177.
Sheehan, J., Kontinent der Gewalt. Europas langer Weg zum Frieden, München 2008.
Sherman, B. u. L. Bently, The Making of Modern Intellectual Property Law. The British Experience 1760–1911, Cambridge 1999.
Sherman, B. u. A. Strowel (Hg.), Of Authors and Origins: Essays on Copyright Law, Oxford 1994.
Sidjanski-Castanos, D., Droit d'auteur ou copyright. Les rapports entre les différents systèmes en vigueur, Lausanne 1954.
Siegrist, H., Die Propertisierung von Gesellschaft und Kultur. Konstruktion und Institutionalisierung des Eigentums in der Moderne, in: ders. (Hg.), Entgrenzung des Eigentums in modernen Gesellschaften und Rechtskulturen, Leipzig 2007, S. 1–52.
–, Transnationale Geschichte als Herausforderung der wissenschaftlichen Historiographie, in: M. Middell (Hg.), Dimensionen der Kultur- und Gesellschaftsgeschichte. Festschrift für Hannes Siegrist zum 60. Geburtstag, Leipzig 2007, S. 40–48.
–, Geschichte des geistigen Eigentums und der Urheberrechte. Kulturelle Handlungsrechte in der Moderne, in: J. Hofmann (Hg.), Wissen und Eigentum. Geschichte, Recht und Ökonomie stoffloser Güter, Bonn 2006, S. 64–80.
–, Geistiges Eigentum im Spannungsfeld von Individualisierung, Nationalisierung und Internationalisierung. Der Weg zur Berner Übereinkunft von 1886, in: R. Hohls u. a. (Hg.), Europa und die Europäer. Quellen und Essays zur modernen europäischen Geschichte, Wiesbaden 2005, S. 52–61.
–, The Professions in Nineteenth-Century Europe, in: H. Kaelble (Hg.), The European Way. European Societies During the Nineteenth and Twentieth Centuries, New York 2004, S. 68–88.
–, Perspektiven der vergleichenden Geschichtswissenschaft. Gesellschaft, Kultur und Raum, in: H. Kaelble u. J. Schriewer (Hg.), Vergleich und Transfer. Komparatistik in den Sozial-, Geschichts- und Kulturwissenschaften, Frankfurt am Main 2003, S. 263–297.
Siegrist, H. u. D. Sugarman (Hg.), Eigentum im internationalen Vergleich (18.–20. Jahrhundert), Göttingen 1999.
Sikkink, K., Transnational Politics, International Relations Theory, and Human Rights, in: Political Science and Politics, Jg. 31, 1998, S. 516–523.
Sikkink, K. u. T. Risse-Kappen (Hg.): The Power of Human Rights. International Norms and Domestic Change, Cambridge 1999.

Sinzheimer, L. (Hg.), Die geistigen Arbeiter. Erster Teil: Freies Schriftstellertum und Literaturverlag, München 1922.
Siotis, J., The Institutions of the League of Nations, in: The League of Nations in Retrospect. Proceedings of the Symposium, Berlin 1983, S. 19–30.
Société des Gens de Lettres, Centenaire de la Société des Gens de Lettres de France (31 mai – 4 juin 1938), Paris 1938.
Société des Nations, Publications de l'Institut international de coopération intellectuelle, Paris 1939.
–, L'Institut international de coopération intellectuelle, Paris 1930.
–, Rapport sur la statistique intellectuelle, Genève 1928.
–, La Société des Nations et la coopération intellectuelle, Genève 1926.
Société des Nations u. Organisation internationale de coopération intellectuelle, Les commissions nationales de coopération intellectuelle, Genève 1932.
Société des Nations u. Section d'information, La Société des Nations et la coopération intellectuelle, Genève 1926.
–, La Société des Nations et la coopération intellectuelle, Genève 1923/ 1927.
Speeckaert, G.P., Bibliographie sélective sur l'organisation internationale 1885–1964, Bruxelles 1965.
Spree, R., Globalisierungs-Diskurse – Gestern und heute, in: Jahrbuch für Wirtschaftsgeschichte, 2003, S. 35–56.
Staudinger, E., Politische, kulturelle und ökonomische Aspekte der internationalen Beziehungen in der ersten Hälfte des 20. Jahrhunderts, in: F. Edelmayer u. a. (Hg.), Die Geschichte des europäischen Welthandels und der wirtschaftliche Globalisierungsprozeß, München 2001, S. 219–267.
Sterling, J.A.L., World Copyright Law. Protection of Author's Works, Performances, Phonograms, Films, Video, Broadcasts and Published Editions in National, International and Regional Law, London 1998.
Stollberg-Rillinger, B., Was heißt Kulturgeschichte des Politischen? Einleitung, in: dies. (Hg.), Was heißt Kulturgeschichte des Politischen?, Berlin 2005, S. 9–24.
Stolleis, M., Der lange Abschied vom 19. Jahrhundert. Die Zäsur von 1914 aus rechtshistorischer Perspektive, Berlin 1997.
Strikwerda, C., Reinterpreting the History of European Integration. Business, Labor, and Social Citizenship in Twentieth Century Europe, in: J. Klausen u. L.A. Tilly (Hg.), European Integration in Social and Historical Perspective. 1850 to Present, Lanham 1997, S. 51–70.
Strömholm, S., Le droit moral de l'auteur en droit allemand, français et scandinave avec un aperçu de l'évolution internationale, Stockholm 1967.
Strowel, A., Droit d'auteur et copyright. Divergences et convergences. Etude de droit comparé, Paris 1993.
Strupp, K., Verwaltungsgemeinschaften (Internationale Unionen), in: K. Freiherr von Stengel u. M. Fleischmann (Hg.), Wörterbuch des deutschen Staats- und Verwaltungsrechts, Tübingen 1914, S. 735–741.
Stuchtey, B. u. E. Fuchs (Hg.), Writing World History (1800–2000), Oxford 2003.

Stucki-Volz, G., Der Malik-Verlag und der Buchmarkt in der Weimarer Republik, Bern 1993.
Subcommittee of the American National Committee of International Intellectual Cooperation, Report on the Status of International Copyright Protection and on the Brussels Meeting of the Committee of Experts, New York 1938.
Suri, J., Non-Governmental Organizations and Non-State Actors, in: P. Finney (Hg.), International History, New York 2005, S. 223–246.
Tamm Hallström, K., Organizing International Standardization. ISO and the IASC in Quest of Authority, Cheltenham 2004.
Taubert, S., Grundriss des Buchhandels in aller Welt, Hamburg 1953.
Teubner, G., Globale Bukowina. Zur Emergenz eines transnationalen Rechtspluralismus, Basel 1996.
Thiemeyer, G., Internationalismus und Diplomatie. Währungspolitische Kooperation im europäischen Staatensystem 1865–1900, München 2009.
Thorp, R., Latin America and the International Economy from the First World War to the World Depression, in: L. Bethell (Hg.), The Cambridge History of Latin America, 1870–1930, Cambridge 1989, S. 57–81.
Tilly, R., Globalisierung aus historischer Sicht und das Lernen aus der Geschichte, Köln 1999.
Torp, C., Die Herausforderung der Globalisierung. Wirtschaft und Politik in Deutschland 1860–1914, Göttingen 2005.
–, Die Weltwirtschaft vor dem Ersten Weltkrieg. Die erste Welle ökonomischer Globalisierung vor 1914, in: HZ, Bd. 279, 2004, S. 561–609.
Uchtenhagen, U., Die Urheberrechts-Systeme der Welt und ihre Verwurzelung in den geistigen Grundlagen des Urheberrechts, in: R. Dittrich (Hg.), Woher kommt das Urheberrecht und wohin geht es? Wurzeln, geschichtlicher Ursprung, geistesgeschichtlicher Hintergrund und Zukunft des Urheberrechts, Wien 1988, S. 29–42.
Uhlig, F., Der erste Hochschullehrstuhl für Buchhandelsbetriebslehre, in: ders. (Hg.), Buchhandel und Wissenschaft, Gütersloh 1965, S. 31–53.
Ulmer, E. (Hg.), International Encyclopedia of Comparative Law. Bd. 14: Copyright and Industrial Property, Tübingen 1987.
–, Hundert Jahre Berner Konvention, in: International Publisher's Association u. Börsenverein des Deutschen Buchhandels (Hg.), Internationales Urheberrechtssymposium, Heidelberg 24.–25. April 1986, München 1986, S. 33–41.
–, Urheber- und Verlagsrecht, Berlin 1980.
–, Börsenverein und Urheberrecht, in: Börsenblatt für den Deutschen Buchhandel, Frankfurter Ausgabe, Nr. 32 S, 1975, S. 43–48.
–, Der Entwurf eines Welturheberrechtsabkommens, in: GRUR, Jg. 54, 1952, S. 16–23.
Umlauff, E., Beiträge zur Statistik des deutschen Buchhandels, Leipzig 1934.
UNESCO (Hg.), 60 ans d'histoire de l'UNESCO: Actes du colloque international 16–18 novembre 2005, Paris 2007.
–, Documents de travail concernant le droit d'auteur dans le monde et la préparation de la Convention universelle du droit d'auteur, 1947–1951, Paris 1947–1951.

–, Conférence générale. 1er sessions Paris 1946. Actes, Paris 1947.
Unfried, B. u.a. (Hg.), Transnationale Netzwerke im 20. Jahrhundert. Historische Erkundungen zu Ideen und Praktiken, Individuen und Organisationen, Leipzig 2008.
Ungern-Sternberg, W. v., Schriftsteller und literarischer Markt, in: R. Grimminger (Hg.), Sozialgeschichte der deutschen Literatur. Bd. 3: Deutsche Aufklärung bis zur Französischen Revolution, München 1980, S. 133–185.
Union internationale pour la protection des œuvres littéraires et artistiques, Actes de la conférence intergouvernementale du droit d'auteur, Genève, 18 août – 6 septembre 1952, Genève 1952.
–, Convention de Berne pour la protection des œuvres littéraires et artistiques, signée le 9 septembre 1886, complétée à Paris le 4 mai 1896, revisée à Berlin le 13 novembre 1908, complétée à Berne le 20 mars 1914, revisée à Rome le 2 juin 1928 et revisée à Bruxelles le 26 juin 1948, Berne 1948.
–, Conférence de Bruxelles. Propositions avec exposé des motifs, préparée par l'administration Belge et le bureau de Berne, Berne 1936.
–, Conférence de Bruxelles. Bd. 2: Tableau des vœux émis par divers congrès et assemblées (1927–1935), Berne 1935.
–, Conférence de Bruxelles. Propositions avec des exposés des motifs, préparées par l'administration belge et le bureau de l'union, Berne 1934.
–, Actes de la conférence réunie à Rome du 7 mai au 2 juin 1928, Neuchâtel 1929.
–, Conférence de Rome: Propositions avec exposés des motifs préparées par l'administration Italienne et le bureau international de Berne, Berne 1928.
Urrutia, F.J., Le continent Américain et le droit international, Paris 1928.
Vaidhyanathan, S., Copyrights and Copywrogs: The Rise of Intellectual Property and How it Threatens Creativity, New York 2001.
Valderrama, F., Histoire de l'UNESCO, Paris 1995.
Vec, M., Weltverträge für Weltliteratur. Das Geistige Eigentum im System der rechtssetzenden Konventionen des 19. Jahrhunderts, in: L. Pahlow u. J. Eisfeld (Hg.), Grundlagen und Grundfragen des Geistigen Eigentums, Tübingen 2008, S. 107–130.
–, Das Prinzip der Verkehrsfreiheit im Völkerrecht. Die Rheinschifffahrt zwischen dem Frieden von Lunéville (1801) und der Mannheimer Akte (1868), in: Zeitschrift für Neuere Rechtsgeschichte, Jg. 30, 2008, S. 221–241.
–, Erscheinungsformen und Funktionen von Rechtsprinzipien in der Völkerrechtswissenschaft des 19. Jahrhunderts, in: R. Lieberwirth u. H. Lück (Hg.), Akten des 36. Deutschen Rechtshistorikertages. Halle an der Saale, 10.–14. September 2006, Baden-Baden 2008, S. 445–463.
–, Recht und Normierung in der Industriellen Revolution. Neue Strukturen der Normsetzung im Völkerrecht, staatlicher Gesetzgebung und gesellschaftlicher Selbstnormierung, Frankfurt am Main 2006.
Viala, A., Naissance de l'écrivain. Sociologie de la littérature à l'âge classique, Paris 1985.
Vilbois, J., Du domaine public payant en matière de droit d'auteur, Paris 1928.

Vincent, D., The Rise of Mass Literacy. Reading and Writing in Modern Europe, Cambridge 2000.
–, Literacy and Popular Culture. England 1750–1914, Cambridge 1989.
Vogel, M., Grundzüge der Geschichte des Urheberrechts in Deutschland vom letzten Drittel des 18. Jahrhunderts bis zum preußischen Urheberrechtsgesetz vom 11. Juni 1837, in: R. Dittrich (Hg.), Woher kommt das Urheberrecht und wohin geht es? Wurzeln, geschichtlicher Ursprung, geistesgeschichtlicher Hintergrund und Zukunft des Urheberrechts, Wien 1988, S. 117–134.
–, Geschichte des Urheberrechts, in: G. Schricker (Hg.), Urheberrecht. Kommentar, München 1987, S. 73–84.
–, Der literarische Markt und die Entstehung des Verlags- und Urheberrechts bis zum Jahre 1800, in: GRUR, 1973, S. 303–311.
Vogt, R.-M., Die urheberrechtlichen Reformdiskussionen in Deutschland während der Zeit der Weimarer Republik und des Nationalsozialismus, Frankfurt am Main 2004.
Volger, H., WIPO – Weltorganisation für geistiges Eigentum, in: ders. (Hg.), Lexikon der Vereinten Nationen, München 2000, S. 660–662.
Völkerbund, Der Völkerbund. Seine Verfassung und Organisation, Genf 1926.
–, Das internationale Institut für geistige Zusammenarbeit, Paris 1927.
–, Der Völkerbund und die geistige Zusammenarbeit, Genf 1927.
Voon, T., Cultural Products and the World Trade Organization, Cambridge 2007.
Voyame, J., Les rapports de la Confédération avec le bureau de l'union internationale pour la protection des œuvres littéraires et artistiques ainsi qu'avec l'Organisation mondiale de la propriété intellectuelle, in: Schweizerische Vereinigung für Urheberrecht (Hg.), Die Berner Übereinkunft und die Schweiz. Schweizerische Festschrift zum einhundertjährigem Bestehen der Berner Übereinkunft zum Schutze von Werken der Literatur und Kunst, Bern 1986, S. 85–98.
Wadle, E., Geistiges Eigentum. Bausteine zur Rechtsgeschichte, München 2003.
–, Entwicklungsschritte des Geistigen Eigentums in Frankreich und Deutschland. Eine vergleichende Studie, in: H. Siegrist u. D. Sugarman (Hg.), Eigentum im internationalen Vergleich (18.–20. Jahrhundert), Göttingen 1999, S. 245–263.
–, Der langsame Abschied vom Privileg: Das Beispiel des Urheberrechts, in: B. Dölemeyer u. H. Mohnhaupt (Hg.), Das Privileg im europäischen Vergleich Bd. 1, Frankfurt am Main 1997, S. 377–399.
–, Die Entfaltung des Urheberrechts als Antwort auf technische Neuerungen, in: ders. (Hg.), Geistiges Eigentum. Bausteine zur Rechtsgeschichte, Weinheim 1996, S. 63–74.
–, Zur Wiederkehr der Formel ‚Geistiges Eigentum', in: ders. (Hg.), Geistiges Eigentum. Bausteine zur Rechtsgeschichte, Weinheim 1996, S. 1–13.
– (Hg.),
Historische Studien zum Urhebberrecht in Europa. Entwicklungslinien und Grundfragen, Berlin 1993.
–, Der Weg zum gesetzlichen Schutz des geistigen und gewerblichen Schaffens. Die deutsche Entwicklung im 19. Jahrhundert, in: F.-K. Beier u. a. (Hg.), Gewerblicher

Rechtsschutz und Urheberrecht in Deutschland. Festschrift zum hundertjährigem Bestehen der Deutschen Vereinigung für gewerblichen Rechtsschutz und Urheberrecht und ihrer Zeitschrift, Weinheim 1991, S. 93–183.
–, Das preußische Urheberrechtsgesetz von 1837 im Lichte seiner Vorgeschichte, in: R. Dittrich (Hg.), Woher kommt das Urheberrecht und wohin geht es? Wurzeln, geschichtlicher Ursprung, geistesgeschichtlicher Hintergrund und Zukunft des Urheberrechts, Wien 1988, S. 55–77.
Waldkirch, E. von, Berner Büro zum Schutze des gewerblichen Eigentums/ Berner Büro zum Schutze von Werken der Kunst und Literatur, in: K. Strupp (Hg.), Wörterbuch des Völkerrechts, Berlin 1969, S. 186–189.
Wallace, M. u. D.J. Singer, Intergovernmental Organization in the Global System, 1815–1964. A Quantitative Description, in: International Organization, Jg. 24, 1970, S. 239–287.
Walter, R., Marktintegration durch verbesserte Kommunikation im 19. Jahrhundert, in: E. Schremmer (Hg.), Wissenschaftliche und soziale Integration in historischer Sicht, Stuttgart 1996, S. 162–183.
Walters, F.P., A History of the League of Nations, London 1952.
Waltershausen, A.S. von, Die Entstehung der Weltwirtschaft. Geschichte des zwischenstaatlichen Wirtschaftslebens vom letzten Viertel des achtzehnten Jahrhunderts bis 1914, Jena 1931.
Wauwermanns, P., La Convention de Berne (révisée à Paris) pour la protection des œuvres littéraires et artistiques, Bruxelles 1910.
Weber, A., Die Not der geistigen Arbeiter, in: E. Demm (Hg.), Politische Theorie und Tagespolitik (1903–1933). Alfred-Weber-Gesamtausgabe Bd. 7, Marburg 1999, S. 601–639.
Weber, H., Vom Völkerbund zu den Vereinten Nationen, Bonn 1987.
–, Völkerbund, in: R. Wolfrum (Hg.), Handbuch der Vereinten Nationen, München 1977, S. 1015–1020.
Webster, A., The Transnational Dream. Politicians and Soldiers in the League of Nations' Pursuit of International Disarmament 1920–1938, in: Contemporary European History, Jg. 14, 2005, S. 493–518.
Weedon, A., Victorian Publishing. The Economies of Book Productions for a Mass Market, 1836–1916, Aldershot 2003.
Weiss, R., Les premières étapes d'une charte mondiale des droits intellectuels, Paris 1947.
–, Eine Welturheberrechtskonvention. Ein der Gesetzgebungskommission der Internationalen Konföderation der Autoren-Gesellschaften für die Sitzung in Rom (April 1939) vorgelegter Bericht, in: UFITA, Jg. 12, 1939, S. 172–184.
–, Le mouvement américain en faveur d'un statut universel du droit d'auteur, in: Nouvelle Revue de Droit International Privé, Jg. 3, 1936, S. 229–235.
–, Vers un droit d'auteur universel, in: Journal de Droit International Privé, 1931, S. 786–800.
–, Vereinheitlichung des Urheberrechts durch eine Annäherung der Konventionen von Bern und Havanna, in: GRUR, Jg. 35, 1930, S. 289–294.

–, La "propriété scientifique", ou, Le droit du savant sur l'exploitation économique de sa découverte (Cahiers des droits intellectuels Bd. 2), Paris 1929.

Weiss, T.G. u. a., The "Third" United Nations, in: Global Governance. A Review of Multilateralism and International Organizations, Jg. 15, 2009, S. 123 – 142.

Weiss, T.G. u. S. Daws (Hg.), The Oxford Handbook on the United Nations, Oxford 2007.

Wenzlhuemer, R., The History of Standardization in Europe, in: Europäische Geschichte Online, 2010 (i.E.).

–, The Development of Telegraphy, 1870 – 1900: A European Perspective on a World History Challenge, in: History Compass, Jg. 5, 2007, S. 1720 – 1742.

Wessels, W., Die neuen Medien und die Literatur, in: B. Weyergraf (Hg.), Literatur der Weimarer Republik 1918 – 1933. Hansers Sozialgeschichte der deutschen Literatur vom 16. Jahrhundert bis zur Gegenwart, München 1995, S. 65 – 98.

Widmann, H. (Hg.), Der deutsche Buchhandel in Urkunden und Quellen, Hamburg 1965.

Wilfert, B., La nation des écrivains. Importations littéraires et nationalisme culturel en France, 1885 – 1930, Paris 2010 (i.E.).

Williamson, J.G., Globalization, Convergence and History, in: The Journal of Economic History, Jg. 56, 1996, S. 103 – 132.

Wintzer, J., Deutschland und der Völkerbund 1918 – 1926, Paderborn 2006.

Wirz, A., Für eine transnationale Gesellschaftsgeschichte, in: GG, Jg. 27, 2001, S. 489 – 498.

Wittmann, R., Geschichte des deutschen Buchhandels, München 1999.

–, Une révolution de la lecture à la fin du XVIIIe siècle?, in: G. Cavallo u. R. Chartier (Hg.), Histoire de la lecture dans le monde occidental, Paris 1997, S. 331 – 364.

Wöbse, A.-K., „To cultivate the internationale mind": Der Völkerbund und die Förderung der internationalen Zivilgesellschaft, in: E. Fuchs u. M. Schulz (Hg.), Globalisierung und transnationale Zivilgesellschaft in der Ära des Völkerbundes (= ZfG, Jg. 54, 2006, H.10), Berlin 2006, S. 852 – 863.

–, Der Schutz der Natur im Völkerbund – Anfänge einer Weltumweltpolitik, in: Archiv für Sozialgeschichte, Jg. 43, 2003, S. 177 – 190.

Wolf, K.D., Die UNO. Geschichte, Aufgaben, Perspektiven, München 2005.

Wolfrum, E. u. C. Arendes, Globale Geschichte des 20. Jahrhunderts, Stuttgart 2007.

Wolfrum, R., International Administrative Unions, in: R. Bernhardt (Hg.), Encyclopedia of Public International Law, Amsterdam 1995, S. 1041 – 1047.

Woodmansee, M., The Cultural Work of Copyright. Legislating Authorship in Britain 1837 – 1842, in: A. Sarat u. T.R. Kearns (Hg.), Law in the Domains of Culture, Ann Arbour 1998, S. 65 – 96.

–, The Author, Art and the Market. Rereading the History of Aesthetics. Forword by Arthur Danto, New York 1994.

–, On the Author Effect, in: Cardozo Arts & Entertainment Law Journal, Jg. 10, 1992, S. 279 – 292.

–, The Genius and the Copyright. Economic and Legal Conditions of the Emergence of the Author, in: Eighteenth-Century Studies, Jg. 17, 1984, S. 425 – 448.

Woodruff, W., Die Entstehung einer internationalen Wirtschaft, in: K. Borchardt (Hg.), Europäische Wirtschaftsgeschichte. Bd. 4: Die Entwicklung der industriellen Gesellschaften, Frankfurt am Main 1977, S. 455 – 462.

Würtenberger T. u. G. Sydrow, Versailles und das Völkerrecht, in: G. Krumeich (Hg.), Versailles 1919. Ziele – Wirkungen – Wahrnehmungen, Essen 2001, S. 35 – 52.

Yepes, J.M. u. P. da Silva, Commentaire théorique et pratique du pacte de la Société des Nations et des statuts de l'Union Panaméricaine, Paris 1934.

Young, E., Conjectures on Original Composition (1759), Leeds 1966.

Yu, P.K., Currents and Crosscurrents in the International Intellectual Property Regime, in: Loyola Los Angeles Law Review, Jg. 38, 2004, S. 323 – 444.

Zangl, B. u. M. Zürn, Make Law, Not War: Internationale und transnationale Verrechtlichung als Baustein für Global Governance, in: dies. (Hg.), Verrechtlichung – Baustein für Global Governance?, Bonn 2004, S. 12 – 45.

–, Verrechtlichung jenseits des Staates – Zwischen Hegemonie und Globalisierung, in: dies. (Hg.), Verrechtlichung – Baustein für Global Governance?, Bonn 2004, S. 239 – 262.

Zedelmaier, H., Bibliotheca Universalis und Bibliotheca Selecta: Das Problem der Ordnung des gelehrten Wissens in der frühen Neuzeit, Köln 1992.

Zemon Davies, N., Global History, Many Stories, in: J. Osterhammel (Hg.), Weltgeschichte, Stuttgart 2009, S. 91 – 100.

Zimmermann, S., International – transnational. Forschungsfelder und Forschungsperspektiven, in: B. Unfried u. a. (Hg.), Transnationale Netzwerke im 20. Jahrhundert. Historische Erkundungen zu Ideen und Praktiken, Individuen und Organisationen, Leipzig 2008, S. 27 – 46.

Zimmermann, C., Die Zeitschrift – Medium der Moderne. Publikumszeitschriften im 20. Jahrhundert, in: ders. u. M. Schmeling (Hg.), Die Zeitschrift – Medium der Moderne. Deutschland und Frankreich im Vergleich, Bielefeld 2006, S. 15 – 42.

Zürn, M., Global Governance, in: G.F. Schuppert (Hg.), Governance-Forschung. Vergewisserung über Stand und Entwicklungslinien, Baden-Baden 2005, S. 121 – 146.

–, Regieren jenseits des Nationalstaates, Frankfurt am Main 1999.

4. Internet-Quellen

Primary Sources on Copyright (1450 – 1900): http://copyright-project.law.cam.ac.uk.

Union of International Associations: http://www.uia.org.

World Intellectual Property Organization: http://www.wipo.int.

Register

1. Personenregister

2. Sach- und Ortsregister